国家出版基金项目
NATIONAL PUBLICATION FOUNDATION

金伟峰 等著

中国禁毒
法律制度研究

上海社会科学院出版社
SHANGHAI ACADEMY OF SOCIAL SCIENCES PRESS

随着毒品犯罪的日益猖獗,毒品的危害越来越为人们所认识。近几年来,毒品犯罪在全球范围内仍呈上升趋势,禁毒已成为各国政府的当务之急。这不仅仅是因为贩毒、吸毒会影响健康、传播疾病,导致社会产生各种不稳定因素,更为严重的是,毒品问题与国际恐怖活动、洗钱、有组织犯罪等跨国犯罪紧密相联,对人类社会的和平与发展构成极大的威胁。贩毒集团受巨额经济利益驱使,不仅大肆从事毒品走私,而且还在世界各地建立起严密的贩毒网络,一些集团甚至组织了自己的非法武装,采用血腥暴力手段与政府抗衡。为此,各国政府和司法机关相继采取政治、经济及法律等手段,加强对本国境内及跨国毒品走私的打击力度,防止犯罪活动的蔓延。

中华人民共和国成立后,保持了 30 年无毒国的称号。在 20 世纪 80 年代初,国际贩毒集团和贩毒分子利用我国改革开放之机以及地理上毗邻"金三角"毒源地的位置,通过中国将境外毒品跨国贩运至国际毒品市场。在国际毒潮的侵袭下,中国吸毒和毒品违法犯罪问题死灰复燃。据不完全统计,我国在册吸毒人数呈逐年上升趋势:1990 年为 7 万人,1992 年为 14.8 万人,1994 年为 25 万人,到 2003 年达到 105.3 万人。自 20 世纪 80 年代以来,我国因吸毒导致死亡的已有 49 378 人。[①] 截至 2005 年底,全国累计登记在册吸毒人员 116 万[②]。涉毒地区已发展到全国 2 000 多个县(市、区),我国已由毒品过境受害国转变为毒品过境与毒品消费并存的受害国。[③] 近年来,我国深入实施禁毒人民战争的禁毒战略,禁毒工作取得了明显的阶段性成效,一些地方毒品问题严重的局面得到

---

① 全国人民代表大会常务委员会法制工作委员会刑法室编:《中华人民共和国禁毒法解读》,中国法制出版社 2008 年版,第 6 页。

② 《2006 年中国禁毒报告》,见 http://www.mps.gov.cn/n16/n80209/n80481/n804535/804663.html。

③ 参见 2000 年 6 月国务院新闻办公室发表的《中国的禁毒》白皮书。

了初步扭转,一些突出的毒品问题得到了初步遏制。然而,目前我国毒品犯罪问题依然突出,禁毒形势仍然严峻。

第十届全国人民代表大会常务委员会第三十一次会议于 2007 年 12 月 29 日通过的《中华人民共和国禁毒法》(以下简称《禁毒法》),是我国第一部专门的禁毒法典,是全面综合规范禁毒工作的基本法律,于 2008 年 6 月 1 日起正式施行。《禁毒法》的制定和实施是我国禁毒法制建设的一个里程碑,标志着我国禁毒法律体系的形成,对于有效预防和惩治毒品违法犯罪行为、保护公民身心健康、维护社会秩序,具有重要意义。

吸毒是一个非常复杂的问题,除吸毒行为本身外,对于吸毒问题的研究还包括复杂的社会原因和个体因素,吸毒导致的违法犯罪问题,吸毒在人力资源、公共健康等领域引发的问题,等等。归纳起来,吸毒问题至少包括以下几方面:一是吸毒本身的问题,包括吸毒原因、吸毒现状、吸毒人群与场所、吸毒对吸食毒品者身体和心理影响、吸毒危害等问题;二是与吸毒相关的法律问题、毒品犯罪问题;三是与吸毒相关的社会问题及婚姻家庭破裂问题;四是吸毒引起的艾滋病以及其他疾病传播进而影响公共健康的问题;五是国家对毒品的管制和对吸毒者的强制戒毒、社区戒毒和戒毒康复问题。为了解决吸毒问题,国际社会密切合作并采取各种措施来对付毒品犯罪,控制、消除吸毒行为的蔓延。但是,由于吸毒问题的形成和蔓延是一个复杂的问题,目前吸毒问题蔓延的趋势并未得到有效遏制,而且越来越严重。

本书共分六章。第一章概括介绍了我国禁毒法律体系的基本框架和禁毒法律制度的基本内容。第二章具体介绍了毒品概念、特征、分类,麻醉药品、精神药品和易制毒化学品管制制度。第三章介绍了《禁毒法》规定的社区戒毒、强制隔离戒毒、社区康复"三位一体"的戒毒体系,深入探讨了其中存在的问题及其完善。

第四章以刑法和相关法律对毒品犯罪的规定为依据,通过对毒品犯罪的概述及12种具体毒品犯罪行为的分述,从毒品犯罪行为的概念、犯罪构成、司法认定、刑罚处罚等方面进行具体分析。第五章阐述了涉毒违法行为的概念、特点、违法构成,与毒品犯罪的区别,以及我国在处理涉毒违法行为法律依据上的变化和进步。第六章从当前国际毒品问题现状分析入手,围绕国际禁毒合作的国际法框架、国际禁毒组织以及外国禁毒法律制度三个方面进行阐述,并对中国参与禁毒国际合作的情况作了简要介绍。

目　录

CONTENTS

目　录

CONTENTS

目 录

CONTENTS

第一章　禁毒法律制度概述

第一节　毒品、毒品滥用与禁毒形势

一、毒品

(一) 毒品的含义

目前,学界对于毒品这一概念尚无公认的统一定义。根据我国法律规定,毒品是指国家依法管制的能够使人形成瘾癖的精神药品和麻醉药品。第十届全国人民代表大会常务委员会第三十一次会议于 2007 年 12 月 29 日通过的《中华人民共和国禁毒法》(以下简称《禁毒法》)第 2 条对毒品作了列举式定义,即毒品是指鸦片、海洛因、甲基苯丙胺(冰毒)、吗啡、大麻、可卡因,以及国家规定管制的其他能够使人形成瘾癖的麻醉药品和精神药品。这一规定与 1997 年修订的《中华人民共和国刑法》(以下简称《刑法》)第 357 条关于毒品的规定完全一致。《刑法》与《禁毒法》都特别列举了 6 种常见毒品,其中:鸦片、海洛因、吗啡、大麻、可卡因等属于传统毒品范围,甲基苯丙胺(冰毒)属"新型毒品"。《刑法》与《禁毒法》所列举的 6 种毒品仅仅是国际上常见的毒品,实际上毒品远远不限于此。从世界范围看,越来越多的"新型毒品",如冰毒、摇头丸、K 粉等,以及一些临床用麻醉药品、精神药品的滥用呈不断增多趋势,因而,被国际社会作为毒品加以严格管制的物品范围在不断扩大。

要界定毒品的含义及范围,必须把毒品放在一定的法律关系中。毒品作为法律关系客体具有以下特定性:

第一,毒品是受国家管制的物品。毒品是违禁品,是国家依法实行严格管制和控制使用的物品,非经法定机关批准任何单位和个人不得种植、生产、加工、买卖、储运、使用。毒品受国家禁毒法律和国际禁毒公约的专门管制,这是区别毒品与一般嗜好品的依据。

第二,毒品是具有潜在毒害性的物品。毒害性是毒品的自然属性之一,毒品在一定条件下(超过一定剂量)可以引起人体各种急慢性中毒,严重时可以致人死亡。毒品可以使人体对其产生依赖性,吸食毒品者可以形成瘾癖,一旦吸食毒品成瘾,很难戒除戒断。吸毒成瘾者对毒品有不可抗拒的心理需求和强烈心理依赖,毒瘾发作会使吸毒者不择手段寻求毒品以满足生理和心理需要。由此,毒品又将会引起严重的家庭和社会危害。

第三,毒品是非经法定许可使用即为非法使用的物品。毒品非法使用是指用于非法目的,非经过法定管制机关许可而使用毒品的行为。从医疗角度来看,毒品是一种能够用来治病、缓解病痛以及对手术进行辅助治疗的药品,如:海洛因、吗啡,最初是作为药品制造和使用的,只是因其严重的毒副作用而被限制使用和禁止使用;一些所谓的"新型毒品"也具有临床医疗或者科学研究用途;麻醉药品、精神药品属于特殊药品,在临床医疗和科学研究等领域具有重要的使用价值。国际禁毒公约强调,为了维护人类健康,在医疗、科研中使用麻醉药品、精神药品是必要的,但是,必须对这些药品予以严格管制,防止其流入非法渠道。一旦这些药品被无节制、无控制地使用,即滥用,就会成为对人体有害的毒品,因而,受国家管制的麻醉药品、精神药品是毒品。国家对这些物品实施严格管制的目的,就是要做到既不妨碍医疗、教学、科研活动的正常使用,又要防止其流入非法渠道和用途。因此,《禁毒法》第2条第2款规定:"根据医疗、教学、科研的需要,依法可以生产、经营、使用、储存、运输麻醉药品和精神药品。"

(二) 毒品的分类

毒品是能够使人形成瘾癖的药物,但不是普通的医疗用药物。区分毒品和一般药品的重要依据是能不能使人产生依赖性,吸毒成瘾者对毒品有严重的身体依赖和心理依赖,普通药品不会使患者产生依赖性。毒品也不同于香烟、酒精等一般嗜好品,尽管这些物品对人体具有一定的毒害性和依赖性,但不是被国家列入禁食禁用的管制物品。

毒品通常分为麻醉药品和精神药品两大类。其中最常见的是麻醉药品类中的大麻类、鸦片类和可卡因类。有些毒品是天然获得的,如鸦片就是通过切割未成熟的罂粟果而直接提取的一种天然制品,但绝大部分毒品只能通过化学合成的方法取得。制毒物品是用于制造麻醉药品和精神药品的物品,包括加工毒品需要的医药和化工原料等。制毒物品既是医药或化工原料,又是制造毒品的配剂。

毒品种类很多,范围很广,依据不同标准可以有不同的分类。

按照毒品来源和生产方式,可将毒品分为天然毒品、半合成毒品和合成毒品三大类。天然毒品是直接从毒品原植物中提取的毒品,如鸦片、大麻、可卡因等。半合成毒品是在原植物的生物碱中加入化学物质加工提炼而成的毒品,如海洛因。合成毒品是完全用有机合成的方法制造的,如冰毒。

按照毒品毒性的大小,可将毒品分为硬性毒品和软性毒品。通常把鸦片、吗啡、海洛因、二氢埃托啡等麻醉品称为硬性毒品;把兴奋剂、致幻剂、镇静剂类毒品甲基苯丙胺及其衍生物和大麻等称为软性毒品。

按照毒品对人体的作用,可将毒品分为抑制剂、兴奋剂和致幻剂等。抑制剂能抑制中枢神经系统,具有镇静和放松作用,如鸦片类。兴奋剂能刺激中枢神经系统,使人产生兴奋,如苯丙胺类。致幻剂能使人产生幻觉,导致自我歪曲和思维分裂,如麦司卡林。

按照国际公约的有关规定,可将毒品分为麻醉药品和精神药品。麻醉药品是指对中枢神经有麻醉作用、连续使用易产生身体依赖性的药品,如鸦片、海洛因、吗啡、大麻、可卡因等。精神药品是指直接作用于中枢神经系统,使人兴奋或抑制,连续使用能产生依赖性的药品,如苯丙胺类、甲基黄嘌呤类药物等。

按照毒品流行的时间顺序,可将毒品分为传统毒品和新型毒品。传统毒品一般指鸦片、海洛因等阿片类流行较早的毒品。新型毒品是相对传统毒品而言的,主要指冰毒、摇头丸等人工化学合成的致幻剂、兴奋剂类毒品。

二、毒品滥用与毒品危害

(一) 吸毒问题

吸毒是毒品滥用的典型行为。吸毒是我国对滥用被国家管制的麻醉药品和精神药品行为的一般称谓,对于这些药品的滥用在国外则称为药物滥用(drug abuse)[1]。毒品滥用行为是用于非医疗用途、强迫性地连续或定期使用毒品的行为。毒品吸食者非因医疗目的长期使用成瘾药物,产生一系列不良后果,对成瘾药物产生强烈心理渴求和强制性用药,对成瘾药物形成心理依赖。

"吸毒"一词本身带有道德评判与歧视色彩,人们认为吸毒是一种不良行为,是道德衰败、意志力薄弱的表现。现代科学对药物依赖(吸毒)的病因和发病机制研究不断深入,研究发现虽然最初吸毒是个体可自愿选择的行为,一旦成瘾,大脑和肌体会发生一系列复杂的病理改变,发展成一种慢性复发性脑病。[2] 药物依赖的病因和发病机制十分复杂,是社会、心理和生物学因素共同作用的结果。社会环境、家庭环境、生活方式、心理因素和人格特征在最初吸毒时起着重

---

[1] 郭建安、李荣文主编:《吸毒违法行为的预防与矫治》,法律出版社1999年版,第10页。
[2] 上海市禁毒委员会办公室、上海市法学会编:《痛击毒魔:禁毒理论与实践》,上海社会科学院出版社2006年版,第47页。

要作用,但遗传、神经递质、神经核团、神经内分泌等生物学因素在药物依赖中同样起着重要作用。

吸毒问题是一个非常复杂的问题,除吸毒行为本身外,对于吸毒问题的研究还包括复杂的社会原因和个体因素,吸毒导致的违法犯罪问题,吸毒在人力资源、公共健康等领域引发的问题,等等。归纳起来,吸毒问题至少包括以下问题:一是吸毒本身的问题,包括吸毒原因、吸毒现状、吸毒人群与场所、吸毒对吸食毒品者身体和心理影响、吸毒危害等问题;二是与吸毒相关的法律问题、毒品犯罪问题;三是与吸毒相关的社会问题和婚姻家庭破裂问题;四是吸毒引起的艾滋病以及其他疾病传播进而影响公共健康问题;五是国家对毒品的管制和对吸毒者的强制戒毒、社区戒毒和戒毒康复问题。为了解决吸毒问题,国际社会密切合作并采取各种措施来对付毒品犯罪,控制、消除吸毒行为的蔓延。但是,由于吸毒问题的形成和蔓延是一个复杂的问题,目前吸毒问题蔓延的趋势并未得到有效遏制,而且越来越严重。

(二) 毒品危害

毒品问题是困扰当今世界几乎所有国家的严重社会问题,成为全球的一大公害。毒品导致社会财富流失、人性沦丧、道德滑坡,成为影响我国社会稳定的重要消极因素。毒品不仅危害个人,而且危害社会,危害整个人类。毒品的危害主要表现在:

第一,对个人的危害。毒品严重危害吸食者的身心健康和生命安全。毒品使吸食者产生严重身体依赖性,反复食用毒品使人体机能产生适应性改变,肌体在毒品作用下形成新的平衡状态。一旦停止食用毒品,生理功能会发生紊乱,出现一系列严重反应,称为戒断反应,感到非常痛苦。例如,在正常人的大脑和体内器官存在着内源性阿片肽和阿片受体,正常情况下这些内源性阿片肽作用于阿片受体调节人的情绪和行为。人在吸食海洛因后,抑制了内源性阿片肽的生成,逐渐形成在海洛因作用下的平衡状态,一旦停用就会出现不安、焦虑、忽冷忽热、起鸡皮疙瘩、流泪、流涕、出汗、恶心、呕吐、腹痛、腹泻等反应。这种戒断反应的痛苦,反过来使吸毒者为避免痛苦而千方百计地维持吸毒状态。毒品进入人体后作用于人的神经系统,使吸毒者出现一种渴求用药的强烈欲望即精神依赖,驱使吸毒者不顾一切地寻求和使用毒品。一旦出现精神依赖后,即使经过脱毒治疗,在急性期戒断反应基本控制后,要完全康复原有生理机能需要数月甚至数年的时间。[①] 因而,毒品直接破坏吸食者正常的生理机能和免疫功能等人体机

---

① 参见:http://baike.baidu.com/view/26889.htm。

能,严重损害心、肝、肾等重要器官,严重者可致死;严重损害神经系统,引起脑栓塞、脑脓肿、脊髓炎等;严重损害人体免疫系统,致吸毒者易感染各种传染性疾病;严重损害性功能。

第二,对家庭的危害。吸毒引起婚姻家庭不幸福,甚至破裂。家庭中一旦出现了吸毒者,家便不成其为家了,吸毒者在自我毁灭的同时,也破坏自己的家庭。一是吸毒浪费大量钱财,使家庭陷入经济困境,甚至破产;二是夫妻任何一方吸毒都会导致家庭破裂,婚姻死亡;子女吸毒也会导致家庭危机和灾难,甚至亲属离散、家破人亡。

第三,对社会的危害。吸毒是多种社会问题的诱因,引发相关刑事犯罪、发生危害社会治安的违法犯罪行为,严重危害社会安全。有些染毒者为了获得购买毒品的资金而犯罪。在毒品巨额利润的驱使下,有些人为了筹集贩运毒品的资金铤而走险,进行诈骗、敲诈勒索、抢劫、盗窃等犯罪活动。吸毒成瘾者难以摆脱对毒品的依赖性,为了获得毒品往往不择手段,以贩养吸、以盗养吸、以抢养吸、以骗养吸、以娼养吸现象严重,一些地区抢劫、抢夺和盗窃案件中 60% 甚至 80% 是吸毒人员所为。[1] 因而,吸毒引起犯罪、暴力、卖淫、赌博、贫困、黑社会等社会问题增多,政府为了控制这些行为必然会增加国家的投入,加上吸毒行为所浪费的社会财富,吸毒行为使社会蒙受巨大的经济损失。

第四,吸毒引起艾滋病等恶性传染病扩散进而影响公共健康问题。由于毒品对人体正常机能的破坏,特别是对人体免疫系统的破坏,使得吸毒者对疾病的抵抗力下降,因而吸毒者面对各种疾病都非常容易感染。除了吸毒者自身容易患各种疾病外,吸毒行为还容易加速各种疾病的传播,如性病、艾滋病、肝炎等。全国登记在册吸毒人员中 80% 患有各种传染病。截至 2007 年 10 月底,在国家累计报告的 223 501 例艾滋病病毒感染者中,有 42% 是因静脉注射毒品而感染,居艾滋病传播途径的首位。全国登记在册吸毒人员中 80% 患有各种传染病。一项来自中国疾病预防控制中心的专家研究报告提出,根据分析艾滋病毒毒株的结构变异、蔓延方式,证明我国艾滋病源自 1989 年云南某州的 146 名吸毒者。[2] 所以,吸毒不仅影响吸毒者本人的身体健康,而且关系到全社会的公共健康问题。

① 《2006 年中国禁毒报告》,见 http://www.mps.gov.cn/n16/n80209/n80481/n804535/804663.html。
② 全国人大常委会法制工作委员会刑法室编:《中华人民共和国禁毒法解读》,中国法制出版社 2008 年版,第 6 页。

三、吸食毒品与禁毒形势

　　吸毒问题不仅仅是一个国家、一个地区的问题,也是一个全球性的问题。吸毒日益成为全球的一大公害,吸毒比瘟疫更可怕。毒品犯罪是仅次于恐怖活动犯罪的国际性犯罪,世界上不同国家、地区、民族和社会群体都深受其害。根据联合国禁毒署(International Nacorfic Control Board)发布的《1997年世界毒品报告》,目前,全球吸毒人数达 2.4 亿,占全球总人口的 4.1%。也就是说,全世界每 120 人中就有 1 名吸毒者,吸毒成瘾者总数约有 5 000 万人;滥用安非他明类合成药物者的数量有 3 000 万人。[1] 全球每年有 10 万人因吸毒死亡、1 000 万人因吸毒丧失劳动能力。毒品贩运已涉及全球 170 多个国家和地区,130 多个国家和地区存在毒品消费问题,全球每年毒品交易额达 8 000 亿—10 000 亿美元[2]。吸毒行为不仅传播和引发疾病,特别是加剧艾滋病病毒的传播,还能剥夺生命,使世界各国的人力资源造成巨大损失,而且威胁着各国政治、经济制度的稳定,特别是由毒品引发的刑事犯罪已经威胁到了国家的安全。因而,吸毒问题确实是一个全球性的大问题,是世界各国政府都普遍重视的问题。

　　新中国成立后,我国无毒国的称号保持了 30 年。在 20 世纪 80 年代初,国际贩毒集团和贩毒分子利用我国改革开放之机以及地理上毗邻"金三角"毒源地的位置,通过中国将境外毒品跨国贩运至国际毒品市场。在国际毒潮的侵袭下,中国大陆吸毒问题和毒品违法犯罪问题死灰复燃。据不完全统计,近年我国在册吸毒人数逐年上升:1990 年在册吸毒人数为 7 万人,1992 年为 14.8 万人,1994 年为 25 万人,到 2003 年达到 105.3 万人。自 20 世纪 80 年代以来,我国因吸毒导致死亡的已有 49 378 人。[3] 到 2005 年底,涉毒地区已发展到全国 2 000 多个县(市、区),我国已由毒品过境受害国转变为毒品过境与毒品消费并存的受害国。[4] 截至 2015 年底,全国现有吸毒人员 234.5 万名(不含戒断三年未发现复吸人数、死亡人数和离境人数),其中,滥用海洛因等阿片类毒品人员 98 万名,占 41.8%;滥用合成毒品人员 134 万名,占 57.1%,滥用其他毒品人员 2.5 万名,占 1.1%;被查获一次且无戒毒史的偶吸人员 106.9 万名,复吸(成瘾)人员 127.6 万名,分别占 45.6%和 54.4%;男性 200.7 万名,女性 33.8 万名,分别占

---

　　① 郭建安、李荣文主编:《吸毒违法行为的预防与矫治》,法律出版社 1999 年版,第 12 页。
　　② 梅传强:《回顾与展望:我国禁毒立法之评析》,载《西南民族大学学报(人文社科版)》2008 年第 1 期。
　　③ 全国人大常委会法制工作委员会刑法室编:《中华人民共和国禁毒法解读》,中国法制出版社 2008 年版,第 6 页。
　　④ 参见《中国禁毒白皮书》(2000 年 6 月)。

85.6%和14.4%。① 经过持续开展禁毒斗争,全国毒情形势总体可控,没有发展成为严重影响经济社会发展、人民群众安居乐业、社会大局稳定的突出问题。

然而,由于当前全球毒品问题仍处于加剧扩散期,一些国家和地区毒品问题持续泛滥,制造、贩卖、滥用毒品问题严重,毒品来源、吸毒人员、毒品种类不断增多,毒品问题已成为全球性的社会顽疾。在毒品问题全球化的大背景下,中国毒品形势依然严峻复杂,境外毒品渗透不断加剧,国内制毒问题日益突出,毒品滥用问题持续蔓延,毒品的社会危害更加严重。今后一个时期,受经济全球化和社会信息化加快发展的影响,国内毒品问题将在相当长的一段时间内持续发展蔓延,禁毒工作面临着巨大压力和严峻挑战。② 中国毒品犯罪问题依然突出,禁毒形势十分严峻,表现在:

第一,国内毒品来源多元化、毒品种类多样化。中国毒品主要来源于境外毒源地毒品流入和国内毒品制造,主要种类有海洛因等阿片类毒品,冰毒片剂、冰毒晶体、氯胺酮等合成毒品以及其他精神药品和麻醉药品。海洛因和冰毒片剂主要来源于"金三角"缅北地区,"金新月"海洛因、南美可卡因也有部分流入。国内生产的冰毒晶体、氯胺酮既流入国内消费市场又走私境外。国内非法生产、输出新精神活性物质问题突出。个别地区非法种植罂粟和土法加工海洛因仍有存在。国内毒品来源多元化、毒品种类多样化趋势更加明显,进一步加大了治理毒品问题的复杂性。

20世纪80年代中期,主要是毒品的过境贩运问题,到90年代初,国内种植、制造毒品规模日益扩大,出现"双向流通"。境外毒品"多头入境,全线渗透"情况突出,"金三角"毒品对我国危害最大。③ "金新月"取代"金三角"成为鸦片最大产地,直接或者通过第三国、第四国中转向我国运输毒品的案件越来越多,对我国的威胁和危害正在加大。"金三角"地区制贩毒品规模不减,缅北地区毒品近来对中国的渗透进一步加剧。国内制贩冰毒、"摇头丸"犯罪活动在屡受打击后,逐渐从东南沿海地区向内地发展,易制毒化学品走私贩运手法日趋狡猾。④

第二,贩毒案件增多。1988年,中国公安机关查获的毒品犯罪案268起,1992年达69 060起,4年猛增257倍。在毒品犯罪严重的地区,约80%的男性

---

① 中国国家禁毒委员会办公室:《2015年中国毒品形势报告》,见 http://news. xinhuanet. com/live/2016 - 02/18/c_128730815_2. htm。

② 同①。

③ 《2003年中国禁毒报告》,见 http://www. mps. gov. cn/n16/n80209/n80481/n804535/804663. html。

④ 苏智良:《毒品与中国社会》,见 http://www. swupl. edu. cn/mweb/dupinjidi/content. asp。

吸毒人员有过其他违法犯罪行为,80％以上的女性吸毒者从事卖淫活动。2015年,全国共破获毒品刑事案件 16.5 万起,抓获毒品犯罪嫌疑人 19.4 万名,缴获各类毒品 102.5 吨,同比分别增长 13.2％、15％和 48.7％。① 这一方面说明打击毒品犯罪工作的力度加大,另一方面也说明贩毒活动的猖獗和毒品案件的增多。在有些地方形成地下贩运、批发、零售的供销网络。贩毒组织呈现日新月异的集团化、职业化、武装化和国际化趋势。

第三,毒品滥用种类趋于多元。毒品滥用由近代以鸦片为主,升级换代到以海洛因为主,吗啡、鸦片、大麻、精神类药物并举的情况,还出现了危害更大的冰毒、摇头丸、氯胺酮(K 粉)等新品种。目前,全世界苯丙胺类兴奋剂的吸食人数仅次于大麻,居第二。② 我国已经形成海洛因、摇头丸及其他麻醉药品、精神药物交叉滥用的局面,滥用海洛因的仍然是多数,③吸食摇头丸、氯胺酮及其他麻醉药品、精神药物的人数呈不断上升趋势,这些新型毒品的流行已构成对我国禁毒的新的严重威胁。

第四,吸食毒品者的地域分布范围不断扩大。从 20 世纪 80 年代初,靠近中缅边境地区的“金三角”毒品入境和跨区域贩毒活动,发生毒品滥用现象,到后来东南沿海地区制造、贩卖冰毒、摇头丸等苯丙胺类毒品犯罪,现在全国 2 000 多个县市都有吸食贩卖毒品案件的发生。我国吸毒问题最为严重的地区为西南、华南和西北地区,在册吸毒者多数分布在这三个地区。

第五,吸毒人员低龄化和广泛化,并呈现直线上升的态势。许多省市的吸毒者中,青少年的比例已超过半数。在逐年增加的吸毒队伍中,青少年的比例呈递增趋势,且年龄呈递减趋势,吸毒人群以 35 岁以下的中青年为上。吸毒人员低龄化特征突出。在全国现有 234.5 万名吸毒人员中,不满 18 岁的有 4.3 万名,占 1.8％;18 岁到 35 岁的有 142.2 万名,占 60.6％;36 岁到 59 岁的有 87 万名,占 37.1％;60 岁以上的有 1.1 万名,占 0.5％。吸食毒品者人群复杂,近几年娱乐圈不断爆出吸毒丑闻,公务员、公司职员、无职业者、医生、教师等职业群体中都有吸食毒品者。在明确登记职业信息的吸毒人员中,无业人员占 69.5％,农民占 17.3％,工人占 4.7％,个体经营者占 3.4％,自由职业者占 3.2％,职员占 1％,学生占 0.5％,专业技术人员、企业管理人员以及公职人员、演艺界明星等

---

① 中国国家禁毒委员会办公室:《2015 年中国毒品形势报告》,见 http://news. xinhuanet. com/live/2016 - 02/18/c_128730815_2. htm。

② 宋晓明:《吸食新型毒品的特点及其防控对策》,《西南政法大学学报》2006 年第 6 期。

③ 《2003 年中国禁毒报告》,见 http://www. mps. gov. cn/n16/n80209/n80481/n804535/804663. html。

占 0.4%。①

第六,吸毒人员肇事肇祸案件多发。2015 年,全国报告发生因滥用毒品导致暴力攻击、自杀自残、毒驾肇事等极端案件事件 336 起,查获涉案吸毒人员 349 名;破获吸毒人员引发的刑事案件 17.4 万起,占刑事案件总数的 14%,其中,抢劫、抢夺、盗窃等侵财性案件 7.2 万起,涉毒犯罪案件 7.4 万起,杀人、绑架、强奸等严重暴力案件 716 起;依法注销 14.6 万名吸毒驾驶人驾驶证,拒绝申领驾驶证 1.1 万人。②

第二节　禁毒立法

第十届全国人大常委会第三十一次会议于 2007 年 12 月 29 日通过的《禁毒法》是我国第一部专门的禁毒法典,是全面综合规范禁毒工作的基本法律,于 2008 年 6 月 1 日起正式施行。《禁毒法》的制定和实施是我国禁毒法制建设的一个里程碑,标志着我国禁毒法律体系的形成,对于有效预防和惩治毒品违法犯罪行为、保护公民身心健康、维护社会秩序,具有重要意义。

一、禁毒立法指导思想

建立健全禁毒法律法规体系,推进禁毒工作法制化,是坚持依法禁毒的要求,是从重从快严厉打击毒品犯罪活动的需要。我国禁毒立法的指导思想就是通过健全禁毒法律法规体系,实现禁毒工作法治化,有效推动全社会禁毒工作,有效预防和惩治毒品违法犯罪行为,保护公民身心健康,维护社会秩序。

二、禁毒立法发展过程

禁毒立法是与毒品违法犯罪的状况和演变密切相关的。旧中国的毒品犯罪,始于鸦片泛滥。旧中国的禁毒立法始于清朝政府。清朝政府为了抵御以英国为代表的西方列强大量向中国倾销鸦片的掠夺性贸易行为,为了抑制烟毒的泛滥和肆虐,清朝政府在雍正七年(1729 年)颁布了世界上第一个禁烟

---

① 中国国家禁毒委员会办公室:《2015 年中国毒品形势报告》,见 http://news.xinhuanet.com/live/2016－02/18/c_128730815_2.htm。

② 同①。

令——《兴贩鸦片及开设烟馆之条例》,首次提出用刑罚手段来惩治贩卖、教唆或引诱他人吸食鸦片的行为。禁烟令"是我国乃至世界上的第一部有关禁毒的立法,标志着禁毒史的开始,也标志着禁毒立法史的开始"①。20世纪上半叶的旧中国,由于烟毒流行甚广,危害极大,所以,无论是国民党政府,还是解放区革命根据地政府制订的有关刑事法律中,都有鸦片罪或者禁烟禁毒的规定。

新中国成立后,我国禁毒立法分为两个历史时期,三个立法阶段。

(一) 第一个历史时期(20世纪50年代初期到1978年)

这一时期也是我国禁毒立法的第一个阶段。中华人民共和国成立初期,中央人民政府和一些大行政区的政府高度重视禁毒工作,为了彻底禁绝毒品,开展了一系列声势浩大的禁毒运动,发布了一系列禁毒通令,例如,1950年2月中央人民政府政务院发布了《关于严禁鸦片烟毒的通令》,1950年9月发布了《内务部关于贯彻严禁烟毒工作的指示》等,一些大的行政区也颁布了禁毒法规。通过声势浩大的禁烟运动,全国人民的积极参与,新中国的禁毒工作取得了显著成效。从20世纪50年代初禁毒肃毒开始到改革开放之前长达30年的时间里,我国的毒品犯罪几乎绝迹。在这一历史时期,我国禁毒立法是中央政府立法与大区政府立法结合,所立之法多是以禁毒通令、暂行条例的形式出现的,"禁毒法律的一个特点是仅规定了对某些行为予以治罪,但没有对具体的犯罪处以何种刑罚的规定。"②

(二) 第二个历史时期(1978年至今)

这一时期分为两个立法阶段。

1. 我国禁毒立法体系的建立与形成阶段(1978年至1990年)

20世纪80年代以后,毒品犯罪在我国大陆地区死灰复燃,并且愈来愈猖獗。为了有效地打击和惩治日益严重的毒品犯罪,在1978—1990年,我国政府以"严打"为政策导向,逐渐建立了以刑法为主、行政法与地方立法为辅的禁毒立法体系,主要法律形式有刑事法律、行政法律、行政法规、部门规章及其他规范性文件,如"两高"③司法文件,批准、签署的反毒国际公约和条约等。这一时期,我国禁毒立法从起步到逐渐建立、完善,"禁毒立法的核心是刑法典及特别刑法,辅之以严格的行政处罚与管制。整个立法体系的精神核心是对毒品犯罪进行持续

---

① 梅传强:《回顾与展望: 我国禁毒立法之评析》,《西南民族大学学报(人文社科版)》2008年第1期。
② 同①。
③ "两高"系指最高人民法院、最高人民检察院。下同。

的严打。打击作为毒品政策的关键词决定了整个禁毒立法是建立在刑法、行政法基础上的。"①

立法机关制定和修订的禁毒刑事法律。制定 1979 年《刑法》时，由于毒品犯罪问题不突出，这部《刑法》对毒品犯罪的规定不细、量刑较轻。从 20 世纪 80 年代初期开始，过境贩毒引发的毒品违法犯罪活动愈演愈烈，禁毒形势日益严峻。在这种情况下，立法者连续以特别刑法的形式对刑法典作了 3 次补充修订：1982 年 3 月第五届全国人大常委员第二十二次会议于通过的《关于严惩破坏经济的罪犯的决定》(简称《决定》)第 1 条补充规定，制造、贩卖、运输毒品，情节特别严重的，处 10 年以上有期徒刑、无期徒刑或者死刑，可以并处没收财产，这一《决定》将毒品犯罪的法定最高刑从 10 年有期徒刑提高到死刑；规定国家工作人员进行贩毒，情节严重的，从重处罚。1987 年通过的《中华人民共和国海关法》，以及 1988 年 1 月第六届全国人大常委会第二十四次会议通过的《关于惩治走私罪的补充规定》，也将走私毒品犯罪的法定最高刑从 10 年有期徒刑提高到了死刑，明确了走私毒品罪的量刑档次。

立法机关制定的非禁毒专门法中涉及禁毒的法律规范。如 1984 年 9 月通过的《药品管理法》第 39 条规定：国家对麻醉药品、精神药品实行特殊的管理办法。

国务院制定的禁毒行政法规。1986 年 9 月，国务院颁布《治安管理处罚条例》对涉毒违法行为的行政处罚作了规定。1978 年 9 月、1987 年 11 月和 1988 年 12 月，国务院先后发布《麻醉药品管理条例》《麻醉药品管理办法》《精神药品管理办法》三部行政法规，分别对麻醉药品和精神药品的生产、供应、运输、使用、进出口的管理做出了明确规定，确立了对麻醉药品和精神药品实行严格的行政管制的基本立场，限制其生产、经营、使用和进出口，防止其流入非法渠道。

行政机关关于禁毒的行政规章和规范性文件。公安部、卫生部、对外经济贸易部等部门，在部门规章及其他规范性文件中都对与本部门相关的涉及毒品管理业务作了严格的管制规定，制定了具体的管制与管理办法。

"两高"关于禁毒的司法解释。最高人民法院和最高人民检察院对禁毒法律和涉毒案件适用等都作出过相关司法解释。

地方立法机关制定的禁毒地方法规。云南、广西、贵州、四川、甘肃、陕西、重庆等一些省、直辖市级人大或政府制定了相应的地方性禁毒法规、地方规禁毒章

---

① 褚宸舸：《中国禁毒立法三十年——以立法体系的演进与嬗变为视角》，《中国人民公安大学出版社(社会科学版)》2008 年第 3 期。

和其他规范性文件。云南、四川一些民族自治地方也结合本地区、本民族实际制定了民族自治地方的禁毒立法。

加入禁毒国际公约。1985 年 6 月,中国批准加入经 1972 年议定书修正的联合国《1961 年麻醉品单一公约》《1971 年精神药物公约》。1989 年 9 月,中国批准加入《联合国禁止非法贩运麻醉药品和精神药物公约》。

立法机关制定的禁毒单行法。1990 年 12 月,全国人大常委会通过了《关于禁毒的决定》,这是一部专门针对毒品的单行法,这部法律的通过标志着我国针对毒品的立法进入了一个重要阶段,标志着我国禁毒工作开始进入有法可依的阶段。

2. 中国禁毒立法体系的逐渐完善阶段(从 1991 年至今)

从 1991 年至今,这一时期是我国禁毒立法逐步完善进而体系化的阶段。围绕严厉打击毒品犯罪行为、形成社会广泛参与的禁毒工作格局,禁毒立法进一步完善刑法典、完善行政处罚与管制、制定禁毒教育法律、制定完备统一的禁毒基本法律。

《刑法》进一步完善并加大对打击毒品犯罪行为的规定。1997 年 3 月,第八届全国人民代表大会第五次会议对《中华人民共和国刑法》作了修订。1997 年修订的《刑法》将《关于禁毒的决定》中刑事部分内容全部吸收入律,在总结禁毒斗争实践经验的基础上,又增加了一些新规定,并且明确《关于禁毒的决定》中有关行政处罚和行政措施的规定继续有效。修订后的《刑法》充分体现了我国禁毒刑事立法"从严惩处毒品犯罪"的显著特点,从 1997 年以后,我国禁毒立法中的刑事法律基本稳定下来。

完善行政处罚与毒品管制立法。1994 年 5 月 12 日对《治安管理处罚条例》进行了修订,2005 年 8 月 28 日,经过第十届全国人民代表大会第十七次会议审议公布了《治安管理处罚法》,该法第 71、72、73 条对各种涉毒违法行为都作了行政处罚规定。2005 年 7 月 26 日国务院制定并发布了《麻醉药品和精神药品管理条例》,使我国对麻醉药品与精神药品的管理纳入了法制化的轨道。1995 年 1月,国务院公布《强制戒毒办法》,规定强制戒毒和劳教戒毒是我国最主要的戒毒方法,对吸毒人员的戒毒管制有了明确依据。

在非禁毒专门法中制定禁毒教育法律规范。1991 年 9 月公布的《中华人民共和国未成年人保护法》,明确要求父母或其他监护人应当预防和制止未成年人吸毒。1997 年,国家教育委员会会同国家禁毒委员会下发通知,规定把禁毒教育作为国民素质教育的组成部分,正式纳入中小学德育教育教学大纲。

2007 年 12 月 29 日第十届全国人大常委会第三十一次会议通过了我国首

部专门禁毒法典——《中华人民共和国禁毒法》,并于 2008 年 6 月 1 日起施行。《禁毒法》是系统的禁毒法律,即专门禁毒法典——它是我国禁毒法制建设的一个里程碑,标志着我国禁毒法律体系得到了进一步完善,为在新形势下全面加强禁毒工作提供了有力的法律保障。该法的颁布实施,对于进一步预防和打击毒品违法犯罪行为、维护社会治安秩序、保护公民身心健康将发挥重要作用。该法共 7 章 71 条,分为总则、禁毒宣传教育、毒品管制、戒毒措施、禁毒国际合作、法律责任、附则。

为推进《禁毒法》的有效实施、不断完善禁毒法律体系,并为有力推进禁毒工作提供具体依据,2011 年 6 月国务院根据《禁毒法》制定了《戒毒条例》,废止了《强制戒毒办法》。《戒毒条例》对自愿戒毒、社区戒毒、强制隔离戒毒、社区康复等多种措施进一步明确细化,对建立戒毒治疗、康复指导、救助服务兼备的工作体系提出了具体规定。为加强和规范公安机关强制隔离戒毒所的管理,保障强制隔离戒毒工作顺利进行,公安部在 2011 年 9 月发布施行《公安机关强制隔离戒毒所管理办法》。为规范公安机关吸毒检测工作,保护当事人的合法权益,公安部 2010 年 1 月 1 日起施行《吸毒检测程序规定》。为规范吸毒成瘾认定工作、科学认定吸毒成瘾人员、依法对吸毒成瘾人员采取戒毒措施和提供戒毒治疗,公安部会同卫生部自 2011 年 4 月 1 日起施行《吸毒成瘾认定办法》。

党的十八大以后,中共中央、国务院印发了《关于加强禁毒工作的意见》,要求各地区各有关部门把禁毒工作纳入国家安全战略和平安中国、法治中国建设的重要内容,不断创新禁毒工作体制机制,进一步完善毒品问题治理体系,深入推进禁毒人民战争,坚决遏制毒品问题发展蔓延。

针对互联网涉毒违法犯罪活动的严峻形势、严重危害的情况,2015 年 6 月,由国家禁毒办牵头,会同中央宣传部、中央网信办、最高人民法院、最高人民检察院、公安部、工业和信息化部、国家工商行政管理总局、国家邮政局等 9 部门,联合制定出台《关于加强互联网禁毒工作的意见》(简称《意见》),它既是一份指导党政部门工作的政策文件,又是一份规范刑事、行政法律适用的法律文件,为开展互联网禁毒工作提供了重要法律依据。《意见》出台的主要目的是维护国家安全和社会稳定、深入推进全国禁毒斗争,不断完善管理体制、健全工作机制,使各地区、各部门发挥优势、整体联动,运用法治思维和法治方式,统筹网上网下两个战场,斩断涉毒有害信息网上传播渠道,规范互联网管理秩序,保障人民群众根本利益。《意见》列举了互联网涉毒犯罪的主要类型、刑事处罚办法。比如:对于利用互联网贩卖毒品,或者在境内非法买卖用于制造毒品的原料、配剂构成犯罪的,分别以贩卖毒品罪、非法买卖制毒物品罪定罪处罚;对于利用互联网发布、传播制造毒品等犯罪的方法、技术、工艺的,以传授犯罪方法罪定罪处罚;对于开设网站、利用网络通信群组等形式组织他人共同吸毒,构成引诱、教唆、欺骗他人吸毒罪等犯罪的,依法定罪处罚。

三、禁毒法律体系

禁毒法律体系是有关禁毒法律法规构成的系统。"禁毒法有广义、狭义之分。狭义的禁毒法即专门禁毒法典;广义的禁毒法即关于毒品的管制、毒品犯罪与毒品滥用的预防、控制与惩治的法律规范的总称。"[1]广义的禁毒法律法规构成了我国禁毒法律体系。亦即,我国现行的禁毒法律体系以《禁毒法》为专门禁毒法典,构成禁毒法律体系的基础,《刑法》和《治安处罚法》为惩治毒品违法犯罪行为的主线,以行政法规和地方性法规等单行禁毒专门法律法规、我国加入的禁毒国际公约为具体内容,非禁毒专门法中涉及禁毒的法律规范为补充,形成的互相配套的法律法规体系。

(一) 从立法主体来看,我国禁毒法律体系的构成包括以下内容

第一,立法机关制定的系统的和专门的禁毒法律,即专门禁毒法典——《禁毒法》,以及作为惩治毒品违法犯罪行为依据的《刑法》和《治安管理处罚法》。这些法律是禁毒的基本法律,构成禁毒法律体系的最重要内容。

第二,由多部门联合印发的规范性文件。如《关于加强互联网禁毒工作的意见》,其制定主体既有中宣部、中央网信办等中共中央直属机关,又有"两高"等司法机关,还有国务院组成部门、直属机构。

第三,国务院制定的禁毒行政法规与国务院部(委)制定的禁毒部门规章及其他规范性文件。例如,国务院颁布的《易制毒化学品管理条例》《戒毒条例》等行政法规。公安部门制定的涉及查缉、处罚、戒毒具体问题等方面的规章及文件,如公安部发布的《公安机关强制隔离戒毒所管理办法》《吸毒检测程序规定》;卫生、医药部门制定的涉及麻醉药品、精神药品的生产、管理、使用制度以及戒毒医疗制度等方面的规章及文件,如卫生部发布的《戒毒药品管理办法》。

第四,"两高"的禁毒司法解释及禁毒管制机关的规范性文件等。包括"两高"关于禁毒法律的司法解释;公安部、司法部、国家安全部制定通过的并可施行于全国的有关禁毒工作的规范性文件,如规定、决定、解释、批复、通知等。

第五,省、自治区、直辖市或者较大的市的人大及其常委会根据本行政区域

---

① 钟岩:《我国现行禁毒法律体系的构建——关注我国首部专门禁毒法典的施行》,《吉林公安高等专科学校学报》2008 年第 2 期。

的毒情具体情况和禁毒工作的实际需要制定的地方性禁毒法规和地方行政机关制定的地方禁毒规章,如《云南省严禁毒品的行政处罚条例》《甘肃省人大常委会关于查禁毒品的规定》等。

第六,经全国人大常委会批准我国加入的禁毒国际公约。如我国于 1985 年 6 月 12 日加入《1961 年麻醉品单一公约》《1971 年精神药物公约》,1989 年 9 月 4 日加入《联合国禁止非法贩运麻醉品和精神药物公约》。这三个国际公约属于我国禁毒法律体系的重要组成部分。

(二)从部门法的角度,禁毒法律体系由刑法、行政法和国际公约三部分组成

我国现行的禁毒法律体系形成了以《禁毒法》为专门禁毒法典,由禁毒刑法、禁毒行政法和禁毒国际公约组成的比较完整的法律体系。禁毒刑法主要是指《刑法》第七节"走私、贩卖、运输、制造毒品罪"和第 191 条(洗钱罪)。禁毒行政法则较多,包括《戒毒条例》《麻醉药品和精神药品管理条例》《麻醉药品管理办法》《精神药品管理办法》等专门的禁毒行政法规,以及《治安管理处罚法》《关于禁毒的决定》等中有关禁毒的行政法规范。我国加入的禁毒国际公约是我国禁毒法律体系的国际法部分,包括我国加入的《1961 年麻醉品单一公约》《1971 年精神药物公约》《联合国禁止非法贩运麻醉品和精神药物公约》三个国际公约。

第三节　禁毒工作领导体制与禁毒工作机制

一、禁毒工作方针

国家禁毒委员会制定的《国家禁毒委员会 2004—2008 年禁毒工作规划》强调,我国禁毒工作始终遵循"禁吸、禁贩、禁种、禁制'四禁'并举,预防为本,严格执法,综合治理"的工作方针,坚持打击毒品犯罪与减少吸毒危害相结合、建立国内缉毒协作机制和国际禁毒合作机制相结合、解决当前紧迫问题和实现长远目标相结合的工作思路。[①]

我国《禁毒法》第 4 条规定:"禁毒工实行预防为主,综合治理,禁种、禁制、禁贩、禁吸并举的方针。"预防为主就是加强禁毒宣传教育工作,提高人们拒绝毒品、防范毒品的能力,自觉抵御毒品;从源头上加强毒品管制,加强强制隔离戒毒

① 《国家禁毒委员会负责人就〈2004—2008 年禁毒工作规划〉答记者问》,见 http://www.mps.gov.cn/n16/n80209/n80361/744525.html。

的管理工作和吸毒人员的戒毒康复工作。综合治理就是控制毒品非法供应和防止滥用并重,禁止和打击一切从事毒品违法犯罪活动,禁毒工作职能部门加强协调沟通,完善缉毒执法协作机制,动员全社会力量开展禁毒工作。

二、禁毒工作领导体制

(一) 国家禁毒委员会的设立

国家禁毒委员会是我国最高的禁毒领导机构。1990 年 11 月 3 日,国务院第七十二次常务会议决定成立国家禁毒委员会,对内称国家禁毒工作领导小组。国家禁毒委员会由外交部、公安部、最高人民法院、最高人民检察院、司法部、民政部、教育部等 25 个部委成员组成。该委员会主任由公安部部长担任,委员会的办公室设在公安部禁毒局。此后,各省市、自治区及地(州)、县(市)各级人民政府也按照中央的统一要求,相继设立地方各级禁毒委员会(即禁毒工作领导小组)。

我国的禁毒工作是在国务院和地方各级人民政府的领导下,设立专门机构,统一组织、领导禁毒工作。《禁毒法》第 5 条明确规定国家禁毒委员会在国务院领导下主管全国的禁毒工作,负责组织、协调、指导国务院有关部门的禁毒工作,同时规定省、市、县级人民政府根据禁毒工作的需要,可以设立相应的禁毒领导机构。

禁毒委员会是各级党委、政府抓禁毒工作的专门领导机构,是组织、协调、指导相关部门积极开展禁毒工作,调动全社会力量积极参与禁毒工作的领导机构。它担负着了解各地毒品基本情况、特点和规律;打击毒品犯罪;严格执行禁毒法律法规、有关禁毒行政管理、禁毒宣传教育等涉及各个行业、部门的统筹协调工作;保障各项禁毒工作协调有序,富有成效地进行;研究制定开展和加强禁毒工作的重要政策、意见及措施;组织协调禁毒工作重大行动的开展,重要举措的落实等职责。

禁毒委员会下设办公室,作为禁毒工作领导小组的日常办事机构和依托,负责禁毒委员会日常管理工作和文件政策起草工作。禁毒委员会设禁毒工作领导小组组长一名,一般由各级人民政府分管禁毒工作的负责人担任。设副组长若干人。

公安部设立禁毒局,禁毒局局长兼任国家禁毒委员会常务副秘书长。公安部禁毒局是专门从事禁毒工作的职能机构,主要职责是:掌握毒品违法犯罪活动动态,研究拟定预防、打击对策;组织、指导、监督对毒品犯罪案件的侦查工作,以及毒品预防教育、禁吸戒毒、禁种铲毒,麻醉药品、精神药品安全管理和易制毒化学品管制等工作;协调有关部门开展禁毒工作;代表政府履行国际禁毒公约的义务,统一负责协调禁毒国际合作。

（二）国家禁毒委员会成员单位主要职责[①]

国家禁毒委员会成员单位包括：公安部、中央宣传部、卫生部、海关总署、最高人民法院、最高人民检察院、外交部、国家发展计划委员会、国家经济贸易委员会、教育部、国家安全部、民政部、财政部、农业部、对外贸易经济合作部、文化部、司法部、国家广播电影电视总局、国家工商行政管理局、国家林业局、国家药品监督管理局、解放军总参谋部、全国总工会、全国妇联、共青团中央。根据国务院办公厅 2001 年 1 月 5 日发布的(国办发〔2001〕4 号)《通知》,明确了国家禁毒委员会各成员单位主要职责。

公安部。掌握毒品违法犯罪动态,研究制定预防、打击对策。组织、指导、监督毒品犯罪案件的侦查工作,毒品预防教育、禁吸戒毒、禁种铲毒工作,麻醉药品、精神药物安全管理和易制毒化学品管制等工作,以及因毒品犯罪被判处有期徒刑在被交付执行前剩余刑期在 1 年以下的和被判处拘役的罪犯的监管改造工作。履行国际禁毒公约义务,统一协调禁毒国际合作。

中央宣传部。宣传党中央、国务院及国家禁毒委员会有关禁毒工作的部署和指示精神。参与制定禁毒宣传工作的方针、政策和规划。组织、指导、协调新闻单位宣传国家禁毒法律、法规、方针、政策、禁毒知识和禁毒斗争的成果、经验、先进典型及重大活动。

卫生部。监督地方各级卫生行政部门对戒毒医疗机构的设置审批工作,组织协调地方各级卫生行政部门取缔非法设立的戒毒医疗机构。制定戒毒治疗的规章制度和工作规范;对强制戒毒所、劳教戒毒所、戒毒医疗机构从事医疗和护理工作的人员进行资格认证。贯彻"预防为主"的方针,积极开展健康教育工作,对经吸毒引起的传染性疾病依法进行监督管理,并对治疗工作提供业务指导和技术服务。加强对医疗机构内部麻醉药品和精神药物的管理并规范使用,加强处方管理。指导戒毒治疗科研工作,鼓励积极探索新的临床戒毒治疗方法。配合公安机关和司法行政机关开展强制戒毒和劳教戒毒工作。

海关总署。依照有关法律、法规,在海关监管区内和沿边沿海规定地区开展禁毒执法工作,严厉打击走私毒品和易制毒化学品违法犯罪活动。依照有关规定,加强对易制毒化学品和麻醉药品、精神药物进出口的监督,防止流入非法

---

① 本部分资料来源:《国家禁毒委员会》,见 http://www.chinaorg.cn/zt/zt/2008－03/24/content_5192442.htm。

渠道。

最高人民法院。监督地方各级人民法院和专门人民法院对毒品犯罪案件的审判工作。对地方各级人民法院和专门人民法院已经发生法律效力的判决和裁定,发现确有错误的,进行提审或者指令下级人民法院再审。直接审理最高人民法院认为应当由本院审理的第一审毒品犯罪案件;各高级人民法院、解放军军事法院作出一审判决,被告人提出上诉或人民检察院按照二审程序提出抗诉的毒品犯罪案件;最高人民检察院按照审判监督程序提出抗诉的毒品犯罪案件。复核未经授权的各高级人民法院、解放军军事法院审理的毒品死刑案件,以及虽经授权但人民检察院提出抗诉,高级人民法院按照第二审程序改判死刑的毒品犯罪案件;《刑法》第63条第2款规定的在法定刑以下判处刑罚的毒品犯罪案件;《刑法》第81条第1款规定的特殊情况的毒品假释案件。对毒品犯罪案件审判中出现的具体法律问题作出司法解释。对地方各级人民法院的毒品犯罪案件审判工作进行检查和指导。对地方各级人民法院同与我国签订司法协助条约的国家法院之间相互请求代为一定诉讼行为事宜进行审查。

最高人民检察院。协调检察机关与有关部门和单位在禁毒工作中的关系。领导、监督地方各级人民检察院对毒品犯罪案件的审查批准逮捕、审查起诉和抗诉工作,以及对毒品犯罪案件涉及的国家机关工作人员利用职权实施犯罪的立案侦查工作。依据审判监督程序,对各级人民法院对于毒品案件生效的判决、裁定提出抗诉。领导地方各级人民检察院依法对毒品犯罪案件的立案、侦查、审判和刑罚执行活动进行监督。组织、指导全国检察机关的禁毒专业培训,提高禁毒执法水平。

外交部。根据我国外交工作总体方针和国别政策,协助有关部门对禁毒领域的涉外事项进行政策把关,处理禁毒领域国际合作中的有关问题。参与制定禁毒领域国际文书。配合有关部门做好禁毒对外宣传工作。

国家发展计划委员会。把禁毒事业发展计划纳入国民经济和社会发展中长期规划和年度发展计划,做好禁毒事业与国民经济和社会发展的衔接平衡与协调发展。按规定程序统筹安排用于禁毒基本建设的投资和利用外资计划。

国家经济贸易委员会。从制定产业政策和调控当前国民经济运行的角度,会同有关部门研究制定涉及禁毒的产业政策,协同有关部门依法取缔非法药品生产企业。负责制定化工行业、轻工行业易制毒产品生产管理制度;负责化工行业、轻工行业易制毒化学品重点生产企业的生产协调和监管,规范销售渠道;配合对外贸易经济合作部做好易制毒化学品的进出口审批和调查核实工作;配合海关总署和公安部做好打击走私易制毒化学品犯罪活动的工作。

教育部。制定教育系统开展禁毒教育工作的政策、规划,将禁毒教育作为大、中、小学德育和安全教育的一项重要内容,纳入学校日常教育工作。加强对学校禁毒工作的组织领导,制定有关学校防毒、禁毒的制度和措施,明确校长是第一责任人,把学校无吸毒、贩毒现象作为学校德育和安全教育的一项基本目标。加强对大、中、小学生的法制教育和禁毒教育,提高其防毒、禁毒意识;配合有关部门开展对全社会的禁毒宣传教育工作。

国家安全部。收集国际毒品犯罪组织的情报,以及世界各国在打击毒品犯罪方面采取的措施和工作经验,为我国研究制定禁毒政策、措施提供参考。与有关国家和地区的情报安全机构就国际毒品形势、反毒斗争业务等方面开展国际合作与交流。完成中央交办的反毒品方面的专项工作。

民政部。加强基层政权和社区建设工作,促进禁毒、戒毒政策的落实。救济符合社会救济条件、家庭人均收入低于当地最低生活保障标准的戒毒人员及其家属。加强对禁毒社团的管理,支持其依法开展工作。做好对禁毒英烈的抚恤工作。协助公安机关对被收容人员进行禁毒、戒毒宣传教育,并对其中的吸毒、贩毒人员做好审查、移交工作。

司法部。开展禁毒法制宣传教育,并将其纳入普法教育规划。依法收容强制戒毒的劳动教养人员,积极做好强制戒毒、治疗康复和矫治恶习工作,努力降低复吸率。负责对在监狱服刑的涉毒罪犯的关押改造工作,依法执行刑罚,做好教育改造工作,不断提高改造质量,努力减少重新犯罪。

财政部。根据禁毒实际情况和工作任务,对禁毒、戒毒等所需费用,在财力上给予必要的支持。认真贯彻落实"收支两条线"规定,做好对缉毒缴获的毒资、非法收益和罚没财物的管理工作。研究制定禁毒经费管理制度,加强对禁毒经费的管理和监督,提高资金使用效益。

农业部。根据有关规定,确定麻醉药品原植物的种植单位,会同有关部门下达当年国家指令性生产计划;负责种植单位生产和加工的组织、管理及生产基地建设规划;协调主、副产品价格和供销事宜,协助做好生产、加工和收贮环节的安全监管工作。负责麻醉药品原植物种子选育、引进、审定、应用管理,承担麻醉药品原植物种质资源搜集、保存和鉴定工作。协助有关部门指导麻醉药品原植物的禁种和铲除工作。会同有关部门指导利用境外农作物替代罂粟种植工作和境内大麻改植工作,不断提高替代和改植技术。会同有关部门制定兽用麻醉药品的供应和使用管理办法。

对外贸易经济合作部。协调有关部门制定和修改易制毒化学品进出口管理政策,建立和完善管理机制,强化易制毒化学品进出口管理,在维护合法贸易正常开展的前提下,防止易制毒化学品通过非法贸易流入国内外制毒渠道。检查、监督、指导地方各级外经贸行政管理部门和中央企业贯彻执行易制毒化学品进出口管理规定,督促其做好对本地区或本系统进出口企业进出口易制毒化学品的初审工作。负责对各类进出口企业进出口易制毒化学品进行审批,签发进出口许可证。加强国际合作和部门协调,按照国际禁毒公约有关规定和国家禁毒委员会的要求,配合国家禁毒委员会办公室,对重要、敏感的易制毒化学品强化管制力度,开展国际核查,避免流入非法渠道。了解掌握外经贸领域禁毒工作的情况,及时向有关部门反映并会同有关部门适时调整有关政策和管理办法。

文化部。发挥文艺团体及各级群众艺术馆、文化馆(站)的作用,运用各种艺术形式宣传国家禁毒法律、法规和方针、政策。支持、鼓励文艺工作者通过艺术创作反映禁毒斗争中涌现出的英雄事迹,揭露国内外毒品犯罪分子的罪恶,揭示毒品对人类生命、社会秩序、家庭和个人幸福的严重危害性。按照国家禁毒委员会的部署,协助有关部门和单位做好重大宣传文艺活动的组织工作。配合公安机关加强娱乐场所的管理。

国家广播电影电视总局。指导各电台、电视台开展禁毒法律、法规和方针、政策及有关知识的宣传普及工作,协调中央人民广播电台、中央电视台、中国国际广播电台宣传报道禁毒工作。支持、鼓励广播电影电视工作者创作反映禁毒题材的电影、电视和广播节目。

国家工商行政管理局。组织各级工商行政管理机关加强对工商企业、市场的监督管理,配合公安机关查处流通领域及娱乐场所中发生的毒品犯罪行为;对查实参与贩毒、非法贩卖易制毒化学品、麻醉药品、精神药物的经营单位,依法吊销营业执照。配合公安机关加强对个体工商户和私营企业的宣传教育工作。

国家林业局。协调地方林业主管部门,配合地方人民政府做好东北和内蒙古国有林区毒品原植物的禁种和铲除工作,依法打击林区毒品犯罪活动。配合有关部门做好林区禁毒宣传工作。

国家药品监督管理局。履行麻醉品管制国际公约义务,负责麻醉药品、精神药物的监督管理工作。负责戒毒药品的监督管理工作。负责麻黄素的生产、销售管理工作。负责全国药物滥用监测工作,定期向国家禁毒委员会报告全国药物滥用监测情况。负责组织审核戒毒治疗方案及康复模式的研究工作。负责组织麻醉品专家委员会对全国戒毒工作提供咨询意见。配合有关部门管理戒毒医疗机构,开展药物滥用社区防治和预防教育工作。

解放军总参谋部。协调军队有关部门,做好军队内部的禁毒工作。支持、协助各地区和有关部门开展禁毒工作。

全国总工会。提出全国工会系统参与禁毒工作的指导意见。组织协调直属新闻单位,配合有关部门加强对职工群众的禁毒宣传教育工作。

共青团中央。加强青少年法制宣传教育工作,在青少年中普及禁毒法律知识,增强青少年拒毒防毒意识。开展丰富多彩的文化、科技、体育活动,丰富青少年精神生活,教育青少年远离毒品。组织青少年积极参与禁毒专项斗争和有关禁毒工作。优化青少年成长环境,进一步维护未成年人的合法权益,做好涉毒青少年的帮教工作。广泛开展创建优秀"青少年维权岗"活动,协调与青少年事务有关的部门共同禁毒。

全国妇联。加强毒品预防教育工作,教育妇女远离毒品。把禁毒工作作为各级妇联参与社会治安综合治理的重要工作内容之一,实行目标管理,通过组织形式多样的活动,推动禁毒工作。组织、动员妇女积极参与禁毒斗争,特别是参与社会帮教工作。发挥妇女在家庭中的特殊作用,努力做好家庭毒品预防教育工作。

三、禁毒工作机制

《禁毒法》第 4 条第 2 款规定:"禁毒工作实行执法统一领导,有关部门各负其责,社会广泛参与的工作机制。"毒品问题是一个复杂的社会问题,禁毒是一项社会系统工程,是全社会的共同责任。通过禁毒立法,明确国家机关、社会团体、企事业单位以及其他组织和公民的禁毒责任,强调各级政府、有关部门和全社会的禁毒职责和义务,形成政府统一领导,禁毒委员会主管并组织、协调、指导,有关部门各负其责,社会广泛参与的禁毒工作格局。

禁毒立法鼓励一切社会组织和个人对禁毒工作的社会捐赠,这是建立社会广泛参与禁毒工作机制的重要内容。国家鼓励公民举报毒品违法犯罪行为,并对举报人予以保护,表彰和奖励举报毒品违法犯罪行为的有贡献的单位和个人,这是公民参与禁毒工作的重要途径。国家鼓励志愿者参与禁毒宣传和戒毒社会服务工作,宣传毒品的危害和毒品违法犯罪行为的危害,教育人们远离毒品,协助司法机关和专门的戒毒机构,对本社区的吸毒人员进行帮助戒毒,这是动员社会力量参与戒毒的重要方面。

禁毒工作作为政府的一项重要工作,通过立法,纳入国家和地方国民经济和社会发展总体规划,县级以上人民政府要将禁毒经费列入财政预算,为禁毒工作提供充足的经费保障。通过社会捐赠等多种渠道提供稳定、必需的经费保障。

科学的禁毒方法是禁毒工作取得成效的重要保障。立法鼓励开展禁毒科学技术研究,通过推广先进的缉毒技术、装备和戒毒方法,以促进禁毒工作的有效开展和收到明显成效。

中国禁毒基金会是具有独立法人地位的全国性非营利社会团体，于 1999 年 4 月 28 日登记成立。中国禁毒基金会的宗旨是动员社会各界和广大人民群众参与禁毒斗争，筹集和接受捐赠，支持中国禁毒事业的发展，开展国际民间禁毒合作，为人民健康幸福和民族兴旺发达而努力。

第四节　禁毒法律制度的基本内容

一、毒品管制制度

毒品是被国家有关禁毒法律法规列入专门管制的物品。国家对麻醉药品、精神药品和易制毒化学品进行管理确定了严格的管制制度，包括对麻醉药品药用原植物的管制；对麻醉药品和精神药品的实验研究、生产、经营、使用、储存、运输实行许可和查验制度；对易制毒化学品的生产、经营、购买、运输实行许可制度；对麻醉药品、精神药品和易制毒化学品的进出口实行许可制度等。

（一）麻醉药品药用原植物的管制制度

《禁毒法》第 19 条规定："国家对麻醉药品药用原植物种植实行管制。禁止非法种植罂粟、古柯植物、大麻植物以及国家规定管制的可以用于提炼加工毒品的其他原植物。禁止走私或者非法买卖、运输、携带、持有未经灭活的毒品原植物种子或者幼苗。"

国家对罂粟、古柯植物、大麻植物等毒品原植物的种植实行严格的管制，颁布了一系列法律、法规和有关规定，主要有《刑法》《治安管理处罚法》《麻醉药品和精神药品管理条例》《麻醉药品和精神药品生产管理办法（试行）》《罂粟壳管理暂行规定》《关于严禁非法种植罂粟的通知》等。

所谓"非法"是指未经国家主管部门批准，私自种植毒品原植物，或者没有按照批准的种植计划、限定数量进行种植。"种植"包括从播种到割取津液、收取种子全过程。对于实施非法种植罂粟、古柯植物、大麻植物以及国家规定管制的可以用于提炼加工毒品的其他原植物的行为，《治安管理处罚法》第 71 条第 1 款、《刑法》第 351 条分别作了明确的处罚规定。

国家禁止走私或者非法买卖、运输、携带、持有未经灭活的毒品原植物种子或者幼苗，所谓"未经灭活的毒品原植物种子或者幼苗"，是指没有经过烘烤、放射线照射等处理手段，还能继续繁殖、发芽的罂粟等毒品原植物种子或者幼苗。

对于实施走私或者非法买卖、运输、携带、持有未经灭活的毒品原植物种子或者幼苗的行为,《治安管理处罚法》第 71 条第 2、第 3 款、《刑法》第 352 条,分别作出了明确的处罚规定。

《禁毒法》第 20 条以及《麻醉药品和精神药品管理条例》《麻醉药品和精神药品生产管理办法(试行)》都对麻醉药品药用原植物种植企业的管理作了明确的规定。麻醉药品药用原植物种植企业必须是由国务院药品监督管理部门和国务院农业主管部门共同确定,其他单位和个人不得种植麻醉药品药用原植物。麻醉药品药用原植物种植企业应当根据年度种植计划进行种植,并向国务院药品监督管理部门和国务院农业主管部门定期报告种植情况。国家确定的麻醉药品药用原植物种植企业的提取加工场所,以及国家设立的麻醉药品储存仓库,列为国家重点警戒目标。麻醉药品药用原植物种植企业、国家设立的麻醉药品储存单位,应当设置储存麻醉药品和第一类精神药品的专库。

(二)麻醉药品和精神药品的许可和查验制度

根据《麻醉药品和精神药品管理条例》的规定,"麻醉药品和精神药品"是指列入国家的麻醉药品和精神药品管制目录的药品和其他物质。"麻醉药品"是指阿片类、大麻类、可卡因类等天然来源、半合成或合成的一些具有依赖性潜力的药用原植物、药品和物质。根据 2007 年版《麻醉药品和精神药品品种目录》,列入管制的麻醉药品有 123 种。"精神药品"是指致幻剂、兴奋剂、镇静催眠剂等一些具有依赖性潜力的药品和物质。根据 2007 年版《麻醉药品和精神药品品种目录》规定,"精神药品"分为两类,第一类精神药品有 53 种,第二类精神药品有 79 种。

我国于 1985 年加入了《1961 年麻醉品单一公约》和《1971 年精神药物公约》,国务院制定了《麻醉药品和精神药品管理条例》,国家药品监督管理局颁布了《麻醉药品和精神药品生产管理办法(试行)》《麻醉药品和精神药品经营管理办法(试行)》《麻醉药品和精神药品邮寄管理办法》《麻醉药品和精神药品运输管理办法》等,这些法律规范文件形成了对麻醉药品和精神药品生产、经营、使用、储存、运输等环节的管制制度。《禁毒法》重申了国家对麻醉药品和精神药品的管制,第 21 条第 1 款规定:"国家对麻醉药品和精神药品实行管制,对麻醉药品和精神药品的实验研究、生产、经营、使用、储存、运输实行许可和查验制度。"

(三)易制毒化学品的许可制度

"易制毒化学品"是指国家规定管制的可用于制造麻醉药品和精神药品的化学原料及配剂,分为三类:第一类是可以用于制毒的主要原料,包括黄樟油、异黄樟素、邻氨基苯甲酸、麻黄素等物质;第二类、第三类是可以用于制毒的化学配剂,其中:第二类有苯乙酸、醋酸酐、二氯甲烷、乙醚、哌啶,第三类有甲苯、丙酮、甲基乙基酮、高锰酸钾、硫酸、盐酸。易制毒化学品流入非法渠道可以用于制造毒品,尤其是制贩冰毒、摇头丸等,因此,加强对易制毒化学品生产、经营各环节的管理,可以从源头上控制易制毒化学品流入非法渠道制造毒品,从而减少毒品的供应。为此,我国有关部门制定了《易制毒化学品管理条例》《易制毒化学品购销和运输管理办法》《非药品类易制毒化学品生产、经营许可办法》等法律规范,确立了易制毒化学品的许可制度。《禁毒法》进一步重申了我国政府对易制毒化学品进行严格管理的精神,第 21 条第 2 款规定:"国家对易制毒化学品的生产、经营、购买、运输实行许可制度。"

(四) 麻醉药品、精神药品和易制毒化学品的进出口许可制度

《禁毒法》第 22 条规定:"国家对麻醉药品、精神药品和易制毒化学品的进口、出口实行许可制度。国务院有关部门应当按照规定的职责,对进口、出口麻醉药品、精神药品和易制毒化学品依法进行管理。禁止走私麻醉药品、精神药品和易制毒化学品。"

"麻醉药品和精神药品"是指列入国家公布的麻醉药品、精神药品目录的药品和其他物质。"易制毒化学品"是指列入国家公布的易制毒化学品目录的物质。麻醉药品、精神药品和易制毒化学品进口、出口必须持有国务院药品监督管理部门核发的《进口许可证》《出口许可证》。未经许可从事麻醉药品、精神药品和易制毒化学品进口、出口的,将构成违法乃至犯罪行为。对麻醉药品、精神药品进口、出口承担管理职责的是国务院药品监督管理部门和海关等部门;对易制毒化学品进口、出口承担管理职责的是国务院商务主管部门、公安部门和海关等部门。

二、戒毒康复制度

针对原有戒毒制度的缺陷,《禁毒法》规定了社区戒毒、强制隔离戒毒和社区康复三种戒毒康复形式,建立生理脱毒、身心康复和重返社会"三位一体"的戒毒康复模式。

(一) 社区戒毒

社区戒毒是我国《禁毒法》规定的戒毒措施之一。《禁毒法》第 33 条规定:"对吸毒成瘾人员,公安机关可以责令其接受社区戒毒。"社区戒毒是指吸毒成瘾人员在户籍所在地或者居住地的城市街道办事处、乡镇人民政府或者其指定有关基层组织(如居委会、村委会)的监督下自愿进行戒毒。社区戒毒的监管主体是城市街道办事处、乡镇人民政府或者其指定的有关组织、戒毒人员的其他家庭成员。社区戒毒的戒毒场所包括戒毒人员的家庭、戒毒人员生活的社区。

社区戒毒是半自愿半约束性质的戒毒。一是吸毒成瘾人员在社区自愿戒毒是以接受公安机关作出的社区戒毒责令为前提的,如果吸毒成瘾人员不接受公安机关作出的社区戒毒责令,公安机关有权对其采取强制隔离戒毒措施;二是社区戒毒是以戒毒协议的方式进行监督管理的,即城市街道办事处、乡镇人民政府或者其指定有关基层组织(如居委会、村委会)与戒毒人员签订社区戒毒协议,落实具体戒毒措施,以实现戒毒目的。戒毒人员自愿接受社区戒毒协议约束进行戒毒,否则,如果严重违反社区戒毒协议约定,公安机关有权对其采取强制隔离戒毒措施。

(二) 强制隔离戒毒

《禁毒法》第 38 条第 1 款规定,吸毒成瘾人员有该条款所列情形之一的,由县级、设区的市级人民政府公安机关作出强制隔离戒毒的决定。(1) 拒绝接受社区戒毒的;(2) 在社区戒毒期间吸食、注射毒品的;(3) 严重违反社区戒毒协议的;(4) 经社区戒毒、强制隔离戒毒后再次吸食、注射毒品的。对于吸毒成瘾严重,通过社区戒毒难以戒除毒瘾的人员,由县级、设区的市级人民政府公安机关直接作出强制隔离戒毒的决定。吸毒成瘾人员自愿接受强制隔离戒毒的,经强制隔离戒毒场所所在地县级、设区的市级人民政府公安机关同意,可以进入强制隔离戒毒场所戒毒。强制戒毒决定由县级人民政府公安机关作出,吸毒成瘾人员必须在强制隔离戒毒场所内强制性地戒除毒瘾。

(三) 社区康复

社区康复是戒毒体系中的一个重要阶段。《禁毒法》第 48 条规定:"对于被解除强制隔离戒毒的人员,强制隔离戒毒的决定机关可以责令其接受不超过三年的社区康复。"社区康复是完成强制隔离戒毒之后的人员,在戒毒康复场所由社区工作人员为其提供心理辅导、生活帮扶,最终戒断毒瘾,回归社会。

康复本意是指某些患者达到最大限度的功能恢复。对吸毒者来说,康复是指利用各种条件来纠正吸毒者的各种心理和行为方面的障碍,提高其正常生活能力,使毒品依赖者最终能彻底戒除毒瘾,适应正常人的生活。康复治疗是整个戒毒过程中的重要一环,有资料证实,经过正规的康复治疗,可以使急性脱毒的成功率上升到 50%—60%,而未经康复治疗的急性脱毒者,成功率不到 10%。[①]

戒毒康复治疗首先使吸毒者脱离毒品,消除稽延期出现的失眠、烦躁等症状,改变原来的各种恶习,提高就业能力。而后,对戒毒者的心理进行矫治。

---

① 张绍民等主编:《戒毒大视角——吸毒的预防与戒毒》,中国公安大学出版社 2004 年版,第 240 页。

戒毒者接受各种心理训练、技能训练,参加各种工作治疗、文娱活动、体育锻炼,增强体质;从事劳动,养成良好生活习惯;接受个案辅导和进行小组活动,形成有利于康复的氛围。通过对吸毒者采取这些心理治疗措施,消除其人格偏差,纠正不正确的意识与行为,形成健康心理,使其最终摆脱毒瘾并保持终身不再吸毒。

三、禁毒宣传教育制度

为了增强全社会的禁毒意识,《禁毒法》单设"禁毒宣传教育"一章,充分体现出了禁毒宣传教育工作的重要意义和在禁毒工作中的重要地位。此前,在《未成年人保护法》等非禁毒专门法中也有了一些禁毒宣传教育的规定。

（一）禁毒宣传教育的形式

《禁毒法》第 11 条规定:"国家采取各种形式开展全民禁毒宣传教育,普及毒品预防知识,增强公民的禁毒意识,提高公民自觉抵制毒品的能力。"国家采取的禁毒宣传形式,包括利用各种新闻媒介、宣传活动等进行禁毒宣传教育;组织禁毒公益文艺演出,制作有关禁毒的影视、文学和艺术类作品进行宣传教育;采取结合一些毒品违法犯罪的案例以现身说法的形式,采取禁毒展览、禁毒英雄报告会的形式,组织禁毒知识竞赛,让有关专家讲述有关毒品的预防知识;让受过毒品危害的人讲述其遭受毒品危害的亲身经历;开展禁毒工作的宣传月、宣传周等,发放有关禁毒方面的宣传手册或其他宣传品;把禁毒知识纳入教学内容、安排教学课时,对学生进行课堂教育;在飞机场、火车站、长途汽车站、码头以及旅店、娱乐场所等公共场所张贴禁毒宣传画;等等。

（二）禁毒宣传教育的主体与职责

1. 禁毒宣传教育的主体

国家开展全民禁毒宣传教育,立法规定禁毒宣传教育的主体包括:国家机关、社会团体、企事业单位、其他组织、家庭(未成年人的父母和其他监护人)等。

2. 禁毒宣传教育主体的职责

禁毒法要求各级人民政府要高度重视禁毒宣传教育工作,将其作为一项经常性的长远工作来抓,同时还要组织政府各有关职能部门开展面向全社会的多种形式的禁毒宣传教育活动。

工会、共青团、妇女联合会应当结合各自工作对象的特点,组织开展禁毒宣传教育。

教育行政部门、学校应当将禁毒知识纳入教育、教学内容,对学生进行禁毒宣传教育。学校应当将禁毒知识通过编写教学大纲或直接编写教科书内容等方式,将禁毒知识纳入教学内容,安排教学课时对学生进行禁毒知识宣传教育。公安机关、司法行政部门和卫生行政部门应当利用本部门工作的有利条件对学校的禁毒宣传教育工作给予支持和帮助。

新闻、出版、文化、广播、电影、电视等政府有关单位和直接进行传播信息的大众传媒,如电视台、广播电台、报社、网站等,是禁毒宣传教育工作最直接的主体,应当负起禁毒宣传教育的主要责任,利用各自的特点和优势,有针对性地面向社会开展禁毒宣传教育。

《禁毒法》明确要求,飞机场、火车站、长途汽车站、码头以及旅店、娱乐场所等公共场所的经营者、管理者,必须负责本场所的禁毒宣传教育,落实禁毒防范措施,预防毒品违法犯罪的行为在本场所内发生。由于公共场所人员流动大、人群密集,是毒品违法犯罪人员经常出没的地方,同时,也是向大众开展经常性禁毒宣传教育的最佳场所。这些场所的经营者要依法开展经常性的面向社会的禁毒宣传教育活动。要加强场所内的巡视监管,预防毒品违法犯罪在本场所内发生;要设置禁毒警示标牌,提示旅客和顾客防范毒品危害,张贴禁毒宣传画、发放禁毒宣传资料、播放禁毒宣传教育信息等,这些禁毒宣传教育形式也可以起到震慑毒品违法犯罪人员的作用。

《禁毒法》要求国家机关、社会团体、企事业单位以及其他组织,都应当对本单位人员进行禁毒宣传教育;居民委员会、村民委员会应当协助人民政府以及公安机关等部门,加强禁毒宣传,落实禁毒防范措施,对本社区(村)的居民和村民进行禁毒宣传教育,落实禁种、禁制、禁贩、禁吸等禁毒防范措施。

3. 对未成年人的禁毒宣传教育

由于未成年人处在身心发育阶段,很多事情依赖父母和家庭,在学校外,生活在父母身边的时间最长,因此,家庭是预防未成年人吸毒和涉及其他毒品违法的第一道防线。1991年9月公布的《未成年人保护法》明确要求父母或其他监护人应当预防和制止未成年人吸毒;1997年,教育部会同国家禁毒委员会下发通知,规定把禁毒教育作为国民素质教育的组成部分,正式纳入中小学德育教育教学大纲。《禁毒法》再次明确了父母或者其他监护人在预防未成年人受毒品危害方面的责任和义务。对未成年的中小学生在校期间,学校负有对其进行禁毒教育的职责,应当用正式的教材和适当的课时对学生进行有关禁毒知识的教育。

第二章 毒品管制制度

第一节 毒 品 概 述

一、毒品的概念及其特征

《禁毒法》第 2 条规定,毒品是指鸦片、海洛因、甲基苯丙胺(冰毒)、吗啡、大麻、可卡因以及国家规定管制的其他能够使人形成瘾癖的麻醉药品和精神药品。《刑法》第 357 条的规定与此相同。毒品一般是指使人形成瘾癖的药物。这里的"药物"一词是个广义的概念,主要指吸毒者滥用的鸦片、海洛因、冰毒等,还包括具有依赖性的天然植物、溶剂等,与医疗用药物是不同概念。

毒品,有些可以天然获得,如鸦片就是通过切割未成熟的罂粟果而直接提取的一种天然制品,但绝大部分毒品只能通过化学合成方法取得。这些加工毒品必不可少的医药和化工生产用的原料就是我们所说的制毒物品。因此,制毒物品既是医药或化工原料,又是制造毒品的配剂。

毒品的主要特征,或者构成"毒品"概念的要素,是它的非法性、危害性和药物依赖性(成瘾性)。这三方面,是某些物质之所以被称之为"毒品"的不可或缺的属性,可以看作是毒品的"三要素"。

(一) 毒品的药物依赖性

毒品具有药用价值,如果不被非法滥用,它原本属于药物,而不是"毒品"。无论在国内还是国外,自古以来人们都把罂粟、大麻、古柯以及吗啡、可卡因等归于药品类,这些物品具有显著的镇静、止痛、解毒等药理作用,在合法使用的情况下它们是具有某种疗效的药品。将毒品的范围扩大到"自然物品"的观点是不适当的,正因为如此,医学上将"药物滥用"称为"吸毒"。毒品的药物性质使人类只能控制它而不能完全禁绝它,因为作为药物,它对人类有医疗作用和科学价值。

药物依赖性是毒品的特性,也是导致滥用的主要原因,但这种依赖性的形成及其程度的大小并不完全由该药物本身决定。世界卫生组织曾在 1967 年对药物依赖性下了这样的定义："由药物与机体作用造成的一种精神状态，有时也包括身体状态，表现出一种强迫性或定期用药的行为和其他反应。"由此可见，具有依赖性的药物之所以能够成为"毒品"，除药物本身之外，很重要的因素在于使用者。同样药物，或同一种毒品，对不同的人会产生不同效果。有的人吸食海洛因一次就上瘾，而有的人却因出现恶心、呕吐等不适反应，不再去吸食。有的成瘾者自制力强，可以将鸦片、海洛因戒断，而有的人不断戒毒又不断复吸。可见"毒品"的形成是一种社会行为的结果，不能简单地归罪于毒品本身。对于"毒品"的概念，也应该将医学、社会学、法学结合起来去定义。

（二）毒品的危害性

某些成瘾性药物之所以成为"毒品"，在于它的危害性。这种危害源于它的社会属性，即使人形成瘾癖，导致滥用。毒品的危害主要表现在身体（生理毒性）、精神（心理毒性）和社会三个方面。

对人的身体危害。"毒品"能够产生药物身体依赖性，一旦停止用药，生理功能就会发生紊乱，出现一系列严重反应使人感到非常痛苦，这一系列反应在医学上称为"戒断症状"。毒品本身对于人的神经、大脑、呼吸、消化道、心血管以及肌肉等重要的脏器或组织具有明显的毒性，在吸食期间或者戒断后的一定时期内，身体会出现程度不同的中毒反应，产生病患甚至危及生命。同时，身体对于反复吸入的毒品会产生耐受性，即只有增加剂量才能达到原先效果。这是吸毒者不断加大剂量的身体原因。而一旦吸食过量，则可能导致急性中毒引起死亡。

对人的精神损害。大量戒毒资料表明，生理上的"戒断症状"虽然痛苦，但在短期内可以克服并戒断，而心理依赖却非常强烈和持久，很难彻底戒断。从这个意义上说，对人的精神损害是毒品特有的、最严重的损害，也是毒品难以杜绝的关键因素之一。毒品的心理毒性源于药物的精神依赖性，即一般所说的"嗜好"或者"成瘾"。毒品进入机体后作用于大脑神经系统，使人产生一种特殊的精神效应，使使用者出现渴求用药的强烈欲望，驱使其不顾一切地寻求和使用该药物。这种精神依赖性危害不仅在于其难以消除，而且在于它常常使吸毒者难以自制，将寻觅和吸食毒品作为人生或生存的唯一目标以致丧失人格，从事各种违法犯罪活动。

毒品具有严重的社会危害性。这是"毒品"与"毒药"的重要区别。一般的毒药只是伤害用药者个人的身体或者生命，而毒品不仅损害使用者的身体和精神，还直接引发社会性的危害。毒品对家庭产生危害。一个家庭中一旦出现了吸毒者，家便不成其为家了。吸毒者在自我毁灭的同时，也破坏自己的家庭，使家庭陷入经济破产、亲属离散甚至家破人亡的境地。毒品对社会产生危害。吸毒首先导致吸毒者身体疾病,影响生产,造成社会财富的巨大损失和浪费。毒品活动扰乱社会治安,加剧诱发各种违法犯罪活动,给社会安定带来巨大威胁。

(三) 毒品的非法性

非法性是毒品的法律属性。我国刑法规定:走私、贩卖、运输毒品,非法种植毒品原植物,制造毒品,非法持有毒品,引诱、教唆、欺骗、强迫他人吸食、注射毒品以及非法提供毒品的行为都是犯罪行为,必须予以严惩。

1. 毒品的非法性表现为毒品是受国家管制的特殊药品

国家有关药品的管理制度是判断合法与非法的依据。也就是说,经国家管制的麻醉药品和精神药品本身并非是毒品,在依法管理、合理使用的情况下,它们特殊的药效能够发挥出来,成为对人类有益的药品;如果超越了法律的规定,被非法违禁使用,它们就变成了毒品。我国对于药品管理有两类法律规定:第一类是国内现行的药品管理法规,如《药品管理法》《麻醉药品管理办法》《精神药品管理办法》《易制毒化学药品管理条例》等;第二类是我国加入的有关国际公约,主要是联合国 1972 年修正的《1961 年麻醉品单一公约》、联合国《1971 年精神药物公约》和联合国《1988 年禁止非法贩运麻醉药品和精神药品公约》,还有我国参加并签订的国际禁毒会议的决议等。

2. 毒品的非法性表现在毒品是法律明文禁止滥用的药品

按照《药品管理法》,所有药品的生产、销售都要接受国家的管理和监督。然而,受特殊管理的药品除麻醉药品和精神药品之外,还包括放射性药品、剧毒性药品等,后者显然不是毒品。同时,非法药品中包括了假药、劣药以及包装或者销售违反《广告法》《商标法》的药品,它们显然也不是毒品。再者,由于各国的法律传统和法律制度不同,同一种麻醉药品在这个国家被看作是毒品,在另一个国家却是合法药品。如种植大麻,至今在美国的 10 个州仍是合法的。由此可见,判断是否"毒品"的关键依据或决定性标准是法律的具体规定。我国有关药品管理尤其是麻醉药品和精神药品管理的具体规定,全面、严格、具体、明确地规定了受管制的药品的种类、名称和范围,为区分药品、毒药和毒品提供了法律依据。

3. 毒品的非法性还表现为与其有关的行为是犯罪行为

毒品的非法性还表现在:可成为毒品的药品是最特殊的药品,与它有关的行为是严重的犯罪行为。毒品犯罪主要包括走私、贩卖、运输、制造毒品罪,非法持有毒品罪,包庇毒品犯罪分子罪,窝藏、转移、隐瞒毒品、毒赃罪,走私制毒物品罪,非法买卖制毒物品罪,非法种植毒品原植物罪,非法买卖、运输、携带、持有毒品原植物种子、幼苗罪,引诱、教唆、欺骗他人吸毒罪,强迫他人吸毒罪,容留他吸毒罪,非法提供麻醉药品、精神药品罪,等等。

二、毒品的种类

毒品的种类很多,联合国《1961 年麻醉品单一公约》《修正 1961 年麻醉药品单一公约的 1972 年议定书》《1971 年精神药物公约》和《禁止非法贩运麻醉药品和精神药物公约》,都附列有经联合国经社理事会麻醉品委员会认定的毒品和制毒物质的种类表,根据联合国的有关规定,受管制的天然毒品和人工合成毒品达150 多种。

联合国麻醉药品委员会将毒品分为六大类:① 吗啡型药物,包括鸦片、吗啡、可待因、海洛因和罂粟植物等最危险的毒品;② 可卡因和可卡叶;③ 大麻;④ 安非他明等人工合成兴奋剂;⑤ 安眠镇静剂,包括巴比妥药物和安眠酮;⑥ 精神药物,即安定类药物。

世界卫生组织(WHO)则将毒品分为八大类:① 吗啡类;② 巴比妥类;③ 酒精类;④ 可卡因类;⑤ 印度大麻类;⑥ 苯西胺类;⑦ 柯特(Khat)类;⑧ 致幻剂类。

国际上对毒品的排列分十个号,主要是鸦片、海洛因、大麻、可卡因、安非他明、致幻剂等十类,其中海洛因占据第三号、四号,即三号毒品和四号毒品,即通常在世界上被人们普遍习惯称为"三号海洛因"、"四号海洛因"。由于这样的习惯叫法使人们误以为还有一号、二号海洛因,而一号、二号海洛因实际是吗啡(盐基物)或吗啡类。

(一)鸦片类毒品

鸦片除含有糖、有机酸、树脂、水分、无机盐外,各种生物碱多达 20 种,生物碱中被取缔为麻醉药的生物碱为吗啡(4%—20%)、可卡因(0.4%—1.0%)、蒂巴因(0.4%—9.0%);不为麻醉品的生物碱为:那可辛(2%—10%)、罂粟碱(0.4%—1.0%)、那不辛因(0.2%—0.5%)。目前国内外出现的鸦片制品有:

1. 生鸦片(Raw Opium)

将未成熟的罂粟果割开,渗出的乳白色汁凝聚结在一起,与空气接触变得很稠并变成棕色或近黑色,这就是生鸦片。它有一种很浓的特殊气味,新鲜时稍有弹性,与空气接触时间长则变成硬块。

2. 精制鸦片(Prepared Opium)

精制鸦片称禅社,即经过加工便于吸食的鸦片,将生鸦片和水混合后加热,过滤以除去罂粟叶之类的杂质,将滤液进一步加热,使水分蒸发至所需浓度即可,它呈深褐色,新鲜时似软沥青或蜜糖,在空气中则凝固,亦有似雪茄烟的条状物,呈淡黑棕色或金色,且略有小气泡,致死量 2—5 克。

3. 鸦片渣(Oriumdross)

经吸食后未燃尽的精制鸦片的残渣,呈小珠状或粉末状,鸦片渣可与生鸦片一起加水制成精制鸦片。

4. 鸦片液(Loquid Opium)、鸦片酊(Tinc Tureof Opium)、鸦片粉(Pow-Dered Opium)、鸦片制剂(Opite)、合成鸦片制剂

鸦片液、鸦片酊、鸦片粉为合法生产的鸦片制品,如舐膏剂、糖浆、锭剂等按药品或专有名称称为"鸦片舐膏剂"或"糖浆",鸦片制剂含鸦片或鸦片衍生物的药品;合成鸦片制剂包括如美沙酮、杜冷丁之类的化合物,亦称为"合成鸦片制剂——美沙酮"。

5. 吗啡(Morphine)

从鸦片中提取出来的一种生物碱,在非法毒品交易中常遇到的是粗制吗啡、吗啡碱、吗啡的硫酸盐或盐酸盐,还发现有压缩成块状、粉末状及片状的吗啡,它是鸦片中最主要的一种生物碱,无色、味苦、结晶状、微溶于水,能溶于乙醇、氯仿等有机溶剂,易溶于(9∶1)的氯仿——乙醇溶液中,其盐能溶于水和乙醇,不溶于或难溶于乙醚、氯仿,熔点 230℃。吗啡的分子中因含有酚基,故可溶于强碱,0.25 克为成人致死量,儿童摄入 0.001 克致死,尸体中吗啡成分可长久不变。

6. 粗制吗啡(Crude Morphine)

所发现的粗制吗啡有压缩成块状或粉末状的,体积约为 5×10×15 立方厘米,重量为 1 200—1 500 克,颜色有米色和深褐色,每块所含的盐酸吗啡为70%—90%;粉末状粗制吗啡是白色或浅褐色细粒状物,在东南亚某些地区亦称为"1 号海洛因"。

7. 吗啡碱(Morphine Base)

直接从鸦片中提取出来的一种生物碱,有时有鸦片的特殊气味,形似细咖啡粒,吗啡碱中吗啡的一般含量为 60%—70%。

8. 吗啡片(Morphine Tablets)

合法生产的含硫酸吗啡或盐酸吗啡的药片,但常被转为非法买卖,药片很小,呈米色或浅黄色,合法生产的吗啡制品如舐膏剂、糖浆、锭剂等按药品或专有名称称为"鸦片舐膏剂"或"糖浆"。

9. 可卡因(Cocaine)

又叫甲基吗啡,和吗啡共存于鸦片中,现多由吗啡的酚基甲基化而成,性质与吗啡相似,熔点 155℃,成人致死量 0.3 克,其镇痛作用仅相当于吗啡的七分

之一左右,以片剂、胶囊和液体方式在市场上出现。

10. 海洛因碱(Heroin Base)

为二乙酰吗啡,不含其他添加物,也不含"3 号海洛因"中的稀释剂,如咖啡因、士的宁、喹啉和东莨菪碱。海洛因碱是加工过的海洛因,海洛因碱是固体,可碾成粉末,其颜色从淡灰色到深棕色或深灰色均有,在东南亚某些地区有时称之为"二号海洛因"。

11. 三号海洛因(NO. 3 Heroin)

不同地区产的三号海洛因别名不同,如"香港石"、"棕色糖"及"白龙珠"等。三号海洛因一般呈颗粒状,亦有呈粉末状的,颜色从浅棕色到深灰色均有,虽然在制备过程中有时加入巴比妥,但咖啡因是主要的稀释剂。三号海洛因中二乙酰吗啡的含量一般为 25%—45%(指二乙酰吗啡、单乙酰吗啡、乙酰可待因等的总量),但也有超过此范围量的,咖啡因的含量为 30%—60%,还可能含有少量其他物质如土地宁、喹啉和东莨菪碱。

12. 四号海洛因(NO. 4 Heroin)

白色或米色细粉末,其二乙酰吗啡的浓度达 98%,由于在生产过程中进行过提炼,因此,通常只含有少量杂质,但在零售给吸食者时,常常掺入大量类似乳酸盐类物质将此种海洛因稀释。四号海洛因与三号海洛因的区别,是在盐酸吗啡经乙酰化后,不对二乙酰吗啡进行稀释,而直接对二乙酰吗啡进行提炼,然后经过沉淀,予以干燥。目前国际上对海洛因的鉴定一般只定性不定号,含量超过 80%以上的确认为四号海洛因。因此,一般只认定是海洛因,而不认定是多少号海洛因。

13. 棕色海洛因(Brown Heroin)

在生产过程中未经提纯的海洛因,呈棕色。一般为硬块,常有一种很强的醋酸味,当所查获的毒品是海洛因,但又不属于以上提及的类型时,则简称为"海洛因",若知道其生产国或地区,则按国家和地区分类,例如"墨西哥海洛因"、"中东海洛因"、"伊朗海洛因"等,若含有大量的稀释剂时,这种毒品有时称之为"Streetlevel Heroin"。

(二)大麻类毒品

1. 大麻(Cannabis)

从大麻植物中得到的不同药物的总称,在大麻中主要起精神活性作用的是四氢大麻酚(THC),其含量取决于大麻植物生长的地区及其长势,同时也取决于所制成毒品的类型。国际上,通常将大麻制成的毒品分为三种,把用大麻原植物的茎、叶、花、籽等筛选、揉搓、挤压、凉干制成的粗制毒品称为大麻草或大麻烟;从大麻植物中提取的分泌物(浓缩树脂)制成的毒品称之为大麻脂;把从捣碎绞烂成浆的大麻植物中压榨、提炼的浓状液称作大麻油。在这三种大麻毒品中,四氢大麻酚的平均含量分别为:大麻草 5%左右,大麻脂 5%—22%、大麻油 20%—60%。其效力,大麻脂比大麻草高 8—10 倍,大麻油的效力又比大麻脂高 30—40 倍。

2. 草本植物大麻(Herbal Cannabis)

亦称 Daconha、Bhang、Ganju、Kil、Takrouri 和 Marihuana,草本植物大麻由大麻植物获得,将大麻植物叶子、花顶部晒干,压成砖块状或搓成枝条状,颜色呈淡绿色或棕色,类似干烟丝,四氢大麻酚含量为 0.25%—8%。

3. 大麻树脂(Cannabis Resin)

将大麻植物花顶部的树脂分泌物晒干或烧烤干,然后压成粉末状或与蜡混合制成硬厚片状,也称为 Haxhish 和 Charas,亦有粉末状的,其颜色有浅棕色、绿色、深棕色或黑色等,四氢大麻酚含量一般为 4%—12%。

4. 大麻油(Cannabis Oil)

亦称大麻浓缩物,大麻提取物、液体大麻树脂及液体大麻,经反复提取草本植物大麻或大麻树脂获得,大麻油是黑色黏稠物,其中四氢大麻酚含量为 20%—60%,亦有高于此比例的,大麻油中常加有植物油,通常不溶于水,长时间暴露于空气中会变得更黏。

(三) 可卡类毒品

1. 可卡叶(Coca Leaf)

可卡叶是主要生长在南美 Adean 高原上古柯灌木的叶子。

2. 可卡糊(Coca Paste)

可卡叶的提取物,主要含可卡生物碱,也称为可卡因碱,将可卡糊提纯则获得可卡因。

3. 可卡因(Cocaine)

无味白色结晶粉末,由可卡糊制备而得,常见的有盐酸可卡因。

4. "快克"(Crack)

将盐酸可卡因与小苏打和水混合加热去除氯离子后就得"快克",之所以这样称呼是因为在抽吸时常听到爆裂劈啪声音,吸 3—4 口开始有瘾,2—3 天即成瘾(而海洛因、可卡因的成瘾期则需 3 个月)。

(四) 精神类毒品

精神药物(Psychotropic Surstances)包括抑制剂、兴奋剂和幻觉剂。

1. 抑制剂(Depressant)

(1) 巴比妥酸盐类(Depressant-Barbiturate)。对中枢神经系统产生抑制作用的药物,其应用范围从镇静催眠到麻醉,这类药品包括戊巴比妥、烯丙异丙巴比妥、巴比妥、仲丁巴比妥、环巴比妥、二烯巴比妥、庚巴比妥、已巴比妥、戊巴比妥、苯巴比妥、甲基苯巴比妥、丙巴比妥、速可眠、甲丙巴比妥、特戊烯巴比妥和硫喷妥。

(2)非巴比妥酸盐类(Deprssant——Nonbarbiturate)。它包括非巴比妥酸盐类的催眠剂、镇静剂及对中枢神经系统有影响的安定剂。如瓦尔米、导眠能、安眠酮、甲哌啶酮、眠尔通及苯(并)二氮类,如利眠宁、安宁等。

2. 兴奋剂(Stimulants)

引起中枢神经系统产生明显作用的药物。其中最主要的是苯丙胺类,如苯丙胺、右旋苯丙胺、甲基苯丙胺、苯双甲吗啉及哌醋甲酯。其他兴奋剂包括二乙胺苯丙酮、苯丁胺和麻黄素。鉴于将这些药物统称为"兴奋剂"所以就给出右旋苯丙胺和甲基苯丙胺的全名以便于识别,因为这两种药物的药效均比单用苯丙胺大得多。

3. 致幻剂(Hallucinogens)

该类药物为天然的或合成的物质。使用者使用后意识和知觉、视觉变得很不正常,会产生幻觉,涉及这类药物时,应尽可能说明其所属类型,特别要注明是天然的还是合成产物。最常见的幻觉剂有以下几种:

(1)L. S. D:麦角酰二乙胺。L. S. D-25,是一种无色、无味结晶物,溶于水和乙醇。亦有液体状、粉末或吸附在纸上的 L. S. D,但一般为片剂或胶囊,每一剂量只含很少量的 L. S. D,所以 L. S. D总是与一些食品或能被人体吸收的物质,如糖块、胶或吸墨水纸混在一起。

(2)D. M. T:二甲基色胺。它无色结晶物质,是从 Wesc Indies 和南美洲一种植物种子中分离出来的,地下实验室亦能合成,在海地,被当作鼻烟吸的这种植物种子粉末被称为 Cohoba。

(3)P. C. P:苯环已哌啶。它是合法生产的动物麻醉剂,地下实验室也可制造这种药品。有时被当作 L. S. D、T. H. C、三甲氧苯胺出售。一般口服或撒在欧芹、草本植物大麻或烟丝上吸食。

(4)三甲氧苯乙胺(Mes-Caline)。它是柏约他仙人掌中的活性成分。在美国中部印第安部落已使用多年,这种药物也能合成,一般为口服。

(5)西洛西宾(Psilocybin)。它是从墨西哥的某种蘑菇中分离出来的,一般为白色粉末或清澈无味的液体,亦能合成。

致幻剂在美国的滥用情况于 20 世纪 60 年代后期达到最高峰,之后,随着对其危害性的认识不断增加其滥用有所收敛,但在 20 世纪 70 年代后期又有所抬头。

L.S.D 是麦角酸二乙酰胺的缩写,始于德国,它是从麦角真菌中提出的麦角酸与其他物质合成而得。第一次合成是在 1938 年。但直到 1943 年有一位化学家偶然吞服了 L.S.D 才发现其独特的作用,当他吞服后开始经历现在称之为"旅游"(指精神恍惚)过程时,他感到眩晕、对光感受强烈。当他合上双眼,他看到了连串极其生动活泼、充满幻想色彩的图案,并像万花筒里见到的一样不断变幻着斑斓的色彩,此过程大体持续 2 小时。口服时平均有效剂量为 30—50 毫克,高剂量时产生的作用可持续 10—12 小时。

迷幻剂的常规剂量约为 100—200 微克。做试验的服用者,在达到一定的耐受程度之后,可以服用高达 2 000 微克的剂量。20 世纪 60 年代进入非法市场时,一般是将其滴在一些能吸收的物品如方糖、吸墨水纸和药理上惰性的粉末(这种粉末然后被用来充填空的明胶胶囊)等基质上。在交易市场上常见的剂量形式是所谓的窗格,即常见的剂量形式是各种大小、形状的小药丸、片剂或者胶囊,颜色有米色、白色或彩色。迷幻剂本身则常是无色、无味、无嗅的液体。片剂的含量相差很大,从 20—500 微克不等,但最流行的一种直径为 1.6 毫米的圆形片剂含量较一致,约为 100 微克。吸毒者常把自服迷幻剂称作"滴酸"。20 世纪 80 年代,纸型剂量在非法市场上很常见,此时的纸型剂量与原先的不同。原先的纸型剂量是先将迷幻剂滴到纸上制成,而新的纸型剂量是将预先印好的纸张浸入迷幻剂溶液制得,这样含量较一致,每片呈正方形,大小约 5 平方毫米,含量 30—50 微克。

迄今发现的浸过迷幻剂的药纸有各种各样的设计,包括抽象艺术和动画图片、邮票和文身花纹,这些新的设计,特别受青年吸毒者的欢迎。精神药物麦角酸二乙基酰胺 25 号,它是一种烈性药物,只要服用微小剂量就可以刺激交感神经和副交感神经系统。这种药物是从一种寄生在黑麦上的麦角中提取出来的。1938 年,阿尔贝·霍夫曼博士用人工合成方法制造而获得成功。

麦角酸二乙基酰胺,又名麦角酰二乙胺,这种分离出来的化合物,是当时 27 种同族化合物中的第 25 位,因此得名麦角酸二乙基酰胺 25 号。它由麦角酸和仲酰胺(又名二乙基酰胺)合成而得,刚制成时无色无味,呈液体状态,一定时间后变成微白色的结晶体。

麦角酸二乙基酰胺 25 号常用剂量是 80—120 微克,致死量目前还不清楚(如有的服用 20—25 微克有反应,而有服用 3 000 微克仍未见可怕症状),尚未发现对此药物的机体上瘾。服用后一般 30—60 分钟到达血液循环,不久被散布到全身各部位细胞中,脑细胞中沉积很少,大部分沉积于小肠、肝脾及肾脏内(脑细胞中只沉积 2%),而后被肌体一点一点地排泄掉。注射这种毒品,30—60

分钟便出现早期反应,2小时后最为严重,6小时后基本上就不再发展,其病理作用时间可保持到12小时左右。

麦角酸二乙基酰胺在人体的早期反应是:视觉增强,呈青绿色的暖色调,情绪不稳,幻觉多变,周围物品成了幻想的东西,轮廓外形夸张,距离拉长或缩短,明暗对比立体感增强,视觉极速变化不规律。

麦角酸二乙基酰胺能提高听觉、嗅觉和触觉的敏感性,借助这种药物,人们可以感受到音乐,借助光线可以听到声音。注射麦角酸二乙基酰胺产生欣快现象并能使人增强活力,欣快现象的表现体现在安静或喧闹,大哭不止。增强活力是指感到一种近于狂妄自大的自信力量。

麦角酸二乙基酰胺,除了能造成严重的精神混乱外,还能给肉体带来痛苦,例如在神经系统的症状是:运动失调,步履蹒跚,抽搐,用量过大还会导致全身瘫痪。在心血管和消化系统的症状是:心动过速、恶心、头晕、血管扩张、震颤、手掌出冷汗,有时还会有战栗。因此,20世纪60年代后其产量急剧下降,并只限于在精神病研究所使用。

麦角酸二乙基酰胺对人体的作用大小与肌体条件有关。大部分时间是处于富于色彩的视觉,异乎寻常的听觉,舒适的人格解体(吸食者称之为"一次愉快的旅行"),但也出现充满噩梦的幻觉,导致可怕的精神混乱,有的仅(或许)出现一次,但有的反复出现(吸食者称之为"一次糟糕的旅行")。使用此药会出现一种特殊现象"反刍"(人们把麦角酸二乙基酰胺分子大量沉积于肾脏内的现象称之为"反刍"),即用过此药的人,如果不再使用,沉积于肾脏内的麦角酸二乙基酰胺分子大量消失的同时,有的又进入人的脑细胞,又在新的细胞中产生新的连锁反应(吸食者称此过程为"外加的旅行"),有些吸食者有意外的再现或"倒叙",也就是说,吸食者在不服用该药物时,就会有以往服用该药物后的感觉("幻觉")。

吸食麦角酸二乙基酰胺的人,多数是同时使用大麻或海洛因,或其他毒品的人,他们在使用其他毒品时不能产生上述效果时,吸食者才使用此毒品,他们也了解这种毒品的危险后果:发疯、自尽或伤残。所以20世纪60年代后,吸食者又把注意力转向比麦角酸二乙基酰胺毒性大上千倍的其他烈性药物。

三、毒品的有关术语

(一)制药术语

1. 片剂

由制片机以单程或旋转方式压缩粉状、品质状或颗粒状的材料而成的固体剂量形式的药物,药片有许多不同的形状、大小和颜色。

2．胶囊

装于可溶性软硬明胶外壳内的固体剂量,硬胶囊一般做成两半,一半的末端塞进另一半的末端。软胶囊则柔软,形状有圆形、扁形或椭圆形,胶囊常涂上各种颜色。

3．丸剂

早期的药物常制成一种小的圆形剂量,将药物原料扎成圆柱形后再将圆柱切成各个剂量,但现在这种丸剂方式已基本上被片剂和胶囊所取代。

4．酊剂

含有药性的植物浸膏酒精溶液。

5．浸膏

通过蒸馏或渗滤方法制得的一种浓缩的植物药物。

6．糖浆

一种浓缩糖水中的药物溶液。

(二) 药品名称

1．专利商标名

制造厂商给予某一种药或其一组药的一个标记。它们常常称作为商品名称或商标名称,一般与该药物的化学成分无关。所以,相同的药物或药品很可能以许多不同的名称出现。

2．化学名称

化学名称反映药物的化学成分,通常各国的卫生当局制定了立法,要求在药物的标签上使用化学名称,以使使用者能够识别药品的内容,化学名称国际通用。

3．非专利商标名

俗名,它使使用者易于识别药物。例如,非专利商标名：美沙酮;专利商标名：Dolophine、Deptidol、Physeptone。

(三) 其他术语

1．耐受性

该术语是指在某一等级上出现的机体对某一种或某一组药物丧失了感受性的状态,致使对同一剂量药物的反应在长期多次使用之后会下降。也就是说,用药者必须增加同一药物的剂量才能维持相同的效力。

2．交叉耐受性

当两种或更多的药物使用同一个酶系统时,机体不能对其加以区分,这样,即使药物对用药者来说不同,仍会出现耐受性,这就是交叉耐受性。例如,可卡因和海洛因据说会引起交叉耐受性。

3. 上瘾

该术语用于对某一种药物适应的状态,通常在发生了耐受性之后,导致在停止施药时会有一系列典型的脱瘾症状。

4. 脱瘾

指上瘾者无法服该上瘾的药物时出现的生理和精神症状。

5. 欣快感

一种人为的安然自得感受,在这种状态下,个人没有任何忧虑,也不关心外界的影响。

第二节　麻醉药品和精神药品管制

一、麻醉药品及其品种目录(2013)

根据国务院发布的原《麻醉药品管理办法》规定,麻醉药品是指连续使用后易产生身体依赖性、能成瘾癖的药品。麻醉药品包括:阿片类、可卡因类、大麻类、合成麻醉药类及卫生部指定的其他易成瘾癖的药品、药用原植物及其制剂。为了更加准确地定义麻醉药品,减少歧义,2005 年 11 月 1 日出台的《麻醉药品和精神药品管理条例》对之进行了重新定义:"本条例所称麻醉药品和精神药品,是指列入麻醉药品目录、精神药品目录(以下称目录)的药品和其他物质。"

麻醉药品并非毒品,且是手术等许多方面所必需的良药。麻醉药品正常使用有利健康,但部分麻醉药品连续滥用后易产生身体依赖性、能成瘾癖,所以其使用和贮存应严格管理。

麻醉药品品种目录(2013 年版)

序号	中 文 名	英 文 名	CAS 号	备 注
1	醋托啡	Acetorphine	25333 - 77 - 1	
2	乙酰阿法甲基芬太尼	Acetyl-*alpha*-methylfentanyl	101860 - 00 - 8	
3	醋美沙多	Acetylmethadol	509 - 74 - 0	
4	阿芬太尼	Alfentanil	71195 - 58 - 9	

序号	中文名	英文名	CAS号	备注
5	烯丙罗定	Allylprodine	25384 - 17 - 2	
6	阿醋美沙多	Alphacetylmethadol	17199 - 58 - 5	
7	阿法美罗定	Alphameprodine	468 - 51 - 9	
8	阿法美沙多	Alphamethadol	17199 - 54 - 1	
9	阿法甲基芬太尼	Alpha-methylfentanyl	79704 - 88 - 4	
10	阿法甲基硫代芬太尼	Alpha-methylthiofentanyl	103963 - 66 - 2	
11	阿法罗定	Alphaprodine	77 - 20 - 3	
12	阿尼利定	Anileridine	144 - 14 - 9	
13	苄替啶	Benzethidine	3691 - 78 - 9	
14	苄吗啡	Benzylmorphine	36418 - 34 - 5	
15	倍醋美沙多	Betacetylmethadol	17199 - 59 - 6	
16	倍他羟基芬太尼	Beta-hydroxyfentanyl	78995 - 10 - 5	
17	倍他羟基-3-甲基芬太尼	Beta - hydroxy - 3 - methylfentanyl	78995 - 14 - 9	
18	倍他美罗定	Betameprodine	468 - 50 - 8	
19	倍他美沙多	Betamethadol	17199 - 55 - 2	
20	倍他罗定	Betaprodine	468 - 59 - 7	
21	贝齐米特	Bezitramide	15301 - 48 - 1	
22	大麻和大麻树脂与大麻浸膏和酊	Cannabis and Cannabis Resin and Extracts and Tinctures of Cannabis	8063 - 14 - 7 6465 - 30 - 1	
23	氯尼他秦	Clonitazene	3861 - 76 - 5	
24	古柯叶	Coca Leaf		
25	可卡因*	Cocaine	50 - 36 - 2	
26	可多克辛	Codoxime	7125 - 76 - 0	
27	罂粟浓缩物*	Concentrate of Poppy Straw		包括罂粟果提取物*，罂粟果提取物粉*

续　表

序号	中 文 名	英 文 名	CAS 号	备　注
28	地索吗啡	Desomorphine	427 - 00 - 9	
29	右吗拉胺	Dextromoramide	357 - 56 - 2	
30	地恩丙胺	Diampromide	552 - 25 - 0	
31	二乙噻丁	Diethylthiambutene	86 - 14 - 6	
32	地芬诺辛	Difenoxin	28782 - 42 - 5	
33	二氢埃托啡 *	Dihydroetorphine	14357 - 76 - 7	
34	双氢吗啡	Dihydromorphine	509 - 60 - 4	
35	地美沙多	Dimenoxadol	509 - 78 - 4	
36	地美庚醇	Dimepheptanol	545 - 90 - 4	
37	二甲噻丁	Dimethylthiambutene	524 - 84 - 5	
38	吗苯丁酯	Dioxaphetyl Butyrate	467 - 86 - 7	
39	地芬诺酯 *	Diphenoxylate	915 - 30 - 0	
40	地匹哌酮	Dipipanone	467 - 83 - 4	
41	羟蒂巴酚	Drotebanol	3176 - 03 - 2	
42	芽子碱	Ecgonine	481 - 37 - 8	
43	乙甲噻丁	Ethylmethylthiambutene	441 - 61 - 2	
44	依托尼秦	Etonitazene	911 - 65 - 9	
45	埃托啡	Etorphine	14521 - 96 - 1	
46	依托利定	Etoxeridine	469 - 82 - 9	
47	芬太尼 *	Fentanyl	437 - 38 - 7	
48	呋替啶	Furethidine	2385 - 81 - 1	
49	海洛因	Heroin	561 - 27 - 3	
50	氢可酮 *	Hydrocodone	125 - 29 - 1	
51	氢吗啡醇	Hydromorphinol	2183 - 56 - 4	
52	氢吗啡酮 *	Hydromorphone	466 - 99 - 9	
53	羟哌替啶	Hydroxypethidine	468 - 56 - 4	
54	异美沙酮	Isomethadone	466 - 40 - 0	
55	凯托米酮	Ketobemidone	469 - 79 - 4	

序号	中文名	英文名	CAS号	备注
56	左美沙芬	Levomethorphan	125 - 70 - 2	
57	左吗拉胺	Levomoramide	5666 - 11 - 5	
58	左芬啡烷	Levophenacylmorphan	10061 - 32 - 2	
59	左啡诺	Levorphanol	77 - 07 - 6	
60	美他佐辛	Metazocine	3734 - 52 - 9	
61	美沙酮*	Methadone	76 - 99 - 3	
62	美沙酮中间体	Methadone Intermediate	125 - 79 - 1	4 - 氰基 - 2 - 二甲氨基 - 4,4 - 二苯基丁烷
63	甲地索啡	Methyldesorphine	16008 - 36 - 9	
64	甲二氢吗啡	Methyldihydromorphine	509 - 56 - 8	
65	3 - 甲基芬太尼	3 - Methylfentanyl	42045 - 86 - 3	
66	3 - 甲基硫代芬太尼	3 - Methylthiofentanyl	86052 - 04 - 2	
67	美托酮	Metopon	143 - 52 - 2	
68	吗拉胺中间体	Moramide Intermediate	3626 - 55 - 9	2 - 甲基 - 3 - 吗啉基 - 1,1 - 二苯基丁酸
69	吗哌利定	Morpheridine	469 - 81 - 8	
70	吗啡*	Morphine	57 - 27 - 2	包括吗啡阿托品注射液*
71	吗啡甲溴化物	Morphine Methobromide	125 - 23 - 5	包括其他五价氮吗啡衍生物,特别包括吗啡 - N - 氧化物,其中一种是可待因 - N - 氧化物
72	吗啡 - N - 氧化物	Morphine - N - oxide	639 - 46 - 3	
73	1 - 甲基 - 4 - 苯基 - 4 - 哌啶丙酸酯	1 - Methyl - 4 - phenyl - 4 - piperidinol propionate (ester)	13147 - 09 - 6	MPPP
74	麦罗啡	Myrophine	467 - 18 - 5	

序号	中 文 名	英 文 名	CAS号	备　注
75	尼可吗啡	Nicomorphine	639 - 48 - 5	
76	诺美沙多	Noracymethadol	1477 - 39 - 0	
77	去甲左啡诺	Norlevorphanol	1531 - 12 - 0	
78	去甲美沙酮	Normethadone	467 - 85 - 6	
79	去甲吗啡	Normorphine	466 - 97 - 7	
80	诺匹哌酮	Norpipanone	561 - 48 - 8	
81	阿片*	Opium	8008 - 60 - 4	包括复方樟脑酊*、阿桔片*
82	奥列巴文	Oripavine	467 - 04 - 9	
83	羟考酮*	Oxycodone	76 - 42 - 5	
84	羟吗啡酮	Oxymorphone	76 - 41 - 5	
85	对氟芬太尼	*Para*-fluorofentanyl	90736 - 23 - 5	
86	哌替啶*	Pethidine	57 - 42 - 1	
87	哌替啶中间体 A	Pethidine Intermediate A	3627 - 62 - 1	4 -氰基- 1 -甲基- 4 -苯基哌啶
88	哌替啶中间体 B	Pethidine Intermediate B	77 - 17 - 8	4 -苯基哌啶- 4 -羧酸乙酯
89	哌替啶中间体 C	Pethidine Intermediate C	3627 - 48 - 3	1 -甲基- 4 -苯基哌啶- 4 -羧酸
90	苯吗庚酮	Phenadoxone	467 - 84 - 5	
91	非那丙胺	Phenampromide	129 - 83 - 9	
92	非那佐辛	Phenazocine	127 - 35 - 5	
93	1 -苯乙基- 4 -苯基- 4 -哌啶乙酸酯	1 - Phenethyl - 4 - phenyl - 4 - piperidinol acetate （ester）	64 - 52 - 8	PEPAP
94	非诺啡烷	Phenomorphan	468 - 07 - 5	
95	苯哌利定	Phenoperidine	562 - 26 - 5	
96	匹米诺定	Piminodine	13495 - 09 - 5	
97	哌腈米特	Piritramide	302 - 41 - 0	

序号	中 文 名	英 文 名	CAS号	备　注
98	普罗庚嗪	Proheptazine	77 - 14 - 5	
99	丙哌利定	Properidine	561 - 76 - 2	
100	消旋甲啡烷	Racemethorphan	510 - 53 - 2	
101	消旋吗拉胺	Racemoramide	545 - 59 - 5	
102	消旋啡烷	Racemorphan	297 - 90 - 5	
103	瑞芬太尼*	Remifentanil	132875 - 61 - 7	
104	舒芬太尼*	Sufentanil	56030 - 54 - 7	
105	醋氢可酮	Thebacon	466 - 90 - 0	
106	蒂巴因*	Thebaine	115 - 37 - 7	
107	硫代芬太尼	Thiofentanyl	1165 - 22 - 6	
108	替利定	Tilidine	20380 - 58 - 9	
109	三甲利定	Trimeperidine	64 - 39 - 1	
110	醋氢可待因	Acetyldihydrocodeine	3861 - 72 - 1	
111	可待因*	Codeine	76 - 57 - 3	
112	右丙氧芬*	Dextropropoxyphene	469 - 62 - 5	
113	双氢可待因*	Dihydrocodeine	125 - 28 - 0	
114	乙基吗啡*	Ethylmorphine	76 - 58 - 4	
115	尼可待因	Nicocodine	3688 - 66 - 2	
116	烟氢可待因	Nicodicodine	808 - 24 - 2	
117	去甲可待因	Norcodeine	467 - 15 - 2	
118	福尔可定*	Pholcodine	509 - 67 - 1	
119	丙吡兰	Propiram	15686 - 91 - 6	
120	布桂嗪*	Bucinnazine		
121	罂粟壳*	Poppy Shell		

注：1. 上述品种包括其可能存在的盐和单方制剂(除非另有规定)。2. 上述品种包括其可能存在的异构体、酯及醚(除非另有规定)。3. 品种目录有 * 的麻醉药品为我国生产及使用的品种。

二、精神药品及其品种目录(2013)

精神药品是指直接作用于中枢神经系统,使其兴奋或抑制,连续使用可能产生依赖性的药品。2005 年 11 月 1 日出台的《麻醉药品和精神药品管理条例》对精神药品进行了定义:"本条例所称麻醉药品和精神药品,是指列入麻醉药品目录、精神药品目录(以下称目录)的药品和其他物质。"

精神药品正常服用有利生命和健康。精神药品不是毒品,但直接作用于中枢神经系统,使服用者极度兴奋或抑制,且会产生依赖性,形成所谓"药瘾",既损害人体健康,也扰乱社会治安,导致一系列家庭和社会问题,所以对其贮存、使用应认真管理,严禁滥用。但医院和药房也要保证精神药品正常销售。许多健康催眠药和健康的精神类药品不属精神药品,许多副作用相对不大的精神类药品和许多副作用相对不大的催眠药也不属于精神药品,国家鼓励药店销售这些催眠药和精神类药品。因此,将其列为特殊管理的药品类别之一(特殊管理的药品还有毒性药品、麻醉药品和放射性药品),对其生产、供应和使用均实行严格的管理。医生要严格药物的使用适应症,根据病人需要,合理使用,严禁乱用。

依据对人体产生依赖性和危害人体健康的程度,精神药品分为第一类和第二类。其中第一类比第二类更易于产生依赖性,且毒性和成瘾性更强。

精神药品品种目录(2013 年版)

第一类

序号	中 文 名	英 文 名	CAS号	备 注
1	布苯丙胺	Brolamfetamine	64638 - 07 - 9	DOB
2	卡西酮	Cathinone	71031 - 15 - 7	
3	二乙基色胺	3 - [2 - (Diethylamino) ethyl]indole	7558 - 72 - 7	DET
4	二甲氧基安非他明	(±)- 2,5 - Dimethoxy - *alpha* - methylphenethylamine	2801 - 68 - 5	DMA
5	(1,2 -二甲基庚基)羟基四氢甲基二苯吡喃	3 -(1,2 - dimethylheptyl)- 7,8,9,10 - tetrahydro - 6, 6,9 - trimethyl - 6*H*dibenzo [*b,d*]pyran - 1 - ol	32904 - 22 - 6	DMHP
6	二甲基色胺	3 - [2 - (Dimethylamino) ethyl]indole	61 - 50 - 7	DMT

序号	中 文 名	英 文 名	CAS号	备　注
7	二甲氧基乙基安非他明	（±）- 4 - ethyl - 2,5 - dimethoxy - α - methylphenethylamine	22139 - 65 - 7	DOET
8	乙环利定	Eticyclidine	2201 - 15 - 2	PCE
9	乙色胺	Etryptamine	2235 - 90 - 7	
10	羟芬胺	（±）- N -[alpha - methyl - 3,4 -(methylenedioxy) phenethyl]hydroxylamine	74698 - 47 - 8	N - hydroxy MDA
11	麦角二乙胺	（+）- Lysergide	50 - 37 - 3	LSD
12	乙芬胺	（±）- N - ethyl - alpha - methyl - 3,4 - (methylenedioxy) phenethylamine	82801 - 81 - 8	N - ethyl MDA
13	二亚甲基双氧安非他明	（±）- N,alpha - dimethyl - 3,4 -(methylene - dioxy) phenethylamine	42542 - 10 - 9	MDMA
14	麦司卡林	Mescaline	54 - 04 -- 6	
15	甲卡西酮	Methcathinone	5650 - 44 - 2 （右旋体）, 49656 - 78 - 2 （右旋体盐酸盐）, 112117 - 24 - 5 （左旋体）, 66514 - 93 - 0 （左旋体盐酸盐）	
16	甲米雷司	4 - Methylaminorex	3568 - 94 - 3	
17	甲羟芬胺	5 - methoxy - α - methyl - 3,4 -(methylenedioxy) phenethylamine	13674 - 05 - 0	MMDA
18	4 -甲基硫基安非他明	4 - Methylthioamfetamine	14116 - 06 - 4	
19	六氢大麻酚	Parahexyl	117 - 51 - 1	
20	副甲氧基安非他明	P-methoxy-alpha-methylphenethylamine	64 - 13 - 1	PMA

序号	中　文　名	英　文　名	CAS号	备　注
21	赛洛新	Psilocine	520－53－6	
22	赛洛西宾	Psilocybine	520－52－5	
23	咯环利定	Rolicyclidine	2201－39－0	PHP
24	二甲氧基甲苯异丙胺	2,5－Dimethoxy-*alpha*,4－dimethylphenethylamine	15588－95－1	STP
25	替苯丙胺	Tenamfetamine	4764－17－4	MDA
26	替诺环定	Tenocyclidine	21500－98－1	TCP
27	四氢大麻酚	Tetrahydrocannabinol		包括同分异构体及其立体化学变体
28	三甲氧基安非他明	(±)－3,4,5－Trimethoxy－alpha-methylphenethylamine	1082－88－8	TMA
29	苯丙胺	Amfetamine	300－62－9	
30	氨奈普汀	Amineptine	57574－09－1	
31	2,5-二甲氧基-4-溴苯乙胺	4－Bromo－2,5－dimethoxyphenethylamine	66142－81－2	2－CB
32	右苯丙胺	Dexamfetamine	51－64－9	
33	屈大麻酚	Dronabinol	1972－08－3	δ－9-四氢大麻酚及其立体化学异构体
34	芬乙茶碱	Fenetylline	3736－08－1	
35	左苯丙胺	Levamfetamine	156－34－3	
36	左甲苯丙胺	Levomethamfetamine	33817－09－3	
37	甲氯喹酮	Mecloqualone	340－57－8	
38	去氧麻黄碱	Metamfetamine	537－46－2	
39	去氧麻黄碱外消旋体	Metamfetamine Racemate	7632－10－2	
40	甲喹酮	Methaqualone	72－44－6	
41	哌醋甲酯*	Methylphenidate	113－45－1	
42	苯环利定	Phencyclidine	77－10－1	PCP

序号	中 文 名	英 文 名	CAS 号	备　注
43	芬美曲秦	Phenmetrazine	134 - 49 - 6	
44	司可巴比妥*	Secobarbital	76 - 73 - 3	
45	齐培丙醇	Zipeprol	34758 - 83 - 3	
46	安非拉酮	Amfepramone	90 - 84 - 6	
47	苄基哌嗪	Benzylpiperazine	2759 - 28 - 6	BZP
48	丁丙诺啡*	Buprenorphine	52485 - 79 - 7	
49	1 - 丁基 - 3 - (1 - 萘甲酰基)吲哚	1 - Butyl - 3 - (1 - naphthoyl) indole	208987 - 48 - 8	JWH - 073
50	恰特草	Catha edulis Forssk		Khat
51	2,5 - 二甲氧基 - 4 - 碘苯乙胺	2,5 - Dimethoxy - 4 - iodophenethylamine	69587 - 11 - 7	2C - I
52	2,5 - 二甲氧基苯乙胺	2,5 - Dimethoxyphenethylamine	3600 - 86 - 0	2C - H
53	二甲基安非他明	Dimethylamfetamine	4075 - 96 - 1	
54	依他喹酮	Etaqualone	7432 - 25 - 9	
55	[1 - (5 - 氟戊基) - 1H - 吲哚 - 3 - 基](2 - 碘苯基)甲酮	(1 - (5 - Fluoropentyl) - 3 - (2 - iodobenzoyl)indole)	335161 - 03 - 0	AM - 694
56	1 - (5 - 氟戊基) - 3 - (1 - 萘甲酰基) - 1H - 吲哚	1 - (5 - Fluoropentyl) - 3 - (1 - naphthoyl)indole	335161 - 24 - 5	AM - 2201
57	γ - 羟丁酸*	Gamma-hydroxybutyrate	591 - 81 - 1	GHB
58	氯胺酮*	Ketamine	6740 - 88 - 1	
59	马吲哚*	Mazindol	22232 - 71 - 9	
60	2 - (2 - 甲氧基苯基) - 1 - (1 - 戊基 - 1H - 吲哚 - 3 - 基)乙酮	2 - (2 - Methoxyphenyl) - 1 - (1 - pentyl - 1H - indol - 3 - yl)ethanone	864445 - 43 - 2	JWH - 250
61	亚甲基二氧吡咯戊酮	Methylenedioxypyrovalerone	687603 - 66 - 3	MDPV

续　表

序号	中　文　名	英　文　名	CAS号	备　注
62	4-甲基乙卡西酮	4-Methylethcathinone	1225617-18-4	4-MEC
63	4-甲基甲卡西酮	4-Methylmethcathinone	5650-44-2	4-MMC
64	3,4-亚甲二氧基甲卡西酮	3,4-Methylenedioxy-N-methylcathinone	186028-79-5	Methylone
65	莫达非尼	Modafinil	68693-11-8	
66	1-戊基-3-(1-萘甲酰基)吲哚	1-Pentyl-3-(1-naphthoyl)indole	209414-07-3	JWH-018
67	他喷他多	Tapentadol	175591-23-8	
68	三唑仑*	Triazolam	28911-01-5	

第二类

序号	中　文　名	英　文　名	CAS号	备　注
1	异戊巴比妥*	Amobarbital	57-43-2	
2	布他比妥	Butalbital	77-26-9	
3	去甲伪麻黄碱	Cathine	492-39-7	
4	环己巴比妥	Cyclobarbital	52-31-3	
5	氟硝西泮	Flunitrazepam	1622-62-4	
6	格鲁米特*	Glutethimide	77-21-4	
7	喷他佐辛*	Pentazocine	55643-30-6	
8	戊巴比妥*	Pentobarbital	76-74-4	
9	阿普唑仑*	Alprazolam	28981-97-7	
10	阿米雷司	Aminorex	2207-50-3	
11	巴比妥*	Barbital	57-44-3	
12	苄非他明	Benzfetamine	156-08-1	
13	溴西泮	Bromazepam	1812-30-2	
14	溴替唑仑	Brotizolam	57801-81-7	
15	丁巴比妥	Butobarbital	77-28-1	
16	卡马西泮	Camazepam	36104-80-0	
17	氯氮䓬	Chlordiazepoxide	58-25-3	

序号	中 文 名	英 文 名	CAS号	备 注
18	氯巴占	Clobazam	22316 - 47 - 8	
19	氯硝西泮*	Clonazepam	1622 - 61 - 3	
20	氯拉草酸	Clorazepate	23887 - 31 - 2	
21	氯噻西泮	Clotiazepam	33671 - 46 - 4	
22	氯嗯仑	Cloxazolam	24166 - 13 - 0	
23	地洛西泮	Delorazepam	2894 - 67 - 9	
24	地西泮*	Diazepam	439 - 14 - 5	
25	艾司唑仑*	Estazolam	29975 - 16 - 4	
26	乙氯维诺	Ethchlorvynol	113 - 18 - 8	
27	炔己蚁胺	Ethinamate	126 - 52 - 3	
28	氯氟草乙酯	Ethyl Loflazepate	29177 - 84 - 2	
29	乙非他明	Etilamfetamine	457 - 87 - 4	
30	芬坎法明	Fencamfamin	1209 - 98 - 9	
31	芬普雷司	Fenproporex	16397 - 28 - 7	
32	氟地西泮	Fludiazepam	3900 - 31 - 0	
33	氟西泮*	Flurazepam	17617 - 23 - 1	
34	哈拉西泮	Halazepam	23092 - 17 - 3	
35	卤沙唑仑	Haloxazolam	59128 - 97 - 1	
36	凯他唑仑	Ketazolam	27223 - 35 - 4	
37	利非他明	Lefetamine	7262 - 75 - 1	SPA
38	氯普唑仑	Loprazolam	61197 - 73 - 7	
39	劳拉西泮*	Lorazepam	846 - 49 - 1	
40	氯甲西泮	Lormetazepam	848 - 75 - 9	
41	美达西泮	Medazepam	2898 - 12 - 6	
42	美芬雷司	Mefenorex	17243 - 57 - 1	
43	甲丙氨酯*	Meprobamate	57 - 53 - 4	
44	美索卡	Mesocarb	34262 - 84 - 5	
45	甲苯巴比妥	Methylphenobarbital	115 - 38 - 8	

续　表

序号	中文名	英文名	CAS号	备注
46	甲乙哌酮	Methyprylon	125 - 64 - 4	
47	咪达唑仑*	Midazolam	59467 - 70 - 8	
48	尼美西泮	Nimetazepam	2011 - 67 - 8	
49	硝西泮*	Nitrazepam	146 - 22 - 5	
50	去甲西泮	Nordazepam	1088 - 11 - 5	
51	奥沙西泮*	Oxazepam	604 - 75 - 1	
52	奥沙唑仑	Oxazolam	24143 - 17 - 7	
53	匹莫林*	Pemoline	2152 - 34 - 3	
54	苯甲曲秦	Phendimetrazine	634 - 03 - 7	
55	苯巴比妥*	Phenobarbital	50 - 06 - 6	
56	芬特明	Phentermine	122 - 09 - 8	
57	匹那西泮	Pinazepam	52463 - 83 - 9	
58	哌苯甲醇	Pipradrol	467 - 60 - 7	
59	普拉西泮	Prazepam	2955 - 38 - 6	
60	吡咯戊酮	Pyrovalerone	3563 - 49 - 3	
61	仲丁比妥	Secbutabarbital	125 - 40 - 6	
62	替马西泮	Temazepam	846 - 50 - 4	
63	四氢西泮	Tetrazepam	10379 - 14 - 3	
64	乙烯比妥	Vinylbital	2430 - 49 - 1	
65	唑吡坦*	Zolpidem	82626 - 48 - 0	
66	阿洛巴比妥	Allobarbital	58 - 15 - 1	
67	丁丙诺啡透皮贴剂*	Buprenorphine Transdermal patch		
68	布托啡诺及其注射剂*	Butorphanol and its injection	42408 - 82 - 2	
69	咖啡因*	Caffeine	58 - 08 - 2	
70	安钠咖*	Caffeine Sodium Benzoate		CNB
71	右旋芬氟拉明	Dexfenfluramine	3239 - 44 - 9	

序号	中 文 名	英 文 名	CAS 号	备　注
72	地佐辛及其注射剂*	Dezocine and Its Injection	53648 - 55 - 8	
73	麦角胺咖啡因片*	Ergotamine and Caffeine Tablet	379 - 79 - 3	
74	芬氟拉明	Fenfluramine	458 - 24 - 2	
75	呋芬雷司	Furfennorex	3776 - 93 - 0	
76	纳布啡及其注射剂	Nalbuphine and its injection	20594 - 83 - 6	
77	氨酚氢可酮片*	Paracetamol and Hydrocodone Bitartrate Tablet		
78	丙己君	Propylhexedrine	101 - 40 - 6	
79	曲马多*	Tramadol	27203 - 92 - 5	
80	扎来普隆*	Zaleplon	151319 - 34 - 5	
81	佐匹克隆	Zopiclone	43200 - 80 - 2	

注：1. 上述品种包括其可能存在的盐和单方制剂(除非另有规定)。2. 上述品种包括其可能存在的异构体(除非另有规定)。3. 品种目录有 * 的精神药品为我国生产及使用的品种。

三、麻醉药品和精神药品的管制

麻醉药品和精神药品具有两重性：一方面，它同其他药品一样具有医疗和科学价值；另一方面，其独特的药理作用和生理作用使之具有易成瘾、易产生药物依赖的"毒性"。也就是说，这类药品使用得当可以治病救人，使用不当会严重危害人体健康，因此必须严格监管麻醉药品和精神药品。麻醉药品和精神药品的管理不同于一般药品的管理，相对而言更复杂、更具体，稍有不慎，易造成流失和滥用，危害社会和家庭。我国十分重视麻醉药品和精神药品的立法和监管工作，为了保证麻醉药品和精神药品的合法、安全使用，2005 年 11 月 1 日出台《麻醉药品和精神药品管理条例》并正式施行，原《麻醉药品管理办法》和《精神药品管理办法》自施行之日起废止。相对于原法规，新条例进行了较大改动，对麻醉药品和精神药品的管理更加严格、科学、全面，做到管理具体，各种措施落到实处，使麻醉药品和精神药品的管理经常化、制度化、规范化。随着我国法制化建设的逐步发展,有关麻醉药品和精神药品管理的法规体系必将得到更好的健全和完善,《麻醉药品和精神药品管理条例》也必将得到更好的贯彻实施。

(一)主管机构

《麻醉药品和精神药品管理条例》规定:"国务院药品监督管理部门负责全国麻醉药品和精神药品的监督管理工作,并会同国务院农业主管部门对麻醉药品药用原植物实施监督管理。国务院公安部门负责对造成麻醉药品药用原植物、麻醉药品和精神药品流入非法渠道的行为进行查处。""省、自治区、直辖市人民政府药品监督管理部门负责本行政区域内麻醉药品和精神药品的监督管理工作。县级以上地方公安机关负责对本行政区域内造成麻醉药品和精神药品流入非法渠道的行为进行查处。"涉及麻醉药品和精神药品的管理,与药品关系密切的主要有卫生部门、国家食品药品监督管理局(SFDA)、国家工商行政管理部门。可见,对麻醉药品和精神药品的管理,各部门之间存在职责交叉的问题。在实践中各部门都根据自己的需要对医疗机构麻醉药品和精神药品的使用进行监管,提出整改意见,出现了多头管理的问题。麻醉药品和精神药品在使用上目前存在着"能不用就不用,能少用就少用"的观点,多头管理更让这种观点盛行。这显然与我国大力推行麻醉药品和精神药品使用的观念相悖,因此,多头管理的局面有待改变,这就要求我国尽快进行机构改革,实行简明有效的行政管理方式。

(二)种植、实验研究和生产管制

1. 总量控制

国家根据麻醉药品和精神药品的医疗、国家储备和企业生产所需原料的需要确定需求总量,对麻醉药品药用原植物的种植、麻醉药品和精神药品的生产实行总量控制。

国务院药品监督管理部门根据麻醉药品和精神药品的需求总量制定年度生产计划。

国务院药品监督管理部门和国务院农业主管部门根据麻醉药品年度生产计划,制定麻醉药品药用原植物年度种植计划。

2. 麻醉药品药用原植物种植企业监管

麻醉药品药用原植物种植企业应当根据年度种植计划,种植麻醉药品药用原植物。麻醉药品药用原植物种植企业应当向国务院药品监督管理部门和国务院农业主管部门定期报告种植情况。

麻醉药品药用原植物种植企业由国务院药品监督管理部门和国务院农业主管部门共同确定,其他单位和个人不得种植麻醉药品药用原植物。

3. 开展麻醉药品和精神药品实验研究的条件和要求

开展麻醉药品和精神药品实验研究活动应当具备下列条件,并经国务院药品监督管理部门批准:

(1) 以医疗、科学研究或者教学为目的;

(2) 有保证实验所需麻醉药品和精神药品安全的措施和管理制度;

(3) 单位及其工作人员两年内没有违反有关禁毒的法律、行政法规规定的行为。

麻醉药品和精神药品的实验研究单位申请相关药品批准证明文件,应当依照药品管理法的规定办理;需要转让研究成果的,应当经国务院药品监督管理部门批准。

药品研究单位在普通药品的实验研究过程中,产生本条例规定的管制品种的,应当立即停止实验研究活动,并向国务院药品监督管理部门报告。国务院药品监督管理部门应当根据情况,及时作出是否同意其继续实验研究的决定。

麻醉药品和第一类精神药品的临床试验,不得以健康人为受试对象。

4. 麻醉药品和精神药品定点生产企业的条件和要求

国家对麻醉药品和精神药品实行定点生产制度。

国务院药品监督管理部门应当根据麻醉药品和精神药品的需求总量,确定麻醉药品和精神药品定点生产企业的数量和布局,并根据年度需求总量对数量和布局进行调整、公布。

麻醉药品和精神药品的定点生产企业应当具备下列条件:

(1) 有药品生产许可证;

(2) 有麻醉药品和精神药品实验研究批准文件;

(3) 有符合规定的麻醉药品和精神药品生产设施、储存条件和相应的安全管理设施;

(4) 有通过网络实施企业安全生产管理和向药品监督管理部门报告生产信息的能力;

(5) 有保证麻醉药品和精神药品安全生产的管理制度;

(6) 有与麻醉药品和精神药品安全生产要求相适应的管理水平和经营规模;

(7) 麻醉药品和精神药品生产管理、质量管理部门的人员应当熟悉麻醉药品和精神药品管理以及有关禁毒的法律、行政法规;

(8) 没有生产、销售假药、劣药或者违反有关禁毒的法律、行政法规规定的行为;

（9）符合国务院药品监督管理部门公布的麻醉药品和精神药品定点生产企业数量和布局的要求。

从事麻醉药品、第一类精神药品生产以及第二类精神药品原料药生产的企业，应当经所在地省、自治区、直辖市人民政府药品监督管理部门初步审查，由国务院药品监督管理部门批准；从事第二类精神药品制剂生产的企业，应当经所在地省、自治区、直辖市人民政府药品监督管理部门批准。

定点生产企业生产麻醉药品和精神药品，应当依照药品管理法的规定取得药品批准文号。

国务院药品监督管理部门应当组织医学、药学、社会学、伦理学和禁毒等方面的专家成立专家组，由专家组对申请首次上市的麻醉药品和精神药品的社会危害性和被滥用的可能性进行评价，并提出是否批准的建议。

未取得药品批准文号的，不得生产麻醉药品和精神药品。

发生重大突发事件，定点生产企业无法正常生产或者不能保证供应麻醉药品和精神药品时，国务院药品监督管理部门可以决定其他药品生产企业生产麻醉药品和精神药品。重大突发事件结束后，国务院药品监督管理部门应当及时决定前款规定的企业停止麻醉药品和精神药品的生产。

定点生产企业应当严格按照麻醉药品和精神药品年度生产计划安排生产，并依照规定向所在地省、自治区、直辖市人民政府药品监督管理部门报告生产情况。

定点生产企业应当依照本条例的规定，将麻醉药品和精神药品销售给具有麻醉药品和精神药品经营资格的企业或者依照本条例规定批准的其他单位。

麻醉药品和精神药品的标签应当印有国务院药品监督管理部门规定的标志。

（三）经营管制

1. 定点经营制度

国家对麻醉药品和精神药品实行定点经营制度。

国务院药品监督管理部门应当根据麻醉药品和第一类精神药品的需求总量，确定麻醉药品和第一类精神药品的定点批发企业布局，并应当根据年度需求总量对布局进行调整、公布。

2. 药品经营企业开办条件与经营范围

药品经营企业不得经营麻醉药品原料药和第一类精神药品原料药。但是，供医疗、科学研究、教学使用的小包装的上述药品可以由国务院药品监督管理部门规定的药品批发企业经营。

麻醉药品和精神药品定点批发企业除应当具备《药品管理法》第 15 条规定的药品经营企业的开办条件外,还应当具备下列条件:

(1) 有符合本条例规定的麻醉药品和精神药品储存条件;

(2) 有通过网络实施企业安全管理和向药品监督管理部门报告经营信息的能力;

(3) 单位及其工作人员两年内没有违反有关禁毒的法律、行政法规规定的行为;

(4) 符合国务院药品监督管理部门公布的定点批发企业布局。

麻醉药品和第一类精神药品的定点批发企业,还应当具有保证供应责任区域内医疗机构所需麻醉药品和第一类精神药品的能力,并具有保证麻醉药品和第一类精神药品安全经营的管理制度。

3. 全国性批发企业与区域性批发企业经营范围与要求

跨省、自治区、直辖市从事麻醉药品和第一类精神药品批发业务的企业(以下称全国性批发企业),应当经国务院药品监督管理部门批准;在本省、自治区、直辖市行政区域内从事麻醉药品和第一类精神药品批发业务的企业(以下称区域性批发企业),应当经所在地省、自治区、直辖市人民政府药品监督管理部门批准。专门从事第二类精神药品批发业务的企业,应当经所在地省、自治区、直辖市人民政府药品监督管理部门批准。全国性批发企业和区域性批发企业可以从事第二类精神药品批发业务。

全国性批发企业可以向区域性批发企业,或者经批准可以向取得麻醉药品和第一类精神药品使用资格的医疗机构以及依照本条例规定批准的其他单位销售麻醉药品和第一类精神药品。全国性批发企业向取得麻醉药品和第一类精神药品使用资格的医疗机构销售麻醉药品和第一类精神药品,应当经医疗机构所在地省、自治区、直辖市人民政府药品监督管理部门批准。国务院药品监督管理部门在批准全国性批发企业时,应当明确其所承担供药责任的区域。

区域性批发企业可以向本省、自治区、直辖市行政区域内取得麻醉药品和第一类精神药品使用资格的医疗机构销售麻醉药品和第一类精神药品;由于特殊地理位置的原因,需要就近向其他省、自治区、直辖市行政区域内取得麻醉药品和第一类精神药品使用资格的医疗机构销售的,应当经国务院药品监督管理部门批准。省、自治区、直辖市人民政府药品监督管理部门在批准区域性批发企业时,应当明确其所承担供药责任的区域。区域性批发企业之间因医疗急需、运输困难等特殊情况需要调剂麻醉药品和第一类精神药品的,应当在调剂后 2 日内将调剂情况分别报所在地省、自治区、直辖市人民政府药品监督管理部门备案。

全国性批发企业应当从定点生产企业购进麻醉药品和第一类精神药品。区域性批发企业可以从全国性批发企业购进麻醉药品和第一类精神药品;经所在地省、自治区、直辖市人民政府药品监督管理部门批准,也可以从定点生产企业购进麻醉药品和第一类精神药品。全国性批发企业和区域性批发企业向医疗机构销售麻醉药品和第一类精神药品,应当将药品送至医疗机构。医疗机构不得自行提货。

第二类精神药品定点批发企业可以向医疗机构、定点批发企业和符合《麻醉药品和精神药品管理条例》第31条规定的药品零售企业以及依照本条例规定批准的其他单位销售第二类精神药品。

麻醉药品和第一类精神药品不得零售。禁止使用现金进行麻醉药品和精神药品交易,但是个人合法购买麻醉药品和精神药品的除外。

经所在地设区的市级药品监督管理部门批准,实行统一进货、统一配送、统一管理的药品零售连锁企业可以从事第二类精神药品零售业务。

第二类精神药品零售企业应当凭执业医师出具的处方,按规定剂量销售第二类精神药品,并将处方保存两年备查;禁止超剂量或者无处方销售第二类精神药品;不得向未成年人销售第二类精神药品。

麻醉药品和精神药品实行政府定价,在制定出厂和批发价格的基础上,逐步实行全国统一零售价格。具体办法由国务院价格主管部门制定。

(四)使用管制

1. 药品生产企业麻醉药品和精神药品使用要求

药品生产企业需要以麻醉药品和第一类精神药品为原料生产普通药品的,应当向所在地省、自治区、直辖市人民政府药品监督管理部门报送年度需求计划,由省、自治区、直辖市人民政府药品监督管理部门汇总报国务院药品监督管理部门批准后,向定点生产企业购买。

药品生产企业需要以第二类精神药品为原料生产普通药品的,应当将年度需求计划报所在地省、自治区、直辖市人民政府药品监督管理部门,并向定点批发企业或者定点生产企业购买。

2. 科研与教育单位麻醉药品和精神药品使用要求

科学研究、教学单位需要使用麻醉药品和精神药品开展实验、教学活动的,应当经所在地省、自治区、直辖市人民政府药品监督管理部门批准,向定点批发企业或者定点生产企业购买。

需要使用麻醉药品和精神药品的标准品、对照品的,应当经所在地省、自治区、直辖市人民政府药品监督管理部门批准,向国务院药品监督管理部门批准的单位购买。

3. 医疗机构麻醉药品和精神药品使用要求

医疗机构需要使用麻醉药品和第一类精神药品的,应当经所在地设区的市级人民政府卫生主管部门批准,取得麻醉药品、第一类精神药品购用印鉴卡(以下称印鉴卡)。医疗机构应当凭印鉴卡向本省、自治区、直辖市行政区域内的定点批发企业购买麻醉药品和第一类精神药品。设区的市级人民政府卫生主管部门发给医疗机构印鉴卡时,应当将取得印鉴卡的医疗机构情况抄送所在地设区的市级药品监督管理部门,并报省、自治区、直辖市人民政府卫生主管部门备案。省、自治区、直辖市人民政府卫生主管部门应当将取得印鉴卡的医疗机构名单向本行政区域内的定点批发企业通报。

医疗机构取得印鉴卡应当具备下列条件:

(1)有专职的麻醉药品和第一类精神药品管理人员;

(2)有获得麻醉药品和第一类精神药品处方资格的执业医师;

(3)有保证麻醉药品和第一类精神药品安全储存的设施和管理制度。

医疗机构应当按照国务院卫生主管部门的规定,对本单位执业医师进行有关麻醉药品和精神药品使用知识的培训、考核,经考核合格的,授予麻醉药品和第一类精神药品处方资格。执业医师取得麻醉药品和第一类精神药品的处方资格后,方可在本医疗机构开具麻醉药品和第一类精神药品处方,但不得为自己开具该种处方。

医疗机构应当将具有麻醉药品和第一类精神药品处方资格的执业医师名单及其变更情况,定期报送所在地设区的市级人民政府卫生主管部门,并抄送同级药品监督管理部门。医务人员应当根据国务院卫生主管部门制定的临床应用指导原则,使用麻醉药品和精神药品。

具有麻醉药品和第一类精神药品处方资格的执业医师,根据临床应用指导原则,对确需使用麻醉药品或者第一类精神药品的患者,应当满足其合理用药需求。在医疗机构就诊的癌症疼痛患者和其他危重患者得不到麻醉药品或者第一类精神药品时,患者或者其亲属可以向执业医师提出申请。具有麻醉药品和第一类精神药品处方资格的执业医师认为要求合理的,应当及时为患者提供所需麻醉药品或者第一类精神药品。

执业医师应当使用专用处方开具麻醉药品和精神药品,单张处方的最大用量应当符合国务院卫生主管部门的规定。对麻醉药品和第一类精神药品处方,处方的调配人、核对人应当仔细核对,签署姓名,并予以登记;对不符合本条例规定的,处方的调配人、核对人应当拒绝发药。麻醉药品和精神药品专用处方的格式由国务院卫生主管部门规定。

医疗机构应当对麻醉药品和精神药品处方进行专册登记,加强管理。麻醉药品处方至少保存 3 年,精神药品处方至少保存 2 年。

医疗机构抢救病人急需麻醉药品和第一类精神药品而本医疗机构无法提供时,可以从其他医疗机构或者定点批发企业紧急借用;抢救工作结束后,应当及时将借用情况报所在地设区的市级药品监督管理部门和卫生主管部门备案。

对临床需要而市场无供应的麻醉药品和精神药品,持有医疗机构制剂许可证和印鉴卡的医疗机构需要配制制剂的,应当经所在地省、自治区、直辖市人民政府药品监督管理部门批准。医疗机构配制的麻醉药品和精神药品制剂只能在本医疗机构使用,不得对外销售。

因治疗疾病需要,个人凭医疗机构出具的医疗诊断书、本人身份证明,可以携带单张处方最大用量以内的麻醉药品和第一类精神药品;携带麻醉药品和第一类精神药品出入境的,由海关根据自用、合理的原则放行。

医务人员为了医疗需要携带少量麻醉药品和精神药品出入境的,应当持有省级以上人民政府药品监督管理部门发放的携带麻醉药品和精神药品证明。海关凭携带麻醉药品和精神药品证明放行。

医疗机构、戒毒机构以开展戒毒治疗为目的,可以使用美沙酮或者国家确定的其他用于戒毒治疗的麻醉药品和精神药品。具体管理办法由国务院药品监督管理部门、国务院公安部门和国务院卫生主管部门制定。

4. 其他单位麻醉药品和精神药品使用要求

食品、食品添加剂、化妆品、油漆等非药品生产企业需要使用咖啡因作为原料的,应当经所在地省、自治区、直辖市人民政府药品监督管理部门批准,向定点批发企业或者定点生产企业购买。

(五)储存、运输管制

1. 储存管制

麻醉药品药用原植物种植企业、定点生产企业、全国性批发企业和区域性批发企业以及国家设立的麻醉药品储存单位,应当设置储存麻醉药品和第一类精神药品的专库。该专库应当符合下列要求:

(1)安装专用防盗门,实行双人双锁管理;

(2)具有相应的防火设施;

(3)具有监控设施和报警装置,报警装置应当与公安机关报警系统联网。

全国性批发企业经国务院药品监督管理部门批准设立的药品储存点应当符合前款的规定。麻醉药品定点生产企业应当将麻醉药品原料药和制剂分别存放。

麻醉药品和第一类精神药品的使用单位应当设立专库或者专柜储存麻醉药品和第一类精神药品。专库应当设有防盗设施并安装报警装置；专柜应当使用保险柜。专库和专柜应当实行双人双锁管理。

麻醉药品药用原植物种植企业、定点生产企业、全国性批发企业和区域性批发企业、国家设立的麻醉药品储存单位以及麻醉药品和第一类精神药品的使用单位，应当配备专人负责管理工作，并建立储存麻醉药品和第一类精神药品的专用账册。药品入库双人验收，出库双人复核，做到账物相符。专用账册的保存期限应当自药品有效期期满之日起不少于 5 年。第二类精神药品经营企业应当在药品库房中设立独立的专库或者专柜储存第二类精神药品，并建立专用账册，实行专人管理。专用账册的保存期限应当自药品有效期期满之日起不少于 5 年。

2. 运输管制

托运、承运和自行运输麻醉药品和精神药品的，应当采取安全保障措施，防止麻醉药品和精神药品在运输过程中被盗、被抢、丢失。

通过铁路运输麻醉药品和第一类精神药品的，应当使用集装箱或者铁路行李车运输，具体办法由国务院药品监督管理部门会同国务院铁路主管部门制定。没有铁路需要通过公路或者水路运输麻醉药品和第一类精神药品的，应当由专人负责押运。

托运或者自行运输麻醉药品和第一类精神药品的单位，应当向所在地省、自治区、直辖市人民政府药品监督管理部门申请领取运输证明。运输证明有效期为 1 年。运输证明应当由专人保管，不得涂改、转让、转借。

托运人办理麻醉药品和第一类精神药品运输手续，应当将运输证明副本交付承运人。承运人应当查验、收存运输证明副本，并检查货物包装。没有运输证明或者货物包装不符合规定的，承运人不得承运。承运人在运输过程中应当携带运输证明副本，以备查验。

邮寄麻醉药品和精神药品，寄件人应当提交所在地省、自治区、直辖市人民政府药品监督管理部门出具的准予邮寄证明。邮政营业机构应当查验、收存准予邮寄证明；没有准予邮寄证明的，邮政营业机构不得收寄。省、自治区、直辖市邮政主管部门指定符合安全保障条件的邮政营业机构负责收寄麻醉药品和精神药品。邮政营业机构收寄麻醉药品和精神药品，应当依法对收寄的麻醉药品和精神药品予以查验。

邮寄麻醉药品和精神药品的具体管理办法，由国务院药品监督管理部门会同国务院邮政主管部门制定。

定点生产企业、全国性批发企业和区域性批发企业之间运输麻醉药品、第一类精神药品，发货人在发货前应当向所在地省、自治区、直辖市人民政府药品监督管理部门报送本次运输的相关信息。属于跨省、自治区、直辖市运输的，收到信息的药品监督管理部门应当向收货人所在地的同级药品监督管理部门通报；属于在本省、自治区、直辖市行政区域内运输的，收到信息的药品监督管理部门应当向收货人所在地设区的市级药品监督管理部门通报。

（六）审批程序和监督管理

1. 审批

申请人提出本条例规定的审批事项申请，应当提交能够证明其符合本条例规定条件的相关资料。审批部门应当自收到申请之日起 40 日内作出是否批准的决定；作出批准决定的，发给许可证明文件或者在相关许可证明文件上加注许可事项；作出不予批准决定的，应当书面说明理由。

确定定点生产企业和定点批发企业，审批部门应当在经审查符合条件的企业中，根据布局的要求，通过公平竞争的方式初步确定定点生产企业和定点批发企业，并予公布。其他符合条件的企业可以自公布之日起 10 日内向审批部门提出异议。审批部门应当自收到异议之日起 20 日内对异议进行审查，并作出是否调整的决定。

2. 监督检查

药品监督管理部门应当根据规定的职责权限，对麻醉药品药用原植物的种植以及麻醉药品和精神药品的实验研究、生产、经营、使用、储存、运输活动进行监督检查。

省级以上人民政府药品监督管理部门根据实际情况建立监控信息网络，对定点生产企业、定点批发企业和使用单位的麻醉药品和精神药品生产、进货、销售、库存、使用的数量以及流向实行实时监控，并与同级公安机关做到信息共享。

尚未连接监控信息网络的麻醉药品和精神药品定点生产企业、定点批发企业和使用单位，应当每月通过电子信息、传真、书面等方式，将本单位麻醉药品和精神药品生产、进货、销售、库存、使用的数量以及流向，报所在地设区的市级药品监督管理部门和公安机关；医疗机构还应当报所在地设区的市级人民政府卫生主管部门。设区的市级药品监督管理部门应当每 3 个月向上一级药品监督管理部门报告本地区麻醉药品和精神药品的相关情况。

对已经发生滥用，造成严重社会危害的麻醉药品和精神药品品种，国务院药品监督管理部门应当采取在一定期限内中止生产、经营、使用或者限定其使用范围和用途等措施。对不再作为药品使用的麻醉药品和精神药品，国务院药品监督管理部门应当撤销其药品批准文号和药品标准,并予以公布。

药品监督管理部门、卫生主管部门发现生产、经营企业和使用单位的麻醉药品和精神药品管理存在安全隐患时,应当责令其立即排除或者限期排除;对有证据证明可能流入非法渠道的,应当及时采取查封、扣押的行政强制措施,在7日内作出行政处理决定,并通报同级公安机关。

药品监督管理部门发现取得印鉴卡的医疗机构未依照规定购买麻醉药品和第一类精神药品时,应当及时通报同级卫生主管部门。接到通报的卫生主管部门应当立即调查处理。必要时,药品监督管理部门可以责令定点批发企业中止向该医疗机构销售麻醉药品和第一类精神药品。

3. 过期、损坏的麻醉药品和精神药品的登记与处理

麻醉药品和精神药品的生产、经营企业和使用单位对过期、损坏的麻醉药品和精神药品应当登记造册,并向所在地县级药品监督管理部门申请销毁。药品监督管理部门应当自接到申请之日起5日内到场监督销毁。医疗机构对存放在本单位的过期、损坏麻醉药品和精神药品,应当按照本条规定的程序向卫生主管部门提出申请,由卫生主管部门负责监督销毁。对依法收缴的麻醉药品和精神药品,除经国务院药品监督管理部门或者国务院公安部门批准用于科学研究外,应当依照国家有关规定予以销毁。

4. 执业医师开具麻醉药品和精神药品处方的监督检查

县级以上人民政府卫生主管部门应当对执业医师开具麻醉药品和精神药品处方的情况进行监督检查。

5. 麻醉药品和精神药品生产、经营与使用相关信息通报

药品监督管理部门、卫生主管部门和公安机关应当互相通报麻醉药品和精神药品生产、经营企业和使用单位的名单以及其他管理信息。各级药品监督管理部门应当将在麻醉药品药用原植物的种植以及麻醉药品和精神药品的实验研究、生产、经营、使用、储存、运输等各环节的管理中的审批、撤销等事项通报同级公安机关。麻醉药品和精神药品的经营企业、使用单位报送各级药品监督管理部门的备案事项,应当同时报送同级公安机关。

6. 麻醉药品和精神药品流入非法渠道的应急处理

发生麻醉药品和精神药品被盗、被抢、丢失或者其他流入非法渠道的情形的,案发单位应当立即采取必要的控制措施,同时报告所在地县级公安机关和药品监督管理部门。医疗机构发生上述情形的,还应当报告其主管部门。

公安机关接到报告、举报,或者有证据证明麻醉药品和精神药品可能流入非法渠道时,应当及时开展调查,并可以对相关单位采取必要的控制措施。

药品监督管理部门、卫生主管部门以及其他有关部门应当配合公安机关开展工作。

(七) 法律责任

1. 药品监督管理部门、卫生主管部门法律责任

药品监督管理部门、卫生主管部门违反《麻醉药品和精神药品管理条例》的规定,有下列情形之一的,由其上级行政机关或者监察机关责令改正;情节严重的,对直接负责的主管人员和其他直接责任人员依法给予行政处分;构成犯罪的,依法追究刑事责任:

(1) 对不符合条件的申请人准予行政许可或者超越法定职权作出准予行政许可决定的;

(2) 未到场监督销毁过期、损坏的麻醉药品和精神药品的;

(3) 未依法履行监督检查职责,应当发现而未发现违法行为、发现违法行为不及时查处,或者未依照本条例规定的程序实施监督检查的;

(4) 违反《麻醉药品和精神药品管理条例》规定的其他失职、渎职行为。

2. 麻醉药品药用原植物种植企业法律责任

麻醉药品药用原植物种植企业违反《麻醉药品和精神药品管理条例》的规定,有下列情形之一的,由药品监督管理部门责令限期改正,给予警告;逾期不改正的,处 5 万元以上 10 万元以下的罚款;情节严重的,取消其种植资格:

(1) 未依照麻醉药品药用原植物年度种植计划进行种植的;

(2) 未依照规定报告种植情况的;

(3) 未依照规定储存麻醉药品的。

3. 麻醉药品和精神药品定点生产企业法律责任

定点生产企业违反《麻醉药品和精神药品管理条例》的规定,有下列情形之一的,由药品监督管理部门责令限期改正,给予警告,并没收违法所得和违法销售的药品;逾期不改正的,责令停产,并处 5 万元以上 10 万元以下的罚款;情节严重的,取消其定点生产资格:

(1) 未按照麻醉药品和精神药品年度生产计划安排生产的;

(2) 未依照规定向药品监督管理部门报告生产情况的;

(3) 未依照规定储存麻醉药品和精神药品,或者未依照规定建立、保存专用账册的;

(4) 未依照规定销售麻醉药品和精神药品的;

(5) 未依照规定销毁麻醉药品和精神药品的。

定点批发企业违反《麻醉药品和精神药品管理条例》的规定销售麻醉药品和

精神药品,或者违反《麻醉药品和精神药品管理条例》的规定经营麻醉药品原料药和第一类精神药品原料药的,由药品监督管理部门责令限期改正,给予警告,并没收违法所得和违法销售的药品;逾期不改正的,责令停业,并处违法销售药品货值金额 2 倍以上 5 倍以下的罚款;情节严重的,取消其定点批发资格。

定点批发企业违反《麻醉药品和精神药品管理条例》的规定,有下列情形之一的,由药品监督管理部门责令限期改正,给予警告;逾期不改正的,责令停业,并处 2 万元以上 5 万元以下的罚款;情节严重的,取消其定点批发资格:

(1) 未依照规定购进麻醉药品和第一类精神药品的;

(2) 未保证供药责任区域内的麻醉药品和第一类精神药品的供应的;

(3) 未对医疗机构履行送货义务的;

(4) 未依照规定报告麻醉药品和精神药品的进货、销售、库存数量以及流向的;

(5) 未依照规定储存麻醉药品和精神药品,或者未依照规定建立、保存专用账册的;

(6) 未依照规定销毁麻醉药品和精神药品的;

(7) 区域性批发企业之间违反《麻醉药品和精神药品管理条例》的规定调剂麻醉药品和第一类精神药品,或者因特殊情况调剂麻醉药品和第一类精神药品后未依照规定备案的。

第二类精神药品零售企业违反《麻醉药品和精神药品管理条例》的规定储存、销售或者销毁第二类精神药品的,由药品监督管理部门责令限期改正,给予警告,并没收违法所得和违法销售的药品;逾期不改正的,责令停业,并处 5 000元以上 2 万元以下的罚款;情节严重的,取消其第二类精神药品零售资格。

4. 医疗机构与执业医师法律责任

取得印鉴卡的医疗机构违反《麻醉药品和精神药品管理条例》的规定,有下列情形之一的,由设区的市级人民政府卫生主管部门责令限期改正,给予警告;逾期不改正的,处 5 000 元以上 1 万元以下的罚款;情节严重的,吊销其印鉴卡;对直接负责的主管人员和其他直接责任人员,依法给予降级、撤职、开除的处分:

(1) 未依照规定购买、储存麻醉药品和第一类精神药品的;

(2) 未依照规定保存麻醉药品和精神药品专用处方,或者未依照规定进行处方专册登记的;

(3) 未依照规定报告麻醉药品和精神药品的进货、库存、使用数量的;

(4) 紧急借用麻醉药品和第一类精神药品后未备案的;

(5) 未依照规定销毁麻醉药品和精神药品的。

具有麻醉药品和第一类精神药品处方资格的执业医师，违反《麻醉药品和精神药品管理条例》的规定开具麻醉药品和第一类精神药品处方，或者未按照临床应用指导原则的要求使用麻醉药品和第一类精神药品的，由其所在医疗机构取消其麻醉药品和第一类精神药品处方资格；造成严重后果的，由原发证部门吊销其执业证书。执业医师未按照临床应用指导原则的要求使用第二类精神药品或者未使用专用处方开具第二类精神药品，造成严重后果的，由原发证部门吊销其执业证书。

未取得麻醉药品和第一类精神药品处方资格的执业医师擅自开具麻醉药品和第一类精神药品处方，由县级以上人民政府卫生主管部门给予警告，暂停其执业活动；造成严重后果的，吊销其执业证书；构成犯罪的，依法追究刑事责任。

处方的调配人、核对人违反《麻醉药品和精神药品管理条例》的规定未对麻醉药品和第一类精神药品处方进行核对，造成严重后果的，由原发证部门吊销其执业证书。

5. 运输单位与邮政营业机构法律责任

违反《麻醉药品和精神药品管理条例》的规定运输麻醉药品和精神药品的，由药品监督管理部门和运输管理部门依照各自职责，责令改正，给予警告，处2万元以上5万元以下的罚款。

收寄麻醉药品、精神药品的邮政营业机构未依照《麻醉药品和精神药品管理条例》的规定办理邮寄手续的，由邮政主管部门责令改正，给予警告；造成麻醉药品、精神药品邮件丢失的，依照邮政法律、行政法规的规定处理。

6. 药品研究单位法律责任

药品研究单位在普通药品的实验研究和研制过程中，产生《麻醉药品和精神药品管理条例》规定管制的麻醉药品和精神药品，未依照《麻醉药品和精神药品管理条例》的规定报告的，由药品监督管理部门责令改正，给予警告，没收违法药品；拒不改正的，责令停止实验研究和研制活动。

7. 药物临床试验机构法律责任

药物临床试验机构以健康人为麻醉药品和第一类精神药品临床试验的受试对象的，由药品监督管理部门责令停止违法行为，给予警告；情节严重的，取消其药物临床试验机构的资格；构成犯罪的，依法追究刑事责任。对受试对象造成损害的，药物临床试验机构依法承担治疗和赔偿责任。

提供虚假材料、隐瞒有关情况，或者采取其他欺骗手段取得麻醉药品和精神药品的实验研究、生产、经营、使用资格的，由原审批部门撤销其已取得的资格，5

年内不得提出有关麻醉药品和精神药品的申请;情节严重的,处1万元以上3万元以下的罚款,有药品生产许可证、药品经营许可证、医疗机构执业许可证的,依法吊销其许可证明文件。

8. 定点生产、经营企业法律责任

定点生产企业、定点批发企业和第二类精神药品零售企业生产、销售假劣麻醉药品和精神药品的,由药品监督管理部门取消其定点生产资格、定点批发资格或者第二类精神药品零售资格,并依照药品管理法的有关规定予以处罚。

定点生产企业、定点批发企业和其他单位使用现金进行麻醉药品和精神药品交易的,由药品监督管理部门责令改正,给予警告,没收违法交易的药品,并处5万元以上10万元以下的罚款。

9. 发生麻醉药品和精神药品被盗、被抢、丢失案件的单位法律责任

发生麻醉药品和精神药品被盗、被抢、丢失案件的单位,违反《麻醉药品和精神药品管理条例》的规定未采取必要的控制措施或者未依照本条例的规定报告的,由药品监督管理部门和卫生主管部门依照各自职责,责令改正,给予警告;情节严重的,处5000元以上1万元以下的罚款;有上级主管部门的,由其上级主管部门对直接负责的主管人员和其他直接责任人员,依法给予降级、撤职的处分。

10. 其他单位法律责任

依法取得麻醉药品药用原植物种植或者麻醉药品和精神药品实验研究、生产、经营、使用、运输等资格的单位,倒卖、转让、出租、出借、涂改其麻醉药品和精神药品许可证明文件的,由原审批部门吊销相应许可证明文件,没收违法所得;情节严重的,处违法所得2倍以上5倍以下的罚款;没有违法所得的,处2万元以上5万元以下的罚款;构成犯罪的,依法追究刑事责任。

违反《麻醉药品和精神药品管理条例》的规定,致使麻醉药品和精神药品流入非法渠道造成危害,构成犯罪的,依法追究刑事责任;尚不构成犯罪的,由县级以上公安机关处5万元以上10万元以下的罚款;有违法所得的,没收违法所得;情节严重的,处违法所得2倍以上5倍以下的罚款;由原发证部门吊销其药品生产、经营和使用许可证明文件。

药品监督管理部门、卫生主管部门在监督管理工作中发现前款规定情形的,应当立即通报所在地同级公安机关,并依照国家有关规定,将案件以及相关材料移送公安机关。

由药品监督管理部门作出的行政处罚,由县级以上药品监督管理部门按照国务院药品监督管理部门规定的职责分工决定。

第三节　易制毒化学品管制

一、易制毒化学品及其特征

易制毒化学品,是指国家规定管制的可用于制造麻醉药品和精神药物的化学原料及配剂。易制毒化学品本身并不是毒品,但其具有合法用途和非法用途的双重性质。易制毒化学品既是一般医药、化工的工业原料,又是生产、制造或合成毒品必不可少的化学品。2005 年 8 月 26 日国务院公布并于 2005 年 11 月 1 日起施行的《易制毒化学品管理条例》进一步明确:"易制毒化学品分为三类。第一类是可以用于制毒的主要原料,第二类、第三类是可以用于制毒的化学配剂。易制毒化学品的具体分类和品种,由本条例附表列示。"

易制毒化学品的分类和品种目录

第一类

1. 1-苯基-2-丙酮

2. 3,4-亚甲基二氧苯基-2-丙酮

3. 胡椒醛

4. 黄樟素

5. 黄樟油

6. 异黄樟素

7. N-乙酰邻氨基苯酸

8. 邻氨基苯甲酸

9. 麦角酸*

10. 麦角胺*

11. 麦角新碱*

12. 麻黄素、伪麻黄素、消旋麻黄素、去甲麻黄素、甲基麻黄素、麻黄浸膏、麻黄浸膏粉等麻黄素类物质*

13. 羟亚胺

第二类

1. 苯乙酸

2. 醋酸酐

3. 三氯甲烷

4. 乙醚

5. 哌啶

第三类

1. 甲苯

2. 丙酮

3. 甲基乙基酮

4. 高锰酸钾

5. 硫酸

6. 盐酸

说明：1. 第一类、第二类所列物质可能存在的盐类，也纳入管制。2. 带有*标记的品种为第一类中的药品类易制毒化学品，第一类中的药品类易制毒化学品包括原料药及其单方制剂。

易制毒化学品作为化工产品和制造毒品的原料或者配剂，应当具有以下特征：

（1）合法性。易制毒化学品首先是化工产品，是工农业生产、医药和科研的常用原料或日常生活的化工用品，不同于冰毒、海洛因等典型毒品，其"身份"首先是合法的，具有对人们生产生活的有益性。

（2）可制毒性。易制毒化学品的另一特征是这些产品的理化性质具备制造毒品的特性，他们在制毒过程中或者作为前体原料，或者作为配剂发挥作用，没有这些化学品也就不可能制造出毒品，这也是易制毒化学品不同于普通化工产品的根本之处。

（3）管制性。易制毒化学品的管制性具有两层含义：一是易制毒化学品的应当被管制性；二是易制毒化学品的明文规定管制性。其中，易制毒化学品的可制毒性决定了其应当被管制的性质，也就是说，易制毒化学品因其本身特性决定了其不能如普通商品一样完全自由生产和贸易，而必须进行相应的管理和约束。同时，易制毒化学品的管制性也表现为该类化学品是国家明文规定管制的物品，没有立法明确予以管制的，即使其可制毒，如甲胺、GHL、氯化亚砜、麻黄素复方制剂等，也只能称作替代化学品，而非易制毒化学品。

二、易制毒化学品的管制

我国是一个化工大国，1988 年联合国《禁止非法贩运麻醉药品和精神药物公约》中列管的 23 种易制毒化学品在我国均有生产。自 20 世纪 90 年代以来，随着冰毒、摇头丸等合成毒品滥用问题的不断发展蔓延，我国易制毒化学品流入非法渠道用于制毒问题也日益严重。

易制毒化学品流入国内地下毒品加工厂问题严重。目前,国内毒品加工厂主要是冰毒、摇头丸加工窝点,流入地下毒品加工厂的苯基丙酮、麻黄素、丙酮、甲苯、盐酸、硫酸等易制毒化学品绝对多数来自国内。2005 年 1—7 月,全国共查获冰毒和摇头丸加工厂(点)27 个,缴获冰毒 2 182 公斤,摇头丸 37 万粒。1—9 月,缴获易制毒化学品 131.9 吨。

流入"金三角"地区的易制毒化学品不断增加。中国毗邻全球第二大海洛因生产地"金三角",国内外毒贩大量聚集中国边境地区将醋酸酐、三氯甲烷、乙醚、盐酸等制造海洛因的易制毒化学品走私出境。由于"金三角"地区冰毒加工厂不断增加,制造冰毒所需易制毒化学品的走私问题也越来越突出。2005 年 1—6 月,全国缴获的 107 吨易制毒化学品之中,云南就查获了 22 吨,占总缴获量的 1/5。

还有就是胡椒基甲基酮、苯基丙酮从广东走私到荷兰、比利时、波兰等欧洲国家的大案时有发生。近年来,境内外不法分子相互勾结,不断把中国生产的胡椒基甲基酮和苯基丙酮夹藏在集装箱中的桉叶油、电饭锅等非列管货物中走私到鹿特丹、阿姆斯特丹、安特卫普等欧洲港口,一些走私大案相继被中国和有关国家海关查获。

用于制造冰毒的易制毒化学品走私到东南亚地区成为新的趋势。随着中国打击制贩冰毒犯罪力度的加大,毒贩开始将地下毒品加工厂转移到东南亚地区,不断将制造冰毒的易制毒化学品通过夹藏、混装等方式从海上走私至马来西亚、菲律宾等东南亚地区。

麻黄素片被走私到俄罗斯和醋酸酐可能走私到"金新月"地区的潜在危险也值得关注。

为了全面加强对易制毒化学品的管理,经过近 8 年的反复修改和论证,中国《易制毒化学品管理条例》(简称《条例》)于 2005 年 8 月 26 日由国务院第 445 号令公布,于 11 月 1 日起正式施行。《条例》共 8 章 45 条,同时在附表中列管了 22 种易制毒化学品和 1 个麻黄素类物质。这是中国第一部全面规范易制毒化学品生产、经营、购买、运输和进口、出口行为的重要行政法规,对于进一步依法严格易制毒化学品管理,保障合法的生产经营活动,防止流入非法渠道用于制造毒品,从源头上减少毒品生产,降低毒品危害,将起到十分重要的作用。

(一)主管部门

《条例》规定:"国务院公安部门、食品药品监督管理部门、安全生产监督管理部门、商务主管部门、卫生主管部门、海关总署、价格主管部门、铁路主管部门、交通主管部门、工商行政管理部门、环境保护主管部门在各自的职责范围内,负责全国的易制毒化学品有关管理工作;县级以上地方各级人民政府有关行政主管部门在各自的职责范围内,负责本行政区域内的易制毒化学品有关管理工作。""县级以上地方各级人民政府应当加强对易制毒化学品管理工作的领导,及时协调解决易制毒化学品管理工作中的问题。"因此,目前国内易制毒化学品涉及的主要部门有:公安部门、食品药品监督管理部门、安全生产监督管理部门、商务主管部门、海关、工商行政管理部门、环境保护主管部门、卫生主管部门、铁路主管部门、交通主管部门。各部门在各自的职权范围内,负责全国的易制毒化学品的有关管理工作。

公安部门负责易制毒化学品购买、运输环节的管理,核发易制毒化学品购买、运输许可证或者备案证明;一种毒化学品进口和出口的国际核查;非法买卖、走私易制毒化学品犯罪案件的侦查。

食品药品监督管理部门负责药品类易制毒化学品生产、经营、购买环节的管理,核发药品类易制毒化学品生产、经营和购买许可证。

安全生产监督管理部门负责非药品类易制毒化学品生产、经营环节的管理,核发非药品类易制毒化学品生产、经营许可证或者备案证明。

商务主管部门负责易制毒化学品进口和出口环节的管理,核发易制毒化学品进口和出口许可证;与公安部门共同负责易制毒化学品进出口国际核查,负责麻黄素类产品出口企业资格核定。

海关凭商务主管部门核发的进口和出口许可证办理通关手续;保税区、出口加工区等海关特殊监管区域、保税场所内易制毒化学品的监管。

工商行政管理部门负责办理易制毒化学品生产、经营企业的工商登记。

环境保护主管部门监督对依法收缴、查获的易制毒化学品的销毁。

卫生主管部门负责规定、公布医用单张处方最大剂量。

铁路、交通主管部门根据托运人的运输许可证或者备案证明承运易制毒化学品。

(二)生产、经营管制

1. 易制毒化学品生产企业的条件与要求

申请生产第一类易制毒化学品,应当具备下列条件,并特定行政管理部门审批,取得生产许可证后,方可进行生产:

(1)属依法登记的化工产品生产企业或者药品生产企业;

(2)有符合国家标准的生产设备、仓储设施和污染物处理设施;

(3)有严格的安全生产管理制度和环境突发事件应急预案;

(4)企业法定代表人和技术、管理人员具有安全生产和易制毒化学品的有

关知识,无毒品犯罪记录;

(5) 法律、法规、规章规定的其他条件。

申请生产第一类中的药品类易制毒化学品,还应当在仓储场所等重点区域设置电视监控设施以及与公安机关联网的报警装置。

申请生产第一类中的药品类易制毒化学品的,由国务院食品药品监督管理部门审批;申请生产第一类中的非药品类易制毒化学品的,由省、自治区、直辖市人民政府安全生产监督管理部门审批。行政主管部门应当自收到申请之日起60日内,对申请人提交的申请材料进行审查。对符合规定的,发给生产许可证,或者在企业已经取得的有关生产许可证件上标注;不予许可的,应当书面说明理由。

审查第一类易制毒化学品生产许可申请材料时,根据需要,可以进行实地核查和专家评审。

2. 易制毒化学品经营企业的条件与要求

申请经营第一类易制毒化学品,应当具备下列条件,并经特定行政主管部门审批,取得经营许可证后,方可进行经营:

(1) 属依法登记的化工产品经营企业或者药品经营企业;

(2) 有符合国家规定的经营场所,需要储存、保管易制毒化学品的,还应当有符合国家技术标准的仓储设施;

(3) 有易制毒化学品的经营管理制度和健全的销售网络;

(4) 企业法定代表人和销售、管理人员具有易制毒化学品的有关知识,无毒品犯罪记录;

(5) 法律、法规、规章规定的其他条件。

申请经营第一类中的药品类易制毒化学品的,由国务院食品药品监督管理部门审批;申请经营第一类中的非药品类易制毒化学品的,由省、自治区、直辖市人民政府安全生产监督管理部门审批。行政主管部门应当自收到申请之日起30日内,对申请人提交的申请材料进行审查。对符合规定的,发给经营许可证,或者在企业已经取得的有关经营许可证件上标注;不予许可的,应当书面说明理由。

审查第一类易制毒化学品经营许可申请材料时,根据需要,可以进行实地核查。

取得第一类易制毒化学品生产、经营许可的企业,应当凭生产、经营许可证到工商行政管理部门办理经营范围变更登记。未经变更登记,不得进行第一类易制毒化学品的生产、经营。

3. 生产、经营企业监管

第一类易制毒化学品生产、经营许可证被依法吊销的,行政主管部门应当自作出吊销决定之日起 5 日内通知工商行政管理部门;被吊销许可证的企业,应当及时到工商行政管理部门办理经营范围变更或者企业注销登记。

生产第二类、第三类易制毒化学品的,应当自生产之日起 30 日内,将生产的品种、数量等情况,向所在地的设区的市级人民政府安全生产监督管理部门备案。

经营第二类易制毒化学品的,应当自经营之日起 30 日内,将经营的品种、数量、主要流向等情况,向所在地的设区的市级人民政府安全生产监督管理部门备案;经营第三类易制毒化学品的,应当自经营之日起 30 日内,将经营的品种、数量、主要流向等情况,向所在地的县级人民政府安全生产监督管理部门备案。行政主管部门应当于收到备案材料的当日发给备案证明。

(三) 购买、销售管制

1. 购买管制

申请购买第一类易制毒化学品,应当提交下列证件,经特定行政主管部门审批,取得购买许可证:

(1) 经营企业提交企业营业执照和合法使用需要证明;

(2) 其他组织提交登记证书(成立批准文件)和合法使用需要证明。

申请购买第一类中的药品类易制毒化学品的,由所在地的省、自治区、直辖市人民政府食品药品监督管理部门审批;申请购买第一类中的非药品类易制毒化学品的,由所在地的省、自治区、直辖市人民政府公安机关审批。行政主管部门应当自收到申请之日起 10 日内,对申请人提交的申请材料和证件进行审查。对符合规定的,发给购买许可证;不予许可的,应当书面说明理由。

审查第一类易制毒化学品购买许可申请材料时,根据需要,可以进行实地核查。

持有麻醉药品、第一类精神药品购买印鉴卡的医疗机构购买第一类中的药品类易制毒化学品的,无须申请第一类易制毒化学品购买许可证。

个人不得购买第一类、第二类易制毒化学品。

购买第二类、第三类易制毒化学品的,应当在购买前将所需购买的品种、数量,向所在地的县级人民政府公安机关备案。个人自用购买少量高锰酸钾的,无须备案。

2. 销售管制

取得第一类易制毒化学品生产许可或者已经履行第二类、第三类易制毒化学品备案手续的生产企业,可以经销自产的易制毒化学品。但是,在厂外设立销售网点经销第一类易制毒化学品的,应当依照《易制毒化学品管理条例》的规定取得经营许可。

第一类中的药品类易制毒化学品药品单方制剂,由麻醉药品定点经营企业经销,且不得零售。

经营单位销售第一类易制毒化学品时,应当查验购买许可证和经办人的身份证明。对委托代购的,还应当查验购买人持有的委托文书。

经营单位在查验无误、留存上述证明材料的复印件后,方可出售第一类易制毒化学品;发现可疑情况的,应当立即向当地公安机关报告。

经营单位应当建立易制毒化学品销售台账,如实记录销售的品种、数量、日期、购买方等情况。销售台账和证明材料复印件应当保存两年备查。第一类易制毒化学品的销售情况,应当自销售之日起 5 日内报当地公安机关备案;第一类易制毒化学品的使用单位,应当建立使用台账,并保存 2 年备查。第二类、第三类易制毒化学品的销售情况,应当自销售之日起 30 日内报当地公安机关备案。

(四) 运输管制

1. 易制毒化学品的运输安全保障

跨设区的市级行政区域(直辖市为跨市界)或者在国务院公安部门确定的禁毒形势严峻的重点地区跨县级行政区域运输第一类易制毒化学品的,由运出地的设区的市级人民政府公安机关审批;运输第二类易制毒化学品的,由运出地的县级人民政府公安机关审批。经审批取得易制毒化学品运输许可证后,方可运输;运输第三类易制毒化学品的,应当在运输前向运出地的县级人民政府公安机关备案。公安机关应当于收到备案材料的当日发给备案证明。

2. 易制毒化学品的运输证明和运输手续

申请易制毒化学品运输许可,应当提交易制毒化学品的购销合同,货主是企业的,应当提交营业执照;货主是其他组织的,应当提交登记证书(成立批准文件);货主是个人的,应当提交其个人身份证明。经办人还应当提交本人的身份证明。

公安机关应当自收到第一类易制毒化学品运输许可申请之日起 10 日内,收到第二类易制毒化学品运输许可申请之日起 3 日内,对申请人提交的申请材料进行审查。对符合规定的,发给运输许可证;不予许可的,应当书面说明理由。

审查第一类易制毒化学品运输许可申请材料时,根据需要,可以进行实地核查。

对许可运输第一类易制毒化学品的,发给一次有效的运输许可证;对许可运输第二类易制毒化学品的,发给 3 个月有效的运输许可证;6 个月内运输安全状况良好的,发给 12 个月有效的运输许可证。

易制毒化学品运输许可证应当载明拟运输的易制毒化学品的品种、数量、运入地、货主及收货人、承运人情况以及运输许可证种类。

运输供教学、科研使用的 100 克以下的麻黄素样品和供医疗机构制剂配方使用的小包装麻黄素以及医疗机构或者麻醉药品经营企业购买麻黄素片剂 6 万片以下、注射剂 1.5 万支以下,货主或者承运人持有依法取得的购买许可证明或者麻醉药品调拨单的,无须申请易制毒化学品运输许可。

接受货主委托运输的,承运人应当查验货主提供的运输许可证或者备案证明,并查验所运货物与运输许可证或者备案证明载明的易制毒化学品品种等情况是否相符;不相符的,不得承运。

运输易制毒化学品,运输人员应当自启运起全程携带运输许可证或者备案证明。公安机关应当在易制毒化学品的运输过程中进行检查。

运输易制毒化学品,应当遵守国家有关货物运输的规定。

因治疗疾病需要,患者、患者近亲属或者患者委托的人凭医疗机构出具的医疗诊断书和本人的身份证明,可以随身携带第一类中的药品类易制毒化学品药品制剂,但是不得超过医用单张处方的最大剂量。

医用单张处方最大剂量,由国务院卫生主管部门规定、公布。

(五) 进出口管制

1. 国际核查制度

国家对易制毒化学品的进口、出口实行国际核查制度。易制毒化学品国际核查目录及核查的具体办法,由国务院商务主管部门会同国务院公安部门规定、公布。

国际核查所用时间不计算在许可期限之内。

对向毒品制造、贩运情形严重的国家或者地区出口易制毒化学品以及《条例》规定品种以外的化学品的,可以在国际核查措施以外实施其他管制措施,具体办法由国务院商务主管部门会同国务院公安部门、海关总署等有关部门规定、公布。

进口、出口或者过境、转运、通运易制毒化学品的,以及在境外与保税区、出口加工区等海关特殊监管区域、保税场所之间进出的,应当如实向海关申报,并提交进口或者出口许可证。海关凭许可证办理通关手续。

2. 易制毒化学品进出口手续

申请进口或者出口易制毒化学品,应当提交下列材料,经国务院商务主管部

门或者其委托的省、自治区、直辖市人民政府商务主管部门审批,取得进口或者出口许可证后,方可从事进口、出口活动:

（1）对外贸易经营者备案登记证明（外商投资企业联合年检合格证书）复印件;

（2）营业执照副本;

（3）易制毒化学品生产、经营、购买许可证或者备案证明;

（4）进口或者出口合同（协议）副本;

（5）经办人的身份证明。

申请易制毒化学品出口许可的,还应当提交进口方政府主管部门出具的合法使用易制毒化学品的证明或者进口方合法使用的保证文件。受理易制毒化学品进口、出口申请的商务主管部门应当自收到申请材料之日起 20 日内,对申请材料进行审查,必要时可以进行实地核查。对符合规定的,发给进口或者出口许可证;不予许可的,应当书面说明理由。对进口第一类中的药品类易制毒化学品的,有关的商务主管部门在作出许可决定前,应当征得国务院食品药品监督管理部门的同意。麻黄素等属于重点监控物品范围的易制毒化学品,由国务院商务主管部门会同国务院有关部门核定的企业进口、出口。

易制毒化学品在境内与保税区、出口加工区等海关特殊监管区域、保税场所之间进出的,或者在上述海关特殊监管区域、保税场所之间进出的,无须申请易制毒化学品进口或者出口许可证。

进口第一类中的药品类易制毒化学品,还应当提交食品药品监督管理部门出具的进口药品通关单。

3. 自用药品类易制毒化学品管制

进出境人员随身携带第一类中的药品类易制毒化学品药品制剂和高锰酸钾,应当以自用且数量合理为限,并接受海关监管。进出境人员不得随身携带除此以外的易制毒化学品。

（六）监督管理

1. 监督检查

县级以上人民政府公安机关、食品药品监督管理部门、安全生产监督管理部门、商务主管部门、卫生主管部门、价格主管部门、铁路主管部门、交通主管部门、工商行政管理部门、环境保护主管部门和海关,应当依照本条例和有关法律、行政法规的规定,在各自的职责范围内,加强对易制毒化学品生产、经营、购买、运输、价格以及进口、出口的监督检查;对非法生产、经营、购买、运输易制毒化学品,或者走私易制毒化学品的行为,依法予以查处。

　　县级以上人民政府有关行政主管部门应当加强协调合作,建立易制毒化学品管理情况、监督检查情况以及案件处理情况的通报、交流机制。

　　行政主管部门在进行易制毒化学品监督检查时,可以依法查看现场、查阅和复制有关资料、记录有关情况、扣押相关的证据材料和违法物品;必要时,可以临时查封有关场所。

　　被检查的单位或者个人应当如实提供有关情况和材料、物品,不得拒绝或者隐匿。

　　有关行政主管部门应当将易制毒化学品许可以及依法吊销许可的情况通报有关公安机关和工商行政管理部门;工商行政管理部门应当将生产、经营易制毒化学品企业依法变更或者注销登记的情况通报有关公安机关和行政主管部门。

　　生产、经营、购买、运输或者进口、出口易制毒化学品的单位,应当于每年3月31日前向许可或者备案的行政主管部门和公安机关报告本单位上年度易制毒化学品的生产、经营、购买、运输或者进口、出口情况;有条件的生产、经营、购买、运输或者进口、出口单位,可以与有关行政主管部门建立计算机联网,及时通报有关经营情况。

　　2. 依法收缴、查获易制毒化学品的处理

　　对依法收缴、查获的易制毒化学品,应当在省、自治区、直辖市或者设区的市级人民政府公安机关、海关或者环境保护主管部门的监督下,区别易制毒化学品的不同情况进行保管、回收,或者依照环境保护法律、行政法规的有关规定,由有资质的单位在环境保护主管部门的监督下销毁。其中,对收缴、查获的第一类中的药品类易制毒化学品,一律销毁。

　　易制毒化学品违法单位或者个人无力提供保管、回收或者销毁费用的,保管、回收或者销毁的费用在回收所得中开支,或者在有关行政主管部门的禁毒经费中列支。

　　3. 丢失、被盗和被抢易制毒化学品的处理

　　易制毒化学品丢失、被盗、被抢的,发案单位应当立即向当地公安机关报告,并同时报告当地的县级人民政府食品药品监督管理部门、安全生产监督管理部门、商务主管部门或者卫生主管部门。接到报案的公安机关应当及时立案查处,并向上级公安机关报告;有关行政主管部门应当逐级上报并配合公安机关的查处。

　　(七) 法律责任

　　1. 生产、经营、购买易制毒化学品的法律责任

　　违反《条例》规定,未经许可或者备案擅自生产、经营、购买易制毒化学品,伪

造申请材料骗取易制毒化学品生产、经营或者购买许可证,使用他人的或者伪
造、变造、失效的许可证生产、经营、购买易制毒化学品的,由公安机关没收非法
生产、经营或者购买的易制毒化学品、用于非法生产易制毒化学品的原料以及非
法生产、经营或者购买的易制毒化学品的设备、工具,处非法生产、经营或者购买
的易制毒化学品货值 10 倍以上 20 倍以下的罚款,货值的 20 倍不足 1 万元的,
按 1 万元罚款;有违法所得的,没收违法所得;有营业执照的,由工商行政管理部
门吊销营业执照;构成犯罪的,依法追究刑事责任。对有前述规定违法行为的单
位或者个人,有关行政主管部门可以自作出行政处罚决定之日起 3 年内,停止受
理其易制毒化学品生产、经营或者购买的申请。

违反《条例》规定,走私易制毒化学品的,由海关没收走私的易制毒化学品;
有违法所得的,没收违法所得,并依照海关法律、行政法规给予行政处罚;构成犯
罪的,依法追究刑事责任。

违反《条例》规定,有下列行为之一的,由负有监督管理职责的行政主管部门
给予警告,责令限期改正,处 1 万元以上 5 万元以下的罚款;对违反规定生产、经
营、购买的易制毒化学品可以予以没收;逾期不改正的,责令限期停产停业整顿;
逾期整顿不合格的,吊销相应的许可证:

(1)易制毒化学品生产、经营、购买、运输或者进口、出口单位未按规定建立
安全管理制度的;

(2)将许可证或者备案证明转借他人使用的;

(3)超出许可的品种、数量生产、经营、购买易制毒化学品的;

(4)生产、经营、购买单位不记录或者不如实记录交易情况、不按规定保存
交易记录或者不如实、不及时向公安机关和有关行政主管部门备案销售情况的;

(5)易制毒化学品丢失、被盗、被抢后未及时报告,造成严重后果的;

(6)除个人合法购买第一类中的药品类易制毒化学品药品制剂以及第三类
易制毒化学品外,使用现金或者实物进行易制毒化学品交易的;

(7)易制毒化学品的产品包装和使用说明书不符合《易制毒化学品管理条
例》规定要求的;

(8)生产、经营易制毒化学品的单位不如实或者不按时向有关行政主管部
门和公安机关报告年度生产、经销和库存等情况的。

企业的易制毒化学品生产经营许可被依法吊销后,未及时到工商行政管理
部门办理经营范围变更或者企业注销登记的,对易制毒化学品予以没收,并处
罚款。

生产、经营、购买、运输或者进口、出口易制毒化学品的单位或者个人拒不接

受有关行政主管部门监督检查的,由负有监督管理职责的行政主管部门责令改正,对直接负责的主管人员以及其他直接责任人员给予警告;情节严重的,对单位处1万元以上5万元以下的罚款,对直接负责的主管人员以及其他直接责任人员处1 000元以上5 000元以下的罚款;有违反治安管理行为的,依法给予治安管理处罚;构成犯罪的,依法追究刑事责任。

2. 运输易制毒化学品的法律责任

运输的易制毒化学品与易制毒化学品运输许可证或者备案证明载明的品种、数量、运入地、货主及收货人、承运人等情况不符,运输许可证种类不当,或者运输人员未全程携带运输许可证或者备案证明的,由公安机关责令停运整改,处5 000元以上5万元以下的罚款;有危险物品运输资质的,运输主管部门可以依法吊销其运输资质。

个人携带易制毒化学品不符合品种、数量规定的,没收易制毒化学品,处1 000元以上5 000元以下的罚款。

违反《易制毒化学品管理条例》规定,未经许可或者备案擅自运输易制毒化学品,伪造申请材料骗取易制毒化学品运输许可证,使用他人的或者伪造、变造、失效的许可证运输易制毒化学品的,由公安机关没收非法运输的易制毒化学品、用于非法生产易制毒化学品的原料以及非法运输易制毒化学品的设备、工具,处非法运输的易制毒化学品货值10倍以上20倍以下的罚款,货值的20倍不足1万元的,按1万元罚款;有违法所得的,没收违法所得;有营业执照的,由工商行政管理部门吊销营业执照;构成犯罪的,依法追究刑事责任。对有前述规定违法行为的单位或者个人,有关行政主管部门可以自作出行政处罚决定之日起3年内,停止受理其易制毒化学品运输申请。

3. 易制毒化学品行政主管部门法律责任

易制毒化学品行政主管部门工作人员在管理工作中有应当许可而不许可、不应当许可而滥许可,不依法受理备案,以及其他滥用职权、玩忽职守、徇私舞弊行为的,依法给予行政处分;构成犯罪的,依法追究刑事责任。

第三章　戒毒体系与戒毒措施

第一节　社区戒毒

受国际毒潮泛滥的影响,20 世纪 80 年代,已禁绝 30 多年的毒品犯罪在我国死灰复燃。我国政府利用各种手段和渠道,严厉打击毒品犯罪活动,狠抓禁吸戒毒工作,但贩毒、吸毒现象依然呈现不断蔓延之势,禁毒形势严峻。贩毒分子猖獗,贩毒手段更加多样;涉毒区域从我国边境地区逐步向内地蔓延;吸毒人数持续增加,复吸毒人员居高不下。贩毒吸毒现象的存在和蔓延,不仅严重伤害了人民群众的身体健康,而且给我国的社会治安与和谐社会建设带来了十分不利的影响。

我国政府在严厉打击毒品犯罪的同时,十分关注戒毒工作,投入了大量的人力、物力和财力,在《禁毒法》实施之前,戒毒体系主要是以自愿戒毒、强制戒毒和劳教戒毒三种戒毒措施为主体建构起来的。强制戒毒是戒毒者在一个封闭的戒毒环境中戒治毒瘾,这种戒治方式具有强制性。戒毒场所和戒毒医疗设备等由政府投入,场所管理严格、规范。大多数戒毒者在强制戒毒所能够达到生理戒断毒瘾的目的。但是,这种戒治方式使戒毒者的人身行为自由受到了限制,同时由于戒治时间较短,无法达到心理脱毒的目的,复吸率较高。劳教戒毒以劳动教养的相关法律法规为依据和威慑力作保障,戒毒劳教所内形成净化的"无毒环境",具有完善规范的戒毒工作机制和教育矫治体系,以及良好的所区文化氛围,具有正规和完善的医疗保障设施。这种戒治方式属于行政处罚性质,要求戒毒人员接受强制性的戒治;管理上实行封闭式、半开放式和开放式三种管理模式;戒治时间为 1—3 年不等。由于执行时间相对较长,且贴近心理脱毒和戒毒康复规律等,因而,戒治效果较好,复吸率较低,但这种戒治方式须使戒毒者人身自由在较长时间受到限制。[1]

《禁毒法》对禁毒措施进行了修改,规定了自愿戒毒、社区戒毒、强制隔离戒

---

[1]　乔德春:《对构建我国新的戒毒模式的思考》,《中国司法》2008 年第 4 期。

毒、社区康复等戒毒措施。国家鼓励对有决心、有毅力的戒毒人员,能够在家庭和社会的监督下保证对其有较强的持久性的约束实行自愿戒毒,或者主动到医疗机构进行戒毒治疗,或者在社区戒毒。对通过自愿戒毒和社区戒毒不能戒除毒瘾的人员,可以对其进行强制隔离戒毒。对被解除强制隔离戒毒的人员,强制隔离戒毒的决定机关可以责令其接受不超过 3 年的社区康复,在戒毒康复场所由社区戒毒工作人员为其提供心理辅导、生活帮扶,最终戒断毒瘾,回归社会。

一、社区戒毒理念

社区戒毒是《禁毒法》新规定的戒毒措施。社区戒毒是将吸毒人员放在其生活的社区,由有关的基层组织和机构进行戒毒管理的一种戒毒模式。

吸食毒品者对毒品的依赖包括生理依赖和心理依赖,只要使吸食毒品者脱离毒源,并辅之以药物治疗,一般 7—15 天即可完成急性生理脱毒。生理戒断后的巩固率很低,完成生理脱毒之后不再吸毒者只占总数的 10% 左右,主要是因为心理上的依赖性难以解除。吸毒者成瘾,很大程度上缘于心理因素,吸毒能使人产生欣快感,大多数吸毒者是为了追求心理上的满足而吸毒,即使实施了药物戒断,一旦重返社会,再次融入从前的环境,在毒品诱惑下,又会重享吸毒的片刻"幸福",走上复吸之路。多年来,尽管许多社会工作者和医学工作者在这方面作了很大努力,但在心理戒断方面的成果难以令人满意。①

社区戒毒的最终目的就是要教育、挽救吸毒人员。医学研究表明,吸毒成瘾是一种慢性易复发的脑疾病,它同其他疾病一样,有自身的发生发展规律。欣快感是使用毒品的重要动因,吸毒者通常伴有其他躯体疾病和精神疾病,躯体疾病包括内脏疾病、肝炎、艾滋病、结核病等,精神疾病包括人格障碍、抑郁症等。因此,吸毒人员是特殊病人,复吸是吸毒成瘾者发病规律和病态特征的表现形式。《禁毒法》在"戒毒措施"一章中明确规定:国家采取各种措施帮助吸毒人员戒除毒瘾,教育和挽救吸毒人员。显然,社区戒毒是以"教育、挽救为目的"的理念,通过帮助,把吸毒人员从毒品世界中拉回来,过上正常人的生活。②

从《禁毒法》的规定来看,社区戒毒在整个戒毒体系中居于基础性的地位。社区戒毒是公安机关对吸毒成瘾者作出强制隔离戒毒决定时必须考虑的一般前

---

① 参见《社区戒毒(康复)工作浅析》,2008 年 12 月 4 日,见 http://mind. h863. com/html/77/t - 63677. html。

② 同①。

提,只有当吸毒成瘾者出现拒绝接受社区戒毒、在社区戒毒期间吸食注射毒品、严重违反社区戒毒协议、经社区戒毒或强制隔离戒毒后再次吸食注射毒品等情形之后,公安机关才能对其采取强制隔离戒毒措施,而公安机关只有对吸毒成瘾严重者才能直接作出强制隔离戒毒决定。因而,社区戒毒意在避免强制隔离戒毒措施限制人身自由的缺陷,以弥补强制隔离戒毒措施的不足,提高毒瘾戒断率,而强制隔离戒毒措施就成了社区戒毒之后的最后手段。

二、提倡社区戒毒原因

（一）原强制戒毒和劳教戒毒与社区戒毒不衔接,戒毒效果不理想

《禁毒法》实施之前,我国禁毒措施主要是以强制戒毒和劳教戒毒为主,吸毒人员在公安机关设置的强制戒毒机构进行强制性的毒瘾生理戒断,在司法行政部门设置的劳教戒毒机构进行劳动教育戒毒,这些戒毒方式都是在封闭的、与外界隔离的场所内戒除毒瘾的,在这些戒毒场所内大多戒毒者都诚心表示以后不再吸毒,但他们离开戒毒机构回到家后,又摒弃操守,重归吸毒路,复吸率高,其中一个重要原因是仅仅依靠戒毒机构的脱毒治疗而未较好地动员社区（家庭）支持力量参与戒毒工作,致使强制戒毒与家庭戒毒、社区戒毒脱节。就毒瘾而言,生理戒断易,心理戒断难;心病还得心药治。对于戒断毒瘾最好的"心药"是家庭、亲人、邻里,是在社区建立起来的社会支持力量,在社区有一份稳定的工作。因而,从戒毒工作的实践来看戒毒工作应该向社区延伸。

（二）强制戒毒期限短,康复治疗不到位

1995年国务院发布的《强制戒毒办法》第6条规定:"强制戒毒期限为3个月至6个月,自入所之日起计算。对强制戒毒期满仍未戒除毒瘾的戒毒人员,强制戒毒所可以提出意见,报原作出决定的公安机关批准,延长强制戒毒期限;但是,实际执行的强制戒毒期限连续计算不超过1年。"强制戒毒的期限最长是1年,在这1年内,吸毒者戒除毒瘾事实上是困难的,但是,强制戒毒的期限一到,就必须解除戒治。在这么短的时间内,对于中毒较深的吸毒者来说,生理毒瘾都可能没有戒除,心理脱瘾更不可能。在实际执行中,大部分戒毒者在3个月后就出所。根据国际上的戒毒经验以及卫生组织的相关规定,完整的戒毒过程应包括生理脱毒、身心康复和回归社会三个阶段。第一个阶段在3—6个月内可以解决生理上对毒品的依赖。第二阶段一般需要3—5年才能解决心理依赖性。公安部《强制戒毒所管理办法》第43条规定:"对强制戒毒期满后,经检验已生理脱毒的戒毒人员,由强制所所长批准后办理出所手续,发给《解除强制戒毒证明书》,通知其家属或者所在单位领回。"这就意味着强制戒毒最根本的问题在于它

并非是一个完整的戒毒过程，只限于生理脱毒。对身心康复、回归社会的缺失决定了它并非是一个科学的戒毒流程，导致的后果必然是"戒而不除"、"归则复吸"的恶性循环。①

（三）不良的社区环境和交往群体容易使人走上吸毒路

从吸毒人员初始吸毒的原因来看，戒毒工作应该向社区延伸。从吸毒人员自身来看，吸毒一般是出于两个目的：一是追求快乐，有相当多的吸毒者在吸毒之前难以从家庭、亲人、朋友、社区中得到温暖与快乐；二是逃避痛苦。吸食毒品者内心世界有各种各样的痛苦，企图从吞云吐雾中求得解脱，图得一种不可言状的享受，而毒品的药理机制可以通过刺激大脑中枢神经带来快慰。从外因来看，一部分吸毒人员初始吸毒的原因，或是出于好奇从同伴手中接过第一支尝尝鲜，或是屈服于同伴的压力不得不吸上第一口后，一发而不可收拾。因此，无论是内因还是外因，吸毒的原因都与社区生活环境质量密切相关。②

（四）社区是毒品蔓延的源头

从毒品交易和吸毒场所来看，社区是毒品蔓延的源头。吸毒人员往往麇集在社区的一些阴暗角落秘密地进行毒品交易和实施着各种方式的吸毒。社区中的高危人群、边缘群体经常出没于这些活动场所，久而久之，他们中的一部分就由边缘人群变成了"圈内"人，社区中的这些地方就成了毒品依赖的温床。所以，从毒品的堵源来看，戒毒工作应该向社区延伸，这样可以从源头上截断毒品在社会上的蔓延。③

三、社区戒毒意义

《禁毒法》明确规定：国家采取各种措施帮助吸毒人员戒除毒瘾，教育和挽救吸毒人员。首次将社区戒毒、社区康复、药物维持治疗作为戒毒措施进行立法确认；将原先的强制戒毒和劳教戒毒整合为强制隔离戒毒，增加了戒毒康复等相关内容。这标志着我国禁吸戒毒工作向前迈进了一大步。强调对吸毒人员要教育、挽救，改变了原先对吸毒人员以惩戒为主的做法；将一直以来都是由公安机关一行使戒毒职责，改变为由政府及各有关部门，乃至全社会共同参与戒毒工作，这些规定对有效解决毒品问题具有深远意义。

社区戒毒有利于将禁毒由政府行为、部门行为转变为全社会的行为。实践

---

① 参见李少强、段伟：《〈禁毒法〉视角下的强制隔离戒毒工作研究》，2009 年 6 月 5 日，http://www.jd626.com/bbs/thread-4326-1-1.html。
② 参见王泽淮：《社区戒毒刍议》，《长沙民政职业技术学院学报》2003 年第 2 期。
③ 同②。

证明,要有效解决毒品问题仅靠政府号召、公安机关单打独斗是不可能实现的。社区戒毒、社区康复,在整个戒毒工作中功效不可低估,由公安部门主导,街道、乡镇政府依法履行戒毒职责,力量大,资源丰富,方法多样,工作深入,可以有效地提高禁毒戒毒效果。[①]

社区戒毒有利于社会和谐稳定。目前全国累计发现并登记的吸毒人员达100多万人,把他们都当成吸毒违法者进行打击惩处,只能引起吸毒人员强烈的反社会心理,他们吸了戒、戒了吸,"破罐子破摔",丧失了改正信心,甚至与社会对立,以身试法。吸毒人群相对于正常人群来说,他们的心态封闭,因为社会上只要听说某人吸毒,正常人就避而远之,但在吸毒人群中,因为都是吸毒者,遇有"知音",就找到了"平等"。吸毒人群逐步走向被社会"边缘化"的窘境,使他们感觉自己被家庭、被社会抛弃了。因此,他们相互之间结伙抱团。这又会引发诸如抢劫、盗窃等一系列的"次生灾害",对社会和谐稳定构成了直接威胁。实行社区戒毒、社区康复,就是要创造一个社会包容吸毒人员的氛围,让吸毒人群找到"家"的感觉,得到真情真爱,使之消除与社会对立的情绪,其行为和心理与主流社会合拍,重拾戒毒信心,彻底摆脱毒魔,回归正常生活。[②]

四、社区戒毒具体制度

(一) 接受社区戒毒的条件

《禁毒法》第 33 条的规定,吸毒成瘾人员,公安机关可以责令其进行社区戒毒。也就是说,接受社区戒毒的人员必须是吸毒成瘾者,这些吸毒人员对毒品产生严重依赖,在心理上具有一种周期性或连续性吸毒的欲望,想方设法获取和吸食毒品,无论什么兴趣、爱好和刺激都难以使毒瘾转移;在生理上需要反复使用毒品,一旦停止,生理上就会出现戒断症状。对于那些虽然吸食毒品,但是没有达到成瘾程度的人员,对一些偶然接触毒品、初次吸毒或者吸食低度性毒品没有形成毒瘾的人,可以给予治安管理处罚,不进行戒毒治疗。

(二) 社区戒毒对象

1.《禁毒法》第 33 条、第 39 条、第 48 条规定,对户籍在本辖区的如下吸毒成瘾人员,责令其接受社区戒毒

(1) 查获的吸毒成瘾人员。一是初次吸毒成瘾对象并符合社区戒毒条件的

---

① 参见《社区戒毒(康复)工作浅析》,2008 年 12 月 4 日,http://mind. h863. com/html/77/t - 63677. html。

② 参见薛建和:《从当今禁毒斗争的特殊性分析社区戒毒的重大意义》,2009 年 6 月 5 日,见 http://www. fjncc. org/ShowInfo. asp? infoid=19771。

作出治安处罚决定,执行治安拘留,治安拘留出所后责令社区戒毒。二是复吸毒人员不符合强制隔离戒毒的,经过治安拘留脱瘾后责令社区戒毒;

（2）主动登记的吸毒成瘾人员不符合强制隔离戒毒条件的,则责令社区戒毒;

（3）依法不适用强制隔离戒毒的吸毒成瘾人员。包括怀孕或者正在哺乳自己不满1周岁婴儿的妇女吸毒成瘾的;不满16周岁的未成年人吸毒成瘾的;70周岁以上人员吸毒成瘾的;因患有严重疾病或者残疾,生活不能自理的;其他不适宜强制隔离戒毒的。

2. 对户籍在本辖区的如下人员纳入社区吸毒

（1）目前正在实行社会帮教的吸毒人员;

（2）现正在强制戒毒、劳教戒毒、采取刑事强制措施、被判刑3年以下有期徒刑出所的吸毒成瘾人员。

（三）社区戒毒决定机关

社区戒毒一般由公安机关决定。长期以来,公安机关一直负责缉毒、强制戒毒工作,负责吸毒人员的检测和登记。由公安机关确定采取何种戒毒措施,可以提高戒毒的成效,也可以提高办事的效率。

（四）社区戒毒期限

社区戒毒的期限为3年。《禁毒法》之所以规定社区戒毒期限为3年,是根据戒毒的一般规律和特点决定的。从医学角度来看,在进行戒毒之后的半个月至1个月左右,就可以基本消除戒断症状,在戒毒治疗的6个月左右,即可完全消除生理依赖。但是,要戒除心理依赖,确需要更长的时间。研究表明,消除生理依赖以后,如果不继续给予必要的约束,复吸的可能性极大。所以,在消除生理依赖之后,不是放任不管,而是要继续给予干预,这样才能有效防止复吸。因此,戒毒期限规定为三年,既符合戒毒的医学规律,又可以强化社会对戒毒的管理和救助。

（五）社区戒毒执行机关

社区戒毒的执行主体是城市街道办事处和乡镇人民政府。这样确定社区戒毒的执行机关,一方面是考虑到社区戒毒措施是一项综合性的戒毒措施,既包括对吸毒人员进行的解毒治疗,也包括在戒毒过程中对吸毒人员进行的帮教,是让其重新恢复身体健康,重新树立自尊、自信,重新学习生活和工作技能,并重新获得力所能及的工作的综合过程,由政府的某个具体职能部门很难协调各方面的工作。另一方面,也考虑到城市街道办事处和乡镇人民政府是我国的基层人民政权,对社区的情况比较熟悉,尤其进行社区戒毒管理比较便利。

(六) 社区戒毒执行地

《禁毒法》第 33 条第 2 款规定,社区戒毒的执行地在吸毒人员的户籍所在地或者有固定住所的现居住地。对于社区戒毒的执行地,应当本着既有利于社区戒毒管理,又不妨碍戒毒人员正常生活、学习的原则进行。根据我国的现行社会管理制度,公民在户籍所在地可以享受到入学、就业、医疗、民政、劳动和社会保障等各方面的政策。而且,户籍所在地的街道办事处或者乡镇人民政府对吸毒人员较为熟悉,便于进行管理,因此,社区戒毒在户籍所在地执行较为适宜。但是,随着社会人口的流动日益频繁,外出就业、经商、求学、工作的越来越多,为了不影响戒毒人员正常的工作、学习和生活,也可以在现居住地执行。固定住所不仅指吸毒者自己的住房,也包括自己可以长期稳定居住的亲友家中或者租住的房屋等。规定有固定住所才能在现居住地进行社区戒毒,是为了保证吸毒人员不脱离社区,保证社区戒毒可以有效地进行。[①]

(七) 社区戒毒具体内容

1. 签订社区戒毒协议

社区戒毒是以执行机关与戒毒人员签订社区戒毒协议为依据的,通过戒毒协议确定社区戒毒的具体措施和社区戒毒人员的义务,协议内容包括:定期检测、服药、汇报戒毒情况,进行戒毒知识学习、参加生理、心理康复训练项目等。在签订协议时,基层组织要充分考虑吸毒者本人及其家庭的情况,做到既保证戒毒效果,又不影响戒毒人员的正常生活、学习和工作。

2. 思想感化

吸毒人员尽管是违法者,但也是毒品的受害者。帮教人员要善于做思想工作,用真心真情去引导戒毒人员,要站在服务者的角度经常向他们宣传毒品的危害,使他们树立起戒断毒瘾的坚定信念。根据社区戒毒(康复)对象年龄、身体状况、接受教育程度、吸毒成瘾史的情况,制订出符合每个吸毒者实际的戒毒方案和戒断措施。一方面要根据社区戒毒人员的染毒程度、经历、个人特点、生活和家庭环境等进行综合分析,制订个性化、分等级、分阶段的戒毒方案,并根据戒毒效果和需要,按照规范的流程适时进行调整。另一方面在吸毒人员相对集中的社区依托医院设置美沙酮维持治疗服药点,同时,在医疗点内设立戒毒门诊,解决主动到社区戒毒的吸毒人员的生理脱毒问题[②]。各有关部门还要尽力为戒毒

---

① 参见安建主编:《中华人民共和国戒毒法释义》,法律出版社 2008 年版,第 99 页。
② 参见谢环洲:《社区戒毒的"三驾马车"——记台州市路桥区戒毒工作》,2009 年 6 月 5 日,见 http://www.cpd.com.cn/gb/newspaper/2008 - 06/23/content_981075.htm。

人员提供就学援助、法律援助、就业指导、技能培训、社区救济等。

3. 社会参与

社区戒毒(康复)工作是一项系统工作,要在当地党委、政府的统一领导下,公安、卫生、司法、民政、人劳社保等职能部门及社会力量共同参与,充分发挥文化、教育、共青团、妇联等相关部门的作用。财政部门要保障禁毒经费支出,设立禁毒基金,筹集和接受各种戒毒社会捐赠,动员社会各界和广大人民群众参与禁毒斗争。要将社会戒毒(康复)工作纳入综治工作,在镇(街道)综治工作站专门设立社区戒毒服务点,由综治办牵头,建立社工、村居干部、社区民警、戒毒人员家属以及志愿服务者等共同参与的戒毒(康复)工作小组,社区戒毒(康复)工作小组可以招聘具有一定专业素质的志愿者,对纳入社区戒毒(康复)的吸毒人员实行跟踪服务,通过戒毒宣传、上门谈心、帮助就业等措施,增强社区戒毒人员的戒毒信心。鼓励企业设置戒毒人员就业安置点,帮助解决社区戒毒人员的劳动就业问题,解除后顾之忧。①

4. 规范化运行

《禁毒法》第 35 条规定:接受社区戒毒的戒毒人员应当遵守法律、法规,自觉履行社区戒毒协议,并根据公安机关的要求,定期接受检测。对违反社区戒毒协议的戒毒人员进行批评、教育;对严重违反社区戒毒协议或者在社区戒毒期间又吸食、注射毒品的,应当及时向公安机关报告。乡镇街道要建立和完善社区戒毒工作的规范化运行机制,制定《社区戒毒工作规范》《社工工作职责》《社区戒毒人员等级规定》等规章制度。

(1) 责令社区戒毒人员应在七日内(户口不在本地的外地戒毒人员到其户籍所在地执行的,可放宽到十五日)到执行地乡镇人民政府,街道办事处报到,乡镇人民政府、街道办事处正式将其纳入社区戒毒工作;开展对社区戒毒人员的尿样检测、帮教谈心、家访活动,督促社区戒毒人员汇报戒毒情况,为社区戒毒人员提供戒毒治疗服务机构的信息、就学援助、法律援助、就业指导、技能培训、社区救济等工作;为社区戒毒人员请假离开戒毒地点进行审批;对社区戒毒人员的戒毒成效进行季度、年度、总评估;对接受社区戒毒的人员 3 年期届满,符合解除社区戒毒条件的,作出《解除社区戒毒决定书》,对社区戒毒人员撤管。

(2) 对违反社区戒毒协议的社区戒毒人员进行批评、教育和书面告诫;对严重违反社区戒毒协议或者在社区戒毒期间又有吸毒行为的要及时报公安机关,公安

① 参见《社区戒毒(康复)工作刍议》,2009 年 6 月 5 日,见 http://www.fjncc.org/showinfo.asp?infoid=19880。

机关对有下列行为的人员作出强制隔离戒毒决定,送相关戒毒场所进行戒毒。一是拒不报告戒毒情况,经两次书面告诫,拒不改正的;二是逃避或者拒绝接受尿检三次以上的;三是擅自离开社区三次以上,或者擅自离开社区累计超过三十天的。

5. 舆论宣传

社区戒毒是一种全新的戒毒措施,要使此项工作得到社会各界的理解和支持,必须加强舆论宣传力度。各有关部门要向吸毒者、吸毒者父母及其他家庭成员、吸毒者的邻居亲戚等做宣传,还要向社会各界宣传。把政策法规宣传到位,为社区戒毒工作营造浓厚氛围。[①]

(八) 社区戒毒人员的义务

第一,遵守法律、法规。社区戒毒人员应当遵守有关法律法规,特别是不得违反法律、法规有关禁毒、戒毒的相关规定。

第二,自觉履行社区戒毒协议。社区戒毒协议只有依靠社区戒毒人员自觉履行,才能取得良好戒毒效果。戒毒人员应当采取积极的态度,主动配合和履行社区戒毒协议,按时到指定的服药点服药,参加社区举办的戒毒心理、行为康复的训练活动等。

第三,根据公安机关的要求,定期接受检测。

第二节　强制隔离戒毒

一、强制隔离戒毒概述

(一) 强制隔离戒毒措施的由来

强制隔离戒毒措施,是在总结我国多年戒毒实践经验的基础上,对原来的强制戒毒和劳动教养戒毒措施进行整合、改革而设立的新的强制性戒毒措施。

我国过去的戒毒体制包括强制戒毒和劳动教养戒毒两种措施。1990 年 12 月全国人大常委会通过的《关于禁毒的决定》第 8 条规定,吸食、注射毒品成瘾的,予以强制戒除,进行治疗、教育;强制戒除后又吸食、注射毒品的,可以实行劳动教养,并在劳动教养中强制戒除。根据这一决定和国家的相关规定,强制戒毒

---

① 参见《社区戒毒(康复)工作刍议》,2008 年 12 月 4 日,见 http://www. jhak. com/ReadNews. asp? NewsID=12937&BigClassName=戒毒综合 &SmallClassName=社区戒毒、社区康复、戒毒康复场所 &SpecialID=0。

由公安机关决定,强制戒毒机构由公安部主管,对象主要是第一次吸毒成瘾者;劳动教养戒毒由劳动教养委员会决定,戒毒场所由司法行政部门主管。这一戒毒体制多年来对于遏制毒品蔓延,挽救大批吸毒人员发挥了重大作用,但是也暴露出一些不足,主要是:将完整的戒毒过程分为由公安机关和司法行政部门分别负责实施和管理的两个阶段,不利于戒毒资源的统筹配置和合理使用;3—6月的强制戒毒基本上达不到戒除毒瘾的效果,对大多数复吸人员仍应进行两三年的劳教戒毒。因此,应当整合戒毒资源,提高戒毒效果考虑,应对强制戒毒和劳动教养体制进行改革。

（二）强制隔离戒毒的指导思想

强制隔离戒毒是对自控力较差或成瘾较深的吸毒人员提供一个相对封闭的空间、区域予以隔离,在净化的隔离环境中,通过政府提供的专业队伍对吸毒人员有计划地开展生理、心理治疗,最终达到帮助他们戒除毒瘾的目标。从这点意义上来说,强制隔离戒毒场所可以看成是大社区戒毒的缩本,只是与社区的封闭性及隔离的强制性不同。《禁毒法》第48条明确规定:对于被解除强制隔离戒毒的人员,强制隔离戒毒的决定机关可以责令其接受不超过三年的社区康复。这表明,强制隔离戒毒是社区戒毒到社区康复过程的特殊阶段。[①]

（三）强制隔离戒毒是一种行政强制措施

强制隔离戒毒不是行政强制执行行为,而是具体的行政强制措施。2004年1月1日施行的《公安机关办理行政案件程序规定》（以下简称《程序规定》）第2条明确了强制戒毒的性质是一种行政强制措施。首先,行政机关对相对人作出行政强制执行的决定,是对相对人预先科以义务为前提的;行政强制措施是有关国家行政机关直接依照法律所赋予的职权,为了预防或制止违法行为的发生或继续而采取的强制方法,并不一定以某种具体义务的存在为前提条件。显然,公安机关对吸毒成瘾人员作出强制隔离戒毒决定,并不是因为吸毒成瘾人员原先就有去戒毒所戒毒的义务,而是为了预防或制止吸毒成瘾人员继续吸毒。其次,行政强制措施是独立存在的实体性具体行政行为,而行政强制执行是程序性活动,通常属于某个实体性具体行政行为中的一部分,即执行程序部分。[②] 强制隔离戒毒通过采取强制措施、隔离措施,能够对戒毒人员产生实体意义上的影响,即通过戒除毒瘾来消除对个人、家庭和社会的危害,同时,在强制隔离戒毒整个

---

① 参见《关于强制隔离戒毒执行的初步思考》,2008年12月6日,见 http://www.jsjiedu.com/jdyj/2008/0621/136.htm。

② 崔浩:《行政法教程》,浙江大学出版社2004年版,第121页。

过程中,从公安机关作出强制隔离戒毒决定到戒毒人员戒除毒瘾后戒毒所作出离所决定是一个完整的独立的行政行为,而让吸毒成瘾者强制入所戒毒只是整个行政行为中的一个环节,即执行环节。

强制隔离戒毒具有行政性,主要是因为:一是吸毒行为违反的主要是行政管理方面的法律、法规。二是戒毒强制措施是由具有戒毒强制措施实施权的公安行政机关作出的,不需要向司法机关申请即可执行;而行政强制执行除行政机关实施外,还需要向人民法院申请执行或者由人民法院直接执行。三是强制隔离戒毒所的管理部门是行政机关,由公安机关和司法行政机关负责领导管理,强制戒毒工作则由公安机关主管,县级以上地方各级人民政府卫生部门、民政部门配合。而公安机关、司法行政机关及卫生部门、民政部门是人民政府的职能部门,因而,强制隔离戒毒是一种政府行为,具有行政性。

强制隔离戒毒的强制性主要表现在被强制隔离戒毒的吸毒者的人身自由在一定时期受到限制,在强制隔离戒毒这段期限内,强制隔离戒毒所有权采取一系列强制措施来预防吸毒者接触毒品。在治疗过程,毒瘾的折磨可能会使吸毒成瘾者自伤或伤害他人,因此,对因毒瘾发作可能发生自伤、自残或者实施其他危害行为的戒毒人员,允许采取必要的保护性措施,防止发生戒毒人员伤亡事故。

(四) 强制隔离戒毒不是对吸毒者的行政处罚

如前所述,强制隔离戒毒是一种挽救吸毒者的行政强制措施,在本质上不是对吸毒者进行的行政处罚。根据《禁毒法》第 62 条规定,吸食、注射毒品本身是一种违法行为,可以对吸毒者实施治安管理处罚。强制隔离戒毒措施的强制性和公民接受隔离戒毒的义务性,使这一措施与违反禁毒法行为引起的行政处罚具有某些相似性,与对吸毒成瘾人员行政拘留相比,强制隔离戒毒与行政拘留一样都剥夺了吸毒者的人身自由,二者只是限制人身自由的时间长短不同,限制自由的程度强弱不同。但二者有着本质区别,强制隔离戒毒本质上只是一种强制性的戒毒措施而非对吸毒成瘾人员的行政处罚。由于公民吸毒而且成瘾,国家有权力而且有义务对其实施强制性的戒毒。对于有毒瘾的公民而言,无论毒瘾是因为故意吸食或注射毒品所致,还是因为意志以外的原因造成毒瘾,都有义务接受戒毒措施。强制隔离戒毒就是使吸毒成瘾人员进入强制性戒毒程序,而不是对其惩罚。由于强制隔离戒毒不具有惩罚性,而是一种强制其远离毒品的戒毒措施,因而,强制隔离戒毒在体现强制性的同时,也体现了国家对于吸毒者的关爱。①

---

① 参见李建明:《强制隔离戒毒措施的人文关怀》,2009 年 6 月 5 日,见 http://www.jsjiedu.com/jdyj/2008/0624/140.htm。

强制隔离戒毒措施的目的在于帮助吸毒成瘾人员戒除毒瘾，摆脱痛苦。行政处罚是通过处罚手段对吸毒人员产生威慑和教育作用，从而使其远离毒品，不再重犯吸毒行为，也就是以惩罚手段达到禁止吸毒的目的。行政处罚在惩治吸毒违法行为有其重要作用，但也有明显的局限性，即对于意志以外原因染上毒瘾的情况，如误食毒品、被他人强行注射毒品以及在其饮食、饮品中秘密掺入毒品等情形不适用行政处罚。另外，行政处罚一般来说只能对于毒瘾不大、尚能通过其他戒毒措施使其放弃吸毒的吸毒者产生效果，对于那些毒瘾很深的吸毒人员来说其毒瘾戒除已经难以完全由自己的意志所控制，再严厉的行政处罚也作用甚微，难以达到使其完全戒除毒瘾的目的。强制隔离戒毒是针对任何吸毒成瘾且其他戒毒措施难以有效戒毒的吸毒成瘾人员的一种戒毒措施，这种戒毒措施不是简单的关押看管、强制隔离，而是强制隔离之外辅之于教育、治疗、行为矫治等多种方法并用的综合性戒毒措施。帮助吸毒成瘾人员有效地戒除毒瘾，摆脱毒品的迫害，从毒品摧残的痛苦中走出，重新成为身心健康的公民，这是强制隔离戒毒的宗旨和根本目的所在。[①]

二、强制隔离戒毒的程序规定

(一) 强制隔离戒毒条件

对吸毒成瘾人员决定强制隔离戒毒，需要符合四项法定条件之一，即拒绝接受社区戒毒的；在社区戒毒期间吸食、注射毒品的；严重违反社区戒毒协议的；经社区戒毒、强制隔离戒毒后再次吸食、注射毒品的。

社区戒毒是《禁毒法》规定的一项新的戒毒方式，对于初次发现的吸毒成瘾人员，一般应先由公安机关责令其接受社区治疗，只有对拒绝接受社区戒毒或者经社区戒毒达不到应有效果的，才需要进行强制隔离戒毒。

在一般情况下，社区戒毒是强制隔离戒毒的前提，但是，在实践中，存在着一些需要直接决定强制隔离戒毒的特殊情况，一是吸毒成瘾严重。对于吸毒成瘾不太严重，通过社区戒毒有可能戒除毒瘾的应当适用社区戒毒措施；二是通过社区戒毒难以戒除毒瘾的。对于这一点，要综合考虑其吸毒成瘾的严重程度，本人戒毒的意愿和自行戒毒的经历、本人工作情况和家庭社会环境等因素来确定。

吸毒成瘾人员自愿接受强制隔离戒毒的，经公安机关同意，可以直接进入强

---

① 参见李建明：《强制隔离戒毒措施的人文关怀》，2009 年 6 月 5 日，见 http://www.jsjiedu.com/jdyj/2008/0624/140.htm。

制隔离戒毒场所进行戒毒。在实践中,有的吸毒成瘾人员虽有戒毒的愿望和意识,但是他们觉得自己没有毅力坚持下来,希望通过强有力的外力督促和约束来达到戒毒的目的,而强制隔离戒毒场所拥有较好的治疗设备、专业人员、戒毒经验和必要的环境,因而,有些吸毒成瘾人员愿意直接进入强制隔离戒毒场所进行戒毒。

(二)强制隔离戒毒对象

强制隔离戒毒的对象是吸毒成瘾人员,这是决定强制隔离戒毒的前提条件。对于初次吸毒或者吸食低毒性毒品未成瘾的人员,不适用强制隔离戒毒。

但是,下列特定的吸毒成瘾者不适用强制隔离戒毒:

(1)怀孕或者正在哺乳自己不满一周岁婴儿的妇女吸毒成瘾的,不适用强制隔离戒毒。强制隔离戒毒是一种限制人身自由期限较长的戒毒措施,婴儿在哺乳期对母亲具有生理与精神的双重需求,妇女在怀孕期及哺乳期需要特殊的保护。

(2)不满16周岁的未成年人吸毒成瘾的,可以不适用强制隔离戒毒。《禁毒法》对不满16周岁的未成年人吸毒成瘾的,作出了"可以"不适用强制隔离戒毒措施的规定,表明对于不满16周岁的未成年人在是否适用强制隔离戒毒措施时不能一概而论,在通常情况下不适用强制隔离戒毒措施,但是,对于那些因父母和其他监护人无力帮助其戒毒,采取社区戒毒也无效的吸毒成瘾的未成年人,可以对其进行强制隔离戒毒,使其在与毒品隔绝的环境中接受有针对性的戒毒治疗,这对于帮助其戒除毒瘾大有裨益。

(三)强制隔离戒毒决定机关

强制隔离戒毒的决定由县级以上人民政府公安机关作出。公安派出所在执法活动中发现有吸毒成瘾人员符合强制隔离戒毒条件的,应当报县级以上人民政府公安机关作出强制隔离戒毒的决定。

(四)强制隔离戒毒地点

强制隔离戒毒的地点是各省市的强制隔离戒毒场所。强制隔离戒毒场所的设置、管理体制和经费保障由国务院根据《禁毒法》和实际情况作出具体规定。

(五)强制隔离戒毒期限

1. 一般规定

强制隔离戒毒的期限为两年。县级以上人民政府公安机关依照《禁毒法》第38条的规定,对符合条件的吸毒成瘾人员决定强制隔离戒毒时,所决定的强制隔离戒毒措施的期间限一般为两年,自公安机关作出强制隔离戒毒决定之日算起。

2. 提前解除强制隔离戒毒的规定

执行强制隔离戒毒1年后,由强制隔离戒毒场所组织进行诊断评估,经诊断评估,对于戒毒情况良好的戒毒人员,由强制隔离戒毒场所提出提前解除强制隔离戒毒意见,报原作出强制隔离戒毒决定的机关批准。

3. 延长强制隔离戒毒期限的规定

强制隔离戒毒期满前,由强制隔离戒毒场所组织进行诊断评估,经诊断评估,对于需要延长戒毒期限的戒毒人员,由强制隔离戒毒场所提出延长戒毒期限的意见,报原作出强制隔离戒毒决定的机关批准。

诊断评估必须依据《强制隔离戒毒人员戒毒情况诊断评估办法》,由具有一定资质的戒毒医疗评估机构进行独立评估,其诊断评估结果作为是否提前解除强制隔离戒毒或者延长强制隔离戒毒期限的依据,卫生行政部门、公安机关和司法行政部门对戒毒诊断评估进行监督。

强制隔离戒毒的期限最长可以延长1年。延长的强制隔离戒毒期限,与原决定的强制隔离戒毒期限合并执行。强制隔离戒毒人员探视(含路途)的时间,计算为已经执行的强制隔离戒毒期限;擅自离所或探视逾期不归的时间,不计算为已经执行的强制隔离戒毒期限。

(六) 强制隔离戒毒决定程序

1. 强制隔离戒毒决定书的制作

公安机关对吸毒成瘾人员决定予以强制隔离戒毒的,应当制作强制隔离戒毒决定书。强制隔离戒毒决定书是公安机关对吸毒成瘾人员作出强制隔离戒毒决定,要求其接受强制隔离戒毒的法定形式。公安机关必须以书面形式作出,不得采取口头形式。

2. 强制隔离戒毒决定书的送达

公安机关应当在将强制隔离戒毒人员送强制隔离戒毒场所执行强制隔离戒毒前,将强制隔离戒毒决定书送达被决定人。送达决定书是决定书发生法律效力的前提,是执行强制隔离戒毒措施前的必经程序。没有送达决定书给被决定人的,就不能对其执行强制隔离戒毒。

3. 强制隔离戒毒决定书的通知

公安机关应当在强制隔离戒毒决定书送达后的24小时以内将决定书内容通知被决定人的家属、所在单位和户籍所在地的公安派出所;被决定人不讲真实姓名、住址,身份不明的,公安机关应当自查清其身份后通知。

(七) 强制隔离戒毒决定救济措施

被决定人对强制隔离戒毒措施决定不服的,可以依《行政复议法》申请行政复议。

被决定人对强制隔离戒毒措施决定不服的,也可以依《行政诉讼法》直接向人民法院提起行政诉讼。

三、强制隔离戒毒措施与其他戒毒措施[①]

强制隔离戒毒是禁毒法规定的戒毒措施中的一种。虽然强制性戒毒措施具有更好的戒毒效果,但却不能完全依赖这种措施,还需要其他戒毒措施共同发挥作用。这不仅是因为国家不可能提供足够的戒毒资源使所有吸毒成瘾人员都进入强制隔离戒毒场所戒毒,更重要的是通过多样性、梯度性的戒毒措施,尽可能避免或减轻对吸毒人员人身自由和行为自由的限制。

在戒毒措施体系中,医疗戒毒是吸毒成瘾人员的一种自我戒毒措施。国家提供这种戒毒服务,使吸毒者能在人身自由不受限制的情况下实现戒除毒瘾的目的。如果吸毒成瘾而又未自行到医疗戒毒机构进行戒毒治疗,或者自行戒毒无效的,公安机关可以责令其接受社区戒毒。接受社区戒毒,吸毒成瘾人员需要与社区签订社区戒毒协议,遵守相关法律、法规和协议约定。这种戒毒措施相对于自行戒毒而言,行为自由受到一定的限制和约束,但总体上说,对于其人身自由的限制还是相当轻微的,比强制隔离戒毒的严厉性要弱得多。如果吸毒成瘾性相当深,以致社区戒毒难以达到戒毒目的,或者拒绝社区戒毒,或者在社区戒毒期间仍然吸食注射毒品,或在社区戒毒、强制隔离戒毒之后又复吸的,则必须采取强制隔离戒毒措施。强制隔离戒毒基本上剥夺人身自由,因而只有在其他戒毒措施不能达到戒除毒瘾目的的前提下才能被采用。强制隔离戒毒措施执行结束后,为了巩固戒毒效果,强制隔离戒毒的决定机关可以责令被解除强制隔离戒毒的人员进行社区康复戒毒。康复戒毒旨在巩固戒毒效果,防止复吸。这种戒毒措施具有组织性、规范性、服务性,并对戒毒康复人员进行一定限度的人身自由约束。

由此可见,强制隔离戒毒措施是最严厉,也是最有效的戒毒措施,但强制隔离戒毒并非首选的戒毒措施,而是针对毒瘾严重或者其他戒毒措施失败的吸毒成瘾人员所采用。同时,强制隔离戒毒又依赖于后续的康复戒毒措施来巩固其戒毒效果。强制戒毒措施与其他戒毒措施的相互衔接和互补,既体现了国家希望吸毒成瘾人员尽快摆脱毒品伤害的动机,又充分考虑了对于吸毒成瘾人员人

---

① 此部分参见李建明:《强制隔离戒毒措施的人文关怀》,2009 年 6 月 5 日,见 http://www.jsjiedu.com/jdyj/2008/0624/140.htm。

身自由的尊重。对于戒毒效果性与戒毒措施适当性的兼顾,反映了国家对于吸毒成瘾人员的关怀。

四、强制隔离戒毒措施适用中的权利保障①

强制隔离戒毒本质上是一种戒毒措施,其出发点和落脚点都是为了帮助吸毒者戒除毒瘾,摆脱毒品造成的痛苦,但是,这种强制性的戒毒措施毕竟在一定期限内剥夺了吸毒成瘾者的人身自由。为此,《禁毒法》充分注意了强制隔离戒毒措施适用中对于吸毒成瘾者的权利保障,而这些权利保障措施也进一步体现了强制隔离戒毒措施对于戒毒人员的关怀。

第一,《禁毒法》严格规定了适用强制隔离戒毒措施的对象范围。依据规定,强制隔离戒毒适用的对象包括:拒绝社区戒毒的;在社区戒毒期间吸食、注射毒品的或者严重违反社区戒毒协议的;经社区戒毒、强制隔离戒毒后再次吸食、注射毒品的;吸毒成瘾严重,通过社区戒毒难以戒除毒瘾的;吸毒成瘾人员自愿接受强制隔离戒毒的。另外,对于怀孕或者正在哺乳自己不满一周岁婴儿的妇女吸毒成瘾的,不适用强制隔离戒毒。不满十六周岁的未成年人吸毒成瘾的,可以不适用强制隔离戒毒。从这些适用对象和限制适用的对象看,强制隔离戒毒充分关注了吸毒成瘾者的人身权利,防止扩大适用造成对公民权利不必要的限制。

第二,禁毒法规定了适用强制隔离戒毒措施的决定程序、通知程序和权利救济程序。依据禁毒法的规定,公安机关对吸毒成瘾人员决定予以强制隔离戒毒的,应当制作强制隔离戒毒决定书,在执行强制隔离戒毒前送达被决定人,并在送达后 24 小时以内通知被决定人的家属、所在单位和户籍所在地公安派出所;被决定人不讲真实姓名、住址,身份不明的,公安机关应当自查清其身份后通知。被决定人对公安机关作出的强制隔离戒毒决定不服的,可以依法申请行政复议或者提起行政诉讼。强制隔离戒毒措施的严格、谨慎决定、及时通知以及当事人对强制隔离戒毒决定不服的救济途径,也都反映了国家在采用强制性戒毒措施时对公民权利的尊重和保障。

第三,给予强制戒毒中的吸毒成瘾者提供人道待遇。强制隔离戒毒不仅要考虑戒毒效果,而且也要考虑尽量减轻这一强制措施对公民造成的权利损害。为此,禁毒法规定,根据戒毒的需要,强制隔离戒毒场所可以组织戒毒人

---

① 此部分参见李建明:《强制隔离戒毒措施的人文关怀》,2009 年 6 月 5 日,见 http://www.jsjiedu.com/jdyj/2008/0624/140.htm。

员参加必要的生产劳动,对戒毒人员进行职业技能培训;组织戒毒人员参加生产劳动的,应当支付劳动报酬;强制隔离戒毒场所对有严重残疾或者疾病的戒毒人员,应当给予必要的看护和治疗;对患有传染病的戒毒人员,应当依法采取必要的隔离、治疗措施;对可能发生自伤、自残等情形的戒毒人员,可以采取相应的保护性约束措施;强制隔离戒毒场所管理人员不得体罚、虐待或者侮辱戒毒人员;强制隔离戒毒场所应当根据戒毒治疗的需要配备执业医师;戒毒人员的亲属和所在单位或者就读学校的工作人员,可以按照有关规定探访戒毒人员;戒毒人员经强制隔离戒毒场所批准,可以外出探视配偶、直系亲属。这些措施既有助于强制隔离戒毒取得更好效果,也有助于对戒毒人员的人道主义保护。

五、强制隔离戒毒后期心理脱毒矫治措施

第一,继续采取医疗措施。戒毒管理人员应根据医嘱监督戒毒人员服用药物,治疗其较为严重的失眠、心慌、易出汗等稽延性症状。

第二,开展康体训练,恢复和增强戒毒人员的身体技能。健康的身体是形成良好心态和增强戒毒意志力的基础。坚持进行康体训练,既能增强戒毒人员的体质,又能促使他们养成锻炼身体的良好习惯,为戒毒人员接受教育改造奠定良好的心理基础。

第三,开展思想教育。从戒毒人员进入戒毒隔离所开始,就对其进行系统的课堂化思想教育,包括法律常识、思想道德、爱国主义、人生观、先进文化、心理健康、戒毒知识、劳动技术教育等,这既是戒毒工作的客观要求,更是提高戒毒人员法律、道德、心理、卫生保健知识、人生观、价值观等认知水平的重要手段,为戒毒人员自我认识、自我反思、自我改变提供基本认知条件,对戒毒人员树立戒毒信念,改变生活态度,拒绝毒品,重塑人生有重大意义,在整个戒毒治疗体系中的作用是其他矫治手段无法替代的。

第四,进行习艺性劳动。劳动作为三大矫治手段之一,不仅能矫正戒毒人员的注意力,减少其烦躁心理,而且还能培养其恒心和耐心,发挥其主观能动性,使其自觉接受戒毒矫治。

除此之外,还应根据各地实际,组织戒毒人员进行读书活动、瑜伽功习练和音乐疗法等课外活动,营造良好的戒毒氛围。①

---

① 参见《劳教戒毒分期及矫治手段初探》,2009 年 6 月 5 日,见 http://xaljs. bjlj. gov. cn/contents/145/577. html.

第三节　自愿戒毒、社区康复、药物维持治疗

一、自愿戒毒

《禁毒法》第 36 条第 1 款规定："吸毒人员可以自行到具有戒毒治疗资质的医疗机构接受戒毒治疗。"吸毒人员可以自行到具有戒毒治疗资质的医疗机构接受戒毒治疗就是自愿戒毒。吸毒人员进行自愿戒毒治疗，表明自己有戒断毒瘾的决心和愿望，这不仅可以缓解强制性戒毒的压力，也有利于减少国家开支。

自愿戒毒方式的对象包括未被公安机关发现的吸毒人员，出于保护个人隐私而异地戒毒治疗的吸毒人员，以及在社区戒毒的吸毒人员。吸毒人员在接受自愿戒毒治疗期间，有关部门不得以吸毒成瘾为由对吸毒人员实行强制隔离戒毒。

据统计，目前全国卫生、民政系统的自愿戒毒机构有 1 000 多个。自愿戒毒所的管理大部分以医院化的规范医疗为主，有较强的医疗和科研力量，有良好的医疗设备条件，作为专业戒毒医疗机构，采用国内外先进的戒毒方式和全封闭的病房管理模式，对戒毒者的医疗方面有较高的保障，戒毒者在这种场所自愿戒毒可以收到很好的戒毒效果。各地均有自愿戒毒所，能够给戒毒者予以及时救治，该模式在一定程度上缓解了强制戒毒压力，减少了国家的一些开支。但是，由于自愿戒毒机构绝大多数是以营利为目的，戒毒费用过高，大多数吸毒者无法承受高昂的戒毒费用，致使自愿戒毒所仅为少数吸毒人员服务，对于大多数真正想戒毒但经济困难的吸毒者来说，很难得到自愿戒毒所的帮助。由于自愿戒毒机构为医疗机构，没有强制手段，对那些操守不良、带有恶习的吸毒者无法严格管理，造成大多病房管理秩序不良，更有甚者，使得自愿戒毒所成了传毒的场所。另外，绝大多数自愿戒毒所只提供 7 至 15 天的脱毒治疗，没有后续的康复措施。可见，自愿戒毒虽然在一定程度上缓解了强制戒毒工作的压力，为国家减少了一些开支，但对于禁毒工作的深入开展来说，有很大局限性。[①]

二、社区康复

(一) 康复戒毒概述

吸食、注射毒品成瘾者的阶段巩固问题是一个世界性的难题。一个人沾染

---

① 李岚、黄武：《当前我国几种戒毒模式之比较——从〈禁毒法〉的颁布引起的思考》，《河南司法警官职业学院学报》2008 年第 2 期。

上毒品后,生理毒瘾易脱可心瘾难断。通常,戒毒人员离开强制戒毒所后,遇到的是社会的冷漠和歧视以及家庭和亲友的反感。于是,他们就又在吸食毒品中寻找解脱。我国吸毒人员的复吸率很高,陷入了戒毒、复吸、再戒毒、再复吸的恶性循环之中,直接影响了戒毒工作的成效,也危及吸毒人员自身的健康和安全,给社会带来很多不稳定的因素。为了有效解决戒毒人员复吸率高的问题,近年来,各地有关部门进行了创造性的探索,积累了一些成功的经验,例如创办戒毒康复所。

戒毒人员经过 1 至 3 年不等的强制隔离戒毒后,绝大多数人从生理到心理上均戒断了毒瘾,如果马上回归社会,受各种外界因素的影响,部分人会顶不住诱惑,重蹈覆辙,因此,建立过渡性的戒毒康复机构,让经过强制隔离戒毒之后的戒毒人员在这些过渡性的戒毒康复机构中继续进行戒毒康复治疗,既可巩固强制隔离戒毒阶段的成效,又可为戒毒人员回归社会作好过渡性铺垫。

戒毒康复所最早由云南、海南、宁夏等省、自治区的部分强制戒毒所开办,它以自愿为前提、康复为中心、生产为平台、教育为手段、医疗为保障、回归社会为目标,通过为戒毒期满后自愿留所和返所人员提供就业岗位的方式,安置了一批戒毒人员。有的康复戒毒所还充分利用自身优势,积极与企业合作,最大限度地向戒毒人员提供培训和就业岗位。通过这种方式,最大限度地帮助戒毒人员巩固了戒毒成果,有效地降低了吸毒人员的复吸率,得到了戒毒人员及其家属的欢迎,也得到了社会的认可。与此同时,一些社会有识之士也怀着对禁毒事业的热情,积极兴办戒毒康复场所或者利用开办的工厂企业,接收安置了一大批戒毒人员,解决了他们的生活、就业问题,为戒毒康复事业作出了积极的贡献。[①]

戒毒康复中心是一种不同于强制隔离戒毒的戒毒方式。它是由当地党委、政府领导,政府开办,司法行政部门承办,各有关部门和社会各方面共同参与的社会公益事业。戒毒康复中心应当依托当地或周边的强制隔离戒毒所,因为强制隔离戒毒所有成功的戒治经验,有较为完善的医疗设施和对每个戒毒人员详细情况的掌握。戒毒康复中心可根据各地的情况,建成来料加工型的"戒毒康复工厂",或以种植、养殖业为主的"戒毒康复农场"。例如,四川省依托成都戒毒矫治所在成都双流县建设一所戒毒康复中心,主要收治川西地区的戒毒康复人员,生产项目以来料加工为主。中心实行开放式管理。管理人员从强制隔离戒毒所抽调部分业务骨干和熟练技工(农技师)组成。中心提供必需的生活设施和必要的工作设施。戒毒人员入住戒毒康复中心必须签订协议,可以带家属同住。协

① 参见安建主编:《中华人民共和国戒毒法释义》,法律出版社 2008 年版,第 138 页。

议期满回归社会。①

实践证明,戒毒康复场所的建设是有效解决戒毒人员复吸问题、深化禁毒的一项重要措施,因此,《禁毒法》第 49 条第 1 款规定:"县级以上地方各级人民政府根据戒毒工作的需要,可以开办戒毒康复场所;对社会力量依法开办的公益性戒毒康复场所应当给予扶持,提供必要的便利和帮助。"社会力量依法开办的收治戒毒康复人员的工厂或农场应享受当前社会上残疾人开办的福利企业同等的政策和税收优惠。戒毒康复实行完全自愿的原则,时间 2—3 年为宜,协议期满可视康复情况适当延长,但最长不得超过 5 年。

(二)康复戒毒场所设置

康复戒毒场所实行社区化契约式管理,吸纳戒毒康复的科技成果和社会支持力量,实现"生理脱毒、身体康复、心瘾戒断、正常交往、自食其力、回归社会"的目标。

戒毒康复场所可以由县级以上地方各级人民政府根据戒毒工作的需要开办,也可以由社会力量开办,接收依法被解除强制隔离戒毒的戒毒人员在其中生活、劳动,并接受戒毒康复治疗。对于社会力量依法开办的公益性戒毒康复场所应当给予扶持,提供必要的便利和帮助,包括在开办手续、场所选择和经营过程中提供便利,帮助解决在开办和经营过程中遇到的各种困难和障碍等。

(三)康复戒毒内容

1. 社区康复参照社区戒毒的规定实施

社区康复措施在适用对象和适用时间上显然不同于社区戒毒措施。社区戒毒措施适用于初次发现的吸毒成瘾不太严重的吸毒人员,只有在其拒绝社区戒毒,在社区戒毒期间吸食、注射毒品严重违反社区戒毒协议或者经社区戒毒后再次吸食、注射毒品的,才予以强制隔离戒毒。社区康复则适用于被解除强制隔离戒毒的人员,对于被解除强制隔离戒毒的人员除自愿在戒毒康复场所生活、劳动者之外,公安机关都可以责令其接受社区康复。②

社区康复之所以要参照社区戒毒的规定实施,是因为社区戒毒和社区康复在决定机关、执行主体、目的及方法上基本是相同的。第一,社区戒毒与社区康复的决定机关都是县级以上人民政府公安机关。第二,与社区戒毒一样戒毒人员一般也是在户籍所在地接受社区康复,在户籍所在地以外的现居住地有固定

---

① 乔德春:《对构建我国新的戒毒模式的思考》,《中国司法》2008 年第 4 期。
② 全国人民代表大会常务委员会法制工作委员会刑法室编:《中华人民共和国禁毒法解读》,中国法制出版社 2008 年版,第 172 页。

住所的,可以在现居住地接受社区康复。第三,与社区戒毒一样社区康复工作也由城市街道办事处、乡镇人民政府负责。第四,城市街道办事处、乡镇人民政府可以指定有关基层组织,根据戒毒人员本人和家庭情况,与戒毒人员签订社区康复协议,落实有针对性的社区康复措施。公安机关和司法行政、卫生行政、民政等部门应当对社区康复工作提供指导和协助。所以,《禁毒法》第48条第2款规定对被解除强制隔离戒毒人员的"社区康复参照本法关于社区戒毒的规定实施"。

2. 康复戒毒场所

康复戒毒可以在戒毒人员生活的社区进行,可以在政府开办的戒毒康复场所内进行,也可以在社会力量开办的公益性戒毒康复场所(工厂、农场等)内进行。

《禁毒法》第48条第1款规定:"对于被解除强制隔离戒毒的人员,强制隔离戒毒的决定机关可以责令其接受不超过三年的社区康复。"需要注意的是,本款规定的是"可以责令"而不是一律责令。即是否责令戒毒人员进行社区康复,应根据戒毒人员在强制隔离戒毒期间的戒毒情况而定。社区康复与康复戒毒场所接受的是被解除强制隔离戒毒的人员,所以,对于被解除强制隔离戒毒的戒毒人员自愿到康复戒毒场所生活、劳动的,强制隔离戒毒的决定机关就不需要再责令其接受社区康复了。

3. 戒毒人员可以自愿在戒毒康复场所生活、劳动

戒毒康复场所的戒毒康复不是一种处罚,进入戒毒康复场所是戒毒人员的自愿选择。它不属于行政处罚,也不属于行政强制措施。因此,不能强制或者责令戒毒人员到戒毒康复场所进行生活和劳动。

4. 劳动有偿

戒毒康复场所组织戒毒人员参加生产劳动的,应当参照国家劳动用工制度的规定支付劳动报酬。戒毒人员在戒毒康复场所参加生产劳动,既可以将其劳动作为戒毒康复的一个有效的辅助手段,也可以通过参加劳动领取劳动报酬来获得治疗和生活的费用。参加生产劳动还可以帮助戒毒人员提高劳动技能,树立成功戒毒和回归社会的信心,从而为其最终离开戒毒康复场所、回归社会做准备。戒毒人员与戒毒康复场所之间的劳动关系主要是合同性质的,戒毒康复场所应当根据戒毒人员劳动的数量和质量,参照国家劳动用工制度的规定支付劳动报酬。

5. 戒毒康复工作方式

康复人员首先对戒毒人员进行个别访谈,了解康复个体的心理特点、成长

史、吸毒史、文化水平,以建立心理健康档案,并制定针对每个个体的矫治方案。针对戒毒人员文化水平普遍低的实情,康复戒毒场所开展集体教育,开设法律、美学讲座、文学品读、财经知识等课程,使他们了解社会,将来能融入社会;针对戒毒人员懒散、自律性差、趋众心理严重、不宜集体管理的特点,建立工作人员为成员和主导的戒毒小组,针对戒毒康复人员自卑感强、不善于与人交流的特点,每组设三至四人,进行个别双向交流,帮助他们适应正常的人际交往,提高团体凝聚力和自我管理能力,强化戒毒信心。

三、药物维持治疗

(一) 药物维持治疗概述

戒毒药物维持治疗是对吸毒成瘾者选用适当的药物,以替代、递减的方法,减缓吸毒者戒断症状的痛苦,减轻吸毒者对毒品的依赖,防止因注射吸毒引起艾滋病病毒的感染和扩散,减少毒品成瘾引起的疾病、死亡,减少吸毒引发的违法犯罪的一种治疗方法。

目前,戒毒药物维持治疗主要是指美沙酮维持治疗。美沙酮是一种合成的麻醉性镇痛药,其化学结构不同于吗啡,但是药理作用与吗啡相似,成瘾性也较吗啡小。它也属于国家管制的麻醉药品,如果滥用,也是一种毒品。用美沙酮维持治疗,实际上只是一种两害相权取其轻的做法。实践表明,美沙酮具有对戒断症状控制显著脱毒治疗成功率高,服用方便,一次用药能维持 24 小时的临床效应等优点,是控制海洛因成瘾者毒品滥用和艾滋病传播的有效干预措施之一。

近年来,艾滋病、乙肝、丙肝等传染病在吸毒人群中迅速传播的情况比较突出,为了尽快控制艾滋病等传染病在吸毒人员中的传播,减轻吸毒者对海洛因的依赖和减少与毒品有关的违法犯罪,我国在部分地区开展了美沙酮维持治疗试点门诊,通过较长时间服用美沙酮来处理海洛因成瘾,并配合心理治疗、行为干预等综合措施,以最终达到减少毒品危害和需求的目的。卫生行政部门和参加治疗的戒毒人员反映,美沙酮维持治疗可以使人免受戒断症状的困扰,降低复吸率,尤其是能够减少因注射毒品感染艾滋病的几率。药物替代治疗的费用与购买海洛因的费用相差巨大,有助于控制吸毒人员为获取毒资而引发其他违法犯罪活动。[①]

(二) 药物维持治疗制度

《禁毒法》第 51 条规定:"省、自治区、直辖市人民政府卫生行政部门会同公

---

① 参见安建主编:《中华人民共和国戒毒法释义》,法律出版社 2008 年版,第 143 页。

安机关、药品监督管理部门依照国家有关规定,根据巩固戒毒成果的需要和本行政区域艾滋病流行情况,可以组织开展戒毒药物维持治疗工作。"

由此可知,开展戒毒药物维持治疗工作由省、自治区、直辖市人民政府卫生行政部门会同公安机关、药品监督管理部门进行,其他部门或者单位无权开展这项工作。另外,开展戒毒药物维持治疗工作必须依照《禁毒法》和《艾滋病防治条例》等法律、法规,根据巩固戒毒成果的需要和本行政区域艾滋病流行的原因、范围、严重程度等实际情况组织进行。浙江省人民政府办公厅发布的《关于贯彻实施〈中华人民共和国禁毒法〉有关工作的通知》(征求意见稿)要求:"卫生、公安、食品药品监管等部门要大力推进阿片类物质成瘾者社区美沙酮维持治疗工作。实有吸毒成瘾人员300人以上的县(市、区)都要设立美沙酮维持治疗门诊,实有吸毒成瘾人员100人以上的乡镇、街道逐步设立服药点。要逐步将社区美沙酮维持治疗工作纳入社会公共卫生医疗保障体系。"

第四节　强制隔离戒毒场所、戒毒医疗机构

一、强制隔离戒毒场所

(一) 强制隔离戒毒的管理体制

强制隔离戒毒所是对被强制隔离戒毒人员执行强制隔离戒毒措施的机构。强制隔离戒毒所由县级以上人民政府相关职能部门主管。有关强制隔离戒毒场所的设置、管理体制和经费保障的问题,由国务院对其作出具体规定。

《禁毒法》实施以前,我国的强制隔离戒毒机构有两类组成:一类是由公安机关建立和管理的强制戒毒所;一类是由司法行政部门建立和管理的劳教戒毒所,主要收容经过强制戒毒后又复吸的吸毒成瘾人员。原来的强制戒毒期限为3—6个月、劳教戒毒期限为1—3年。

《禁毒法》实施以后,我国的强制戒毒机构统一称为"强制隔离戒毒场所",戒毒体系确定为社区戒毒(戒毒期限为3年)、强制隔离戒毒(戒毒期限为2年,根据强制隔离戒毒人员的实际戒毒情况最长可延长1年)、社区康复(戒毒期限为3年)"三位一体"的戒毒体系。目前,国家对强制隔离戒毒场所的管理体制尚未明确规定。浙江省人民政府办公厅发布的《关于贯彻实施〈中华人民共和国禁毒法〉有关工作的通知》(征求意见稿)规定:"强制隔离戒毒管理工作由公安、司法行政部门共同承担。其中,公安部门主要负责吸毒人员在接受治安处罚期间的

戒毒治疗和强制隔离戒毒人员的生理脱毒（3个月以内），然后将基本完成生理脱毒后的强制隔离戒毒人员集中送司法戒毒场所；司法行政部门负责强制隔离戒毒人员后期的心理矫治和戒毒康复。"

（二）强制隔离戒毒场所的职能

（1）根据戒毒人员吸食、注射毒品的种类及成瘾程度，进行有针对性的治疗，这是强制隔离戒毒的重要内容。对于吸食不同的麻醉药品和精神药品，戒毒的治疗规范也有所不同。在强制隔离戒毒场所中，戒毒治疗和康复训练应当根据不同戒毒人员其吸食、注射不同毒品的种类以及其成瘾的程度有针对性地进行，以提高治疗的效率和效果。

（2）对戒毒人员进行有针对性的生理治疗和心理治疗。在国际上，有关戒毒的通行做法往往分为三个步骤，一是急性脱毒阶段，二是心理康复治疗阶段，三是回归社会阶段。毒品的心理依赖和生理依赖，是吸毒人员总是摆脱不了毒品的关键因素。对吸毒人员进行有针对性的生理治疗和心理治疗，主要目的在于是吸毒人员摆脱对毒品这两方面的依赖。其中，心理依赖是吸毒人员最难戒除、最复杂的症状，所以，强制隔离戒毒场所所承担的心理治疗任务尤为重要和艰难。

（3）对戒毒人员进行有针对性的身体康复训练。吸毒人员由于长期吸食、注射毒品，身体状况和身体技能都很差，因此，在戒毒治疗的同时必须对身体各部分功能进行康复训练，包括体育锻炼、生活技能训练，等等。

（4）组织戒毒人员参加生产劳动，进行职业技能培训。必要的生产劳动有助于戒毒人员恢复身体健康，有助于戒毒人员职业技能的培养，有助于帮助戒毒人员树立生活信心，为戒毒人员在戒毒期满后能够顺利地回归社会、谋取职业、降低复吸率奠定基础。当然，强制隔离戒毒场所组织戒毒人员参加生产劳动，应支付劳动报酬。

（三）强制隔离戒毒场所管理制度

强制隔离戒毒人员管理工作是强制隔离戒毒机关依法对强制隔离戒毒人员实施日常管理的行政执法活动。强制隔离戒毒机关应当坚持"以人为本、依法管理、综合矫治、科学戒毒、关怀救助"的原则，切实保障强制隔离戒毒人员合法利益，通过治疗、康复、教育等措施，帮助强制隔离戒毒人员戒除毒瘾回归社会。

强制隔离戒毒场所的管理主要是对强制收入戒毒所进行强制戒毒的吸毒人员，依法进行严格的教育、治疗和管理，以及对管教干警、场所设施的管理。为了对强制隔离戒毒人员顺利实施脱毒治疗、体能康复、法制教育、道德教育等综合治疗措施，强制隔离戒毒场所的管理制度主要有：

（1）内务管理制度；

（2）入所制度；

（3）物品检查、通信通话管理制度；

（4）教育制度；

（5）劳动制度；

（6）分类分期管理制度；

（7）采取保护性约束措施的有关制度；

（8）涉嫌犯罪、擅自离所人员的处理制度；

（9）戒毒措施变更的制度；

（10）戒毒药物管理制度；

（11）生活卫生制度；

（12）考评、奖惩制度；

（13）诊断评估制度。

通过对吸毒人员的军事化管理、科学的生活作息时间安排，使吸毒者逐渐改变原先生活方式，树立自信，恢复正常的心理状态。健康有益的文体活动，使吸毒者生活内容丰富，情绪稳定。开展法制辅导教育和心理咨询，使吸毒者认清毒品危害，提高遵纪守法观念，增强毒品抵御能力，矫正扭曲的人格和心理，为回归社会打下基础。

（三）分类分期管理制度

进入强制隔离戒毒场所的吸毒成瘾人员必须入所队，对新入所的吸毒成瘾人员要进行入所教育。入所教育时间不少于1个月。入所教育内容包括戒毒法律法规，强制戒毒的性质、任务、方针和政策教育；认错教育；劳动和安全生产教育；强制隔离戒毒人员守则；一日生活规则教育和文明礼貌行为规范训练。入所教育结束后，强制隔离戒毒人员转入相应的中队，并把在入所教育阶段形成的包括强制隔离戒毒人员写的书面总结、自传、个人戒毒计划、鉴定等档案资料转入所在中队。

1. 分类管理

所谓"分类管理"，是指根据戒毒人员的性别、年龄、患病等情况，依法实施分别编队、分类处遇，让其在不同的场所或者区域内生活、劳动、接受治疗，由不同的管理人员根据其特点实施不同的管理措施。

（1）根据戒毒人员的性别、年龄、患病等情况，对戒毒人员实行分别管理。例如，按性别分别管理，女性强制隔离戒毒人员由女性工作人员管理；根据年龄对成年人吸毒者和未成年人吸毒者进行分别管理；根据患病情况可以对重病患者、传染病患者进行特殊照顾或者隔离治疗,对患病和没有患病的人员,患不同疾病的人员实行分别管理。

(2) 对公安机关责令进行强制隔离戒毒的人员和自愿接受强制隔离戒毒治疗的人员,应当分类分区管理,因为这两种类型的戒毒人员他们的戒毒心理不同,如果把他们放在一个区域戒毒,容易对自愿接受强制隔离戒毒治疗的人员在心理上产生负面影响。

(3) 对吸食、注射新型毒品和传统类型毒品的戒毒人员也应当实行分类分区管理,以免他们交流吸毒体验,在心理上产生交叉感染。

(4) 对同案吸毒人员或共同吸毒的戒毒人员也应当实行分类分区管理。

2. 分期管理

分期管理是强制隔离戒毒所根据戒毒治疗的不同阶段和效果,对强制隔离戒毒人员按照急性脱毒期、康复期、巩固期分期进行管理。

对生理尚未脱毒,尿检呈阳性的强制隔离戒毒人员进行急性生理脱毒治疗。急性脱毒期时间为入所后1—2个月。

对完成急性脱毒治疗的强制隔离戒毒人员开展康复治疗,组织体能恢复训练,接受入所教育,参加适度劳动,同时治疗并发症。康复期时间不超过11个月。

对身体已经康复的强制隔离戒毒人员进行心理脱毒治疗,开展道德、法制、文化教育,进行行为矫治、康复训练和职业技能培训。巩固期时间不超过24个月。

3. 特别管理

(1) 对有严重残疾或者疾病的戒毒人员,应当分类分区管理,并给予必要的看护和治疗。根据《残疾人保障法》第2条的规定,残疾人是指在心理、生理、人体结构上,某种组织、功能丧失或者不正常,全部或者部分丧失以正常方式从事某种活动能力的人。残疾人包括视力残疾、听力残疾、言语残疾、肢体残疾、智力残疾、精神残疾、多重残疾和其他残疾的人。"必要的看护"主要是指为了保证严重残疾或者疾病的戒毒人员正常生活和接受正常治疗的需要,向其提供必要的照顾和帮助。

(2) 对患有传染病的戒毒人员,应当依法采取必要的隔离、治疗措施。如果戒毒人员患有传染病,强制隔离戒毒场所应当遵循《传染病防治法》以及其他相关的法律、法规,对其采取必要的隔离和治疗措施。

(3) 对可能发生自伤、自残等情形的戒毒人员,可以采取相应的保护性约束措施。在吸毒人员的戒毒过程中,由于毒瘾再次发作、自暴自弃,或者为了逃避监管和治疗等原因,戒毒人员会通过吞食异物、故意伤残自己的肢体等方式,故意使自己的身体受到伤害或者导致残疾。针对这种情况的发生,考虑到吸毒人员的特点,除了对戒毒人员自伤、自残的,强制隔离戒毒场所应当及时采取必要的措施进行治疗外,还可以对其可能自伤、自残的行为采取预防措施。即根据戒毒人员的吸毒成瘾程度、精神状态以及行为表现等,对其采取相应的保护和约束。这种保护性约束措施不是一种处罚,其适用目的是为了保护戒毒人员的人身安全和健康。

4. 对管理人员的要求

强制隔离戒毒场所管理人员不得体罚、虐待或者侮辱戒毒人员。我国《宪法》规定,公民的人格尊严不受侵犯,禁止用任何方法对公民进行侮辱、诽谤和诬告陷害。强制隔离戒毒场所严禁管理人员体罚、虐待或者侮辱戒毒人员的规定,体现了对戒毒人员人权的尊重和保障。其中,体罚、虐待或者侮辱主要是指对戒毒人员强迫从事过度劳动、殴打、捆绑、冻饿、罚站、罚跪、嘲笑、辱骂、滥施械具等行为。《禁毒法》第69条规定,司法行政部门或者其他有关主管部门的工作人员在禁毒工作中对戒毒人员有体罚、虐待、侮辱等行为,构成犯罪的,依法追究刑事责任;尚不构成犯罪的,依法给予处分。

(四) 探访、探视管理制度

探访、探视管理制度是强制隔离戒毒场所管理的重要内容之一,强制隔离戒毒场所对探访、探视作了具体规定。

1. 探访

强制隔离戒毒人员的亲属和所在单位或者就读学校的工作人员,可以按照有关规定探访戒毒人员。这里所说的"亲属",既包括强制隔离戒毒人员的配偶、父母、子女、同胞兄弟姐妹等近亲属,也包括戒毒人员的其他亲属;既包括在强制隔离戒毒之前与戒毒人员共同生活的家庭成员,也包括不与戒毒人员共同生活的其他亲属。"所在单位的工作人员"主要是指戒毒人员在被强制隔离戒毒前工作的机关、企业事业单位的领导和有关的工作人员。"就读学校的工作人员",主要是指戒毒人员在被强制隔离戒毒前就读的学校的教师以及其他工作人员。到隔离戒毒场所探访戒毒人员,应当遵守有关强制隔离戒毒场所的规定,例如对探视次数、时间、人数、有关安全管理和防止传递毒品等方面的规定。强制隔离戒毒场所也会尽量为探访人员提供方便和必要的会面条件。探访强制隔离戒毒人员的人应当持有有效证件,并能够证明与被探访人之间的配偶关系或直系亲属关系、同事关系等,否则,禁止探访。正在接受保护性约束措施的强制隔离戒毒人员,不准探访,确因特殊情况确需探访的,须经强制隔离戒毒所批准。正在接受审查或呈报逮捕的,禁止探访。

2. 探视

戒毒人员经强制隔离戒毒场所批准,可以外出探视配偶、直系亲属。强制隔离戒毒措施是一种限制人身自由的强制性教育和治疗措施,设立这一制度,主要是考虑到对于严重的吸毒成瘾人员或者经过社区戒毒效果不好的吸毒成瘾人员,由专门人员根据有关戒毒治疗规范,对其进行集中统一的教育、治疗、管理。同时,强制隔离戒毒还可以使戒毒人员与毒品的来源以及与"毒友"们相隔离,使其在一定的期限内生活在一个"无毒"环境中,这对他们成功戒毒具有重要意义。因此,戒毒人员在被强制隔离戒毒期间,原则上不能够离开强制隔离戒毒场所,以防止其拒绝不了毒品的诱惑,或者受到他人的不良影响,使其在强制隔离戒毒场所接受隔离治疗的努力付之东流。但是,在现实生活中,在强制隔离戒毒期间也可能会出现一些特殊的情况,例如,戒毒人员的配偶或者直系亲属重病卧床、遇到事故或者其他重大家庭变故,在这样的情况下,如果一律不允许戒毒人员回家探视,不仅与强戒毒措施的性质不符,也可能会对戒毒人员及其配偶、直系亲属的感情造成伤害,反而不利于对戒毒人员的治疗和教育。因此,在符合一定条件的情况下,允许强制隔离戒毒人员回家探亲,是必要的,也有利于其回归社会,巩固戒毒效果。但是,处于急性脱毒期的,或者在接受保护性约束措施的强制隔离戒毒人员不准探视。除去路途时间外,一次外出探视时间的不得超过 5 日。逾期不归的,戒毒人员所在地的公安机关应责令其回所。外出探视的强制隔离戒毒人员原则上应由配偶、直系亲属或所在单位、就读学校接送。

(五) 通信物品检查与通话管制

1. 通信物品检查

强制隔离戒毒场所管理人员应当对强制隔离戒毒场所以外的人员交给戒毒人员的物品和邮件进行检查,防止夹带毒品。在检查邮件时,应当依法保护戒毒人员的通信自由和通信秘密。在实际中,有时会发生戒毒人员在被强制隔离戒毒期间,其家属或者朋友禁不住戒毒人员的央求,或者心疼戒毒人员发生戒断症状时的痛苦,在交给戒毒人员的食品、衣物等物品中或者邮件中夹带毒品的情况,甚至还发生过不法分子通过上述方式向在强制戒毒场所的戒毒人员贩卖毒品的情况。为了防止这类情况发生,强制隔离戒毒场所有必要对强制隔离戒毒场所以外的人交给戒毒人员的物品和邮件进行检查。当然,在检查戒毒人员的邮件时,应当保护戒毒人员的通信自由和通信秘密。我国《宪法》第 40 条规定:"中华人民共和国公民的通信自由和通信秘密受法律的保护。除因国家安全或者追查刑事犯罪的需要,由公安机关或者检察机关依照法律规定的程序对通信进行检查外,任何组织或者个人不得以任何理由侵犯公民的通信自由和通信秘密。"因此,强制隔离戒毒场所的工作人员,不能仅仅为了防止夹带毒品,而将强制隔离戒毒场所以外的人寄给戒毒人员的邮件予以退回或者截留,对邮件进行检查时,要遵循比例原则,使用不泄漏通信内容的检查方法。

2. 通话管制

为了保证强制隔离戒毒人员的戒毒效果,强制隔离戒毒人员通过与亲友保持正常通话联系、亲友鼓励其戒除毒瘾,对于戒毒人员稳定情绪、戒除毒瘾具有积极作用,但是,强制隔离戒毒人员必须断绝与外部吸毒贩毒人员的通话通信联系。强制隔离戒毒人员经所在大(中)队批准可以使用所内指定电话与配偶、直系亲属通话。戒毒人员不得持有或使用移动通信设备。与国外、境外配偶、直系亲属通话,必须经强制隔离戒毒所批准,通话时应当有工作人员在场,并不得使用隐语或外国语。

(六)执业医师管理

(1)强制隔离戒毒场所应当根据戒毒治疗的需要配备执业医师。执业医师是指依照《执业医师法》的相关规定,依法取得执业医师资格或者执业助理医师资格,经注册在医疗、预防、保健机构中执业的专业医务人员。强制隔离戒毒场所职业医师的主要职责是对戒毒人员进行戒毒治疗。

(2)强制隔离戒毒场所的执业医师具有麻醉药品和精神药品处方权,可以按照有关技术规范对戒毒人员使用麻醉药品、精神药品。强制隔离戒毒所在对戒毒人员进行治疗的过程中,有时需要使用一些麻醉药品和精神药品。在使用麻醉药品和精神药品时,必须严格遵守国家有关麻醉药品和精神药品使用的管理规定。强制隔离戒毒所对戒毒人员使用麻醉药品和精神药品,必须由具有麻醉药品和精神药品处方权的执业医师进行。国务院制定的《麻醉药品和精神药品管理条例》第38条第1款规定:"医疗机构应当按照国务院卫生主管部门的规定,对本单位执业医师进行有关麻醉药品和精神药品使用知识的培训、考核,经考核合格的,授予麻醉药品和第一类精神药品处方资格。执业医师取得麻醉药品和第一类精神药品的处方资格后,方可在本医疗机构开具麻醉药品和第一类精神药品处方,但不得为自己开具该种处方。"强制隔离戒毒场所具有麻醉药品和精神药品处方权的执业医师,在对戒毒人员使用麻醉药品和精神药品时,必须严格遵守有关技术规范的要求。

《执业医师法》第25条第2款规定:"除正当诊断治疗外,不得使用麻醉药品、医疗用毒性药品、精神药品和放射性药品。"根据《麻醉药品和精神药品管理条例》第38条、第39条和第40条的相关规定,医务人员应当根据国务院卫生主管部门制定的临床应用指导原则,使用麻醉药品和精神药品。具有麻醉药品和第一类精神药品处方资格的执业医师,根据临床应用指导原则,对确需使用麻醉药品或者第一类精神药品的强制隔离戒毒人员者,在必要的情况下应当满足其合理用药需求。执业医师应当使用专用处方开具麻醉药品和精神药品,单张处方的最大用量应当符合国务院卫生主管部门的规定。

（3）卫生行政部门应当加强对强制隔离戒毒场所执业医师的业务指导和监督管理。《执业医师法》第4条规定,国务院卫生行政管理部门主管全国的医师工作。县级以上地方人民政府卫生行政部门负责管理本行政区域内的医师工作。因此,卫生行政部分应当加强对强制隔离戒毒场所执业医师的业务指导和监督管理,包括考核、培训、检查等。

二、戒毒医疗机构

（一）戒毒医疗机构的设置

设置戒毒医疗机构或者医疗机构从事戒毒治疗业务的,应当符合国务院卫生行政部门规定的条件。戒毒治疗是一项专业性很强的医学技术,不是所有的医疗机构都具备戒毒治疗的条件,因此,法律规定,设置戒毒医疗机构或者医疗机构从事戒毒治疗业务的,应当符合国务院卫生行政部门规定的条件。卫生部于1996年发布了《关于加强戒毒医疗机构管理工作的通知》及其附件《戒毒医疗机构验收标准》,对医疗机构选址、戒毒医疗机构的卫生技术人员和其他工作人员的配备、戒毒医疗机构应具备的功能与条件、戒毒医疗机构管理与制度等方面进行了规范,作了明确规定。

1. 戒毒医疗机构的选址

戒毒医疗机构应本着交通便利、就医方便的原则,由当地政府统一规划,在吸毒人员相对集中的市区和城镇建立。选址应远离居民区、机关、学校、托幼园所及其他人群密集的公共场所。

2. 戒毒医疗机构的工作人员

戒毒医疗机构的卫生技术人员和其他工作人员根据戒毒医疗机构的规模和实际需要配备,必须达到以下要求:

（1）戒毒治疗工作的负责人及主要卫生技术人员必须是本单位在职人员,并报省级卫生行政部门备案。

（2）戒毒治疗工作的负责人应具有主治医师以上技术职称,并从事精神卫生专业工作5年以上。

（3）至少有3名具有医师以上技术职称,并从事精神卫生专业工作2年以上的人员从事戒毒治疗工作。

（4）至少有6名具有护士以上技术职称，并从事精神卫生专业工作2年以上的人员从事戒毒护理工作。

（5）至少有1名具有药师以上技术职称的人员负责戒毒药品的管理工作。

（6）戒毒病区每班至少配备2名经过公安机关培训合格的专职治安人员。

（7）按床位设置，每床至少配备0.4名卫生技术人员。

3. 戒毒医疗机构的功能与条件

戒毒医疗机构应具备以下诊治功能与必需条件：

（1）戒毒病区应设有接诊室、治疗室、药房、检验室及病房。

（2）戒毒病区应为封闭式。

（3）用于戒毒治疗的病床编制不少于20张，每间病房内设置病床不多于4张，每张病床净使用面积不少于4平方米。

（4）病床的每床单元必备设施应达到相应级别综合医院的标准。

（5）戒毒病区药房应具备贮存麻醉药品、精神药品的条件。

（6）具备诊治戒毒常见并发症及抢救急危重症的条件。

4. 戒毒医疗机构的管理与制度规范

戒毒医疗机构要加强管理、健全各项管理制度。

（1）按照《阿片类成瘾常用戒毒疗法的指导原则》治疗吸毒者。

（2）开展健康教育、法制教育和吸毒危害教育，同时注意开展心理康复工作。

（3）进入戒毒医疗机构戒毒的吸毒者必须接受不少于1个月的戒毒与康复治疗。

（4）健全的行政管理制度。

（5）健全的医疗管理制度。

（6）戒毒病房管理制度。

（7）戒毒病区治安管理制度。

（8）药物滥用登记报告制度。

（9）健全的麻醉药品、精神药品管理和使用制度。

（10）麻醉性戒毒药品的容器及包装材料的监督销毁制度。

（11）卫生行政部门认为应建立的其他制度。[1]

---

[1] 参见卫生部《关于加强戒毒医疗机构管理工作的通知》以及《戒毒医疗机构验收标准》，2008年12月6日，见 http://law.baidu.com/pages/chinalawinfo/1/94/24cd50b62b3791dfc4e5541ef139e37c_0.html。

5. 戒毒医疗机构的其他要求

设置戒毒医疗机构或者医疗机构从事戒毒治疗业务的,应当报所在地的省、自治区、直辖市人民政府卫生行政部门批准,并报同级公安机关备案。批准和备案程序是由戒毒医疗机构、从事戒毒治疗业务的医疗机构的性质所决定的,有利于有关部门全面了解和掌握我国的医疗戒毒资源。《禁毒法》第66条明确规定:"未经批准,擅自从事戒毒治疗业务的,由卫生行政部门责令停止违法业务活动,没收违法所得和使用的药品、医疗器械等物品;构成犯罪的,依法追究刑事责任。"

戒毒治疗应当遵守国务院卫生行政部门制定的戒毒治疗规范,接受卫生行政部门的监督检查。

戒毒治疗不得以营利为目的。戒毒治疗是一项特殊的医疗业务,它的目的是帮助吸毒人员戒除毒瘾,恢复身体健康。戒毒治疗是治病,但不能以此来进行营利。戒毒医疗机构的戒毒治疗收益应当用来发展戒毒治疗事业本身,不得用来分红和赚取利润。

戒毒治疗的药品、医疗器械和治疗方法不得做广告。《中华人民共和国广告法》第16条明确规定:"麻醉药品、精神药品、毒性药品、放射性药品等特殊药品,不得作广告。"《禁毒法》第36条第3款再一次强调:"戒毒治疗的药品、医疗器械和治疗方法不得做广告。"

戒毒治疗收取费用的,应当按照省、自治区、直辖市人民政府价格主管部门会同卫生行政部门制定的收费标准执行。在实践中,戒毒医疗机构、从事戒毒治疗业务的医疗机构可以根据当地情况和自身条件对吸毒人员进行免费治疗,也可以收取一定的费用。戒毒医疗机构、从事戒毒治疗业务的医疗机构如果对戒毒治疗收取费用,应当按照收费标准进行收费,不能以任何形式擅自提高收费标准。收费标准应由省、自治区、直辖市人民政府价格主管部门会同卫生行政部门制定。

(二) 戒毒医疗机构的职责

1. 医疗机构根据戒毒治疗的需要,可以对接受戒毒治疗的戒毒人员进行身体和所携带物品的检查

检查的目的是了解掌握接受戒毒治疗的戒毒人员的身体状况以及毒品依赖程度,并防止有些戒毒人员携带违禁品尤其是毒品进入医疗机构,破坏医疗机构的管理秩序,对戒毒治疗造成不利的影响。

2. 医疗机构对在治疗期间的戒毒人员的人身危险行为,可以采取必要的临时保护性约束措施

戒毒人员因吸食毒品会对毒品产生很强的生理依赖,特别是在急性脱毒阶

段,可能会难以抑制这种依赖性,做出一些危及自身安全或者他人人身安全的行为。一方面,有些吸毒人员在出现戒断症状时不能够控制自己的行为,医学上称之为强制性觅药行为,即明知吸毒有害,仍然不顾一切后果地寻找药物,是自我失去控制的表现;另一方面,有些吸毒人员还会出现精神病症状,如出现幻觉、妄想或者表现出明显的暴力、伤害倾向,尤其是在吸食 K 粉、摇头丸等新型毒品的吸毒人员身上发生的几率更大。所以,在戒毒治疗期间,为了避免发生戒毒人员危及自身安全或者危及他人人身安全的行为,规定临时保护性约束措施是必要的。但这种临时保护性约束措施不是对戒毒人员的处罚,也不是法律上的强制措施,而是带有强制约束性质的临时性保护措施,主要是为了保护戒毒人员的人身安全和其他人员的安全,避免造成人身危险。医疗机构采取的临时保护性约束措施其约束程度应当以使其不具有危害公共安全或者人身安全的危险性为适当程度,不可以对禁毒人员实施粗暴、野蛮甚至伤害其身体的手段和方法。医疗机构要严格掌握适用的对象和范围,避免随意适用,要遵循有利、无伤、适当三大原则,从保护的目的出发,避免给戒毒人员造成不必要的伤害。①

3. 医疗机构发现接受戒毒治疗的戒毒人员在治疗期间吸食、注射毒品的,医疗机构应当及时向公安机关报告

医疗机构需要向公安机关报告的内容是戒毒人员在治疗期间吸食、注射毒品的情况。戒毒人员在治疗期间吸食、注射毒品,可能是由多种原因导致,有的本来就不是真心想来医疗机构戒毒,他们只是利用这样的方式逃避公安机关的打击;有的是由于戒毒过程中的反复,忍不住毒瘾发作,偶尔吸食、注射毒品。无论是哪一种情况,只要戒毒人员在治疗期间发生了吸食、注射毒品的情况,戒毒医疗机构都要向公安机关报告。

医疗机构发现戒毒人员在治疗期间吸食、注射毒品的,要及时报告公安机关。及时报告有助于公安机关在第一时间了解情况,区别不同情况有针对性地解决问题,对于由不同原因导致的复吸问题,作出不同处理。对于真心想要戒毒,只是忍不住毒瘾发作而偶尔吸食、注射毒品的,可以给予批评教育,由戒毒人员自愿选择医疗机构戒毒治疗。对于那些不是真心想要戒毒,只是为了逃避公安机关的打击,医疗机构对其的戒毒治疗没有产生任何效果的戒毒人员,公安机关可以适用强制隔离戒毒的方式。

戒毒医疗机构发现所接受的戒毒治疗人员在治疗期间吸食、注射毒品,不向公安机关报告的,由卫生行政部门责令改正;情节严重的,责令停业整顿。

---

① 参见安建主编:《中华人民共和国戒毒法释义》,法律出版社 2008 年版,第 109—110 页。

第五节　戒毒管理制度的完善

《禁毒法》在总结我国禁毒工作经验教训的基础上,设置了社区戒毒这一新的戒毒措施,认可自愿戒毒的合法地位,将强制戒毒与劳教戒毒统一为强制隔离戒毒,形成了以社区戒毒、自愿戒毒和强制隔离戒毒三大戒毒措施为主体,以社区康复、戒毒康复和戒毒药物维持治疗为辅助的新戒毒体系,这是我国禁毒发展史上的重大进步,但是,这一新的戒毒体系也面临着诸多挑战。①

一、社区戒毒管理问题

社区戒毒是我国《禁毒法》规定的戒毒措施之一,《禁毒法》第33条规定:"对吸毒成瘾人员,公安机关可以责令其接受社区戒毒。"社区戒毒是为了弥补强制隔离戒毒措施的缺陷,提高毒瘾戒断率而设置的戒毒措施,然而,在开放的社区环境下,社区戒毒面临压力和挑战。

第一,社区流动性大,人员流动频繁,居住环境复杂,如何对社区戒毒人员的行为进行有效监管是确保社区戒毒成效的关键环节。"如果不能有效对社区戒毒人员的行为进行监管,那么,吸毒人员复吸的可能性和从事违法犯罪行为的可能性都将大大高于强制隔离戒毒。"②

第二,社区戒毒的监管主体和执行主体不明确。社区戒毒是吸毒成瘾人员在户籍所在地或者居住地的城市街道办事处、乡镇人民政府或者其指定有关基层组织的监督下自愿进行戒毒。社区戒毒的监管主体和执行主体是城市的街道办事处、农村的乡镇人民政府,在具体的执行工作中,街道办事处、乡镇人民政府可以指定街道居委会、农村村民委员会具体落实戒毒措施。也就是说,街道居委会、农村村民委员会要行使街道办事处、乡镇人民政府委托的戒毒监管权力。在《戒毒法》中,对社区戒毒执行主体的规定不明确,应该明确规定街道居委会、农村村民委员会是行使街道办事处、乡镇人民政府委托的戒毒监管权力的主体。

第三,社区戒毒是以戒毒协议的方式进行监督管理的,即城市街道办事处、乡镇人民政府或者其指定有关基层组织(如居委会、村委会)与戒毒人员签订社

---

①　姚建龙:《禁毒法与我国禁毒体系之重构》,《中国人民公安大学学报》(社会科学版)2008年第2期。

②　同①。

区戒毒协议,落实具体戒毒措施,以实现戒毒目的。但是,街道居委会、农村村民委员会本身事务很多,如何监督戒毒人员遵守戒毒协议,如何认定戒毒人员是否违反社区戒毒协议约定,特别是在戒毒人员家属不配合的情况下,基层组织如何发挥戒毒监管作用等需要明确规定。

第四,吸毒人员有强烈的自尊心,吸毒人员及其家属不愿意让其他人知道自己和家人有吸毒行为。基层组织在对吸毒人员进行戒毒监管、帮助其戒除毒瘾、恢复身心健康和回归正常社会生活的同时,如何掌握批评教育的方式方法,不伤害吸毒人员及其家属的自尊心,不扩散戒毒人员的吸毒信息等,是社区戒毒应当注意的问题。

第五,社区戒毒管理办法、社区戒毒考核办法、社区戒毒工作小组人员的培训考核和奖惩,戒毒药物的领取和管理等制度要尽快健全和完善。

二、强制隔离戒毒管理问题

第一,强制隔离戒毒的管理体制建设问题。《禁毒法》实施以前,我国强制隔离戒毒体系有两个方面组成:一是由公安机关实施的强制戒毒,二是由司法行政部门实施的劳教戒毒,劳教戒毒主要收容经过强制戒毒后又复吸的吸毒成瘾人员。《禁毒法》把强制隔离戒毒与劳教戒毒统一整合为"强制隔离戒毒"措施,然而,目前国家对强制隔离戒毒场所的管理体制尚未明确规定,公安部门与司法行政部门在强制隔离戒毒工作中的职责分工不明确。因此,应当尽快理顺强制隔离戒毒体制,出台强制隔离戒毒场所的设置、管理体制和经费保障等方面的规定。

第二,诊断评估办法问题。《禁毒法》第 47 条第 2 款、第 3 款规定:对戒毒人员执行强制隔离戒毒措施一年后和两年期满前对其戒毒情况进行诊断评估,根据诊断评估结果作出提前解除、按期解除或者延长戒毒期限的建议,对需要提前解除或者延长期限的,报原作出强制隔离戒毒决定机关批准。诊断评估需要有依据,现在诊断评估办法尚未出台,诊断评估缺少依据,因此,需要制定统一的戒毒诊断评估办法。

第三,强制隔离戒毒工作如何避免"重惩罚、轻戒毒"问题。《禁毒法》实施之前,强制隔离戒毒与劳教戒毒都存在着"重惩罚、轻戒毒"问题以及戒毒人员离开隔离环境复吸率高等弊端,如果新的强制戒毒体制仍然依靠国家暴力机关的强制权力进行戒毒,不改变"重惩罚、轻戒毒"意识,强制隔离戒毒不把重点放在戒毒教育、心理矫正治疗和身心康复上,禁毒立法的目的就难以实现,强制隔离戒毒措施也难以达到预期效果。

第四,强制隔离戒毒措施与保安处分的区分问题。近代保安处分理论是由德国著名学者克莱因提出来的。他认为,在刑罚之外,对行为者的犯罪危险性加以评量,其危险性不属于恶害性质时,可以使用保安处分。保安处分是国家刑事法律和行政法律所规定的,对实施了危害行为的无责任能力人、限制行为能力人以及其他有相当危险性的人所采取的,代替或者补充刑罚而适用的,旨在消除行为者的危险状态、预防犯罪、保卫社会安全的各种治疗、矫正措施的总称。[①] 保安处分是通过监护、医护、隔离等处置方法,以达到保卫社会的目的。保安处分的目的在于矫正恶习、预防犯罪,在于对能够改善教育者使用改善处遇,对不能改善者使用长期隔离处分。强制隔离戒毒属于行政强制措施,通过强制隔离手段使吸毒人员能够在一定期限内在与外界隔离的场所内戒除毒瘾,强制隔离戒毒采取隔离、药物治疗、心理治疗、教育、劳动等途径达到戒除毒瘾的目的,避免吸毒人员带来社会危害,因而,强制隔离戒毒从目的、手段、措施等方面看与保安处分有着相似性。然而,保安处分是一种法律处分,具有法律制裁性,而强制隔离戒毒不具有法律制裁性。如何从理论上区分强制隔离戒毒措施与保安处分,如何准确揭示强制隔离戒毒的特征和性质,是值得进一步研究的理论问题。

三、戒毒措施之间的衔接问题

社区戒毒、强制隔离戒毒、戒毒康复是《禁毒法》规定的几种主要戒毒措施,这些措施之间只有有机协调、相互衔接,才能达到预期戒毒效果。

第一,这些戒毒措施的执行主体要相互配合,及时沟通戒毒人员的戒毒情况、戒毒表现,社区戒毒人员出现戒毒地点变更、家庭监护情况变化等社区戒毒执行主体要与公安部门及时沟通。在社区戒毒期间,戒毒人员出现毒瘾生理戒断症状时,如何处置;社区戒毒人员长时间外出,如何对其戒毒行为进行监管等,都要有具体的措施和办法。

第二,当吸毒人员在社区戒毒期间出现《禁毒法》第 38 条规定的任何一种情形时,社区戒毒执行主体都应该向公安机关报告,由公安机关作出强制隔离戒毒决定。如果社区戒毒执行主体没有及时报告,该如何处理? 从《禁毒法》第 38 条第 1 款的规定可以看出,社区戒毒措施是强制隔离戒毒的前提,也就是说,对吸毒成瘾人员的戒毒,一般先适用社区戒毒,但本条同时规定在例外情况下,公安机关可以不作出责令接受社区戒毒,而直接作出强制隔离戒毒的决定,直接作出强制隔离戒毒决定的需要满足两个条件:一是吸毒成瘾严重;二是通过社区戒

---

① 余凌云主编:《违法行为矫治措施》,中国公安大学出版社 2005 年版,第 148 页。

毒难以戒除毒瘾。然而,这两个条件是同时适用,还是分别适用? 除了吸毒人员出现急性戒断症状、行为失控时,可以判断为吸毒成瘾严重,由社区戒毒转为强制隔离戒毒,但是,在一般情况下社区戒毒执行主体难以判断吸毒人员的毒瘾程度和戒除毒瘾的程度。

第三,对吸毒成瘾者的戒毒治疗一般分为急性脱毒治疗、心理康复治疗和回归社会三个阶段,对于经过强制隔离戒毒之后的人员,在什么样的情况下必须接受社区康复治疗应该明确规定。《禁毒法》第 48 条规定:"对于解除强制隔离戒毒的人员,强制隔离戒毒的决定机关可以责令其接受不超过三年的社区康复。"本款规定的"可以责令"显然不是一律责令,即是否责令戒毒人员进行社区康复,应根据戒毒人员在强制隔离戒毒期间的戒毒情况而定,这些情况要有明确规定。只有依据这些规定,才能确定对于经过强制隔离戒毒之后的人员是否必须接受社区康复治疗。

四、社会戒毒机构的管理问题

《禁毒法》规定社会机构可以参与戒毒工作。《禁毒法》第 36 条对戒毒医疗机构和具有戒毒治疗资质的医疗机构接受戒毒治疗作了规定,对于这些机构从事戒毒治疗业务的,卫生行政部门应当对其进行有效的指导和监督,应当制定规范戒毒医疗行为的规定。工商行政管理部门对戒毒医疗机构的经营行为要加强规范管理。《禁毒法》第 49 条第 1 款规定企业和社会组织可以参与政府兴办的戒毒康复场所建设,政府应该提供必要的便利和帮助。对于由社会力量参与兴办的戒毒康复场所,政府如何进行管理、提供哪些方面的便利和帮助、税收优惠政策等应该在其他法律中明确规定。

第四章 毒品犯罪

第一节 毒品犯罪概述

一、毒品犯罪概念

毒品犯罪是一个外延极广的概念,在许多国家,毒品犯罪并不是刑法学的概念,而是犯罪学的概念。毒品犯罪是国际公约规定的一种国际犯罪,但毒品犯罪的概念,却并没有一个通行的定义,许多学者认为 1988 年 12 月 19 日联合国通过的《联合国禁止非法贩运麻醉药品和精神药物公约》第 3 条就是国际上的毒品犯罪的定义,但也有的学者认为该条只是对毒品犯罪行为作了详细规定,并未下定义。我国 1997 年刑法典和《禁毒法》对各种具体毒品犯罪分条予以规定,但也未给毒品犯罪下定义。学术界从不同角度和不同程度上对毒品犯罪下了多种定义。

一种观点认为,毒品犯罪是指违反麻醉药品、精神药品管理法规,非法走私、贩卖、运输、制造、使用毒品以及非法走私、贩卖、运输、制造、使用毒品直接相关的破坏国家禁毒活动的行为。[1]

也有学者认为,所谓毒品犯罪,是指违反禁毒法规,破坏禁毒管制活动,应受刑罚处罚的行为。[2]

还有一种观点认为,毒品犯罪是指违反毒品管理法规,非法走私、贩卖、制造、使用毒品、种植毒品原植物以及与此直接有关的破坏国家禁毒活动、危害公民身心健康和社会治安秩序,依法应受刑罚处罚的行为。[3]

笔者认为,从毒品犯罪定义的准确和简洁看,第二种观点最为合适。

---

[1] 参见桑红华:《毒品犯罪》,警官教育出版社 1992 年版,第 9 页;崔庆森、陈宝树主编:《中外毒品犯罪透视》,社会科学文献出版社 1993 年版,第 27 页。

[2] 参见赵秉志、于志刚主编:《毒品犯罪疑难问题司法对策》,吉林人民出版社 2000 年版,第 25 页。

[3] 参见高格:《试论毒品犯罪的构成界限》,载《惩治毒品犯罪理论与实践》,中国政法大学出版社 1993 年版,第 93 页。

　　毒品犯罪是一个类犯罪。我国刑法关于毒品犯罪共规定了 12 种犯罪,即走私、贩卖、运输、制造毒品罪(第 347 条);非法持有毒品罪(第 348 条);包庇毒品犯罪分子罪(第 349 条第 1 款、第 2 款);窝藏、转移、隐瞒毒品、毒赃罪(第 349 条第 1 款);走私制毒物品罪(第 350 条第 1 款);非法买卖制造物品罪(第 350 条第 1 款);非法种植毒品原植物罪(第 351 条);非法买卖、运输、携带、持有毒品原植物种子、幼苗罪(第 352 条);引诱、教唆、欺骗他人吸毒罪(第 353 条第 1 款);强迫他人吸毒罪(第 353 条第 2 款);容留他人吸毒罪(第 354 条);非法提供麻醉药品、精神药品罪(第 355 条)。

二、毒品犯罪的犯罪构成

　　任何犯罪的犯罪构成都是由犯罪客体、犯罪客观方面、犯罪主体、犯罪主观方面四个方面组成。对毒品犯罪构成一般理论的论述,也将按犯罪客体、犯罪客观方面、犯罪主体、犯罪主观方面的先后顺序进行。

　　(一)毒品犯罪的客体

　　有些学者认为毒品犯罪侵害的客体是复杂客体,即侵犯国家对毒品的管理制度、人民群众的健康、司法机关的禁毒活动,等等。[①]

　　有些学者认为毒品犯罪侵犯的共同的社会关系即同类客体是社会管理秩序,大多数毒品犯罪侵犯的直接客体是国家对毒品的管制,一部分毒品犯罪侵犯的直接客体是司法机关的管理活动。[②]

　　我们认为,毒品犯罪的犯罪客体,是指所有的具体的毒品犯罪共同侵犯的社会关系。刑法中规定的毒品犯罪有 12 种,各种毒品犯罪侵犯的直接客体形形色色,各不相同,但从总体上讲,毒品犯罪侵犯的是社会管理秩序。

　　有人认为,毒品犯罪的犯罪对象是法律明确规定的特殊物品即指毒品[③]。这种观点将毒品犯罪的犯罪对象限于毒品本身,是极为不妥的。从刑法关于毒品犯罪的规定来看,毒品犯罪的犯罪对象可以分为三类:一是毒品;二是与毒品有直接关系的物;三是与毒品有直接关系的人。

　　以毒品为犯罪对象的毒品犯罪有:走私、贩卖、运输、制造毒品罪,窝藏、转移、隐瞒毒品罪,非法持有毒品罪,非法提供毒品罪。以与毒品有直接联系的物为犯罪对象的毒品犯罪有:非法种植毒品原植物罪,非法买卖、运输、携带毒品

　　① 参见桑红华著:《毒品犯罪》,警官教育出版社 1992 年版,第 94 页;高格:《试论毒品犯罪的构成界限》,载《惩治毒品犯罪理论与实践》,中国政法大学出版社 1993 年版,第 94 页。
　　② 参见赵长青主编:《中国毒品问题研究》,中国大百科全书出版社 1993 年版,第 263 页。
　　③ 参见陆晓光:《论毒品犯罪》,载《中南政法学院学报》1991 年第 1 期。

原植物种子、幼苗罪,走私制毒物品罪,非法买卖制毒物品罪,窝藏、转移、隐瞒毒赃罪,非法持有毒品原植物种子、幼苗罪。以与毒品有直接关系的人为犯罪对象的毒品犯罪有:包庇毒品犯罪分子罪,引诱、教唆、欺骗他人吸毒罪,强迫他人吸毒罪,容留他人吸毒罪。

(二) 毒品犯罪的客观方面

《刑法》中规定了 12 种毒品犯罪,毒品犯罪的客观行为可以划分为四种类型:

1. 经营型的毒品犯罪行为

这类毒品犯罪行为包括走私、贩卖、运输、制造毒品的行为;非法种植毒品原植物的行为;非法买卖、运输、携带毒品原植物种子、幼苗的行为;走私制毒物品的行为;非法买卖制毒物品的行为。这几类毒品犯罪行为的共同点就是都具有非法经营的性质,各自的行为都是牟取非法利润的手段。

2. 包庇、窝藏型的毒品犯罪行为

这类毒品犯罪行为包括包庇毒品犯罪分子的行为;窝藏、转移、隐瞒毒品、毒赃的行为。这类犯罪行为的共同点是:毒品犯罪分子在实施犯罪后,行为人为使其逃避刑罚而实施的行为。

3. 持有型毒品犯罪行为

这类毒品犯罪行为包括非法持有毒品原植物种子、幼苗行为,非法持有毒品的行为。这类行为的共同点是持有这种行为方式。

4. 引诱、强迫、帮助他人消费毒品的毒品犯罪行为

这类毒品犯罪行为包括:引诱、教唆、欺骗他人吸食、注射毒品的行为;强迫他人吸食、注射毒品的行为;容留他人吸食、注射毒品的行为;非法提供毒品的行为。这类毒品犯罪行为的共同点是围绕他人吸食、注射毒品而实施的。

尽管毒品犯罪的客观行为的具体表现形式各不相同,但是,毒品犯罪的客观方面的一个共同点就是他们都表现为积极作为的形式,而没有表现为消极的不作为的毒品犯罪行为。作为,是指行为人用积极的活动去实施危害社会的行为。不作为,是指行为人有义务并且能够实施某种行为,却消极地不去履行这种义务。毒品犯罪,行为人都是采用积极的活动去实施的,如走私毒品行为,行为人要想方设法逃避海关监管;非法种植毒品原植物罪,行为人往往把种植地点选在不被人发现的深山老林中,并及时灌溉、施肥等。

另外,根据《刑法》规定,任何毒品犯罪都不以一定的犯罪结果的发生作为犯罪构成的必要条件;但这并不意味着毒品犯罪的结果没有意义。毒品犯罪的犯罪结果虽然不是毒品犯罪的必备要件,但对决定某些毒品犯罪的既遂与未遂和量刑有重要的意义。如非法种植毒品原植物罪,行为人一着手种植就构成犯罪。

但如果行为人将毒品原植物种植成熟并采摘了果实后被发现与植物未成熟就被发现相比，前者的量刑要重一些。行为人引诱、教唆、欺骗他人吸食、注射毒品，如果发生了被引诱、被教唆、被欺骗者上瘾的结果，与被引诱、被教唆、被欺骗者没有上瘾的结果相比，前者量刑更重。

（三）毒品犯罪的主体

关于毒品犯罪的主体，我国刑法理论界普遍认为，绝大部分是一般主体，即没有特殊身份限制，凡是达到《刑法》中规定的刑事责任年龄并具有刑事责任能力的人，均可成为毒品犯罪的主体。只要行为人从事毒品犯罪活动，不管他是中国公民，还是外国公民或者无国籍人，都应当依法追究刑事责任。有的毒品犯罪既可以由自然人构成也可以由单位构成，也有的毒品犯罪只能由特殊主体构成。

（四）毒品犯罪的主观方面

毒品犯罪的主观方面只能是故意，包括直接故意和间接故意两种情况，过失不构成本罪。所谓故意犯罪，根据《刑法》第14条规定及按照刑法的基本理论，是指行为人明知自己的行为会发生危害社会的结果，并且希望或放任这种结果发生的心理态度。毒品犯罪的行为人对自己实施毒品犯罪行为的性质是明知的，明知是为法律所禁止的犯罪行为，行为人仍抱着希望或放任危害结果发生的心理态度，实施毒品犯罪行为。行为人对自己行为性质的明知主要体现在对犯罪对象的认识上，如果行为人不知道行为的对象是某种毒品犯罪的对象，当然就构不成毒品犯罪，比如，不知道是毒品原植物而进行了种植，就不能构成非法种植毒品原植物罪。对于同一种行为，如果明知的内容不同，可能构成不同的犯罪。如行为人违反国家规定，非法运输、携带醋酸酐、乙醚、三氯甲烷或者其他经常用于制造毒品的原料或者配剂进出境或者违反国家规定，在境内非法买卖上述物品的，构成走私制毒物品罪和非法买卖制毒物品罪，但如果明知他人制造毒品而为其提供上述物品的，则以制造毒品罪的共犯论处。各种毒品犯罪的故意内容各不相同。走私、贩卖、运输、制造毒品罪，非法持有毒品罪，非法提供毒品罪的故意内容表现为行为人明知是毒品而非法予以走私、贩卖、运输、制造、持有、非法提供；非法买卖、运输、携带毒品原植物种子、幼苗罪和非法持有毒品原植物种子、幼苗罪的故意内容表现为明知是毒品原植物种子、幼苗而非法予以买卖、运输、携带、持有；走私毒品罪和非法买卖制毒物品罪的故意内容表现为明知是三氯甲烷、醋酸酐等制毒物品而非法予以走私或买卖；包庇毒品犯罪分子罪和窝藏、转移、隐瞒毒品、毒赃罪的故意内容表现为明知是毒品犯罪分子和毒品、毒赃而予以包庇或窝藏、转移、隐瞒；引诱、教唆、欺骗他人吸毒罪，强迫他人吸毒罪和容留他人吸毒罪的故意内容表现为明知本人极不愿意吸食、注射毒品，而予以引诱、教唆、欺骗、强迫或容留。

　　毒品犯罪的动机和目的通常不是毒品犯罪构成的必备要件。毒品犯罪的动机和目的主要是为了牟利，如运输、贩卖毒品罪等。也有些犯罪，存在其他的目的、动机，如为报复他人而引诱、欺骗他人吸食毒品；为了私情而包庇毒品犯罪分子或窝藏、转移、隐瞒毒品、毒赃等。行为人的目的和动机，通常不会影响犯罪的构成。但在某些情况下，由于目的和动机不同而对行为是否构成犯罪以及构成何种犯罪，起着关键性作用。如行为人以牟利为目的向吸食、注射毒品的人提供国家管制的麻醉药品和精神药品的，构成贩卖毒品罪；如果不以牟利为目的，向吸食、注射毒品的人提供麻醉药品、精神药品的，则构成非法提供毒品罪。

第二节　毒品犯罪分述

一、走私、贩卖、运输、制造毒品罪

　　走私、贩卖、运输、制造毒品罪，是一个选择性罪名，我们对各罪名的概念和构成特征分别进行阐述。

　　（一）走私毒品罪

　　1. 走私毒品罪的概念和构成特征

　　走私毒品罪，是指违反国家对毒品的管制法规和海关管理法规，逃避海关监管，非法运输、携带、邮寄国家禁止进出口的鸦片、海洛因、甲基苯丙胺、吗啡、大麻、可卡因等毒品进出国（边）境的行为。

　　本罪侵犯的客体是国家对毒品的管理制度和国家对外贸易管理制度。

　　1984年制定的《中华人民共和国药品管理法》和国务院的《麻醉药品管理办法》《精神药品管理办法》对麻醉药品和精神药品的进出口管制作了具体规定。走私毒品的行为正是违反了上述管理规定，逃避海关监管，并严重危害国家对毒品的正常管理秩序，运输、携带、邮寄毒品进出国（边）境，造成毒品非法流通，严重危害社会治安和人民的身体健康。

　　走私毒品罪的客观方面表现为，违反毒品管理法规和海关法规，逃避海关监管，非法运输、携带、邮寄毒品进出国（边）境的行为。

　　违反毒品管理法规是指未按规定取得麻醉药品、精神药品进出口许可证和办理相关手续；违反海关法规是指行为人未根据《海关法》的规定通过设立海关的地点进境或者出境,或者没有如实向海关申报和接受海关检查;运输、携带、邮寄的方式方法多种多样,司法实践中较为常见的有以下几种形式:

(1) 在境外筹得毒品后,绕行选择没有海关和边防检查站的边境段,将毒品偷运入境;

(2) 在内海、领海接受从境外运来的毒品,在没有海关、边卡的地点登陆,将毒品偷运入境;

(3) 经过海关边卡入境时,采用假报、隐报、伪装、隐匿等手段蒙骗海关,逃避查验,将毒品带入境内;

(4) 将非法入境的毒品或在境内购得的毒品采用上述方法偷运出境;

(5) 采用假冒、伪装等方法逃避邮检,非法邮寄毒品进出境;

(6) 在境内直接向走私人收购其走私入境的毒品;

(7) 雇请他人将毒品偷运出、入境,或者与直接实施走私毒品行为的人事前通谋,为其提供毒资、运输工具、联系毒品买(卖)主或其他便利条件。

走私毒品罪的主体是一般主体,即达到刑事责任年龄,具有刑事责任能力的自然人。单位也可以成为走私毒品罪的主体。根据《刑法》第 17 条第 2 款的规定,已满十四周岁不满十六周岁的人,不能成为走私毒品罪的犯罪主体。

走私毒品罪的主观方面只能由直接故意构成,过失不构成本罪。

一般来讲,走私毒品的行为人都具有以此牟利的目的,但法律上并未将以牟利为目的规定为构成本罪的条件,因此,只要行为人明知是毒品而实施了非法携带、运输、邮寄出入境的行为之一,即具备了本罪主观方面的要件。

2. 走私毒品罪的司法认定

(1) 走私毒品与合法办理麻醉药品、精神药品进出口业务的界限。根据国务院关于《麻醉药品管理办法》和《精神药品管理办法》的有关规定,外贸部门指定的单位可以按照国家有关对外贸易的规定,办理麻醉药品和精神药品的进出口业务。为了加强麻醉药品、精神药品进出口的严格管理,防止出现偏差,国家对麻醉药品、精神药品进出口的年度计划、用途及具体办理程序等,均作了严格的规定和限制。有关单位依照国家规定办理麻醉药品、精神药品进出口业务的,属于合法行为,不可与走私毒品罪混淆。

(2) 走私毒品罪的既遂与未遂问题。走私毒品罪的既遂与否,应以毒品是否入境或出境为标志。即走私的毒品已经入境或者出境的为犯罪既遂;反之,因行为人意志以外的原因,走私毒品入境或出境的目的没有达到,则构成走私毒品罪未遂。至于入境或出境的标准,则应根据行为人走私毒品的具体方式来判断。如果行为人是直接经过海关运输、邮寄或携带毒品的,以通过海关为既遂;如果行为人是通过其他方式绕过海关走私毒品的,则应以绕过国(边)境线为既遂。

(二) 贩卖毒品罪

1. 贩卖毒品罪的概念和构成特征

贩卖毒品罪,是指明知是毒品而非法销售或者以贩卖为目的而非法收买的行为。

贩卖毒品罪侵犯的客体是国家对毒品购销活动的管理制度和人民的生命健康。我国《药品管理法》第 39 条规定,国家对麻醉药品、精神药品实行特殊管理办法。国务院《麻醉药品管理办法》《精神药品管理办法》规定,麻醉药品和精神药品须由国家卫生行政部门审批或指定的经营单位统一调拨、收购,其他任何单位或个人均不得经营。国务院曾三令五申,坚决禁止非法买卖毒品,违者将受到严厉惩处。贩卖毒品的行为使得毒品流入社会,非法流通,造成吸毒蔓延,严重危害人民的身心健康。

贩卖毒品罪的客观方面表现为明知是毒品而非法销售或以贩卖为目的非法收买毒品的行为。

只要实施了非法销售毒品、以贩卖为目的买入毒品或者参与买卖毒品的行为之一,无论是否盈利,也不论是以何种方式进行交易,均是贩卖毒品的行为。通常有以下几种行为方式的表现:

(1) 以牟利为目的,买入毒品后又转手倒卖;

(2) 行为人自己制造毒品后又销售的;

(3) 用毒品支付劳务或偿还债务;

(4) 赊销毒品;

(5) 用毒品交换其他货物;

(6) 容留他人吸毒并销售毒品;

(7) 将家中祖存的鸦片等毒品出售牟利;

(8) 依法从事生产、运输、管理、使用国家管制的麻醉药品、精神药品的人员或单位,违反国家规定,向走私、贩卖毒品的犯罪分子提供国家规定管制的能够使人形成瘾癖的麻醉药品、精神药品。

(9) 依法从事生产、运输、管理、使用国家管制的麻醉药品、精神药品的人员或单位,违反国家规定,以牟利为目的,向吸食、注射毒品的人提供国家规定管制的能够使人形成瘾癖的麻醉药品、精神药品。

贩卖毒品罪的主体是一般主体。

根据《刑法》第 17 条的规定,已满 14 岁不满 16 周岁的人犯贩卖毒品罪,要承担刑事责任。即达到刑事责任年龄并具有刑事责任能力的人。单位也可以成为贩卖毒品罪的主体。

贩卖毒品罪的主观方面只能由故意构成。即明知是毒品而销售或以贩卖为目的进行收购。

2. 贩卖毒品罪的司法认定

（1）贩卖毒品罪的既遂与未遂问题。贩卖毒品罪的既遂与否,应以毒品是否进入交易为准。至于行为人是否已将毒品出售获利,或是否已实际成交,不影响构成贩卖毒品罪既遂。若行为人具有贩卖毒品的故意,由于意志以外的原因,未能进入交易环节,则以贩卖毒品罪的未遂论处。

（2）贩卖假毒品与掺假毒品的定性。掺假毒品,是指在真毒品中掺入其他物质,只要行为人贩卖的物品中确实含有毒品成分,就可以定为贩卖毒品罪。

针对贩卖假毒品,应分为两种情况：第一种情况是行为人以为是真毒品而加以贩卖,实际上是假毒品。这种情况应视为行为人对犯罪对象认识的错误。应定为贩卖毒品罪（未遂）,在处罚时,可以比照既遂犯从轻或减轻处罚。第二种情况是行为人是想利用假毒品骗取他人钱财,客观上实施了隐瞒事实真相,欺骗他人的行为,此种情况应当以诈骗罪论处。

（三）运输毒品罪

1. 运输毒品罪的概念和构成特征

运输毒品罪,是指违反国家对毒品的管制法规,利用交通工具或用人工或者其他方法在我国境内非法携带、运输毒品的行为。

运输毒品罪侵犯的客体是国家对毒品运输的管制法规。

运输毒品罪的客观方面表现为,行为人利用交通工具或利用人体等方式将毒品从甲地移送、邮寄、携带至乙地的行为。运输毒品的区域只限于我国境内,如果将毒品从境内运输到境外或将毒品由境外运输到境内,则构成走私毒品罪,不构成运输毒品罪。

运输毒品的行为方式,一般有以下几种：

（1）肩背马驮,秘密运输；

（2）驾驶车辆进行公路运输；

（3）利用公共传输社会服务系统进行运输；

（4）自身携带,租、乘公共交通工具运输；

（5）引诱、教唆或利用他人运输毒品；

（6）冒充军警人员运输。

运输毒品罪的主观方面表现为故意犯罪,包括直接故意和间接故意。即行为人明知是毒品或明知可能是毒品而故意非法实施运输就构成此罪。

如果行为人不明知是毒品,即使实施了运输毒品的行为,也不构成运输毒品罪。

2. 运输毒品罪的司法认定

(1) 运输毒品罪的既遂与未遂问题。运输毒品罪的既遂与否,应以毒品是否起运为准。不论采取哪种运输方式,毒品一经进入运输途中,就构成运输毒品既遂。毒品是否运抵目的地不是构成该罪既遂状态的必要条件。

(2) 运输毒品罪与走私、贩卖毒品罪的区别。运输毒品罪和走私、贩卖毒品罪的犯罪对象都是毒品,三个罪有许多共同之处。司法实践中,这三种毒品犯罪行为经常相互联系,为了准确认定这三种罪名,应明确三罪的区别。

① 运输毒品罪和走私毒品罪的区别:

第一,客观方面表现为两罪实施的地点不同,运输毒品的全部犯罪行为都发生在我国境内,而走私毒品的犯罪虽然也有运输行为,但这种运输的目的在于跨越国(边)境。

第二,运输毒品行为人必须实施运输毒品的行为。而走私毒品的行为人不一定是直接实施将毒品走私入境行为的人,比如在境内直接向走私毒品的人购买走私入境的毒品;与走私毒品罪犯通谋,为其提供货款、资金等方便条件的,也可以构成走私毒品罪。

第三,单纯运输毒品的行为人不拥有所运输的毒品的所有权,只是替毒品拥有者进行运送、携带。而走私毒品的行为人可以是替别人走私,也可以是毒品所有者自己走私毒品。

第四,走私毒品罪侵犯的客体与运输毒品罪侵犯的客体有所不同。

② 运输毒品罪与贩卖毒品罪的区别:

第一,运输毒品罪客观方面的表现主要是明知是毒品而进行运输。贩卖毒品罪的客观方面表现为非法销售毒品或以贩卖为目的购买毒品。贩卖毒品罪可能包含一定的运输行为,运输毒品罪不会包含贩卖行为。

第二,行为人对毒品占有的内容不同。运输毒品行为人对毒品的占有是暂时的,占有毒品只是为了完成从甲地到乙地的运输行为,对所运输的毒品一般没有处分权。而贩卖毒品的行为人对毒品一般都具有占有和处分的权利,对该毒品有实际控制权。

第三,获取非法利益的方式不同。运输毒品行为是通过替他人运输,从毒品所有者处获得运输报酬。而贩卖毒品是通过毒品买卖实现价差从中营利。

(四) 制造毒品罪

1. 制造毒品罪的概念和构成特征

制造毒品罪,是指违反国家对毒品的管理法规,非法用毒品原植物提炼加工或用化学合成方法加工,配制鸦片、海洛因、吗啡、可卡因、甲基苯丙胺以及国家规定管制的其他能够使人形成瘾癖的麻醉药品和精神药品的行为。

制造毒品罪侵犯的客体是国家对麻醉药品、精神药品的生产、制造管理制度。

制造毒品罪的客观方面表现为利用毒品原料和制毒材料,采用加工、提炼、配制、合成、精制、还原、稀释等方法加工制作鸦片、海洛因、吗啡、甲基苯丙胺等毒品的行为。

根据制造对象的不同,制造毒品分为以下几种:

(1)从罂粟中提炼、制造鸦片、吗啡、海洛因等吗啡类毒品;

(2)从古柯中提炼可卡因类毒品;

(3)从大麻中提炼、配制大麻脂、大麻油等大麻类毒品;

(4)用化学合成等方法配制冰毒等其他麻醉药品和精神药品。

制造毒品罪的犯罪主体一般主体。即达到刑事责任年龄,具有刑事责任能力的自然人。单位也可以成为走私毒品罪的主体。

2. 制造毒品罪的司法认定

制造毒品罪的既遂与否,应以生产出与毒品原料性质不同的毒品为准。如用罂粟制造鸦片等。行为人用毒品制造毒品,如用鸦片制造海洛因,只要是生产出的新毒品与原毒品性质不同,仍然构成制造毒品罪的既遂。

(五)走私、贩卖、运输、制造毒品罪的处罚

根据《刑法》第 347 条第 1 款的规定,走私、贩卖、运输、制造毒品,无论数量多少,都应当追究刑事责任,予以刑事处罚。同一条文的后面几款及其他有关条文分别规定了走私、贩卖、运输、制造毒品罪的刑罚幅度和裁量标准。

(1)犯本罪,有下列情形之一的,处 15 年有期徒刑,无期徒刑或者死刑,并处没收财产:

① 走私、贩卖、运输、制造鸦片 1 000 克以上、海洛因或者甲基苯丙胺 50 克以上或者其他毒品数量大的;①

② 走私、贩卖、运输、制造毒品集团的首要分子;

---

① 根据最高人民法院 2000 年 6 月 10 日起施行的《关于审理毒品案件定罪量刑标准有关问题的解释》第 1 条,走私、贩卖、运输、制造下列毒品,应当认定为《刑法》第 347 条第 2 款第(一)项规定的"其他毒品数量大":(1)苯丙胺类毒品(甲基苯丙胺除外)100 克以上;(2)大麻油 5 千克、大麻脂 10 千克、大麻叶及大麻烟 150 千克以上;(3)可卡因 50 克以上;(4)吗啡 100 克以上;(5)冷丁(杜冷丁)250 克以上(针剂 100 mg/支规格的 2 500 支以上,50 mg/支规格的 5 000 支以上;片剂 25 mg/片规格的 10 000 片以上,50 mg/片规格的 5 000 片以上);(6)盐酸二氢埃托啡 10 毫克以上(针剂或者片剂 20 ug/支、片规格的 500 支、片以上);(7)吗啡因 200 千克以上;(8)罂粟壳 200 千克以上;(9)上述毒品以外的其他毒品数量大的。

③ 武装掩护走私、贩卖、运输、制造毒品的；

④ 以暴力抗拒检查、拘留、逮捕，情节严重的；

⑤ 参与有组织的国际贩毒活动的。

（2）走私贩卖、运输、制造鸦片 200 克以上不满 1 000 克、海洛因或者甲基苯丙胺 10 克以上不满 50 克或者其他毒品数量较大的①，处 7 年以上有期徒刑，并处罚金。

（3）走私、贩卖、运输、制造鸦片不满 200 克，海洛因或者甲基苯丙胺不满 10 克或者其他少量毒品的，处 3 年以下有期徒刑、拘役或者管制，并处罚金；情节严重的，处 3 年以上 7 年以下有期徒刑，并处罚金。②

（4）根据《刑法》第 347 条第 5 款的规定，单位犯走私、贩卖、运输、制造毒品罪的，对单位判处罚金。并对其直接负责的主管人员和其他直接责任人员，依照个人犯本罪的规定处罚。

（5）根据《刑法》第 347 条第 6 款、第 356 条规定，利用、教唆未成年人走私、贩卖、运输、制造毒品，或者向未成年人出售毒品的，从重处罚；因走私、贩卖、运输、制造、非法持有毒品被判过刑，又犯走私、贩卖、运输、制造毒品罪的，从重处罚。

（6）根据《刑法》第 347 条第 7 款的规定，对多次走私、贩卖、运输、制造毒品，未经处理的，毒品数量累计计算。毒品的数量以查证属实的走私毒品的数量计算，不以纯度计算。

二、非法持有毒品罪

（一）非法持有毒品罪的概念和构成特征

非法持有毒品罪是指违反国家毒品管制法规，未经主管部门许可，故意持有毒品，数量较大的行为。

---

① 根据前述《解释》第 2 条，走私、贩卖、运输、制造、非法持有下列毒品，应当认定为《刑法》第 347 条第 3 款规定的"其他毒品数量大"：（1）苯丙胺类毒品（甲基苯丙胺除外）20 克以上不满 100 克；（2）大麻油 1 千克以上不满 5 千克、大麻脂 2 千克以上不满 10 千克、大麻叶及大麻烟 30 千克以上不满 150 千克；（3）可卡因 10 克以上不满 50 克；（4）吗啡 20 克以上不满 100 克；（5）度冷丁（杜冷丁）50 克以上不满 250 克（针剂 100 mg/支规格的 500 支以上不满 2 500 支，50 mg/支规格的 1 000 支以上不满 5 000 支；片剂 25 mg/片规格的 2 000 片以上不满 10 000 片，50 mg/片规格的 1 000 片以上不满 5 000 片）；（6）盐酸二氢埃托啡 2 毫克以上不满 10 毫克（针剂或者片剂 20ug/支、片规格的 100 支、片以上不满 500 支）；（7）吗啡因 50 千克以上不满 200 千克；（8）罂粟壳 50 千克以上不满 200 千克；（9）上述毒品以外的其他毒品数量大的。

② 根据前述《解释》第 3 条，有下列情形之一的，可以认定为《刑法》第 347 条第 4 款规定的"情节严重"：（1）走私、贩卖、运输、制造鸦片 140 克以上不满 200 克，海洛因或者甲基苯丙胺 7 克以上不满 10 克或者其他数量相当毒品的；（2）国家工作人员走私、制造、运输、贩卖毒品；（3）在戒毒监管场所贩卖毒品的；（4）向多人贩毒或者多次贩毒的；（5）其他情节严重的行为。

非法持有毒品罪侵犯的客体是国家对毒品的管制制度。

非法持有毒品罪的客观方面表现为行为人违反毒品管理法规,非法持有较大数量毒品的行为。

所谓"非法"是指违反《药品管理法》《麻醉药品管理办法》《精神药品管理办法》等法律法规的有关规定。

所谓"持有"是指行为人持有、携有、存有、藏有毒品,或者以其他方式实际控制占有毒品的行为。非法持有毒品的来源和持有人的目的不能得到证实时,不影响非法持有毒品罪的成立。

对非法持有毒品的行为,有证据证明行为人是为了进行走私、贩卖、运输或者窝藏毒品的,司法机关应根据行为所实施的具体毒品犯罪行为,认定相应的罪名。只有在查不到行为人进行其他毒品犯罪的证据时,则定本罪。

非法持有毒品罪的主观方面表现为故意。即明知是国家规定管制的毒品而非法持有,如果行为人确实不知道是毒品,将毒品当作一般物品持有的,就不能认定为非法持有毒品罪。

非法持有毒品罪的主体是一般主体。

(二) 非法持有毒品罪的司法认定

1. 非法持有毒品罪与非罪的界限

首先,构成本罪的前提必须是违反国家有关毒品管理法规,非法持有毒品的行为。

其次,行为人必须是明知是毒品而非法持有才构成本罪。如果行为人确实不知道是毒品,即使实施了持有行为也不能以犯罪论处。过失行为不构成非法持有毒品罪。

再次,非法持有的毒品需达到一定的数量标准才能构成本罪。《刑法》第348条规定,非法持有鸦片200克以上,海洛因或者甲基苯丙胺10克以上或者其他毒品数量较大的,即构成非法持有毒品罪。最高人民法院有关司法解释对非法持有其他毒品"数量较大"也有具体解释。

2. 本罪与走私、贩卖、运输、制造毒品罪的界限

实际上,相当一部分非法持有毒品行为属于行为人走私、贩卖、运输、制造毒品行为过程中的一个环节,因此,只有对不能查实持有人持有毒品是用于走私、贩卖、运输或者来自于制造毒品行为的,才能以本罪论处。根据《全国法院审理毒品犯罪案件工作座谈会纪要》,应根据具体情况区分二罪:(1)非法持有毒品达到《刑法》第348条规定的构成犯罪的数量标准,没有证据证明实施了走私、贩卖、运输、制造毒品等犯罪行为的,以非法持有毒品罪定罪。(2)对于吸毒者实

施的毒品犯罪,在认定犯罪事实和确定罪名上一定要慎重。吸毒者在购买、运输、存储毒品过程中被抓获的,如没有证据证明被告人实施了其他毒品犯罪行为的,一般不应定罪处罚,但查获的毒品数量大的,应当以非法持有毒品罪定罪;毒品数量未超过《刑法》第 348 条规定的数量最低标准的,不定罪处罚。对于以贩养吸的被告人,被查获的毒品数量应认定为其犯罪的数量,但量刑时应考虑被告人吸毒的情节。(3) 有证据证明行为人不是以营利为目的,为他人代买仅用于吸食的毒品,毒品数量超过《刑法》第 348 条规定的数量最低标准,构成犯罪的,托购者、代购者均构成非法持有毒品罪。如果有证据证明持有人持有毒品是为了走私、贩卖或运输以及该毒品系行为人制造的,则应对其按走私、贩卖、运输、制造毒品罪处罚。

3. 非法持有毒品罪与窝藏毒品罪的界限

行为人窝藏毒品就必然持有毒品,可以说,窝藏毒品的过程就是对毒品的持有过程。这说明非法持有毒品罪和窝藏毒品罪有相似的地方。对行为人非法持有的毒品,行为人拒不说明,司法机关也无法查证是毒品犯罪赃物的,就只有定罪为非法持有毒品罪。如果查明了行为人持有的毒品是其他犯罪分子毒品犯罪的赃物,则不能定非法持有毒品罪,而应定窝藏毒品。如果事前有通谋的,则构成走私、贩卖、运输、制造毒品罪的共犯。

(三) 非法持有毒品罪的处罚

根据《刑法》第 348 条的规定,非法持有鸦片 1 000 克以上、海洛因或者甲基苯丙胺 50 克以上或者其他毒品数量大的,处 7 年以上有期徒刑或者无期徒刑,并处罚金;非法持有鸦片 200 克以上不满 1 000 克、海洛因或者甲基苯丙胺 10 克以上不满 50 克或者其他毒品数量较大的,处 3 年以上有期徒刑、拘役或者管制,并处罚金;情节严重的,处 3 年以上 7 年以下有期徒刑,并处罚金。另外,根据《刑法》第 356 条的规定,因本罪被判过刑,又犯本罪的,从重处罚。

三、包庇毒品犯罪分子罪

(一) 包庇毒品犯罪分子罪的概念和构成特征

包庇毒品犯罪分子罪,是指明知是走私、贩卖、运输、制造毒品的犯罪分子,故意对其进行包庇,以使其逃避法律制裁的行为。

本罪的客体是毒品的管理制度和司法机关的正常活动。本罪的对象是特定的,即走私、贩卖、运输、制造毒品的犯罪分子。

本罪的客观方面表现为包庇走私、贩卖、运输、制造毒品的犯罪分子的行为。"包庇"是指明知是走私、贩卖、运输、制造毒品的犯罪分子,而向司法机关作假证明掩盖其罪行或者帮助其湮灭罪证,以便其逃避法律制裁的行为。

本罪的主体是一般主体。本罪的主观方面是故意。

(二)包庇毒品犯罪分子罪的司法认定

1. 正确区分包庇毒品犯罪分子罪与知情不举的界限

知情不举,是指明知是毒品犯罪分子,由于某种原因,如漠不关心、害怕报复等原因,没有向司法机关给予检举、告发。但也没有向司法机关提供虚假证明,表现为消极的不作为。这种情况一般不构成包庇毒品犯罪分子罪。因为知情不举者虽然没有协助司法机关抓获罪犯,但也没有给司法机关制造破案、审判的困难,因此不以犯罪论,但可给予批评、教育或者党纪、政纪处分。

2. 包庇毒品犯罪分子罪的一罪与数罪的问题

一罪与数罪的问题易发生在毒品犯罪行为及包庇行为多次发生的情况下。如果被包庇人数次实施走私、贩卖、运输、制造毒品行为,包庇者数次予以包庇的,根据《刑法》第 347 条的规定,行为人数次走私、贩卖、运输、制造毒品,只要未经过处理,即构成一罪,则包庇者的数次包庇行为就属于连续犯,应按包庇毒品犯罪分子罪一罪从重处罚;被包庇人数次实施走私、贩卖、运输、制造毒品行为,又实施了其他毒品犯罪行为的,包庇者数次分别予以包庇的,则包庇者的行为分别构成包庇毒品犯罪分子罪和包庇罪或窝藏罪,数罪并罚。

(三)包庇毒品犯罪分子罪的处罚

根据《刑法》第 349 条规定,犯本罪的,处 3 年以下有期徒刑、拘役或者管制;情节严重的,处 3 年以上 10 年以下有期徒刑。缉毒人员或者其他国家机关工作人员犯本罪的,从重处罚。

四、窝藏、转移、隐瞒毒品、毒赃罪

(一)窝藏、转移、隐瞒毒品、毒赃罪的概念和构成特征

窝藏、转移、隐瞒毒品、毒赃罪,是指故意为毒品犯罪分子窝藏、转移、隐瞒毒品或者毒品犯罪所得的财物的行为。

本罪客体是国家对毒品的管理制度以及司法机关查办毒品犯罪的正常活动。

本罪的客观方面表现为犯罪分子窝藏、转移、隐瞒毒品和毒品犯罪所得的财物的行为。"窝藏",是指将毒品犯罪分子持有的毒品堆放在自己家里或者其他地方隐藏起来,不让司法机关或者其他人发现。"转移",是指将犯罪分子持有的毒品或者毒品犯罪所得从一个地方转移到另一个地方、不被人所知。"隐瞒"是指将毒品犯罪分子持有的毒品或者毒品犯罪所得的财物,故意说成是不知道犯

罪所得,或者说是自己所得。

本罪的主观方面是故意。

(二)窝藏、转移、隐瞒毒品、毒赃罪的司法认定

1. 窝藏、转移、隐瞒毒品、毒赃罪与非法持有毒品罪的区别

两者客观上非常相似,窝藏、转移、隐瞒毒品也就意味着行为人非法持有毒品,区别在于主观内容不同。行为人为自己吸食而持有毒品,或者难于查清行为人非法持有毒品的目的时,应构成非法持有毒品罪。而行为人明确是为其他毒品犯罪分子窝藏、转移、隐瞒毒品、毒赃的,则应构成本罪。

2. 窝藏、转移、隐瞒毒品、毒赃罪与构成毒品犯罪共犯的区别

这两者区别的关键在于事先有无通谋。行为人事先没有与其他犯罪分子通谋,事后明知是毒品或者毒品犯罪所得财物,而予以窝藏、转移、隐瞒的,按实际实施的行为确定罪名。事先有通谋的,不再认定窝藏、转移、隐瞒毒品、毒赃罪,而是与通谋者共同犯罪,应当以走私、贩卖、运输、制造毒品罪的共犯论处。

(三)窝藏、转移、隐瞒毒品、毒赃罪的处罚

根据《刑法》第 349 条规定,犯本罪的。处 3 年以下有期徒刑、拘役或者管制;情节严重的,处 3 年以上 10 年以下有期徒刑。

五、走私制毒物品罪

(一)走私制毒物品罪的概念和构成特征

走私制毒物品罪,是指违反国家规定,非法运输、携带醋酸酐、乙醚、三氯甲烷、麻黄素或者其他用于制造毒品的原料或者配剂进出境的行为。

本罪客体是国家对制造麻醉药品和精神药品的物品的进出口管理制度。

本罪的客观方面表现为违反国家规定,非法运输、携带上述物品进出境的行为。具体表现为:国家确定的专营公司超越经营范围、出口额度、违反进出口许可证等制度,进出口用于制作麻醉药品和精神药品的物品的行为;非国家专营公司或者单位,未经批准,而擅自经营上述物品进出境的行为;单位或者个人逃避海关监管,非法携带、运输上述物品进出境的行为;等等。

本罪主体是一般主体,包括自然人和单位。本罪的主观方面是故意。

根据《关于审理毒品案件定罪量刑标准有关问题的解释》第 4 条,违反国家规定,非法运输、携带进出境醋酸酐、乙醚、三氯甲烷或者其他用于制造毒品的原料或者配剂达到下列数量标准的,依照《刑法》第 350 条第 1 款的规定定罪处罚:(1)麻黄碱、伪麻黄碱及其盐类和单方制剂 5 千克以上不满 50 千克;麻黄浸膏、麻黄浸膏粉 100 千克以上不满 1 000 千克;(2)醋酸酐、三氯甲烷 200 千克以上

不满 2 000 千克;(3) 乙醚 400 千克以上不满 3 000 千克;(4) 上述原料或者配剂以外其他相当数量的用于制造毒品的原料或者配剂。

（二）走私制毒物品罪的司法认定

区分罪与非罪,首先要看运输、携带制毒化学物品是否按规定经过审批,若按规定经过审批,持有有效特殊化学品出口准许证的是合法行为,否则便是非法运输、携带。对于非法运输、携带制毒品进出境的行为,区别罪与非罪的关键是行为人主观上是否有故意,即行为人是不是明知是醋酸酐、乙醚、三氯甲烷或者其他经常用于制造麻醉药品和精神药品的物品,而故意运输、携带这些物品进出境。确实不知道是制毒物品的,不具备本罪主观方面的要件,不能构成本罪。明知,包括已经告知的明知和应当知道的明知,后者是指根据行为的知识和经验,在具体案件中特定的环境和条件下应该认识到携带、运输的物品是国家规定管制的制毒物品。

（三）走私制毒物品罪的处罚

根据《刑法》第 350 条规定,犯本罪的,处 3 年以下有期徒刑、拘役或者管制,并处罚金;数量大的,处 3 年以上 10 年以下有期徒刑,并处罚金。单位犯本罪的,对单位判处罚金;并对其直接负责的主管人员和其他责任人员依照自然人犯本罪的规定处罚。

六、非法买卖制毒物品罪

（一）非法买卖制毒物品罪的概念和构成特征

非法买卖制毒物品罪,是指违反国家规定,在境内非法买卖醋酸酐、乙醚、三氯甲烷或者其他用于制造毒品的原料或者配剂的行为。

本罪的客体是国家对制毒物品的管理制度。

本罪的客观方面表现为违反国家规定,在境内非法买卖上列制毒物品的原料或者配剂的行为。

本罪的主体是一般主体,包括自然人和单位。本罪的主观方面是故意。

（二）非法买卖制毒物品罪的司法认定

区分罪与非罪,一是要看行为人是否具有合法的审批手续及其经营制毒物品的数量、品种是否与审核批准的内容相符;二是要看行为人主观上是否明知自己买卖或参与他人共同买卖的物品是国家规定管制的制毒物品,如果有证据证明行为人确实不知道是制毒物品,该行为人的行为不能构成本罪。三是要看非法买卖制毒物品数量和情节。刑法第 350 条中虽然没有明确规定构成犯罪的数量标准,但根据刑法第 13 条规定的犯罪的概念,对于非法买卖少量制毒物品,没有其他严重情节的,也可以不认定为犯罪。

(三) 非法买卖制毒物品罪的处罚

根据《刑法》第 350 条规定,犯本罪的,处 3 年以下有期徒刑,拘役或者管制,并处罚金;数量大的,处 3 年以上 10 年以下有期徒刑,并处罚金。单位犯本罪的,对单位判处罚金;并对其直接负责的主管人员和其他责任人员依照自然人犯本罪的规定处罚。

七、非法种植毒品原植物罪

(一) 非法种植毒品原植物罪的概念和构成特征

非法种植毒品原植物罪,是指违反国家有关毒品原植物种植管理的规定,非法种植罂粟、大麻、古柯树等毒品原植物,数量较大或者情节严重的行为。

本罪的客体是国家对毒品原植物的管理制度。

本罪的客观方面表现为非法种植毒品原植物数量较大的行为。"种植",包括播种、移栽、插苗、收获等,只要参与其中一种行为,就可视为种植。种植罂粟 500 株以上不满 3 000 株的,视为"数量较大"。种植毒品原植物数量虽然不大,但情节严重的也构成本罪。所谓"情节严重"是指:经过公安机关处理后又种植的;抗拒铲除的。

本罪的主体是一般主体,包括自然人和单位。本罪的主观方面是故意。

(二) 非法种植毒品原植物罪的处罚

根据《刑法》第 351 条规定,犯本罪的,非法种植罂粟 500 株以上不满 3 000 株或者其他毒品原植物数量较大的[1],或者经公安机关处理后又种植的,或者抗拒铲除的,处 5 年以下有期徒刑、拘役或者管制,并处罚金;非法种植罂粟 3 000 株以上或者其他毒品原植物数量大的[2],处 5 年以上有期徒刑,并处罚金或者没收财产。本条还特别规定:非法种植罂粟或者其他毒品原植物,在收获前自动铲除的,可以免除处罚。

八、非法买卖、运输、携带、持有毒品原植物种子、幼苗罪

(一) 非法买卖、运输、携带、持有毒品原植物种子、幼苗罪的概念和构成特征

非法买卖、运输、携带、持有毒品原植物种子、幼苗罪,是指违反有关法律规

---

① 根据《解释》第 5 条,非法种植大麻 5 000 株以上不满 30 000 株,应当认定为《刑法》第 351 条第 1 款第 1 项规定的非法种植大麻"数量较大"。

② 根据《解释》第 5 条,非法种植大麻 30 000 株以上,应当认定为《刑法》第 351 条第 2 款规定的非法种植大麻"数量较大"。

定,非法买卖、运输、携带、持有未经灭活的罂粟等毒品原植物种子或者幼苗,数量较大的行为。

本罪客体是国家对毒品原植物管理制度。犯罪对象是未经灭活的毒品原植物种子或者幼苗。

本罪的客观方面表现为非法买卖、运输、携带、持有未经灭活的罂粟等毒品原植物种子或者幼苗,数量较大的行为。何谓"数量较大",法律没有具体规定,一般应比照非法种植毒品原植物罪的数量来确定,即数量较大应以能成活毒品原植物 500 株至 3 000 株为宜。

本罪主体是一般主体。本罪的主观方面是故意。

（二）非法买卖、运输、携带、持有毒品原植物种子、幼苗罪的司法认定

非法买卖、运输、携带、持有毒品原植物种子、幼苗罪与非法种植毒品原植物罪,两者的区别主要是犯罪手段不同。前者采用的是非法买卖、运输、携带、持有的手段,犯罪对象是尚未栽种入土的毒品原植物种子或幼苗。后者是采用非法种植手段。

（三）非法买卖、运输、携带、持有毒品原植物种子、幼苗罪的处罚

根据《刑法》第 352 条规定,犯本罪的,处 3 年以下有期徒刑、拘役或者管制,并处或者单处罚金。

九、引诱、教唆、欺骗他人吸毒罪

（一）引诱、教唆、欺骗他人吸毒罪的概念和构成特征

引诱、教唆、欺骗他人吸毒罪,是指引诱、教唆、欺骗他人吸食、注射毒品的行为。

本罪的客体是国家对毒品的管理制度以及他人的身心健康。

本罪的客观方面表现为采用引诱、教唆、欺骗的方法使他人吸食、注射毒品的行为。"引诱"是指拉拢、勾引、诱使他人产生吸毒愿望。"教唆"是以怂恿、劝说、示范等方法鼓励他人吸食。"欺骗"是指隐瞒真相,使他人在不知道是毒品的情况下吸食、注射。

本罪主体是一般主体。本罪的主观方面是故意。

（二）引诱、教唆、欺骗他人吸毒罪的处罚

根据《刑法》第 353 条第 1 款规定,犯本罪的,处 3 年以下有期徒刑、拘役或者管制,并处罚金;情节严重的,处 3 年以上 7 年以下有期徒刑,并处罚金。同时,为了特别保护未成年人,第 3 款还明确规定,引诱、教唆、欺骗或者强迫未成年人吸食、注射毒品的,从重处罚。

十、强迫他人吸毒罪

（一）强迫他人吸毒罪的概念和构成特征

强迫他人吸毒罪，是指违背他人意志，使用暴力、胁迫或者其他强制手段，迫使他人吸食、注射毒品的行为。

本罪客体是国家对毒品的管理制度和他人的人身权利。

本罪的客观方面表现为强迫他人吸食、注射毒品的行为。"强迫"，是指使用暴力、胁迫或者其他类似暴力、胁迫的方法使不愿意吸食、注射毒品的人，不得不吸食、注射毒品，诸如使用殴打、捆绑、杀伤、禁闭等武力方法进行强迫；或者实行精神强制，以揭发隐私、毁坏名誉或者送司法机关等进行强迫。

本罪主体是一般主体。本罪的主观方面是故意。

（二）强迫他人吸毒罪的司法认定

强迫他人吸毒罪与引诱、教唆、欺骗他人吸食、注射毒品罪，两罪在犯罪主体、客体及主观方面都是相同的，主要是客观方面不同。行为人只要具有引诱、教唆、欺骗他人吸食、注射毒品的行为即可构成引诱、教唆、欺骗他人吸食、注射毒品罪；而强迫他人吸毒罪必须要有强迫他人吸食、注射毒品的行为才能构成。因此，采用暴力、胁迫或者其他强制手段，是本罪区别于引诱、教唆、欺骗他人吸毒罪的显著标志。

（三）强迫他人吸毒罪的处罚

根据《刑法》第353条第2款规定，犯本罪的，处3年以上10年以下有期徒刑，并处罚金。

十一、容留他人吸毒罪

（一）容留他人吸毒罪的概念和构成特征

容留他人吸毒罪，是指明知他人吸毒而为其提供吸食、注射毒品的场所和方便的行为。

本罪客体是国家对毒品的管理制度。

本罪的客观方面表现为容留他人吸毒的行为。"容留"，是指行为人给吸食、注射毒品的人提供吸食、注射毒品的场所和方便。

本罪的主体是一般主体。

本罪的主观方面表现为故意。

（二）容留他人吸毒罪的处罚

根据《刑法》第354条规定，犯本罪的，处3年以下有期徒刑、拘役或者管制，并处罚金。对容留他人吸食、注射毒品并出售毒品的,应依照《刑法》第347条规定的贩卖毒品罪处罚。

十二、非法提供麻醉药品、精神药品罪

（一）非法提供麻醉药品、精神药品罪的概念和构成特征

非法提供麻醉药品、精神药品罪,是指依法从事生产、运输、管理、使用国家管制的麻醉药品、精神药品的人员和单位,违反国家规定,故意向吸食、注射毒品的人提供国家规定管制的能够使人形成瘾癖的麻醉药品、精神药品的行为。

本罪的客体是国家对麻醉药品和精神药品的管理制度。"麻醉药品",是指连续服用后会产生依赖性,能形成瘾癖的药品。"精神药品",是指直接作用于中枢神经系统,使之兴奋或者抑制,连续使用会产生依赖性的药品。

本罪的客观方面表现为违反国家规定,向吸食、注射毒品的人提供国家管制的麻醉药品、精神药品的行为。所谓"国家规定",主要指:《麻醉药品管理办法》《麻醉药品生产管理办法》《麻醉药品经营管理办法》《麻醉药品国内运输管理办法》等。所提供的对象必须是吸食、注射毒品的人。

本罪的主体是特殊主体,即依法从事生产、运输、管理、使用国家管制的麻醉药品或者精神药品的人。单位可以构成本罪主体。

本罪的主观方面是故意。

（二）非法提供麻醉药品、精神药品罪的司法认定

区别罪与非罪,首先要了解提供麻醉药品、精神药品的行为是否违反国家的有关规定。如符合规定的,属于业务人员的正当业务活动。违反有关规定的,方可构成本罪。其次,了解其行为违反国家有关规定的严重程度。程度轻的,属于一般违法行为,予以行政处分。但是,如果行为人滥开麻醉药品、精神药品的行为达到一定的严重程度,具备犯罪构成要件的,则以非法提供麻醉药品、精神药品罪论处。

（三）非法提供麻醉药品、精神药品罪的处罚

根据《刑法》第355条规定,犯本罪的,处3年以下有期徒刑或者拘役,并处罚金;情节严重的,处3年以上7年以下有期徒刑,并处罚金。如果向走私、贩卖毒品的犯罪分子或者以牟利为目的,向吸食、注射毒品的人提供国家规定管制的能够使人形成瘾癖的麻醉药品、精神药品的,则应以《刑法》第347条规定的贩卖毒品罪论处。单位犯本罪的,对单位判处罚金;并对其直接负责的主管人员和其他责任人员依照自然人犯本罪的规定处罚。

第五章　涉毒违法行为

第一节　涉毒违法行为概述

一、涉毒违法行为的概念和构成要件

(一) 涉毒违法行为的概念和特点

广义的涉毒违法行为包括触犯刑事法律的毒品犯罪行为和违反其他禁毒法律法规的一般违法行为,狭义的涉毒违法行为是指违反《刑法》之外的国家禁毒法律法规的一般违法行为。

本书要研究的涉毒违法行为是专指违反国家有关禁毒法律、法规,破坏毒品管制活动,依法由公安机关予以治安处罚的行为,属于狭义上的涉毒违法行为。其具有以下几个特点:

(1) 涉毒违法行为是行政相对人的违法行为。学习涉毒违法行为,一定要厘清涉毒违法行为和行政违法行为这两个概念的区别。涉毒违法行为,按《行政处罚法》的说法是行政相对人"违法行政管理秩序的行为",是严格区分于我们通常意义上所说的行政违法行为。两者的最大区别在于主体不同。涉毒违法行为是行政相对人违反了《治安管理处罚法》和《禁毒法》的规定而尚未构成犯罪的行为。而行政违法行为是行政主体实施的违法行政法律规范,侵害受法律保护的行政关系而尚未构成犯罪的有过错的行政行为。

(2) 涉毒违法行为仅指违反国家有关禁毒法律、法规,破坏毒品管制的活动。《治安管理处罚法》和《禁毒法》都规定,对于"构成犯罪的""依法追究刑事责任",该类行为属于我们上一章所讲的毒品犯罪,其中的"依法",显然是指依照刑法追究责任。而对于"尚不构成犯罪的"行为,规定了行政处罚措施,或者规定"依法给予治安管理处罚",这才是我们本章所讨论的涉毒违法行为。

(3) 涉毒违法行为由公安机关予以处罚。在《禁毒法》中,主管禁毒工作的主要有两类部门,即公安机关和司法行政部门。其中,关于涉毒违法行为的处罚,是专门由公安机关执行的。而司法行政部门在其中应当行使的职能,除第一

章"总则"、第七章"附则"、第三章"毒品管制"外，在其余四章禁毒宣传教育、戒毒措施、禁毒国际合作、法律责任中都分别有法律条款规定，主要涉及协助禁毒宣传教育和社区戒毒工作、对吸毒人员给予必要戒毒治疗等。

（4）涉毒违法行为具有社会危害性。这是涉毒违法行为与毒品犯罪行为所共同具备的特征，即二者都使某种社会关系遭受一定危害，只是危害客体和危害社会程度不同而已。毒品犯罪危害客体广、危害后果较严重。而涉毒违法行为除危害客体较少外，主要是社会危害性较小。

（二）涉毒违法行为的违法构成

违法构成，是指我国法律规定的，表明具有社会危害性并达到一定程度的某一行为已经构成违法，以及构成违法所必需的一切客观和主观要件的总和。这里的法律指《治安管理法》和《禁毒法》。涉毒违法行为的违法构成主要由以下四个要件组成：

（1）行为人具有责任能力，即涉毒违法行为的实施者必须是具有法定责任能力的自然人、法人或其他组织。对自然人来说，只有达到法定年龄，具有理解、辨认和控制自己行为的能力的人，才能成为违法主体；就法人和其他组织而言，在成立时就必须具有相应的责任能力。

（2）行为人从事了《治安管理法》和《禁毒法》规定的禁止性义务的行为。涉毒违法行为必然在客观上违反了法律规定，单纯的思想活动不构成违法。但是，这种行为虽然违反了法律上的禁止义务，但并未达到犯罪的程度。

（3）行为人的违法行为侵害了禁毒法律法规所保护的社会关系，即指有关禁毒的法律法规所保护的而被毒品犯罪所侵犯的有关对毒品进行管制的管理制度和社会管理秩序。这里的禁毒法律法规不包括《刑法》。

（4）行为人的违法行为主观上有过错。这种过错包括故意和过失。否则，即使某种行为在客观上危害了社会，如果行为人不是出于故意或者过失，也不能认为是涉毒违法行为。

二、涉毒违法行为处理的法律依据

长期以来，公安机关对妨害治安管理的涉毒违法行为进行处罚的法律依据是《全国人民代表大会常务委员会关于禁毒的决定》（简称《禁毒决定》）和《治安管理处罚条例》；2006年3月1日，新的《治安管理处罚法》出台后，对涉毒违法行为的治安处罚主要依据其有关规定；2008年6月1日，我国的《禁毒法》开始施行，《禁毒决定》同时废止。今后，处罚涉毒违法行为的法律依据就是《治安管理处罚法》以及新《禁毒法》的有关规定。

（一）《禁毒决定》的特点和缺陷

20 世纪 80 年代以来,我国的毒品问题也越来越严重,对我国的社会治安和广大人民群众的健康造成了严重的危害。为了维护良好的社会治安秩序,保护人民群众的身体健康,保障社会主义现代化建设的顺利进行,第七届全国人大常委会参考 1988 年《联合国禁止非法贩运麻醉药品和精神药物公约》,于第十七次会议上通过了《禁毒决定》,并于 1990 年 12 月 28 日起施行。《禁毒决定》的颁布和实施对于我国禁毒的理论与实践有重大的发展,使我国的禁毒斗争进入到了一个新的历史阶段。

《禁毒决定》吸收了国内外有关禁毒立法中的合理做法,从现实中我国打击毒品犯罪的实际需要出发,系统、全面地规定了毒品犯罪的种类及其处罚标准,以及有关违法行为的行政处罚和行政措施,是新中国第一部详备规定毒品犯罪及其刑罚的单行刑事法律,为司法实践坚决惩治毒品犯罪提供了切实的法律保障。该法具有以下特点:

（1）明确界定了毒品。该法第 1 条规定:"本决定所称的毒品是指鸦片、海洛因、吗啡、大麻、可卡因以及国务院规定管制的其他能够使人形成瘾癖的麻醉药品和精神药品。"这一界定,使 1987 年 11 月 28 日国务院发布的《麻醉药品管理办法》关于麻醉药品的界定和 1988 年 12 月 27 日国务院发布的《精神药品管理办法》中关于精神药品的界定与刑事法律相统一,也与 1988 年《联合国禁止非法贩运麻醉药品和精神药物公约》中对麻醉药品和精神药品的规定相一致。

（2）毒品犯罪的罪名有了重大发展。《禁毒决定》在妨碍毒品管制方面新规定了种植毒品原植物罪,非法持有毒品罪,非法提供毒品罪等罪名,在毒品滥用方面规定了引诱、教唆、欺骗他人吸食毒品罪,强迫他人吸食毒品罪等新罪名,对于容留他人吸食、注射毒品并出售毒品的行为也规定予以刑罚处罚,同时,该决定第 5 条把 20 世纪 50 年代曾规定过的非法出售制毒化学品罪修改为走私制造精神药品和麻醉药品的物品重新规定,并详细规定了相应的处罚。这些罪名的确定,为打击毒品犯罪分子提供了一条龙的法律保障,犯罪分子无论在种植、制造、走私、运输、贩卖、吸食等过程中哪个环节犯罪,我们都能依法予以严厉打击,使犯罪分子难逃法网。

（3）规定了较为系统完整的法定刑。在主观方面,司法机关可根据不同的罪名,不同的犯罪情节,在管制、拘役、有期徒刑、无期徒刑、死刑中选择与之相适应的刑种和量刑幅度;在附加刑方面,将罚金刑和没收财产刑从原《刑法》第 171 条的"可以并处"在《禁毒决定》的绝大部分条款中规定为"并适用",只有少数地方用"可并处",提高了对犯罪分子处以财产刑的地位,为从经济上打击毒品犯罪分子提供了有力的法律保障。

（4）规定和单位可以成为毒品犯罪的主体。该法第 10 条第 3 款规定,单位可以成为走私制造精神药品和麻醉药品的化学物品罪、非法提供毒品罪的主体,对其直接负责的主管人员和其他直接责任人员定罪处罚,并对单位判处罚金。该法还要求有关部门严格按照国家的有关规定管理毒品和可制毒化学物品,从根本上截源堵流。

（5）强调了对毒品犯罪的经济上的制裁。该法对所有的毒品犯罪都作了附加财产刑的规定,或者附加罚金,或者附加没收财产。

（6）强调了对有关毒品犯罪的累犯再犯和国家工作人员犯毒品犯罪从重处罚。该决定第 11 条第 2 款规定:"因走私、贩卖、运输、制造、非法持有毒品罪被判过刑,又犯本决定规定之罪的,从重处罚。"该决定第 11 条第 1 款规定:"国家工作人员犯本决定规定之罪的,从重处罚。"

（7）明确规定了我国对毒品犯罪的普遍管辖权。根据该决定第 13 条第 2 款的规定,外国人在中华人民共和国领域外犯走私、贩卖、运输、制造毒品罪进入我国领域的,我国司法机关有管辖权,除依照我国参加、缔结的国际公约或者双边条约实行引渡的以外,适用该决定处理。在刑事法律中明确规定对某些犯罪的普遍管辖权,这实属我国刑事立法之首举。

（8）规定了对毒品违法行为的行政处理的范围幅度。该法第 8 条规定:"吸食、注射毒品的,由公安机关处十五日以下拘留,可单处或者并处 2 000 元以下罚款,并没收毒品和吸食、注射器具。""吸食、注射毒品成瘾的,除依照前款规定处罚外,予以强制戒除,进行治疗、教育。强制戒除后又吸食、注射毒品的,可以实行劳动教养,并在劳动教养中强制戒除。"这一规定,将毒品问题极其重要的方面——吸毒问题纳入了该决定调整的范畴,为此后详细制定有关吸毒问题的行政法规作了必要的铺垫。同时,该规定也体现了对于毒品问题区别对待,宽严相济,行政、刑事并举的禁毒政策。

《禁毒决定》使我国的禁毒法制更加完备,既体现了党和政府坚决禁毒的严正立场,正是 20 世纪 90 年代打击毒品犯罪最有力的法律武器,该法的颁布实施,对我国整个禁毒斗争产生了积极的影响。但是,《禁毒决定》在刑事立法和司法解释方面还存在一些问题:

（1）《禁毒决定》虽然规定了较为完备的罪名和法定刑,但对于有些罪名需及时采取立法解释或者司法解释,对其内涵和外延进行比较确切的界定,否则司法机关难以适用。例如,对于非法持有毒品罪,普遍认为该罪是指明知毒品而非法持有的行为,但何为持有呢? 一般认为指的是从犯罪分子身上、居所或者其所控制、携带的物品上查获,但又无证据证明是走私、制造、运输、贩卖毒品的行为,这样理解如果在静止状态上查获,争议不大,但如果在运行中的车船、飞机上查获,又该如何认定? 又如引诱、教唆、欺骗他人吸食、注射毒品罪,现在的吸毒人员绝大部分是在他人的引诱、教唆、欺骗的情况下吸食上瘾的。但《禁毒决定》实施以来,却很少遇到这类案件,这并不是没有这类犯罪行为,实际上是对这类犯罪的认定上存在着认识不统一,或者说是对这类犯罪客观方面的概念不够明确,由此造成了公安机关难以侦破案件。《禁毒决定》中的绝大多数罪名都存在这类问题。

(2)《禁毒决定》中的有些条款仅规定了行为方式和法定刑,没有直接规定量刑标准。例如,在走私制造麻醉药品和精神药品的物品中,走私醋酸酐等化学物品多少构成犯罪,走私多少依海关法处理? 走私多少为数量较大? 又如非法提供毒品罪中,非法提供多少毒品构成犯罪,这类情况在司法实践中,引起了混乱,影响了打击力度。

(二)《治安管理处罚法》的重大进步

1.《治安管理处罚法》的施行标志着《禁毒决定》使命的完成

1990 年,为适应禁毒的需要,第七届全国人大常委会第十七次会议审议通过了《禁毒决定》,并于同年 12 月 28 日起施行。《禁毒决定》的第 3 条、第 6 条第 3 款和第 8 条明确规定,对非法持有少量毒品的行为、非法种植罂粟不满五百株或其他数量较少的毒品原植物的行为、吸食、注射毒品的行为等三种违法行为予以行政处罚。为了适应新情况下禁毒斗争的需要,1994 年 5 月 12 日第八届全国人民代表大会常务委员会第七次会议对《治安管理处罚条例》的有关规定作了必要的修正,在惩处涉毒违法行为方面保留了原第 24 条和第 31 条的规定,增加了第 31 条第 2 款,即对非法运输、买卖、存放、使用罂粟壳的行为予以处罚。1995 年 1 月 12 日,国务院根据《禁毒决定》第 8 条的规定,制定了《强制戒毒办法》。1997 年修订的《刑法》在第 6 章第 7 节以 11 个条文规定了毒品犯罪,除第 352 条外,其他均由《禁毒决定》汇纂而来。2003 年 6 月 2 日,司法部根据《禁毒决定》《劳动教养试行办法》以及《强制戒毒办法》发布了《劳动教养戒毒工作规定》,进一步规范劳教戒毒工作。至此,《禁毒决定》中涉及毒品犯罪的条文已失效,有关强制戒毒、劳教戒毒的规定也由专门的行政法规和规章予以规范,只有对涉毒违法行为的行政处罚仍适用《禁毒决定》的有关规定。2005 年 8 月 28 日第十届全国人大常委会第十七次会议通过《治安管理处罚法》,在第 3 章第 4 节以 3 个条文规定了 8 种涉毒违法行为,其中包括了《禁毒决定》和《治安管理处罚条例》所处罚的四种涉毒违法行为。依"新法优于旧法"的原则,《禁毒决定》自

《治安管理处罚法》施行后将不再作为处罚涉毒违法行为的法律依据。《治安管理处罚法》的施行同时也标志着《禁毒决定》作为在我国禁毒法制建设中的一部意义深远的法律,就此完成了其历史使命。

2.《治安管理处罚法》对涉毒违法行为处罚的修改与调整

《治安管理处罚法》在第三章第四节中对妨害社会管理的涉毒违法行为作出了较为详细的规定,继承《禁毒决定》和《治安管理处罚条例》中有关涉毒违法行为的立法,并从调整的范围、处罚的幅度等方面进行了补充和修改。

(1) 对原四种涉毒违法行为处罚的继承与修改。《治安管理处罚法》保留了《禁毒决定》和《治安管理处罚条例》中规定的四种涉毒违法行为,但在具体规定和处罚上进行了一定的修改。首先,原"非法运输、买卖、存放、使用少量罂粟壳"的行为在《治安管理处罚法》第71条的表述上有些微变化,"存放"改为"储存",且前文问题所提及的《治安管理处罚条例》第31条第2款第2项的规定在《治安管理处罚法》中没有出现,解决了事实上无法适用的问题;其次,"非法持有少量毒品"的行为增加了对甲基苯丙胺的量化规定即"不满10克",便于执法操作;最后,对行为的处罚也进行了相应修改。

(2) 扩大调整范围,增加对四种涉毒违法行为的处罚。《治安管理处罚法》针对实践中新增的大量存在的涉毒行为,扩大了调整范围,增加了对"非法买卖、运输、携带、持有少量未经灭活的罂粟等毒品原植物种子或者幼苗"、"向他人提供毒品"、"胁迫、欺骗医务人员开具麻醉药品、精神药品"和"教唆、引诱、欺骗他人吸食、注射毒品"的四种行为的处罚规定。此前《刑法》第352、353条对"非法买卖、运输、携带、持有少量未经灭活的罂粟等毒品原植物种子或者幼苗"和"教唆、引诱、欺骗他人吸食、注射毒品"的行为的犯罪形态予以了定罪量刑,但行为的一般违法形态却得不到任何处罚。《治安管理处罚法》对此进行了"补缺",尽管这种"补缺"并不完整。

值得关注的是另外两个新增的违法行为——"非法向他人提供毒品"和"胁迫、欺骗医务人员开具麻醉药品、精神药品"的行为。我国《刑法》第353条规定的"非法提供毒品罪"的犯罪主体是特殊主体,只有依法从事生产、运输、管理、使用国家管制的麻醉药品、精神药品的人员或单位向吸食、注射毒品的人无偿提供毒品才能构成该罪。而实践中,一般主体无偿向他人提供毒品的行为屡见不鲜,实际上起了帮助消费毒品的作用,具有较大的社会危害性。一般主体向他人无偿提供毒品的行为的实施前提是行为人先对毒品处于控制、支配状态,然后再发生毒品转移到他人的结果。若行为人在尚未转移毒品的持有状态下被查获,则依法构成"非法持有毒品"行为应无疑义;若行为人已将毒品提供给他人,由于其既无牟利之故意,又不具备特殊主体之身份,故不能以贩卖毒品罪或非法提供毒品罪予以追究,是不受任何处罚的。《治安管理处罚法》新增对一般主体"向他人提供毒品"的行为的处罚规定从某种意义上说是填补了立法上的"空白",当是立法上的进步。然而我们也要注意到一个有意思的现象,《刑法》尚未将一般主体向他人无偿提供毒品的行为犯罪化,而在《治安管理处罚法》第72条第2项的表述中没有对"向他人提供毒品"的数量加以限定,这意味着一般主体即使长期、多次向他人无偿提供毒品,累计数量较大甚或巨大,处罚也仅限于"处10日以上15日以下拘留,可以并处2 000元罚款"。从这一意义上说,立法仍存在疏漏。

《治安管理处罚法》增加对"胁迫、欺骗医务人员开具麻醉药品、精神药品"行为的处罚,对于防范毒品滥用以及毒品流入非法渠道是非常及时的。近年来,毒品滥用的种类越来越多,除常见的海洛因、吗啡、大麻、甲基苯丙胺、"摇头丸"、咖啡因等毒品外,许多国家管制的凭医用处方开具的麻醉药品和精神药品也成为吸毒者滥用的对象,种类从杜冷丁、盐酸二氢埃托菲、安眠酮、三唑仑到氯胺酮针剂、曲马多等。医疗机构及其医务人员因有条件获取国家管制的麻醉药品和精神药品而被吸毒人员或毒贩胁迫、蒙蔽甚至"拖下水"的情况在各地屡屡发生。

2005年8月,国务院发布《麻醉药品和精神药品管理条例》,加强了麻醉药品和精神药品的管理,以保证其合法、安全、合理使用。同年11月,卫生部发布《麻醉药品、精神药品处方管理规定》,对处方开具、使用、保存管理等方面作了专门规定。这些相继出台的行政法规和规章是从药品管理的角度防范管制药品流入非法渠道,规范的是医疗机构和医师的行为,不能杜绝那些有着非法目的的"患者"以各种方式从医务人员手中获取管制药品。《治安管理处罚法》正是针对此种情况,从惩治的角度防范管制药品流入非法渠道,同其他行政法规、规章起到很好的配合作用,共同堵住了麻醉药品、精神药品流入非法渠道的通道。

(3) 解决了单位涉毒违法行为的处罚问题。《禁毒决定》和《治安管理处罚条例》所处罚的涉毒违法行为的主体均为自然人,而现实中单位违反毒品管理活动的情况时有发生,如非法种植罂粟、大麻等毒品原植物,非法运输、使用罂粟壳,非法买卖、运输少量未经灭活的罂粟等毒品原植物种子或幼苗。由于法无明文规定,长期以来毒品违法犯罪人员以单位为掩护实施妨害毒品管理行为,并得以逃脱行政处罚。《治安管理处罚法》第18条规定:"单位违反治安管理的,对其直接负责的主管人员和其他直接责任人员依照本法的规定处罚。其他法律行政法规对同一行为规定给予单位处罚的,依照其规定处罚。"解决了困扰执法机关的单位涉毒违法行为的处罚问题。

（4）调整了对涉毒违法行为的处罚幅度。相较于《禁毒决定》和《治安管理处罚条例》，《治安管理处罚法》对涉毒违法行为的处罚幅度有明显调整。一是对程度不同的涉毒违法行为予以区别对待。缩小行政拘留处罚自由裁量的幅度是本次《治安管理处罚法》的突出特点，按照不同的违法行为、违法行为的不同性质，行政拘留时限分为三档，第71条和第72条规定了10日以上15日以下和5日以下两档行政拘留期限；二是对情节较重的涉毒违法行为，取消了单处罚款的规定，行政拘留为必定处罚，可以并处罚款，前文所提及的"以罚代拘"现象将不复存在；三是对"教唆、引诱、欺骗他人吸食、注射毒品"行为在处以10日以上15日以下拘留的同时并处500元以上2 000元以下罚款，体现了对该类行为的从重处罚。从《治安管理处罚法》对涉毒违法行为处罚幅度的调整来看，罚款金额并没有增加，突出的修改集中在行政拘留在处罚方式选择上的必须性和时限的细分化，以及拘留与罚款是否并处等方面。从法条的内容不难窥见，立法者对于涉毒违法行为秉持严惩的态度，更为重视行政拘留在管理该类行为上所发挥的惩戒作用。

三、涉毒违法行为与毒品犯罪的区别

综观《禁毒法》第六章关于法律责任的规定，可以概括为以下三种情形：

一是必然构成犯罪的情形（当然，以行为人达到法定年龄、具有责任能力且故意实施为前提），如《禁毒法》第59条第1项列举的"走私、贩卖、运输、制造毒品的"行为。

二是不能构成犯罪，只能给予行政处分的行为，如《禁毒法》第61条规定的吸食、注射毒品的行为。

三是既可能构成犯罪，也可能不构成犯罪的情形，《禁毒法》规定的多数行为都是如此。

如何认识一般毒品违法与毒品犯罪之间的关系，如何处理禁毒法上的法律责任与刑法上有关毒品犯罪的刑事责任的关系，是一个重要问题。但本书认为，所谓行政违法行为与犯罪行为之间的界限，其实是一个假问题。有关毒品的非法行为，不管其是否触犯了《刑法》，都可谓违反了《禁毒法》。但是，《刑法》仅将部分值得科处刑罚的毒品非法行为类型化为毒品犯罪，这些被类型化为毒品犯罪的行为，并不因为被刑法禁止后，而不再成为《禁毒法》所禁止的行为。换言之，毒品犯罪都具有双重违法性质，一是违反了刑法，二是违反了《禁毒法》（与此同时还可能违反《治安管理处罚法》）。所以，毒品非法行为，只有不触犯《刑法》时，才仅依照《禁毒法》处理。所谓毒品犯罪行为与毒品违法行为的界限，实际上只能是毒品犯罪与不构成毒品犯罪的违法行为的界限。于是,问题便在于:以什么为标准将《禁毒法》禁止的行为中构成毒品犯罪的行为挑选出来以犯罪论处?显然,凡是符合了《刑法》所规定的毒品犯罪构成要件的行为,就成立毒品犯罪。法官通常不必再追问该行为在《禁毒法》上是否属于毒品违法行为。总之,只要行为符合《刑法》规定的毒品犯罪的构成要件,就应依法追究刑事责任。所以,问题的关键不在于确定毒品违法行为与毒品犯罪之间的界限,而在于如何理解和解释《刑法》规定的毒品犯罪的构成要件。当《刑法》与《禁毒法》《治安管理处罚法》对几种类型的行为表述完全一致时,就没有必要考虑所谓毒品违法与毒品犯罪的界限,而应根据刑法的基本精神,对犯罪构成要件做出实质解释,对符合犯罪构成要件的行为以犯罪论处,而不必过问这种行为在《禁毒法》与《治安管理处罚法》上是何种性质。《禁毒法》所规定的“构成犯罪的,依法追究刑事责任”的情形,需要根据《刑法》规定的构成要件予以确定;如果某种行为不能在《刑法》上找到处罚根据,就不能直接以《禁毒法》的规定为根据追究刑事责任。例如,《禁毒法》第59条第7项规定了“向他人提供毒品”的行为,但《刑法》并没有规定向他人提供毒品罪。所以,对于向他人提供毒品的行为,必须以《刑法》规定的毒品犯罪的构成要件为标准做出判断。符合贩卖毒品罪或者非法提供麻醉药品、精神药品罪构成要件的,应追究刑事责任。一般主体无偿向不满14周岁的人提供毒品的,可能成立强迫他人吸毒罪。一般公民无偿向成年的吸食者提供毒品用于吸食的,如其持有毒品的数量没有达到非法持有毒品罪的数量标准,则仅属于帮助吸毒的行为。由于吸毒本身并不构成犯罪,所以帮助吸毒的行为也不构成犯罪。

第二节　《治安管理处罚法》对涉毒违法行为的处罚规定

从前面的论述可知,本节所述的涉毒违法行为是从狭义角度来讨论的,具体是指除犯罪行为之外的违反治安管理处罚法律规定的涉毒治安违法行为。2005年8月28日第十届全国人民代表大会常务委员会第十七次会议通过的《治安管理处罚法》,在《禁毒决定》①和《行政处罚法》的基础上,专门规定了对涉毒违法

---

① 1990年第七届全国人大常委会第十七次会议通过的《全国人民代表大会常务委员会关于禁毒的决定》,是为了适应国家禁毒的需要而制定的一部法律。在该法的第3条、第6条第3款和第8条对涉毒违法行为的行政处罚作了规定。

行为的行政处罚。① 该法的施行标志着我国对涉毒违法行为的行政处罚真正迈上了法治的轨道。

一、《治安管理处罚法》对涉毒违法行为的分类

《治安管理处罚法》第71—第74条具体规定了涉毒违法行为的种类。② 主要分为以下三种情况：

（一）涉及毒品原植物（包括毒品原植物及其种子、幼苗或果实）的涉毒违法行为

此处的毒品原植物是指用来提炼、加工成鸦片、海洛因、甲基苯丙胺、吗啡、可卡因等麻醉药品和精神药品的原植物。我国非法种植的毒品原植物主要是指罂粟，少数地区也种植大麻。《治安管理处罚法》第71条第1款第(1)—(3)项对此类涉毒违法行为作了详细的规定。

第71条第1款第(1)项规定的"非法种植罂粟不满五百株或者其他少量毒品原植物"的行为。罂粟是常见的毒品原植物。而其他少量毒品原植物则主要是指大麻。作为毒品的大麻也主要是指矮小、多分枝的印度大麻。大麻类毒品的主要活性成分是四氢大麻酚（THC）。大麻比罂粟药力小，毒性低一点。所谓种植，是指播种、施肥、灌溉、割取津液、收取种子等，不论行为人实施了上述全部行为还是只实施了一种行为，都可视为种植。只要有证据证明行为人确实有种植的行为，即使没有成苗，从面积上估算，达到法条所规定数量的，也构成违法。需要注意的是构成本项违法行为的非法种植罂粟的数量是不满五百株，如果超过五百株就是犯罪行为。而对于种植大麻等其他毒品原植物的违法构成的数量没有具体限制，条文中只是注明了"少量"，在执法实践中无法认定。2000年4月出台的《最高人民法院关于审理毒品案件定罪量刑标准有关问题的解释》第5条规定："非法种植大麻5 000株以上不满3万株，应当认定为刑法第351条第1款第(一)项规定的非法种植大麻数量较大。"由此可知5 000株是构成非法种植大麻犯罪的数量起算点，那么，《治安管理处罚法》中的少量应指5 000株以下。

第71条第1款第(二)项规定的"非法买卖、运输、携带、持有少量未经灭活的罂粟等毒品原植物种子或者幼苗"的行为。对于未经灭活尚有生命力的毒品原植物种子或幼苗，只要是非法地从事买卖、运输、携带、持有中的一种行为或全

---

① 在《治安管理处罚法》制定之前，《治安管理处罚条例》在第24条、第31条等条文中对涉毒的违法行为作了规定。《治安管理处罚条例》在《治安管理处罚法》生效之后自然失去效力。

② 与《禁毒决定》和《治安管理处罚条例》不同，《治安管理处罚法》处罚的涉毒违法行为主体不仅仅指的是自然人，还包括单位。《治安管理处罚法》第18条规定："单位违反治安管理的，对其直接负责的主管人员和其他直接人员依照本法的规定处罚。其他法律行政法规对同一行为规定给予单位处罚的，依照其规定处罚。"

部行为,均违反了本项规定。至于毒品原植物种子或幼苗的数量,《刑法》和《治安管理法》均没有明确规定,需待相关法律解释的出台。

第71条第1款第(三)项规定的"非法运输、买卖、储存、使用少量罂粟壳"的行为。罂粟壳又称米壳、御米壳、粟壳、鸦片烟果、大烟葫芦、烟斗等。它是罂粟的成熟干燥果壳。罂粟壳中含有吗啡、可待因、蒂巴因、那可汀等鸦片中所含有的成分,虽含量较鸦片小,但久服亦有成瘾性。因此,罂粟壳被列入麻醉药品管理的范围予以管制。由于《刑法》中对于非法运输、买卖、储存、使用罂粟壳的行为未作规定,所以根据"罪刑法定"原则,非法运输、买卖、储存、使用罂粟壳的行为只能构成涉毒治安违法行为。只要从事非法运输、买卖、储存、使用中的一种或全部行为,均构成涉毒治安违法行为。

(二) 涉及毒品制成品的违法行为

根据《治安管理处罚法》第72条的规定,此类涉毒违法行为主要包括以下几种情况:

非法持有毒品的行为。《治安管理处罚法》第72条规定的"(一)非法持有鸦片不满二百克、海洛因或者甲基苯丙胺不满十克或者其他少量毒品的"行为构成违法行为。此处的鸦片、海洛因、甲基苯丙胺或者其他毒品,均有数量上的限制。2005年9月,国家食品药品监督管理局、公安部、卫生部联合公布的《麻醉药品和精神药品品种目录》中,包括了麻醉药品121种、第一精神药品52种、第二精神药品78种。由于此类药品数量众多,《治安管理处罚法》不可能对其构成违法行为或犯罪行为的数量一一列举,所以,除鸦片、海洛因、甲基苯丙胺之外,非法持有其他毒品构成治安违法行为和犯罪行为的数量上的界限有待执法部门的进一步界定。

向他人提供毒品的行为。由于我国《刑法》第353条规定的"非法提供毒品罪"在主体构成方面具有一定的局限性[①],司法实践中行为人若不具备特殊身份,便不能以本罪追究其刑事责任。同时,若行为人不以牟利为目的,将毒品提供给他人,也不能以贩卖毒品罪追究其责任。这就造成了行为人的不法行为无法受到规制的状态。《治安管理处罚法》第72条"(2)向他人提供毒品的行为"之规定正好弥补了上述立法上的不足之处。另外需要注意的是本项规定的向他人提供的毒品是没有数量上的限制的。

---

① 《刑法》第353条规定的"非法提供毒品罪"的犯罪主体是依法从事生产、运输、管理、使用国家管制的麻醉药品、精神药品的人员或单位,而且只有这些主体向吸食、注射毒品的人无偿提供毒品才能构成本罪。

吸食、注射毒品的行为。《治安管理处罚法》第 72 条规定"吸食、注射毒品的"行为构成了涉毒违法行为。现实生活中吸食、注射毒品行为的大量发生是毒品犯罪泛滥的源头，如果不对此类行为进行规制，势必会进一步造成涉毒违法和犯罪行为的大量出现。通过法律限制吸食、注射毒品的行为的出现，对于禁毒斗争来说是一项关键的举措。

胁迫、欺骗医务人员开具麻醉药品、精神药品的行为。《治安管理处罚法》第 72 条对"胁迫、欺骗医务人员开具麻醉药品、精神药品"行为的处罚，是非常符合现实禁毒斗争的需要的。近些年来，杜冷丁、盐酸二氢埃托菲、安眠酮、三唑仑、曲马多等受国家管制的麻醉药品和精神药品成为吸毒者关注的对象。现实生活中，由于医务人员有条件获取上述麻醉药品和精神药品，其经常被吸毒人员胁迫或欺骗。《治安管理处罚法》把"胁迫、欺骗医务人员开具麻醉药品、精神药品"的行为规定为违法行为，对于遏制涉毒违法行为的发生是相当重要的。

（三）教唆、引诱、欺骗他人吸毒和为吸毒者提供帮助的违法行为

教唆、引诱、欺骗他人吸毒的违法行为。《治安管理处罚法》第 73 条规定："教唆、引诱、欺骗他人吸食、注射毒品的，处十日以上十五日以下拘留，并处五百元以上二千元以下罚款。"同时，我国《刑法》第 353 条第 1 款规定："引诱、教唆、欺骗他人吸食、注射毒品的，处 3 年以下有期徒刑、拘役或管制，并处罚金；情节严重的，处 3 年以上 7 年以下有期徒刑，并处罚金。"我国《治安管理处罚法》和《刑法》同时对教唆、引诱、欺骗他人吸毒的行为进行了规定，可见此类行为的巨大危害。但在司法实践中对行为人教唆、引诱、欺骗他人吸食、注射毒品的行为如何界定却是一个问题。由于没有明确规定两部法律的适用界限，单凭情节和危害后果这样原则性的标准来判断是不足以保证执法人员公正执法的。

为吸毒者提供帮助的违法行为。为吸毒者提供帮助的违法行为不是指吸毒者自身的行为，而是指在公安机关查处吸毒这一违法犯罪行为时，为吸毒者通风报信，帮助其躲避法律制裁的行为。《治安管理处罚法》第 74 条专门界定了这类行为的行为主体为旅馆业、饮食服务业、文化娱乐业、出租汽车业等单位的人员。当上述人员在公安机关查处吸毒活动时，为吸毒者通风报信，即构成违法行为。《治安管理处罚法》对这些帮助吸毒的行为进行处罚，目的是显而易见的，即从外围遏制吸毒者的涉毒违法行为的活动空间，从而真正彻底有效地打击涉毒违法行为。

以上对《治安管理处罚法》中的涉毒违法行为的种类作了简要的分析。下面结合上文涉毒违法行为的种类，对涉毒违法行为的处罚规定作一介绍。

二、《治安管理处罚法》对涉毒违法行为的处罚规定

与以前的《禁毒决定》《治安管处罚条例》相比,《治安管理处罚法》对涉毒违法行为的处罚方面有了显著的进步。这主要表现在对执法机关的自由裁量权作了一定程度的限制,同时对危害程度不同的行为作了幅度不同处罚规定,体现了宽严相济的立法精神。

(一) 对涉及毒品原植物(包括毒品原植物及其种子、幼苗或果实)的涉毒违法行为的处罚规定

对上述第一种涉毒违法行为,《治安管理处罚法》第71条作了如下区分。

一般情况。有"(一)非法种植罂粟不满五百株或者其他少量毒品原植物的;(二)非法买卖、运输、携带、持有少量未经灭活的罂粟等毒品原植物种子或者幼苗的;(三)非法运输、买卖、储存、使用少量罂粟壳的"行为之一的,处10日以上15日以下拘留,可以并处3 000元以下罚款。这里所说的一般情况是和上述行为构成犯罪的情况相比较而言的。若上述行为构成犯罪标准的,依据《刑法》的有关规定加以处罚。

情节较轻的情况。《治安管理处罚法》第71条同时作出了上述行为在情节较轻的情况下"处五日以下拘留或者五百元以下罚款"的规定。问题是何为情况较轻,这需要具体界定。由于关于《治安管理处罚法》的有关法律解释尚未出台,这实际上赋予了执法机关在执法活动中的自由裁量权。但是执法机关在界定毒品原植物、毒品原植物种子或幼苗以及罂粟壳的数量方面为情节较轻时,一定要遵循行政合法性和行政合理性原则。

另外需要注意的是《治安管理处罚法》第71条第2款还规定了免予处罚的情况。即对于"非法种植罂粟不满五百株或者其他少量毒品原植物"的情况,如果行为人在成熟前自行铲除的,可以不予处罚。《治安管理处罚法》中的此项规定是符合现实情况的,体现了人性立法的理念。在一些农村地区,不少农民把罂粟作为一种可供观赏的植物加以栽培,他们本身并没有违法的主观故意。如果不分情况对这些农民进行处罚是会影响社会安定的。

(二) 对涉及毒品制成品的违法行为的处罚规定

对涉及毒品制成品的违法行为,《治安管理处罚法》第72条也规定了两种不同的处罚幅度。对于一般情况"处十日以上十五日以下拘留,可以并处二千元以下罚款"。一般情况与情节较轻的情况相比,行为人的主观恶性较小或造成的后果情节较轻,因而其所受处罚的幅度也较重。

对于情节较轻的这类涉毒违法行为,《治安管理处罚法》第72条规定"处五

日以下拘留或者五百元以下罚款"。这里仍然存在如何界定情节较轻的问题。对于非法持有毒品的违法行为,在执法实践中,一般认为非法持有鸦片不满50克、海洛因或者甲基苯丙胺不满2克或者其他少量毒品(仍然存在界定的问题)被认为是情节较轻。对于向他人提供毒品的违法行为,情节较轻指的是初次向他人提供毒品的或虽多次向吸毒人员提供毒品的但无主观恶意(如吸毒人员家属出于无奈被迫为吸毒人员购买毒品供其吸食的)。对于吸食、注射毒品的违法行为,初次吸食、注射毒品或无吸毒违法记录的应视为情节较轻。欺骗医务人员开具少量麻醉药品、精神药品且未造成后果的行为也应被认定为情节较轻。

(三)对教唆、引诱、欺骗他人吸毒和为吸毒者提供帮助的违法行为的处罚规定

教唆、引诱、欺骗他人吸食、注射毒品的行为是一种主观恶性较大的违法行为,因此,较之其他涉毒违法行为,《治安管理处罚法》对其处罚的力度也是最大的。《治安管理处罚法》第73条规定:"教唆、引诱、欺骗他人吸食、注射毒品的,处10日以上15日以下拘留,并处五百元以上二千元以下罚款。"10日以上15日以下拘留是《治安管理处罚法》关于行政拘留的处罚幅度中最严的,而且还要并处罚款,这体现了立法者对此类行为的从重处罚的理念。

旅馆业、饮食服务业、文化娱乐业、出租汽车业等单位的人员,在公安机关查处吸毒时,为吸毒者通风报信,依据《治安管理处罚法》第74条的规定,"处十日以上十五日以下拘留"。虽然此类行为是一种帮助行为,但是行为者主观恶性较大,而且现实生活中,此类行为会助长吸毒者的吸毒行为的蔓延,故对其也采取从重处罚的态度。

第三节 《禁毒法》对涉毒违法
行为的处罚规定

一、《禁毒法》对涉毒违法行为的处罚规定

《禁毒法》第六章是对违反本法应当承担的法律责任的具体规定,共有12条。这一章的内容看起来较为单一,但适用起来是比较复杂的。这一特点可以概括为"三多":一是规定应承担法律责任的行为多;二是规定应承担法律责任的种类多;三是追究法律责任所依据的法律法规多。

根据本章规定,涉及的法律责任,总体上可以分为一般法律责任和刑事法律责任,具体上可以分为毒品违法犯罪的法律责任、违反毒品管制规定的法律责

任、在禁毒工作中违法犯罪的法律责任和歧视戒毒人员行为的法律责任。其中，涉及毒品违法犯罪行为的法律责任规定有 5 条，即从第 59 条、第 60 条、第 61 条、第 62 条、第 65 条。这些法律条文除了第 62 条明确认定了吸食、注射毒品属于涉毒违法行为，仅给予治安管理处罚外，其他条文都按违法行为的程度区分了毒品犯罪行为和涉毒违法行为。这两种行为分别按照不同的法律予以处罚。构成犯罪的，依法追究刑事责任；尚不构成犯罪的，依照本法和有关法律、行政法规的规定给予处罚。下面，我们来具体看《禁毒法》是如何规定的：

《禁毒法》第 59 条涉及的毒品违法犯罪行为有七种："（一）走私、贩卖、运输、制造毒品的；（二）非法持有毒品的；（三）非法种植毒品原植物的；（四）非法买卖、运输、携带、持有未经灭活的毒品原植物种子或者幼苗的；（五）非法传授麻醉药品、精神药品和易制毒化学品制造方法的；（六）强迫、引诱、教唆、欺骗他人吸食、注射毒品的；（七）向他人提供毒品的。"

《禁毒法》第 60 条涉及的毒品违法犯罪行为有四项："（一）包庇走私、贩卖、运输、制造毒品的犯罪分子，以及为犯罪分子窝藏、转移、隐瞒毒品或者犯罪所得财物的；（二）在公安机关查处毒品违法犯罪活动时为违法犯罪行为人通风报信的；（三）阻碍依法进行毒品检查的；（四）隐藏、转移、变卖或者损毁司法机关、行政执法机关依法扣押、查封、冻结的涉及毒品违法犯罪活动的财物的。"对有以上行为之一的，构成犯罪的，依照《刑法》的有关规定追究刑事责任；尚不构成犯罪的，依照《治安管理处罚法》的有关规定给予治安处罚。

《禁毒法》第 61 条涉及的毒品违法犯罪行为有两种：一是容留他人吸食、注射毒品的；二是介绍买卖毒品的。构成犯罪的依照《刑法》追究刑事责任；尚不构成犯罪的，依照本法和《治安处罚法》，由公安机关处 10 日以上 15 日以下拘留，可以并处 3 000 元以下罚款；情节较轻的，处 5 日以下拘留或者 500 元以下罚款。

《禁毒法》第 62 条涉及的毒品违法行为是吸食、注射毒品，应当依照《治安管理处罚法》第 72 条的规定，由公安机关处 10 日以上 15 日以下拘留，可以并处 2 000 元以下罚款；情节较轻的，处 5 日以下拘留或者 500 元以下罚款，但对主动到公安机关登记或者到有资质的医疗机构接受戒毒治疗的，依照本法的规定不予处罚。由此我们可以看出，《禁毒法》在处理吸毒问题上的三个要点：第一，继续采取行政手段处理吸毒行为的方式，以《治安管理处罚法》为依据予以制裁；第二，作了例外性规定，即"主动登记或接受治疗的"排除行政处罚；第三，在强制戒毒问题上，采用社区戒毒与强制隔离戒毒相结合的方式，不再为劳教戒毒提供法律依据。对于《禁毒法》继续采用行政制裁优先的方式，是切合中国国情的明智之举，同时，对于行政措施的排除性规定，强化了我国处理吸毒人员的政策中具有的戒毒与治疗功能，弱化了行政处罚措施的性质，对于治理社会上的吸毒现象是大有益处的。

《禁毒法》第65条涉及的娱乐场所及其从业人员涉毒违法犯罪的行为有三种：一是实施毒品违法犯罪的；二是为进入娱乐场所的人员实施毒品违法犯罪行为提供条件的；三是明知场所内发生聚众吸食、注射毒品或者贩毒活动，不向公安机关报告的。对有上述行为之一，构成犯罪的依照《刑法》和本法的规定追究刑事责任；尚不构成犯罪的，依照本法和《治安处罚法》《娱乐场所管理条例》等法律、行政法规的有关规定给予处罚。

二、《禁毒法》在内容上相对《治安管理处罚法》的进步

《禁毒法》的出台，在很大层面上弥补了《治安管理处罚法》的不足。较之《治安管理处罚条例》和《禁毒决定》对涉毒违法行为的处罚规定，《治安管理处罚法》无论在处罚的范围还是处罚的幅度上都有比较大的调整，从一定程度上弥补了立法上的不足，修正了原有立法上的部分漏洞。但是，以《治安管理处罚法》中涉及涉毒违法行为的有限法条，仍不能为执法机关查处涉毒违法行为提供完善的法律依据，执法过程中的一些操作难题仍然存在。《禁毒法》对涉毒违法犯罪行为的违法犯罪性质予以强调，并使之更加系统，同时也增加了相关的新内容：

第一，解决了禁毒立法上的脱节问题。"容留他人吸食、注射毒品的行为"没有在《治安管理处罚法》中作出相应规定是《治安管理处罚法》立法上的遗憾。我国《刑法》第354条将容留他人吸食、注射毒品的行为规定为犯罪，那么，情节显著轻微危害不大，够不上刑事处罚的该类行为则应给予治安处罚。但是，《治安管理处罚法》却无相关规定，从这一点来说，立法脱节问题并未完全解决。2006年3月1日起施行的《娱乐场所管理条例》中有关容留他人吸食、注射毒品的行为的规定也不能与《刑法》第354条相衔接。该条例第14条第1款规定："娱乐场所及其从业人员不得实施下列行为，不得为进入娱乐场所的人员实施下列行为提供条件：（一）贩卖、提供毒品，或者组织、强迫、教唆、引诱、欺骗、容留他人吸食、注射毒品；"第42条规定："娱乐场所实施本条例第14条禁止行为的，由县级公安部门没收违法所得和非法财物，责令停业整顿3个月至6个月；情节严重的，由原发证机关吊销娱乐经营许可证，对直接负责的主管人员和其他直接责任人员处1万元以上2万元以下的罚款。"显然，该条例管理和处罚的是娱乐场所及其从业人员，对于其他一般主体所实施的为吸毒者提供场所的"容留"行为，即使发生在娱乐场所，也不能对其进行处罚。《禁毒法》的出台则完全解决了立法上的脱节问题。

《禁毒法》第61条规定："容留他人吸食、注射毒品或者介绍买卖毒品，构成

犯罪的,依法追究刑事责任;尚不构成犯罪的,由公安机关处十日以上十五日以下拘留,可以并处三千元以下罚款;情节较轻的,处五日以下拘留或者五百元以下罚款。"今后,对于情节显著轻微危害不大,处理够不上刑事处罚的容留他人吸食、注射毒品的涉毒违法行为就有了明确的法律依据,这不得不说是立法上的一次重大进步。

第二,对禁毒工作人员的违法犯罪行为有了具体的规定。对于公安机关、司法行政部门或者其他有关主管部门的工作人员在禁毒工作中的违法犯罪行为的处理,《治安管理处罚法》只在第116条作出了比较笼统的规定:"人民警察办理治安案件,有下列行为之一的,依法给予行政处分;构成犯罪的,依法追究刑事责任:(一) 刑讯逼供、体罚、虐待、侮辱他人的;(二) 超过询问查证的时间限制人身自由的;(三) 不执行罚款决定与罚款收缴分离制度或者不按规定将罚没的财物上缴国库或者依法处理的;(四) 私分、侵占、挪用、故意损毁收缴、扣押的财物的;(五) 违反规定使用或者不及时返还被侵害人财物的;(六) 违反规定不及时退还保证金的;(七) 利用职务上的便利收受他人财物或者谋取其他利益的;(八) 当场收缴罚款不出具罚款收据或者不如实填写罚款数额的;(九) 接到要求制止违反治安管理行为的报警后,不及时出警的;(十) 在查处违反治安管理活动时,为违法犯罪行为人通风报信的;(十一) 有徇私舞弊、滥用职权,不依法履行法定职责的其他情形的。"该条规定并未突出禁毒工作的特殊性。而《禁毒法》第69条对于禁毒工作人员在禁毒工作中的行为规范则作出了比较详细的规定:"公安机关、司法行政部门或者其他有关主管部门的工作人员在禁毒工作中有下列行为之一,构成犯罪的,依法追究刑事责任;尚不构成犯罪的,依法给予处分:(一) 包庇、纵容毒品违法犯罪人员的;(二) 对戒毒人员有体罚、虐待、侮辱等行为的;(三) 挪用、截留、克扣禁毒经费的;(四) 擅自处分查获的毒品和扣押、查封、冻结的涉及毒品违法犯罪活动的财物的。"

第三,对主动登记和接受治疗的吸毒人员实行区别对待。《禁毒法》第62条规定:"吸食、注射毒品的,依法给予治安管理处罚。吸毒人员主动到公安机关登记或者到有资质的医疗机构接受戒毒治疗的,不予处罚。"

第四节　其他法律法规对涉毒
违法行为的处罚规定

除《禁毒法》和《治安管理处罚法》外,2005年11月1日开始施行的《麻醉药品和精神药品管理条例》《易制毒化学品管理条例》以及自 2006 年 3 月 1 日起施行《娱乐场所管理条例》等行政法规也对涉毒违法行为的处罚进行了规定。

一、《麻醉药品和精神药品管理条例》对涉毒违法行为的处罚规定

我国《禁毒法》第 2 条规定:"本法所称毒品,是指鸦片、海洛因、甲基苯丙胺(冰毒)、吗啡、大麻、可卡因,以及国家规定管制的其他能够使人形成瘾癖的麻醉药品和精神药品。"由此可见国家规定管制的其他能够使人形成瘾癖的麻醉药品和精神药品也属我国法律所规制的毒品的范围。2005 年 11 月 1 日开始施行的《麻醉药品和精神药品管理条例》第 66—82 条中规定了对在麻醉药品、精神药品的实验研究、生产、经营、使用、储存、运输、进口、出口以及麻醉药品药用原植物种植活动中,违反法律规定,致使麻醉药品、精神药品或者麻醉药品药用原植物流入非法渠道,尚不构成犯罪的涉毒违法行为的处罚措施。

首先,对麻醉药品药用原植物种植活动中违法行为的处罚。《麻醉药品和精神药品管理条例》第 66 条规定若麻醉药品药用原植物种植企业有未依照麻醉药品药用原植物年度种植计划进行种植的或未依照规定报告种植情况的或未依照规定储存麻醉药品的行为的,由药品监督管理部门给予处罚:责令限期改正,给予警告逾期不改正的,处 5 万元以上 10 万元以下的罚款;情节严重的,取消其种植资格。同时,该条例第 81 条又规定了依法取得麻醉药品药用原植物种植资格的单位,倒卖、转让、出租、出借、涂改其许可证明文件的,在尚未构成犯罪的情况下,由原审批部门吊销相应许可证明文件,没收违法所得;情节严重的,处违法所得 2 倍以上 5 倍以下的罚款;没有违法所得的,处 2 万元以上 5 万元以下的罚款。

其次,对在麻醉药品、精神药品的实验研究、生产、经营中出现的涉毒违法行为的处罚。由于实验研究、生产、经营是麻醉药品、精神药品的主要流通环节,因此,条例对其进行了重点规制。条例第 76 条对药品研究单位在普通药品的实验研究和研制过程中产生管制的麻醉药品和精神药品而未报告的违法行为的处罚作了规定。第 77 条对药物临床试验机构以健康人为麻醉药品和第一类精神药品临床试验的受试对象的违法行为的处罚进行了规定。条例第 67—71 条对企业在麻醉药品、精神药品的生产、经营中出现的涉毒违法行为及其处罚作了详细的规定。条例第 75 条对提供虚假材料、隐瞒有关情况,或者采取其他欺骗手段取得麻醉药品和精神药品的实验研究、生产、经营、使用资格的违法行为的处罚进行了规定。同时,条例在第 81 条中对依法取得麻醉药品和精神药品实验研究、生产、经营、使用、运输等资格的单位的倒卖、转让、出租、出借、涂改其麻醉药

品和精神药品许可证明文件等违法行为的处罚作了规定。由此可见,《麻醉药品和精神药品管理条例》对麻醉药品、精神药品的流通环节的控制是非常严格的,保证了麻醉药品和精神药品在流通过程中的安全。

再次,对在麻醉药品、精神药品的使用、储存、运输、进口、出口活动中的违法行为的处罚作了规定。条例第 72 条对取得印鉴卡的医疗机构的违法行为进行了处罚。第 73 条对具有麻醉药品和第一类精神药品处方资格的执业医师和未取得麻醉药品和第一类精神药品处方资格的执业医师以及处方的调配人、核对人的违法行为及其处罚作了规定。在现实生活中,精神药品和麻醉药品极容易在医疗机构和医务人员手中非法流出。条例对其严格规定是符合现实要求的。另外,条例第 74 条和第 80 条分别对精神药品和麻醉药品运输和储存中出现的违法情况的处罚措施作了规定。

二、《易制毒化学品管理条例》对涉毒违法行为的处罚规定

在易制毒化学品的生产、经营、购买、运输或者进口、出口活动中,若行为人违反《易制毒化学品管理条例》,致使易制毒化学品流入非法渠道,尚不构成犯罪的,依照该条例给予行政处罚。条例第 38 条规定了对未经许可或者备案擅自生产、经营、购买、运输易制毒化学品,伪造申请材料骗取易制毒化学品生产、经营、购买或者运输许可证,使用他人的或者伪造、变造、失效的许可证生产、经营、购买、运输易制毒化学品的违法行为的处罚措施。条例第 39 条对走私易制毒化学品的违法行为及其处罚作了规定。条例第 41 条第 1 款对运输的易制毒化学品与易制毒化学品运输许可证或者备案证明载明的品种、数量、运入地、货主及收货人、承运人等情况不符,运输许可证种类不当,或者运输人员未全程携带运输许可证或者备案证明的违法行为的处罚进行了规定。条例第 41 条第 2 款对个人携带易制毒化学品不符合品种、数量规定的,处没收易制毒化学品,并处 1 000 元以上 5 000 元以下的罚款。尤其要注意的是条例第 40 条的规定。若有第 40 条中规定的八种违法行为之一,①由负有监督管理职责的行政主管部门给予警

---

① 指下列行为:"(一) 易制毒化学品生产、经营、购买、运输或者进口、出口单位未按规定建立安全管理制度的;(二) 将许可证或者备案证明转借他人使用的;(三) 超出许可的品种、数量生产、经营、购买易制毒化学品的;(四) 生产、经营、购买单位不记录或者不如实记录交易情况、不按规定保存交易记录或者不如实、不及时向公安机关和有关行政主管部门备案销售情况的;(五) 易制毒化学品丢失、被盗、被抢后未及时报告,造成严重后果的;(六) 除个人合法购买第一类中的药品类易制毒化学品药品制剂以及第三类易制毒化学品外,使用现金或者实物进行易制毒化学品交易的;(七) 易制毒化学品的产品包装和使用说明书不符合本条例规定要求的;(八) 生产、经营易制毒化学品的单位不如实或者不按时向有关行政主管部门和公安机关报告年度生产、经销和库存等情况的。"

告,责令限期改正,并处 1 万元以上 5 万元以下的罚款。而且对违反规定生产、经营、购买的易制毒化学品可以予以没收。若企业逾期不改正的,有关部门可责令限期停产停业整顿。在企业逾期整顿不合格的情况下,有关部门可吊销该企业相应的许可证。同时,在易制毒化学品生产经营许可被依法吊销后,企业若未及时到工商行政管理部门办理经营范围变更或者企业注销登记,有关部门可以对该企业的易制毒化学品予以没收,并处罚款。最后,条例第 42 条又规定了在生产、经营、购买、运输或者进口、出口易制毒化学品的单位或者个人拒不接受有关行政主管部门监督检查的情况下负有监督管理职责的行政主管部门的处罚权限。总的说来,《易制毒化学品管理条例》对涉毒违法行为的规制是相当严密的,对其处罚的设定也反映了国家对易制毒化学品违法行为的处罚力度。

三、《娱乐场所管理条例》对涉毒违法行为的处罚规定

自 2006 年 3 月 1 日起施行的《娱乐场所管理条例》对涉毒违法行为作了处罚规定。《娱乐场所管理条例》第 5 条规定曾犯有走私、贩卖、运输、制造毒品罪和因吸食、注射毒品曾被强制戒毒的人员不得开办娱乐场所或在娱乐场所从业。这是对娱乐场所经营人员和从业人员的资格要求之一。同时该条例第 13 条又禁止娱乐场所内的娱乐活动含有与毒品有关的违法犯罪活动。规定这些禁止性规范的目的就是防止娱乐场所成为从事涉毒违法犯罪活动的集中地。条例第 14 条更是采用了明确的禁止性语言规定了娱乐场所及其从业人员不得实施的行为。其中第 1 款第 1 项规定:"娱乐场所及其从业人员不得实施下列行为,不得为进入娱乐场所的人员实施下列行为提供条件:(一)贩卖、提供毒品,或者组织、强迫、教唆、引诱、欺骗、容留他人吸食、注射毒品;⋯⋯"第 2 款规定:"娱乐场所的从业人员不得吸食、注射毒品,不得卖淫、嫖娼;娱乐场所及其从业人员不得为进入娱乐场所的人员实施上述行为提供条件。"对于违反第 14 条所规定的禁止行为的,该条例第 42 条规定了处罚措施。对情节一般的,"由县级公安部门没收违法所得和非法财物,责令停业整顿 3 个月至 6 个月"。对情节严重的,"由原发证机关吊销娱乐经营许可证,对直接负责的主管人员和其他直接责任人员处 1 万元以上 2 万元以下的罚款。"同时该条例第 52 条第 2 款又规定:"娱乐场所因违反本条例规定,被吊销或者撤销娱乐经营许可证的,自被吊销或者撤销之日起,其法定代表人、负责人 5 年内不得担任娱乐场所的法定代表人、负责人。"由此可见,《娱乐场所管理条例》对涉毒违法行为的处罚是非常严厉的。

第六章　禁毒国际合作

第一节　国际毒品问题概述

一、国际毒品犯罪的特点和趋势

随着毒品犯罪的日益猖獗,毒品的危害越来越为人们所认识。近几年,毒品犯罪在全球范围内仍呈上升趋势,禁毒已成为各国政府的当务之急。这不仅仅是因为贩毒、吸毒会影响健康、传播疾病,导致社会产生各种不稳定因素,更为严重的是,毒品问题与国际恐怖活动、洗钱、有组织犯罪等跨国犯罪紧密相联,对人类社会的和平与发展构成极大的威胁。贩毒集团受巨额经济利益驱使,不仅大肆从事毒品走私,而且还在世界各地建立起严密的贩毒网络,一些集团甚至组织了自己的非法武装,采用血腥暴力手段与政府抗衡。为此,各国政府和司法机关相继采取政治、经济及法律等手段,加强对本国境内及跨国毒品走私的打击力度,防止犯罪活动的蔓延。

联合国毒品监督机构 2003 年 2 月公布的一份年度报告指出:"目前全球经济性和偶尔性的毒品使用者已达 2 亿之多,这就使庞大的毒品消费市场兴旺发达。而支撑这个毒品非法交易市场的则是全球毒品走私网络,受巨额非法利润驱使,毒品犯罪集团铤而走险,无恶不作。"另根据国际刑警组织 2002 年的统计,全球毒品每年销售总额达 8 000—1 000 亿美元,占全球贸易总额的 10%,高于全球石油和天然气的贸易收入,与军火工业相当。[①] 当前,全球毒品走私已形成完备的走私路线和产、供、销网络,成为一个没有国界的全球性行业。从当前的国际毒品犯罪形式来看,国际毒品犯罪呈现以下几个特点和趋势:

(一) 国际毒品犯罪的全球化

毒品犯罪的全球化是与经济全球化的趋势一致的,是经济全球化的一个折射,但也有国际毒品贸易自身的特点。所谓经济全球化,是指贸易、投资、金融、

---

① 参见《纽约时报》2002 年 7 月 15 日。

生产等活动的全球化,即生存要素在全球范围内的最佳配合置。鉴于经济活动已成为人类社会的基本活动新形式,所以经济全球化必然导致犯罪活动的全球化。这其中,毒品交易是第一个利用全球化谋得最大利润的非法行业。① 经济全球化,社会信息化的高速发展,在塑造一个进步的"地球村"的同时,也为毒品的渗透、蔓延打开了方便之门。具言之,毒品犯罪全球化有以下几点表现:

第一,毒品消费在全球进一步泛滥。刚进入 20 世纪 90 年代,国际麻醉品管制局就作出这样的预测:吸食海洛因的现象正在一些地区迅速扩大,原来主要在美洲和欧洲滥用的可卡因已经威胁着非洲、近东和中东、南亚和东南亚以及大洋洲;以静脉注射方式滥用毒品造成艾滋病病毒感染的扩散以及受感染的母亲生下许多难以救治和严重残疾的婴儿,这充分体现了毒品所造成的人类痛苦和生命代价。毒品的消费,仍集中在北美、西欧等发达国家,同时日益向亚、非、拉发展中国家扩展;一些常年吸毒者的毒瘾尚未戒断,又出现了新的吸毒群体,全球吸毒者总数在不断增加;随着毒品种类的增多,吸毒的范围不断扩大,方式也越来越多,尤其是人工合成精神药品的滥用,防不胜防;吸毒人员趋向低龄化,并以无职业、贫穷者为多,使青少年成为毒品的主要受害者,引发种种犯罪。②

第二,毒品生产地的进一步扩大,除原有的传统毒品生产地外,很多的新兴毒品生产地也成为世界毒品生产的主要来源。自 1985 年以来,全球罂粟种植面积已增长数倍。至 1996 年,全球罂粟种植面积已扩张到 28 万公顷。世界上 90% 以上的鸦片制品来自"金新月"和"金三角"地区,阿富汗和缅甸是两大鸦片种植国。世界上大多数的古柯碱产自安第斯山脉周围国家秘鲁、哥伦比亚和玻利维亚,世界上 98% 以上的可卡因也出自这一地区。全球的毒品生成已经形成一种工业。在过去 10 年中,世界范围内走私毒品数量不断上升,海洛因达 31 吨,吗啡达 13 吨。在 20 世纪 90 年代,约有 1/3 以上的可卡因走私被截获,但毒品工业仍在继续扩大。除"金三角"、"银三角"和"金新月"之外,毒品生产正在向其他国家和地区扩散。进入 20 世纪 90 年代以来,尤其是到 90 年代中期,毒品原植物的种植和产量不断增加,精制毒品的数量继续增长,加工技术愈加发达。罂粟、古柯、大麻这三种主要的毒品原植物和种植及其制品生产状况令人担忧。除传统的毒品生产之外,近年来人工合成毒品的加工尤为严重。由于安非他明类致幻药物生产条件要求较简单,制毒原料和易制毒化学品较易获得,且有较大

① 美国国务院国际咨询局编:《全球事务》第 11 卷第 1 期,2006 年 2 月。
② 蒋和平:《毒品问题研究》,四川大学出版社 2005 年版,第 40 页。

的滥用人群,国际毒贩和毒品化学家纷纷投入合成毒品的生产和开发,中枢神经兴奋剂、致幻剂的品种层出不穷;并且,安非他明类药物的生产逐步向亚太国家发展,亚洲一些国家和地区如菲律宾、韩国、中国台湾等非法加工合成的问题非常严重,便得毒品问题进一步复杂化。韩国、菲律宾等国家不仅是安非他明类药物的销售地,而且,还出现了非法加工制造安非他明类药物的地下秘密实验室,以致成为周边国家和地区、美国等西方国家走私中枢神经兴奋剂的毒品来源国。[①]

第三,毒品犯罪组成人员的进一步国际化。由于世界毒品的生产基地,两个在亚洲,一个在南美。而两大消费市场却在欧洲和北美,这种生产供应国与消费使用国之间的地理距离,决定了毒品的贩运和销售必然是跨国的犯罪活动,毒品犯罪组织必须实现国际化方能有效地实施毒品犯罪。比如哥伦比亚贩毒集团的势力范围一直主要集中在欧美,与东南亚"金三角"地区以及中亚的"金新月"地区贩毒集团占据的亚洲市场,似乎并无牵连。虽然,早在麦德林集团时期,哥伦比亚贩毒集团就开始试探着开发"亚洲通道",但主要是为了逃避美国的打击。美国是全球最大的毒品消费国,美国市场上80%以上的毒品来自哥伦比亚。[②]由于美国对其漫长的陆地边境线和海岸线加强了控制,贩毒集团便把毒品装在开往日本的货船或航班上,先运到日本,再从日本海运或空运入美国。这样一来,哥伦比亚毒品犯罪集团就必须充分吸收来自亚洲地区的犯罪分子加入才能实现这种毒品贩运的全球化配置。当前的毒品犯罪组织,与大型跨国公司一样,其成员来自世界各个角落,具有不同的肤色,已经成为国际化最为显著的犯罪组织类型。

(二) 国际毒品犯罪的集团化

毒品犯罪集团化是指毒品犯罪的主体已经从分散的个人或者松散的组织逐渐发展成为组织较为严密、人员较为固定、分工较为明确的较大规模的犯罪集团。毒品犯罪的集团化主要有以下两个方面的原因:首先毒品利润之高令人咋舌。一袋在缅甸贬值170美元的鸦片提炼成海洛团后,再经加工和稀释,在欧美国家售价可达200万元。[③]贩卖可卡因和大麻也可获取极高的利润,因此,毒品犯罪本身可以成为较大规模犯罪集团的充裕资金来源。其次,随着毒品的泛滥,各国纷纷加强了对于毒品生产、销售、走私的打击,使得毒品犯罪只有凭借集团

---

① 徐伟俊:《论毒品犯罪》,苏州大学2003届法律硕士论文,第11页。
② 李文云等:《哥伦比亚毒贩盯上中国走私毒品动辄上吨》,《环球时报》2006年5月12日。
③ 张吟竹、祝凤瑞:《跨国毒品犯罪的形势与对策研究》,《云南警官学院学报》2004年第4期。

化的运作才能有效对抗各国执法机关的打击,毒品犯罪集团化也是各国打击毒品犯罪力度增强的反射。此外,一些传统的暴力组织和黑社会组织,不仅利用抢劫、杀人、敲诈、赌博、色情等手段去敛聚钱财,而且还积极参与贩毒,毒品交易成了他们敛聚钱财的主要手段,这使毒然犯罪更加集团化。据联合国统计,全球目前至少有 100 万人从事国际贩毒活动,大宗毒品贩运活动基本上操纵在不同国家和地区的贩毒集团手中。据统计,按照贩毒黑帮的国别可以分为八大集团,最为著名的是哥伦比亚的麦德林集团和卡利集团、意大利和美国的黑手党、墨西哥的六大集团,日本、美国、俄罗斯、土耳其等国以及我国的港澳地区还有大量的犯罪组织从事大规模的贩毒活动。[1]

比如众所周知的哥伦比亚贩毒集团的势力相当惊人,它们占据着本国的重要城市,成立自己的独立王国,在重要的道路和关卡设置哨点和大炮,连政府部队都无法进入。它们不仅在本国拥有生产基地,在安第斯国家秘鲁和玻利维亚也有可卡因的供给基地。20 世纪七八十年代在哥伦比亚鼎盛一时的麦德林集团,曾经拥有为其效力的专职毒贩 2 万人。20 世纪 90 年代最新崛起的哥伦比亚"北谷"贩毒集团更是运用高科技来贩毒,他们用电脑监控和鉴别"内奸",使用潜艇运送毒品,使警方束手无策。[2]

(三) 国际毒品犯罪的多样化

在消费精制毒品趋向非常明显的情况下,被称为"设计家药物"或"策划药"的人工合成毒品开始流行并泛滥,这是当前国际毒品问题中非常突出的一个特点。人工合成毒品的相当一部分不再有任何药物价值,而旨在制造快感和更强烈的效果,其潜在的危险性相当高,比传统的毒品上具有更大危害性。而且,人工合成毒品价格较低,易于获得和使用,致幻效果强烈且见效迅速,因此,这些人工合成毒品被越来越多的青少年滥用。在欧洲国家、美国以及泰国、日本、韩国、菲律宾等亚洲国家,安非他明、中枢神经兴奋剂甲基安非他明或脱氧麻黄碱(冰)、麦角酸二乙基酰胺(LSD)等毒品非常流行,尤其以 LSD 和快克(Crack)、"灵魂出窍"(Ecstasy)最为盛行。LSD 是目前所有神经性毒品中药性最强烈的致幻剂;"灵魂出窍"是安非他明类药物的代表作,也是最具有破坏力的一种药物,欧美国家的"亚当"、港澳地区的"忘我"即是此类毒品,在我国称"摇头丸"。德国警方平均每天缴获"灵魂出窍"645 片、LSD50 份,每星期没收安非他明 2 公斤,1996 年上半年安非他明和 LSD 的受害者比 1995 年同期增加了 45.75% 和

[1] 徐伟俊:《论毒品犯罪》,苏州大学 2003 届法律硕士论文。
[2] 李文云等:《哥伦比亚毒贩盯上中国走私毒品动辄上吨》,《环球时报》2006 年 5 月 12 日。

52.3%。有专家预测,人工合成毒品有可能成为 21 世纪最为流行的毒品。

(四) 国际毒品犯罪的"漂白化"

所谓毒品犯罪的"漂白化",是指毒品犯罪活动通过洗钱手段使自己与其他正常的国际经济活动混同,逐渐实现"以毒养商、以商掩毒"的局面,使得毒品犯罪被"漂白"。众所周知,毒品犯罪作为一种国际上公认的对社会具有较大危害的犯罪形式,目前正在借助洗钱等手段将自己"漂白化"。以前,毒品犯罪被视为是一种山林悍匪的专利,现在,毒品犯罪集团的主要成员大多西装革履、出入高档的商务场所,以各种合法的商业活动进行掩护进行着罪恶的勾当。在毒品犯罪"合法化"的过程中,"洗钱"起着关键的作用。

所谓"洗钱",就是指通过金融机构或其他机构将毒品犯罪、黑社会性质的组织犯罪、走私犯罪等的非法收入变为合法财产的行为。经过金融机构的"净化",毒品犯罪的非法所得变成了贩毒者们"清白合法"的收益,因此人们才形象地称之为"洗钱"。联合国 1998 年《禁止非法贩运麻醉品和精神药物公约》(简称《公约》)首次提出严厉打击"洗钱"活动,并界定了"洗钱"罪的定义。《公约》指出:"认识到非法贩运同其他与之有关的、有组织的犯罪活动结合在一起,损害着正当合法的经济,危及着各国的稳定、安全和主权;又认识到非法贩运是一种国际性犯罪活动,必须迫切注意并高度重视对此种活动的取缔;认识到非法贩运可获得巨额利润和财富,从而使跨国犯罪集团能够渗透、污染和腐蚀各级政府机构,合法的商业和金融企业,以及社会各阶层;决心剥夺从事非法贩运者从其犯罪活动中得到的收益,从而消除其从事此类贩运活动的主要刺激因素。"《公约》第 3 条第 5 款,专门规定了"隐瞒或掩饰毒品犯罪所得财产来源罪",即为隐瞒或掩饰制造、贩卖、运输、提供毒品等犯罪所获得财产的非法来源,或者为了协助任何涉及毒品犯罪的人逃避其行为的法律后果而转换或转让该财产的行为。这种转换或转让毒品犯罪所得财产的行为,就是"洗钱"。

最常见的"洗钱"手法有两种:一是通过金融机构。如把贩毒的收益存入银行,或者分次分量分户将毒资存入银行,然后逐渐提现;或者购买股票及其他有价证券,然后转让,等等。二是投资到国外或国内需要开发的领域,或投资不动产甚至重点工程项目,从而使贩毒集团"企业化",毒资财产合法化。20 世纪 90 年代以来,随着对毒品犯罪的打击和追查"洗钱"活动的加强,贩毒者尤其国际贩毒集团的"洗钱"活动更为复杂和隐蔽。贩毒者专门挑选那些中央银行控制力差,实行限制性银行保密做法以及对外汇的管制有限的国家和地区。据有关资料,国际贩毒集团通常依次采取三个步骤,或者三个步骤同时并用进行"洗钱"作业。

第一步,投放。将毒品收益(多为现金)化整为零、聚零为整存入银行或购买物产;或者将毒资现金就地转换成另一种货币,如将美元转换成本国货币或将本国货币转换成外币;或者直接将毒品收益汇拨到国外银行或进行投资。

第二步,层次化处理。将存入银行的毒资运用各种合法的名义,如转存、汇兑、信用卡、旅行支票、证券交易、委托贷款、委托投资、基金会等,变成合法的财产,表现为多重的金融交易;或者将投资商业、企业的二次、三次收益,合法地落入本国。贩毒者常以这种方式把毒品收益分散到几个不同的国家,以防止追查非法资金的来源和流向。

第三步,混同。将新的毒品收益与已经过"清洗"的收益混在一起,投放市场或投资经济,使缉毒当局难辨真伪。①

二、主要国家和地区的毒品问题

正是由于国际毒品犯罪呈现全球化、集团化、多样化和漂白化的特点,使得毒品问题在全球愈演愈烈,严重威胁到各国的社会和谐与经济发展。当前,毒品的消费,仍集中在北美、西欧等发达国家,同时日益向亚、非、拉发展中国家扩展;一些常年吸毒者的毒瘾尚未戒断,又出现了新的吸毒群体,全球吸毒者总数在不断增加;随着毒品种类的增多,吸毒的范围不断扩大,方式也越来越多,尤其是人工合成精神药品的滥用,防不胜防;吸毒人员趋向低龄化,并以无职业、贫穷者为多,使青少年成为毒品的主要受害者,引发种种犯罪。

(一) 美国的毒品问题

在西方国家,美国是世界上最大的毒品消费国,其每年的毒品贸易额达1 500亿—1 800亿美元,比通用汽车公司全年的销售额还多。全世界生产的毒品的70%是以美国为市场的,1997年美国因吸毒而造成的社会财富及经济损失约有760亿美元,而在1985年仅为440亿美元,可见增长速度之快。美国的人口占世界人口的5%,人均的吸毒率却占世界之最。② 根据美国国家滥用药物问题研究所的调查,20年代80年代以来,在2.4亿美国人中,有5 400万人至少试用过一次大麻,约2 300万人经常吸食大麻;有70万人海洛因成瘾,而使用过海洛因的则有2 000万人以上;有2 000万人试用过可卡因,其中500万人经常使用;有800万人试用过危险性极大的五氯苯酚、"克拉克"等合成毒品。据估计,接触过毒品的美国人的有1亿,其中有4 000万人经常使用一种或者多种毒品。

① 蒋和平:《毒品问题研究》,四川大学出版社2005年版,第54页。
② 蔺剑:《毒品犯罪的定罪与量刑》,人民法院出版社2000年版,第35页。

美国每年的毒品消费量占世界毒品消费总量的 60％以上。①

由于毒品在美国能够获取巨额利润（在亚洲 1 公斤海洛因的售价为 3.5 万美元，而在美国为 10 万美元），世界上几乎所有大的贩毒集团都把美国作为主要的毒品销售点，使美国不仅成为世界上最大的毒品销售市场，毒品消费量和吸毒花费更是均居世界之首。由世界三大毒品基地（东南亚的"金三角"，西南亚的"金新月"，南美洲的"金新月"）所形成的世界 10 条主要的毒品走私路线中，有 4 条的最终地点是美国。仅大麻、可卡因、海洛因这三种毒品的销售量每年就高达近 1.6 万吨。90 年代以来，毒品的年销售额已达 1 000 亿美元以上，美国人每年用于购买毒品的支出为 500 亿美元以上。②

毒品的泛滥引发暴力、犯罪等社会治安问题不断增多。据统计表明，25％的暴力犯罪与毒品有关。全美收监的犯人中 80％的人吸毒。吸毒后的罪案又以抢劫、凶杀最多。全美同毒品有关的各种问题造成的损失，每年达 1 000 亿美元。因吸毒直接导致死亡的人数每年超过 1 000 人。同时，种族歧视在美国根深蒂固，由于种族歧视导致的吸贩毒现象也非常严重。美国黑人占美国人口比例的 12.2％，却占吸毒总人数的 13％，占被捕的毒品犯罪分子 38％。③

毒品问题已成为美国公众最为关心的社会问题之一。在 1985 年进行的一项民意调查中，只有 1％的美国人认为毒品问题是美国的主要社会问题。但 4 年之后的 1989 年，已有一半以上的美国人认为毒品问题是对美国国家安全的最大威胁。自 20 世纪 60 年代末尼克松总统发动大规模的禁毒行动以来，美国历届政府在打击毒品走私、控制毒品泛滥方面进行了不懈的努力。联邦政府的禁毒开支连年上升，到克林顿主持白宫的 1995 年，此项专款已上升到 140 亿美元，比 1977 年增长了 20 倍。不仅如此，克林顿在国情咨文中表示，他将提出一项"有史以来数额最大的缉毒预算"，并呼吁国会和美国公众同他一道"作出一种开创性的努力……与恐怖分子、国际犯罪分子和毒品贩子所造成的邪恶的新威胁作斗争"。④

（二）欧洲的毒品问题

欧洲作为仅次于美国的全球第二大市场经济体，其毒品泛滥程度仅次于美

---

① 蒋和平：《毒品问题研究》，四川大学出版社 2005 年版，第 54 页。
② 文林：《美国毒品问题分析》，《广西公安管理干部学院学报》2003 年第 4 期。
③ 同①。
④ 高英东：《美国毒品问题初探》，《美国研究》1998 年第 4 期。

国。① 估计当前欧洲有约 1 000 万名成年人曾吸食或正在吸食可卡因,占欧洲成年人口的 3%。②

根据 2006 年欧洲药物滥用监测报告数据显示,在欧洲毒品消费的主要种类仍然为可卡因,其中,超过一半(53%)通过注射途径使用。欧洲市场内的海洛因主要来自阿富汗。③ 除此之外,作为美国毒品传统产地的拉美也是欧洲毒品的主要来源地,有关数据显示,2005 年拉美地区生产的可卡因约 80% 进入了欧洲市场,其中西班牙首当其冲,原因是西班牙与拉美的历史渊源和语言方面的便利。从 2001 年到 2005 年,西班牙当局年均查获 39 吨可卡因,其中大部分来自世界可卡因第一生产大国哥伦比亚。④

在欧洲内部,德国社会的吸毒问题也日益严重,但还不属于欧洲毒品消费最多的国家,英国、捷克等国更多。法国也有进入“第一集团”的趋势。据法国“毒品和毒品癖观察所”的最新统计,在法国,有一半以上的 17 岁青年人吸食过大麻,经常吸食大麻的青年有 85 万,而每天都吸食大麻的人高达 45 万。⑤

(三) 日本的毒品问题

日本没有“毒品”一词,广义的麻药就相当于中国的毒品,而在广义麻药分类毒品中又包含了麻醉药品,并把一类麻醉药品也称为狭义麻药。作为具有东方社会特征的日本,尽管在社会整体秩序上较欧美更为和谐,但也没有完全逃脱“白色病魔”的困扰。据统计,日本全国共有 30 万人吸毒,而且呈现不断扩大的趋势。⑥ 比如,日本在 2007 年一年取缔大麻嫌疑犯供有 2 271 人。其中 10—20 岁有 1 570 人,占全体 69.2%,为过去 5 年最多,也比去年增加 2.4 个百分点。吸食大麻之年轻人数增加的原因为:(1) 学生出国旅游或留学机会增加,导致接触大麻等毒品机会也增加;(2) 少数学生误以为贩卖或吸食大麻等毒品很酷;(3) 误解大麻可以治病;(4) 大麻在网站上很容易取得;(5) 最近盛行户外举办之演唱会是贩毒者借机向年轻人贩卖毒品的温床。⑦

当然,基于日本社会的特色,日本的毒品问题与欧美相比程度较轻。根据日本厚生省 2002 年对 15 岁以上一般国民所作的“药物滥用全国居民调查”,日本社会曾有一次以上药物滥用经历的人占全国居民总数的 1.3%,与欧美动辄

---

① 黄琳:《全球毒品新地图:“金三角”萎缩阿富汗问题严峻》,《瞭望新闻周刊》2005 年 3 月 16 日。
② 新华社:《可卡因大举入侵欧洲》,2007 年 6 月 27 日。
③ 瞿伟、苏文娜、梁伟:《欧洲毒品问题评述》,《中国药物依赖性杂志》2008 年第 3 期。
④ 见新华社:《可卡因大举入侵欧洲》,2007 年 6 月 27 日。
⑤ 同①。
⑥ 林晓光:《日本的毒品问题》,《国际展望》1994 年第 21 期。
⑦ 《日本大学生吸食及贩卖毒品问题渐趋严重》,日本《读卖新闻》2008 年 11 月 9 日,第 333 期。

10％—30％的药物滥用比例相比好很多。但日本政府对于毒品问题仍非常重视。为遏制毒品的泛滥,日本政府在 1998 年制定并实施了"滥用防止五年战略"并收到了一定的效果,但针对国际禁毒形势的日益严峻和日本国内药物滥用出现的年轻化、新型化、国际化等新的特点,日本政府在 2003 年又制定了"防止药物滥用新五年战略"并正在实施中。①

日本毒品问题的一个特点是,日本有很多人滥用具有毒品属性的各类"兴奋剂",估计日本经常服用这种"软性毒品"的人不下 200 万。尤其是一种被称为"冰"的兴奋剂最为走俏,在日本"毒"领风骚。这是一种属于脱氧麻黄碱系列的兴奋剂,医学上用作中枢神经兴奋药,治疗精神抑郁、麻醉品过量及肥胖症等。用药后疲劳顿消、精力旺盛,可以产生强烈的快感和幻觉,因此很容易导致滥用。② 此外,日本很多女性将麻醉品用于"减肥",据统计,日本全国共有 30 万人因减肥而滥用麻醉剂,这也是日本毒品问题的一个特色。③

（四）亚洲其他地区的毒品问题

作为传统的经济不发达地区,亚洲长期以来是属于毒品的生产地而非消费地。但随着 20 世纪六七十年来以来,亚洲尤其是东南亚和东亚经济体的经济腾飞,亚洲也逐渐成为世界上重要的毒品消费市场。

海洛因仍是东亚和南亚地区滥用的主要毒品。其他毒品滥用程度因不同地区而异。例如丁丙诺啡滥用在东亚地区较少见,但在南亚地区则是除海洛因之外第二位被滥用的麻醉药品,其滥用仍呈持续增长之势。此外,南亚国家吸毒者中多药滥用比较严重。比较流行的是将丁丙诺啡同安定与抗组织胺药混合的"鸡尾酒"方式滥用。

酒滥用在南亚一些国家比较突出。印度的一项调查表明,因药物依赖而寻求治疗的患者中,酒精中毒者所占比例最大。斯里兰卡的统计表明,家庭全部收入的 1/3 以上用于酒消费。酒滥用和依赖不但成为严重影响南亚地区民众健康的公共卫生问题,也是造成家庭贫困的重要因素。此外,由于宗教原因,一些属禁酒的国家(或地区)酒走私问题严重,并因此造成严重的社会问题。在巴布亚新几内亚,居民有用当地盛产的植物(主要是香蕉)自己酿制酒的习俗,这种用香蕉酿制的酒的酒精纯度可达 50 度以上。该国现已禁止私自酿制生产和销售酒。据该国麻醉品管制局的官员介绍,这个国家中小学生饮用这种自造烈性酒的情

---

① 刘伟兵:《日本毒品问题的现状及其相关对策》,《北京人民警察学院学报》2005 年第 4 期。
② 林晓光:《日本的毒品问题》,《国际展望》1994 年第 21 期。
③ 同①。

况非常盛行和严重。①

三、国外关于毒品合法化主张及对其驳斥

随着世界毒品问题的发展,除了主张加强"禁毒"的各国政府外,在学术界也有些人主张应该用放松管制、允许毒品合法使用的方法来消解毒品带来的社会问题。这种思潮在欧洲的一些地区甚至被政府所采纳。笔者在此并不赞同所谓毒品合法化的观点,但作为国际禁毒问题研究的一部分,笔者认为我们不能对国际上关于毒品合法化的争论采取视而不见的态度。了解这场争论的内容,有利于我们更为理性和更为科学地开展有关禁毒的研究。

所谓毒品合法化,是指在对待毒品监管问题上采取与监管烟草、烈性酒等相同的方法,即毒品的拥有和交易将"合法化",同时对获取毒品设立一定的限制条件以使人们清楚毒品所造成的危险性。2001年,葡萄牙通过一项法律:个人吸毒和拥有毒品(包括大麻、可卡因、海洛因和兴奋剂)不再视为刑事犯罪,吸毒者被抓,只要交齐罚款就可以走人。它是第一个官方废除毒品刑事罪的欧洲国家。根据Cato的研究报告表明,在2001—2006年,葡萄牙吸食非法毒品的初中生的比率从14.1%下滑到10.6%,高中生所占比率也在下滑。吸食海洛因的16—18岁的人数也从2.5%下降至1.8%。1999—2003年,吸毒人群中新感染艾滋病毒的人减少了17%。由吸毒引起的死亡人数减少了一半以上。此外,戒毒治疗人数从6 040人上升到14 877人。在毒品持有合法化后,国家在管理吸毒者的花费上也节约了不少资金。②

根据纽约毒品政策研究中心主任伊森·纳德曼在《外交季刊》发表的代表性文章的表述,只有使毒品使用合法化,才能真正解决毒品以及由毒品所带来的一系列社会问题。其理由如下:

第一,他认为,禁毒导致了危害更大的后果——暴力和犯罪。由于毒品交易非法,毒品的唯一来源便是黑市交易,这导致了毒品价格的上升。昂贵的价格使吸毒者不得不靠抢劫、卖淫甚至谋财害命等各种犯罪活动来支撑吸毒行为。而贩毒的巨额利润反过来又吸引更多的人从事毒品买卖。当毒品交易过程中发生利益冲突时,由于不可能通过正常的法律程序加以解决,便只有诉诸暴力。目前在美国监狱服刑的罪犯中,有近1/3的人是因涉及与毒品有关的犯罪而被投入

---

① 刘志民:《亚洲和美国的毒品流行状况》,《中国药物依赖性杂志》2005年第2期。
② 见 http://discover.news.163.com/09/0511/09/5918MC7C000125LI.html,2009年5月20日访问。

监狱的。如果将毒品的生产、流通和使用纳入正常的管理渠道,那么,与毒品问题有关的犯罪和暴力将随之减少。如英国将海洛因的上瘾者视为病人而非罪犯,政府医院向其供应海洛因的同时严格控制剂量并进行心理治疗,结果海洛因的上瘾率和与毒品有关的犯罪活动得到明显控制。

　　第二,他认为,禁毒越严,毒品的品种就越多,毒性就越大。因为,当制毒和贩毒成为一种风险极大的行为时,制毒者必然会千方百计地生产出剂量更小、毒性更强的毒品品种,而贩毒者也必然会去选择那些体积小、纯度高、赚钱多的毒品贩卖。毒品合法化将阻止出现新的毒性更强、危害更大的毒品品种。

　　第三,他指出,禁毒还导致了财富的巨大浪费和政府的腐败现象。美国每年有数以百亿美元流入境外贩毒集团手中。美国政府每年还要拿出巨额专款来实施禁毒计划。进入 21 世纪以来,此项专款已接近 280 亿美元,比 20 世纪末增长了十几倍。这无疑是一种沉重的经济负担。此外,由于毒品的生产和贩卖基本上被犯罪集团所控制,形成了一种庞大的"黑色经济",美国毒品经济的产值目前已达 4 000 亿美元/年。同时,制毒、贩毒的各个环节无不靠金钱开路,这必然会导致政府官员腐败行为的滋生。如果使毒品合法化,不仅可以省掉政府的禁毒开支,消除禁毒带来的腐败现象,而且还可以对毒品的生产和流通实行依法管理,课征销售税,增加政府的收入。也可以把这些钱用于加强反毒教育和治疗吸毒病人的工作上,从而达到控制毒品的目的。[①]

　　尽管"毒品合法化"的观点颇得美国学界,特别是知识分子的认同,但美国公众中赞同毒品合法化的人仍处于少数。实际上,这种观点也没有得到美国政府的首肯。在美国,"禁毒派"属于政府中的主流。根据白宫毒品管制政策办公室发布的 2010 年《美国国家毒品管制战略》,美国政府当前没有任何毒品合法化的倾向,并且还在进一步加强对于打击毒品走私、遏制毒品滥用与支持国际禁毒合作的投入。[②] 毒品合法化的主张虽然在理论上具有一定的逻辑自洽性,但在实践中并不被看好。原因如下:

　　第一,尽管毒品合法化之后种种利弊有所争议,但毒品"合法化"的结果将带来越来越多的毒品使用者和越来越多的瘾君子是不争的事实,这也被先行一步的葡萄牙所证实。毒品作为一种对人体有害的消费品,其对人体健康的损害远甚于香烟。即使是香烟,当今的潮流也不是放任自流,而是要求各国政府通过各

---

　　① 参见高英东:《美国的毒品合法化之争》,《世界知识》2006 年第 15 期。
　　② 见 http://www.whitehousedrugpolicy.gov/publications/policy/10budget/exec_summ.pdf,2009 年 5 月 24 日访问。

种手段减少香烟的消费量,以保护人民健康。在这种大趋势下,放任毒品对于人民身体的危害显然是不符合历史潮流的。尽管毒品合法化后政府关于禁毒的开支会大幅下降,但公共卫生体系因为毒品泛滥而支出的费用会更多。

第二,在毒品严厉管制政策下,毒品的价格高昂,因此比较贫穷的瘾君子会为支付高昂的毒资而进行违法犯罪活动。很多支持毒品合法化的学者就从这一点上出发认为毒品合法化后,由于毒品价格的大幅下降会有利于瘾君子犯罪下降,使人民更有安全感。实际上这种观点经不起实践的推敲。诚然,对于社会中下层的吸毒者而言,毒资是一个大问题,但这对于处于社会中上层瘾君子来说并不是问题。实际上,在发达国家,大量的吸毒人口本身就意味着,毒品价格并非高不可攀。随着社会经济的发展和民众收入的增加,大多数人都买得起毒品。只不过,由于毒品自身的属性使得吸毒者自身无法凭借自制力戒毒且必然要越用越多,最终导致其千金散尽也无法满足毒品的开支需求。这并不是毒品价格下降所能够解决的。除非毒品价格下降到十分廉价的地步,但到了这一步,毒品的对社会的危害更为致命。因为高昂的价格还能使得很多人对毒品望而却步,一旦毒品廉价化,制约毒品泛滥的只有个人的自制力。显然,毒品在摧毁个人自制力方面具有压倒性的优势。一些学者指出,毒品"合法化"带来的另一问题是将导致"毒品危害的重新分配"。以往一些生活较为贫困的人们会因为毒品"合法化"后,毒品价格的下降而可能涉猎毒品,而一些中产家庭则可能面临更大的整个家庭陷于毒品问题的风险,毕竟吸毒再也不会被逮捕入狱了。[①]

第三,当前所有的关于毒品合法化的优点的推论都建立在毒品价格会因为合法化而大幅下降的假设之下。这种假设没有考虑到,毒品合法化也必然导致毒品需求的大幅上升。在这种情况下,如果要维持毒品价格大幅下降的假设,就必须实现毒品种植与生产大幅增长,那么大面积的耕地将被用于种植毒品。在人类土地资源高度紧张的当今世界,毒品合法化后实现毒品价格大幅下降的代价是不可估量的。反之,如果政府对毒品种植与生产进行管制,毒品价格也不可能大幅下降。

总之,笔者认为,毒品合法化观点是不具有说服力的。根本原因在于其没有认识到毒品自身的特性和市场经济的弊病。毒品合法化的观点假设每个公民能够凭借其理性与自制来决定其是否需要消费毒品或者其需要消费多少毒品。这完全是一厢情愿。毒品的属性决定了人一旦吸毒就不可能凭借自身的理性与自制戒除,除非外界强制干预。市场经济的属性决定了其尽管可以调节供需平衡,

---

① 张金:《奇谈怪论——毒品"合法化"》,《国际金融报》2001 年 8 月 10 日第 6 版。

却不能保证其供需内容对于人类的真正价值。尽管在市场经济中,合法化的毒品实现了供需平衡,但这也是一种对于人类社会无效的经济。这种经济,占用了人类社会的大量资源,又不会促进人类社会的进步。这一切,都是市场经济所不能解决的。

第二节　域外禁毒立法

　　所谓域外禁毒立法,是指中国以外的主要国家和地区的禁毒立法。"他山之石,可以攻玉。"尽管中外社会制度不同,经济文化状况多样,但中国与其他国家在反对毒品滥用、打击毒品犯罪过程中所面临的问题是一样的。域外禁毒立法应该并且可以成为我国禁毒立法的参照。

一、美国的禁毒立法

　　作为世界上的超级大国和毒品消费量最大的国家,美国的禁毒立法状况长期以来成为西方社会禁毒立法的风向标。针对严重的毒品犯罪问题,美国制定了大量的禁毒法规,除联邦法规之外,各州都有禁毒法规,而这些法律法规在不断的完善下,形成了相辅相成的惩治毒品犯罪的严密的法律体系。

　　美国最早的禁毒法规是 1914 年 12 月 17 日通过的《哈里森麻醉品法》,该法于 1915 年 3 月 1 日生效。从那时起,鸦片和海洛因只有根据医生的书面处方才可出售。《哈里森麻醉品法》及其 1924 年的修正案都不禁止医学上的海洛因。直到 1956 年 12 月 18 日,国会制定的一系列新法律才宣布海洛因为违禁品。1970 年,美国又制定了控制毒品的最基本的联邦法律——《全面预防和控制滥用毒品法》,该法将药物分为五类,主要有两类毒品,如海洛因、大麻、可卡因、鸦片制剂等受刑事法律制裁,非法贩运、买卖、持有这些毒品都将受到严厉制裁。1984 年美国国会以压倒性多数通过了《综合犯罪控制法》,该法被称为美国历史上最成功的刑事法律之一。根据该法,大麻种植者只要将部分财产和土地用于种植大麻,就可以将全部财产予以没收。此外,美国先后颁布了一系列有关法律,如《参与诈骗和腐化组织法》《犯罪企业法》《毒品滥用、预防和控制综合法》《银行保密法》《受控物品法》《反洗钱活动计划法案》等,加强了对与毒品犯罪有关的犯罪企业的打击。各州的非刑事法规对毒品犯罪也大都作了较为详尽的规定。

　　基于美国自身经济社会的特色以及美国毒品犯罪的特殊性,美国禁毒立法具有以下特点①：

（1）采取特别刑法的方式来规定毒品犯罪，即在刑法典以外制定单行的惩治毒品犯罪的法规。这种用单行特别法来规定毒品犯罪的立法方式的最大优点在于它的灵活性，可以对涉及毒品犯罪的各个方面加以系统的规定，形成惩治毒品犯罪的完整的法律对策。灵活性与针对性的优势从美国不同阶段不同地区的禁毒立法中凸显出来，逐渐形成了美国相辅相成而又独具特色的惩治毒品犯罪的法律体系。

（2）特别注重对于毒品犯罪有关犯罪企业的打击。美国禁毒立法的一个重要特点是特别注重对于与毒品犯罪有关的犯罪企业的打击。为了有效地打击有组织的毒品犯罪，摧毁各种支撑犯罪企业的财政及管理活动，美国先后颁布了一系列有关法律，如《参与诈骗和腐化组织法》《犯罪企业法》《毒品滥用、预防和控制综合法》《银行保密法》《受控物品法》《综合犯罪控制法》《反洗钱活动计划法案》等，规定对任何具有"诈骗"等有组织犯罪行为的企业严加惩处，防止非法企业与合法企业混在一起。

（3）注重适用财产刑和没收措施。设立了"相对证据"的法律概念，可根据"相对证据"没收财产。鉴于定罪需要"毫无疑问"的证据，根据《受控物品法》和《综合犯罪控制法》的规定，即使没有定罪也可根据"相对证据"没收财产。美国"相对证据"的法律概念极具创意，法官可以根据这一原则，在证据不足而无法判刑的情况下，对第一次可能犯罪的嫌疑人就可以在经济上作处罚，甚至是没收财产，这样就能有效地防止毒品犯罪嫌疑人将犯罪所得转移。

（4）设置了严密的查禁毒资的洗钱罪的立法体系。美国立法通过三个途径对毒品非法收益进行规制，一是由美国国会制定规制洗钱犯罪的法律；二是根据法律"授权"由有关的政府机关制定的规制洗钱的行政法规；三是通过有关的监管机构或者行业组织制定发布的"指导准则"。早在 1970 年，美国国会鉴于一些毒品犯罪、偷税犯罪、证券犯罪和其他一些经济犯罪的犯罪分子利用国内和国际的金融机构清洗赃钱，通过了著名的《银行保密法》。《洗钱控制法》实际上是美国国会于 1986 年通过的《反毒品滥用法》中第一编的内容。该法通过两个条文将洗钱的行为确立为刑事犯罪。美国国会于 1994 年 9 月 3 日通过了《洗钱镇压法》，对于《银行保密法》作了相当大的修改和补充，意图在降低银行履行《银行保密法》所规定的义务负担的同时，强化政府对于金融交易活动的监控。同时由于《银行保密法》的不少规定过于原则，为了保证执法机关获得足够的证据和资料，

---

① 王玮：《中美禁毒立法比较研究》，《公安学刊》2007 年第 4 期。

《银行保密法》及其他一些法律"授权"财政部长制定实施法律的配套行政法规，这些规则分别录入《联邦法规汇编》的不同部分。以上均表明美国是世界上最早将洗钱行为在法律上确立为刑事犯罪的国家之一，也是反洗钱犯罪立法比较严密的国家之一。

（5）美国有对特定身份的犯罪主体和毒品犯罪累犯从重或加重处罚的原则。美国《全面预防和控制滥用毒品法》对有犯罪前科者施以较长时间的特殊假释规定，对有前科者明确规定加倍处罚，这在以法官的自由裁量为标志的欧美法系中比较少见。而我国在对前科问题上，一向从重或加重处罚，只是没有明确规定具体的程度。此外，我国还规定对国家公务员从事毒品犯罪予以从重处罚。

（6）重视了对未成年人的特殊保护。我国《刑法》第 347 条第 6 款规定："向未成年人出售毒品的，从重处罚。"同时还规定：已满 14 周岁不满 16 周岁的未成年人，只对贩卖毒品罪承担刑事责任。美国在青少年吸毒问题上更是规定了对年满 18 岁以上的任何人，由于向 21 岁以下的人销售受管制物质而将受到的处罚，其规定的详细程度更是体现了该国禁毒立法对未成年人的特殊保护。

二、日本的禁毒立法

作为大陆法系国家，日本关于禁毒的立法集中体现在日本的《刑法典》中，具体体现在日本《刑法典》第十四章的"鸦片烟罪"中。在日本《刑法典》第十四章中共有 6 条涉及毒品犯罪，即《刑法典》第 136—141 条。第 136 条规定，输入、制造、贩卖或者以贩卖为目的持有鸦片的，处 6 个月以上 7 年以下惩役。第 137 条规定，输入、制造、贩卖或者以贩卖为目的持有吸食鸦片的器具的，处 3 个月以上 5 年以下惩役。第 138 条规定，海关职员输入鸦片或者吸食鸦片烟的器具，或者准许他人输入的，处 1 年以上 10 年以下惩役。第 139 规定，吸食鸦片的，处 3 年以下惩役。提供建筑物或者房间供他人吸食鸦片以图谋利的，处 6 个月以上 7 年以下惩役。第 140 条规定，持有鸦片或者吸食鸦片烟的器具的，处 1 年以下惩役。第 141 条规定，本章犯罪的未遂，应当处罚。① 除此以外，由于在现代社会，滥用麻药和兴奋剂已成为日本的重大社会问题，日本还制定了单行法来打击毒品犯罪。比如《取缔兴奋剂法》《取缔麻药以及精神药法》《鸦片法》《取缔大麻法》的所谓"药物四法"。对稀释剂等有机溶剂，有《毒物以及剧毒物取缔法》加以规制。另外，日本在 1991 年制订了有关在国际协助下为了防止助长和管制药物有关的非法行为的麻药法以及取缔精神药法等特别规定的法律，增设了非法进口

---

① 《日本刑法典》，张明楷译，法律出版社 1998 年版，第 45 页。

等犯罪、隐匿非法受益罪、收受不法利益罪等。除刑法中有关鸦片烟的处罚规定外，还制定有《鸦片法》以求扩大处罚范围，因此，有关鸦片的行为，是根据《刑法》和《鸦片法》两个法律加以规制的。正因为如此，《鸦片法》第56条规定，符合刑法中所规定的行为又触犯了刑法中所规定的犯罪的时候，和刑法中所规定的犯罪相比较，依照刑罚较重的处断。①

日本禁毒立法的特点是日本禁毒法体系中关于毒品犯罪侦查的规定比较详细，赋予侦查机关有较大的自由空间。日本的司法机关认识到，只用普通的侦查方法已经不能适应打击毒品犯罪的需要，所以在缉查毒品犯罪的过程中，必须使用特殊的侦查方法。在日本对毒品犯罪特殊的侦查方法主要有以下四种②：

1. 诱饵侦查

诱饵侦查是指侦查机关自己或者让他人协助劝诱、鼓动第三者实施犯罪，当第三者实施犯罪时将其拘捕或收集证据的侦查方法。缉查毒品犯罪的诱饵侦查的典型形式是侦查人员装扮成吸毒者或者利用其他吸毒者接触贩毒者，在贩毒者将要交货时，拘留逮捕贩毒者。诱饵侦查分为两种类型：一是诱发犯罪意图型即诱饵者鼓动被诱者，诱发其犯罪意图，促使其犯罪；二是提供机会型即诱饵者向已经产生了犯罪意图的被诱饵者提供实行犯罪的机会。诱发犯意型是危害个人人格权利的，是属于强制处分，而且日本法律中没有明文规定，是不允许使用的。提供机会型的诱饵侦查，属于任意处分，只要不超过任意侦查的界限就可以使用。通过诱饵侦查，可以有效及时地抓获贩毒犯罪分子，对于打击毒品犯罪能产生积极作用。但是诱饵侦查也存在许多弊端，它可能使公民对侦查方法的公正性失去信赖，可能侵害公民的隐私权和人格权。

2. 追踪监控

追踪监控是指侦查机关即使发现了毒品等违禁品，既不在当场拘捕毒品犯罪嫌疑人，也不扣押毒品等违禁品，而是在侦查机关的监控下允许毒品等违禁品流通，在追踪监视毒品等违禁品流通的过程中，确定和拘捕违法交易的有关犯罪违法人员。追踪监控行为分为两种，一种是不扣押毒品等违禁品允许其流通的"原状监控"。另外一种是把毒品等违禁品替换成无害物品的"替换监控"。

日本法律上没有对追踪监控作出明确规定，但是侦查机关既没有让犯罪嫌疑人做任何事情，也没有侵害他人的权益，所以这种侦查方法原则上属于任意侦查，是合法的。利用追踪监控这种侦查方法有利于抓获大量的毒品犯罪人员，也

---

① ［日］大谷实著：《刑法讲义各论》，黎宏译，中国人民大学出版社2008年版，第385页。

② 张海东：《日本对毒品犯罪的侦查方法及其对我国的启示》，《日本问题研究》2006年第4期。

有利于一举摧毁国内的贩毒集团以及国际毒品犯罪集团。但是在追踪监控的过程中,也存在缉查对象逃跑、毒品等违禁品逸失的情况,这将对查获毒品犯罪人员或毒品犯罪集团产生不利影响。

3. 监听通信和对话

监听是指秘密地收听和录音当事人的通信和对话内容。在日本为规范监听侦查行为制定了《监听法》。《监听法》规定监听的方法包括以下三种:(1)电话监听,即在电话线路上安装监听装置收听电话内容;(2)电子监听,即使用监听器在室内等处收听有关谈话内容;(3)秘密录音,即秘密携带录音机把犯罪嫌疑人的会话内容收录下来。

《监听法》中规定对于毒品犯罪分子和犯罪集团有下列情况之一者可以实施监听:(1)检查机关和警察机关有充分理由怀疑毒品犯罪已经开始实施;(2)检查机关和警察机关有充分理由怀疑毒品犯罪分子实施毒品犯罪后继续实施同种犯罪;(3)检查机关和警察机关有充分理由怀疑毒品犯罪分子正在准备实施毒品犯罪。

为了在监听申请阶段慎重审查,《监听法》中规定有权申请监听证的人员仅限于一部分检察官和司法警察。有权鉴发监听证的人员原则上限于地方法院的法官,但在特殊情况下,简易法院的法官也有权鉴发监听证。《监听法》中还规定了监听的一般期限是 10 天,特殊情况下可以延长到 30 天。通过对毒品罪犯的通讯以及对话过程进行监听,可以及时有效地了解和掌握毒品犯罪分子和犯罪集团的活动情况,对及时有效打击毒品犯罪是一个必不可少的侦查方法。

4. 强制采尿

采取人体内的尿液主要是为了证明行为人是否使用了毒品,因为确定是否使用毒品的事实是很困难的,毒品在血液中残留时间一般为 1—2 小时,而在尿中残留的时间为 2 周左右。如果能从尿液中检验出毒品成分,就可以证明他使用过毒品的事实。但是犯罪嫌疑人拒绝提取尿液,就只能强制采尿。所谓强制采尿是指由几名侦查人员按住拒绝采尿的毒品犯罪嫌疑人的手脚,然后由医生把导尿管插入尿道提取尿液以进行化验。日本最高法院判例认为,医生比较熟悉采尿技术,只要认真细致地进行导尿是不会对身体和健康造成危害的。至于可能给人带来耻辱和造成精神上的打击,这一点与其他检查方法是相同的,所以为了侦破毒品犯罪,没有其他更好的侦查方法时,经过正当的法律审批程序,强制采尿可以作为最后的侦查手段来使用。

通过对毒品犯罪嫌疑人强制采尿可以及时地确定犯罪嫌疑人是不是真正的贩毒者或吸毒者,如果通过强制采尿确定是贩毒者,可以迅速有效地打击贩毒犯罪分子和犯罪集团。如果通过强制采尿确定的是吸毒者,可以让吸毒者提供贩毒犯罪分子和贩毒集团的有关线索。这对打击毒品犯罪也是大有益处的。

通过上述日本关于毒品犯罪侦查阶段的法制描述,我们可以发现,日本禁毒立法的基本价值取向是重实体轻程序,在美国,类似于诱饵侦查是被严格限制的,而在日本则较为宽松。这可能也是东方国家法制状况的一个通病。

三、德国的禁毒立法

德国 1920 年 12 月 30 日制定了第一个《麻醉品法》,并于 1924 年 3 月 21 日进行了修改。1929 年制定了《鸦片法》,1931 年 12 月 20 日立法生效。1972 年 1 月 10 日颁布了《麻醉品法》。1981 年 7 月 28 日制定了新的《麻醉品法》,并于 1982 年 1 月 1 日生效。1984 年 9 月 1 日进行了第一次修改,后于 1986 年 8 月 1 日进行了第二次修改,又于 1987 年 1 月 27 日再次进行了修改和完善。[①] 与日本不同,德国尽管为典型的大陆法系国家,其关于毒品犯罪的刑罚主要规定于刑法典之外。除刑法典分则以外,在一些所谓的副律中还有众多的刑法规定,它们在实践中的意义往往要胜过刑法典的构成要件。特别重要的刑法规定在 1994 年颁布的《革新麻醉品法》中。该法扩大了业已存在的犯罪构成要件,加重了对严重麻醉品犯罪的处罚力度。由于 1992 年 7 月 15 日《与有组织犯罪斗争法》的颁布,对于以有组织形式出现的麻醉品犯罪的处罚进一步加重。[②]

德国理论界和司法界关于禁毒立法及措施,一直存在较大的争议。特别是对于禁毒刑事立法,争议尤其突出。这也导致了《麻醉品法》自颁布执行以来,多次修改,其背后折射出根源上存在的争论。在制定 1982 年《麻醉品法》时,就有德国学者提出,如果行为人贩卖的毒品达到一定数量的话,应该科以最高法定刑——无期徒刑。[③] 也有学者对毒品犯罪刑事惩罚的正当性与严厉性提出质疑。如罗克辛(Roxin)认为:"出售毒品等物品的刑事可罚性的正当性在于,如果没有刑事可罚性,就会出现无法控制该项物品传播的局面,同时,这些物品会产生对无责任能力的消费者,首先是未成年人的严重危险性。"不过,惩罚那些仅仅传播了自己使用的不具有危害他人性质的大麻制品的行为,的确可能违反宪法上关于禁止超过必要限度的规定;在这种案件中,同样不应当考虑追究在《麻醉

① 曲玉珠:《德国禁毒立法与戒毒方法概述》,《德国研究》1998 年第 3 期。
② [德]汉斯·海因里希·耶塞克:《为德意志联邦共和国刑法典序》,载《德国刑法典》,徐久生、庄敬华译,中国方正出版社 2004 年版,第 30 页。
③ 王皇玉:《论贩卖毒品罪》,《政大法学评论》2005 年总第 84 期。

品交易法》第 31a 条中规定的行为。① 正是由于这种争议的存在,使得德国禁毒立法不像日本那样坚决。"为自己使用而持有或购买少量的麻醉品,仍一如既往地不受处罚;此规定被扩大至种植、制造、输入和以其他方式设法弄到麻醉品。(《麻醉品法》第 29 条第 4 款)。此等规定指出了这样一个现代化的方向,即在治疗代替处罚的口号下,对有毒瘾的行为人只科处两年以下自由刑,以重新回到有利于行为人康复治疗上来。或者在长期治疗的情况下,完全放弃刑事追诉,如果预期不能科处较高的刑罚。(《麻醉品法》第 37 条)。这里,问题主要在于没有足够的可供使用的治疗床位,所以那些愿意接受治疗的行为人也不能或不能及时地被收容于治疗机构。2000 年 3 月 28 日的第三部修改《麻醉品法》规定,允许各州建立毒品消费场所,在这里那些毒品瘾君子有机会获得非医生处方的毒品。(所谓的注射毒品的房间)因 2001 年 6 月 19 日的规定,使得在麻醉品处方规定中增加了第 5 条 a,该条规定由联邦医药研究所对有毒品倚赖的病人开列替代品的数据进行登记。"②

可见,德国对于吸毒人员的措施是比较缓和的,认为吸毒人员首先受害者,其次才是可能应受惩罚者。按照联邦德国刑法条例规定:吸毒者可选择入狱服刑或去戒毒中心治疗,两者必择其一。据了解只有 40％的毒癖犯愿意去戒毒中心治疗,其余的宁可坐牢。而在戒毒中心治疗的吸毒者中有 60％的人坚持不到两个月就回家了,只有 40％的戒毒者能坚持两年半的治疗和劳动改造加以反思,但彻底戒断、不再吸毒人数的比例只占毒癖犯的 5％。③ 可见,这种态度是否能够真正有效地缓解毒品问题对社会以及吸毒者本身的伤害,的确有待斟酌。

四、英国的禁毒立法

英国的禁毒立法主要有两个:《1971 年滥用毒品法》;《1986 年贩毒罪法》。《1971 年滥用毒品法》主要包括以下内容:(1)禁止生产和供应受控毒品;(2)禁止拥有受控毒品;(3)禁止种植毒品原植物;(4)禁止为制造、供应、配制和吸食鸦片或其他毒品提供场所;(5)禁止某些与鸦片有关的行为,如为吸食或其他目的配制鸦片,经常去一个吸食鸦片的地方,以及拥有吸食鸦片的工具;(6)禁止教唆他人犯上述罪行。违反这些禁令将构成刑事罪。《1986 年贩毒罪法》的重点在于打击非法毒品交易。该法规定,对贩毒罪犯,除判刑和罚款外,还

---

① ［德］罗克辛:《德国刑法学总论》,王世洲译,法律出版社 2005 年版,第 17 页。
② ［德］汉斯·海因里希·耶塞克:《为德意志联邦共和国刑法典序》,载《德国刑法典》,徐久生、庄敬华译,中国方正出版社 2004 年版,第 31 页。
③ 曲玉珠:《德国禁毒立法与戒毒方法概述》,《德国研究》1998 年第 3 期。

应将其在贩毒活动中的非法收益全部没收。《贩毒罪法》还规定,生产可供炼制毒品的化学制剂的厂家,须确认买主真实身份才可出售。厂家若发现可疑买主,有义务向全国毒品情报中心举报。此外,《反毒品法》还授予法院以更大的权利,法院有权进行毒品犯罪的调查,发布"充公令"没收贩毒收益,发布"限制令",在警方采取行动之前,"冻结"毒品嫌疑犯的所有财产,以防止其财产转移。①

英国禁毒立法的一个特点就是在刑罚政策中存在着一刀切的现象。政府奉行所有非法药品都有危险的禁毒思想,对一切毒品犯罪予以打击。对罪大恶极的贩毒集团,对海洛因、可卡因等硬性毒品的犯罪予以严厉打击,有助于社会的健康和稳定。但对摇头丸等娱乐性毒品的使用也予以严厉的刑事打击,就未免有些过火。1998 年,在 127 919 名毒品罪犯中,有 97 245 人属于大麻犯罪,14 605人则是安非他明犯罪。这些人无论是被警告或审判,犯罪资料都会被记录在案,特别是如果雇主看到这些资料,很多青年人的工作机会就会受到限制。而这些软性毒品的使用者多是"受尊敬的"青年人,他们只使用很小的剂量,通常是在舞会俱乐部的派对和室外的街舞活动中使用,平时照常工作,没有其他越轨行为,对周围的人也没有什么影响,与一般所说的毒品犯罪有很大的不同。因此,对于这些出于好奇或为增强愉悦而偶尔使用毒品的青年,应根据不同情况采取相应的批评教育或惩罚措施,而不应不分青红皂白一律给予严厉的刑事审判,这样对他们的未来会产生极为不利的影响,政府的禁毒效果也会受到影响。②

第三节 国际禁毒法

所谓国际禁毒法,是指政府间或国际组织有关禁毒的条约、公约和协定等。国际禁毒法属于国际法,不同于各国国内制定的禁毒法规。国际禁毒法的发展是毒品犯罪活动全球化的产物,是国际社会应对毒品犯罪全球化的有力措施。由于禁毒已经成为各国的共识,国际禁毒法又不受制于各国文化和政治意识形态差异,因此国际禁毒法已经成为当前国际法中较为健全的分支,其执行状况也相对较好。

一、国际禁毒法的发展历程

毒品犯罪的跨国性和其对人类生存的严重损害,促发了国际范围内的禁毒

---

① 元道渊:《毒品犯罪与禁毒立法问题研究》,大连海事大学 2005 年法学硕士论文。
② 王磊:《当代英国禁毒政策探析》,《欧洲研究》2004 年第 5 期。

立法出现并逐渐发展成为一个相对独立、完善的体系。一般而言,国际范围内开展的反吸毒贩毒斗争最早可以追溯到 1909 年国际鸦片委员会在上海召开的禁毒会议,由中、日、法、俄、德等 13 个国家参与的这次会议作出了 9 条禁毒方面的建议性决议。该决议虽然对签字国不具有约束力,但其事实上已成为国际合作禁毒的发端,并为第一个国际禁毒公约——《海牙鸦片公约》的订立奠定了基础。在此之后,国际社会倾注了大量人力、物力向对人类社会造成极大危害的毒品犯罪宣战,先后签订了诸如 1924 年 12 月 11 日在日内瓦签订的《关于熟鸦片的制造、国内贸易及使用的协定》;1925 年 2 月 19 日在日内瓦签订的《国际鸦片公约》;1931 年 11 月 27 日在曼谷签订的《远东管制吸食鸦片协定》;1936 年 6 月 26 日在日内瓦签订的《禁止非法买卖麻醉品公约》;1953 年 6 月 23 日在纽约签订的《限制与调节罂粟的种植、鸦片的生产、国际贸易、批发购销及其使用议定书》;1961 年 3 月 31 日在纽约签订的《麻醉品单一公约》,该公约经 1972 年联合国组织正式外交会议修正,成为《经〈修正一九六一年单一公约议定书〉修正的一九六一年麻醉品单一公约》;1971 年 2 月 21 日通过的《精神药物公约》和 1988 年 12 月 19 日通过的《联合国禁止非法贩运麻醉药品和精神药物公约》等一系列制止、惩治毒品犯罪的国际公约、协议,基本取得了国际范围内认识和行动上的一致。

在众多惩治与防范毒品犯罪的国际性立法中,值得注意的是四个至今仍然有效的公约。它们是:

(1) 经 1946 年 12 月 11 日议定书修正,于 1936 年 6 月 26 日通过的《禁止非法买卖麻醉品的公约》。该公约第一次把非法制造、变造、提制、调制、持有、供给、兜售、分配、购买麻醉品等行为规定为国际犯罪,并规定了这类罪行的刑事管辖权。它规定每一缔约国都有义务采取必要的立法措施,适用徒刑或其他剥夺自由的刑罚,严惩同毒品生产、制造、贩运等有关的犯罪行为,以及毒品生产、制造、贩运等犯罪的同谋、未遂及预备行为。

(2) 经 1972 年 3 月 25 日议定书修正,于 1961 年 3 月 30 日通过的《麻醉品单一公约》。该公约将管制范围扩大到天然麻醉原料的种植,包括鸦片、大麻和古柯叶,并对过去的公约和协定加以合并与修订,还对有关刑事管辖权问题作了规定。公约要求缔约国在国内刑法中将有意违反有关麻醉品的种植、生产、制造、提炼、销售等管制条款的行为均规定为刑事犯罪并予以惩处。

(3) 1971 年 2 月 21 日通过的《精神药物公约》。该公约针对国际上滥用精神药物的新情况,对以往公约中没有规定的精神药物,包括 32 种迷幻剂加以严格管制。

(4) 1988 年 12 月 19 日通过的《联合国禁止非法贩运麻醉药品和精神药物

公约》。该公约是对修正的 1961 年《麻醉品单一公约》和 1971 年《精神药物公约》的重要补充和发展。其内容全面、系统,囊括了毒品犯罪行为的形式、毒品犯罪的惩治措施以及国际司法协助等一系列实体规范和程序规范,确立了国际刑法中独立的国际禁毒法律体系。该公约中制裁措施的全面性和严厉性也是前所未有的,堪称国际禁毒立法的里程碑。

以上四个公约共同构成了管制麻醉药品和精神药物的国际法律制度的基础,为国际禁毒合作提供了法律依据,也给各缔约国反毒刑事立法提供了示范与指导。

二、国际禁毒法的特点

所谓国际禁毒法的特点,是指国际禁毒法相比于各国国内禁毒立法的不同之处。由于本书的主题为中国禁毒法研究,所以本书中国际禁毒法的特点实际上就是国际禁毒法与中国禁毒法相比的不同之处。具体而言,国际禁毒法相比于中国禁毒法而言有以下特点:

(一) 国际禁毒法对于毒品的种类规定则较为明确,也较为细致

毒品犯罪是与非法种植、生产贩卖、运输、提供、持有麻醉药品和精神药物等有关的一类犯罪行为的总称,是危害人类生存与健康的国际犯罪。在研究哪些行为构成毒品犯罪时,首先涉及的一个问题就是毒品是什么,包括哪些种类。据一些国家的零星典籍记载,人类开始种植现代意义上的毒品原植物有着悠久的历史,至少在人类文明社会的开端——奴隶社会时,人们对这些植物就有所认识。但在相当长的历史阶段,吸食这些毒品是为了消遣取乐、宗教、部落的庆典活动和治疗疾病,因此,无论是在种类上,还是在数量上,都限制在一定的规模内。然而,随着 19 世纪科学技术的重大突破,科学家们为了更有效地治疗疼痛难忍的疾病,开始从原植物中提取有效成分,从而开始了半合成、合成毒品的历史。进入 20 世纪以后,毒品的品种激增至近 300 种,形式上也出现了片、粉、丸、注射剂等多种,毒品的滥用也随之盛行。为了限制毒品在黑市销售,减少毒品带来的负效应,国际社会感到必须对毒品进行控制。这样,确定毒品的范围,就首先成为国际禁毒立法的目标。[①] 在现今仍生效的四个国际公约中,毒品被称作"受控制之物品",具体指麻醉剂或其他所有受"可适用的国际公约"(《麻醉品单一公约》《精神药物公约》和《联合国禁止非法贩运麻醉药品和精神药物公约》)控

---

① 张旭、刘芳:《国际禁毒立法研究》,《法制与社会发展》2002 年第 2 期。

制、管制的物品及其原料。① 依以上公约规定,毒品主要包括三类:

(1) 麻醉药品。指《1961 年麻醉品单一公约》及经《修正 1961 年麻醉品单一公约的 1972 年议定书》修正的该公约附表一或附表二所列的任何天然或合成物质,例如鸦片、大麻、古柯植物等;

(2) 精神药物,指《1971 年精神药物》附表一、二、三或四所列的任何天然或合成物质或任何天然材料,例如安非他明、巴比士酸盐、非巴比士酸盐镇静剂和安定剂等。

(3) 经常用于非法制造麻醉药品或精神药物的物质,《联合国禁止非法贩运麻醉药品和精神药物公约》附表一和附表二列了一份该类物质清单,附表一中有麻黄碱、麦角新碱、麦角胺等,附表二中列有醋酸酐、丙酮、邻氨基苯甲酸等。

(二) 国际禁毒法强调替代、补充措施的适用

在国际禁毒立法中,除了规定各国普遍采用的监禁或以其他形式剥夺自由、罚款和没收等刑罚方法外,还规定了一些替代和补充刑罚方法的其他措施,体现了惩罚与挽救相结合的政策。《联合国禁止非法贩运麻醉药品和精神药物公约》第 3 条第 4 款规定:"(b) 缔约国还可规定除进行定罪或惩罚外,对犯有上述罪行的罪犯采取治疗、教育、善后护理、康复或回归社会等措施;(c) 尽管有以上各项规定,在性质轻微的适当案件中,缔约国可规定作为定罪或惩罚的替代办法,采取诸如教育、康复或回归社会等措施,如罪犯为嗜毒者,还可采取治疗和善后护理等措施;(d) 缔约国对于按本条第 2 款确定的犯罪,可以规定对罪犯采取治疗、教育、善后护理、康复或回归社会的措施,以作为定罪或惩罚的替代办法或者作为定罪惩罚的补充。"有条件地采取这些替代、补充措施,一方面可以减轻刑罚执行国的执行压力,解决监狱负担过重和刑罚执行经费不足的问题,使各国节约不必要的开销,把更多的人力、物力投入到反毒品犯罪的宣传、预防、缉查等项活动中;另一方面,对罪犯采取较为宽和的措施,重视教育、治疗、善后护理、康复,可以从思想上和身体上戒除再犯的可能;而且,不脱离社会生活进行改造,将毒品犯罪人融入亲情、友情的人群,更易使之认清自己的罪行和危害,及时悔改,同时,也可以避免监内执行的交叉感染,收到更好的预防、惩治效果。美国等一些国家的反毒品法院的设立即是这方面最好的例证。据统计(截至 1996 年 6 月),美国有 3 个州及哥伦比亚特区已经或正在实施反毒品法院发展计划。反毒品法院的目的即是通过直接或间接的方法,控制对符合治疗条件的毒品犯罪罪犯的治疗。至今已有大约 2 000 名毒品犯人接受并通过了反毒品法院的治疗计划,

---

① 黄肇炯:《国际刑法概述》,四川大学出版社 1994 年版,第 181 页。

有效率为 71%,在反毒品法院每花费 1 美元就相当于在刑事司法体制其他方面
(包括庭审和警方侦破等方面)节省约 7 美元,在反毒品法院接受治疗的犯人 18
个月内再捕率为 28%,这几乎只是未接受治疗的同类犯人同期再捕率的二分之
一。治疗计划实施结束 1 年内,只有 1%的犯人重返监狱,其中的 46%是被判处
缓刑的初犯。①

(三)国际禁毒法不将毒品犯罪视为经济犯罪和政治犯罪

《联合国禁止非法贩运麻醉药品和精神药物公约》第 3 条第 10 款规定,为了
缔约国之间根据本公约进行合作,特别包括根据第 5、6、7、9 条进行合作,在不影
响缔约国的宪法限制和基本的国内法的情况下,凡依照本条确定的犯罪均不得
视为经济犯罪或政治犯罪或认为是出于政治动机的犯罪。公约的这一规定亦旨
在严惩毒品犯罪。在世界刑法改革朝着轻刑化趋势发展的今天,对以贪利性为
主要特点的经济犯罪的制裁方法,更倾向于适用罚金刑,且所判刑罚明显低于其
他种类的犯罪,一些国家还特别规定对经济犯罪不能判处死刑。如果一些国家
在适用刑法惩治毒品犯罪时,将其作为经济犯罪而科以相对较轻的刑罚,就会导
致轻纵毒品犯罪,难以做到罪刑相当。此外,公约将毒品犯罪排斥在经济犯罪之
外,也有利于实现引渡和其他刑事司法协助。不将毒品犯罪视为政治犯罪或不
认为是出于政治动机的犯罪,则主要是出于方便引渡起诉的目的。"政治犯罪不
引渡"原是国际法上一条公认的引渡原则,即被请求国得以被申请引渡之罪为政
治犯罪为由,拒绝请求国的引渡请求。随着国际刑法理论和实践的不断发展,
"政治犯罪不引渡"原则已日益受到有关国家和国际社会的反对,要求在引渡中
排除"政治犯罪不引渡"原则的呼声日隆,而把国际犯罪行为从总体上排除在政
治犯罪范围之外,更成为国际刑法发展的一个新趋势。② 人们逐步认识到如果
不排除这一例外,就有可能使国际犯罪得不到应有的惩罚,造成放纵国际犯罪的
局面,使国际禁止规范无法得以实施。因此,在《海牙公约》《防止及惩治灭绝种
族罪公约》等一系列国际公约中都有把实施了劫机罪、灭种罪等的罪犯视作普通
严重刑事罪犯论处,而不得将其视作政治犯的规定。也正是为了避免放纵犯罪,
国际禁毒立法也明确规定了毒品犯罪不得视为政治犯罪或认为是出于政治动机
的犯罪。③

(四)国际禁毒立法体系缺乏统一规定

除个别例外情况,国际刑法迄今为止对于几乎所有国际犯罪基本上都没有

① [美]菲利浦·比恩著:《美国的反毒品法院——一个新动向》,《外国法学研究》1998 年第 4 期。
② 黄肇炯:《国际刑法概述》,四川大学出版社 1994 年版,第 215 页。
③ 张旭、刘芳:《国际禁毒立法研究》,《法制与社会发展》2002 年第 2 期。

作出具体刑种、量刑尺度和执行程序方面的统一规定,对于毒品犯罪也是如此。我们知道同罪同罚是罪刑相适应原则的重要内容之一,而罪刑相适应原则又是现代刑罚正义精神的一块基石。但是,由于缺乏在刑罚方面的统一规定,同一种严重程度相近的犯罪在不同的国家内承受的刑罚就可能表现出巨大差别,从而使罪刑相适应原则难以在将毒品犯罪视为国际犯罪的水平上得到真正实现。更值得注意的是,由于有些国家的国内法似乎对于毒品犯罪的国际犯罪的性质缺乏足够理解,致使缺少必要的法制保证和技术基础,所以对于毒品犯罪的刑罚的规定与其他国内犯罪相比并没有表现出应有的区别,即对毒品犯罪的处刑的严厉程度同该犯罪的严重性质不相适应。例如美欧等一些毒品需求大户,虽然数年来反毒预算不断增加,但因缺乏相应的严刑厉法,国家对毒品犯罪处罚太轻,法律没有起到应有的威慑作用,致使反毒斗争效果不佳,毒品问题日趋严重。如"巴西对非法加工制造毒品者仅处以 3—10 年的流放,哥伦比亚对毒品犯罪最重的惩罚只有 12 年监禁"[1]。再加上早释和假释制度也没有对毒品犯罪的罪犯特别作出应有的严格规定,这就使得在一个不容忽视的比例上,毒品犯罪实际没有受到应有的严厉的处罚,这也正是毒品犯罪在世界范围内的蔓延之势尚未被有效遏制的重要原因之一。[2]

三、国际禁毒法的基本原则

　　国际禁毒法基本原则是指国际禁毒法律文件所确立的、被国际社会所公认的、构成国际禁毒法基础的基本精神,是国际禁毒法的灵魂所在。由于国际禁毒法自身的零散性,使得国际禁毒法的地位突显重要。因为面对日新月异的国际禁毒形势,加之国际法本身具有的立法体制不健全现象,使得国际禁毒法不可能及时地对国际禁毒的新问题、新局面作出符合实际的规定,所以各国在开展国际禁毒合作的时候,在没有国际禁毒法具体规范的指导下,国际禁毒法的基本原则就是为国际禁毒工作的唯一指针。根据《联合国禁止非法贩运麻醉药品和精神药物公约》(1988 年 12 月 19 日在联合国通过"禁止非法贩运麻醉药品和精神药物公约会议"的第六次全会上通过)、《政治宣言》(联合国第十七届特别会议,1990 年 2 月,纽约)和《全球行动纲领》(联合国第十七届特别会议,1990 年 2 月,纽约),国际禁毒法有以下基本原则:

---

　　① 俞文:《现代略论当前国际社会毒品犯罪问题禁而不止的根源》,《甘肃政法成人教育学院学报》2001 年第 4 期。
　　② 张伟:《国际毒品犯罪惩治与防范研究》,吉林大学 2004 届法学硕士论文。

（一）禁毒原则

所谓禁毒原则,是指国际社会必须对毒品采取普遍禁止而非合法化的态度。禁毒原则是与毒品合法化的争论直接相关的,从某种程度上讲是对毒品合法化的直接否定。禁毒原则是国际禁毒法的首要原则,是国际禁毒法存在价值的确认。因此,禁毒原则一般被国际禁毒法律文件所首先表述,比如,在《联合国禁止非法贩运麻醉药品和精神药物公约》就明确指出:"本公约缔约国,深切关注麻醉药品和精神药物的非法生产、需求及贩运的巨大规模和上升趋势,构成了对人类健康和幸福的严重威胁,并对社会的经济、文化及政治基础带来了不利影响。又深切关注麻醉药品和精神药物的非法贩运日益严重地侵蚀着社会的各类群体,特别是在世界许多地区,儿童被当成毒品消费者市场,并被利用进行麻醉药品和精神药物的非法生产、分销和买卖,从而造成严重到无法估量的危害。认识到非法贩运同其他与之有关的、有组织的犯罪活动结合在一起,损害着正当合法的经济,危及各国的稳定、安全和主权。又认识到非法贩运是一种国际性犯罪活动,必须迫切注意并最高度重视对此种活动的取缔,意识到非法贩运可获得巨额利润和财富,从而使跨国犯罪集团能够渗透、污染和腐蚀各级政府机构、合法的商业和金融企业,以及社会各阶层,决心剥夺从事非法贩运者从其犯罪活动中得到的收益,从而消除其从事此类贩运活动的主要刺激因素,希望消除滥用麻醉药品和精神药物问题的根源,包括对此类药品和药物的非法需求以及从非法贩运获得的巨额利润。认为有必要采取措施,监测某些用于制造麻醉药品和精神药物的物质,包括前体、化学品和溶剂,因为这些物质的方便获取,已导致更为大量地秘密制造此类药品和药物,决心改进国际合作,以制止海上非法贩运,认识到根除非法贩运是所有国家的共同责任,为此,有必要在国际合作范围内采取协调行动。"①《政治宣言》中也明确指出:"(我们联合国会员国)对于麻醉药品和精神药物的非法需求、生产、供应、贩运和分销的趋势不断扩大深感震惊,麻醉药品和精神药物是对人类健康和幸福、对国家安全、对所有社会的政治、经济、社会和文化结构以及对千百万人特别是青年人的生命和尊严的严重而持久的威胁。认识到非法种植、生产、供应、需求、贩运和分销麻醉药品和精神药物对所有国家构成的危险,并且认识到需要采取全面行动予以取缔。意识到对极其严重的非法吸食、种植、生产麻醉药品和非法贩运麻醉品问题必须采取更加全面的国际合作手段,在国家、区域和国际各级对麻醉品滥用予以管制和反击。"②

---

① 国家禁毒委办公室编:《禁毒法规与公约》,经济科学出版社 1997 年版,第 127 页。
② 同①,第 157 页。

（二）国家主权原则

国家主权主权原则是《联合国宪章》的基本原则,自然也是国际禁毒法的基本原则。主权,即国家主权,是国家的最重要属性,是国家在国际法上所固有的独立处理对内对外事务的权力。主权不可分割,不可让予。主权是国家最主要、最基本的权利,是国家所固有的,并非由国际法所赋予的。国际法中的国家主权原则只是对这一权利予以确认和保护。主权作为国家的固有权利,表现为三个方面:对内的最高权、对外的独立权和防止侵略的自卫权。所谓对内最高权,是指国家行使最高统治权,国内的一切中央和地方的行政、立法和司法机关都必须服从国家的管辖;还指国家的属人优越权和属地优越权。所谓对外独立权,是指按照国际法原则,在国际关系中享有独立权,即独立自主地、不受任何外力干涉地处理国内外一切事务,如国家有权按照自己的意志,根据本国的情况,自由选择自己的社会制度、国家形式、组织自己的政府、制定国家的法律、决定国家的对内对外政策等等。这就是国家行使主权权利的自主性和排他性。所谓自卫权,是指国家为了防止外来侵略和武力攻击而进行国防建设,在国家已经遭到外来侵略和武力攻击时,进行单独的或集体的自卫的权利。1970年《国际法原则宣言》详尽阐述了主权原则的内容,其中心是各国主权平等。该宣言规定,主权平等包括下列要素:① 各国法律地位平等;② 每一国均享有充分主权之固有权利;③ 每一国均有义务尊重其他国家之人格;④ 国家之领土完整及政治独立不得侵犯;⑤ 每一国均有权利自由选择并发展其政治、社会、经济及文化制度;⑥ 每一国均有责任充分并一秉诚意履行其国际义务,并与其他国家和平共处。国际禁毒法中对于主权原则的阐述见于《政治宣言》。《政治宣言》明确指出:"我们决心与麻醉品滥用和非法贩运麻醉药品和精神药物的祸害进行战斗,在行动中严格遵守《联合国宪章》的原则和国际法的原则,特别是尊重各国的主权和领土完整,不干涉各国内政的原则、在国际关系中不进行武力威胁或使用武力和各项国际麻醉品管制公约的规定。"①这是国际禁毒法文件对于主权原则的最集中表述。

（三）国际合作原则

作为国际合作禁毒的规范性文件体系,国际合作原则也是国际禁毒法的基本原则。国际合作成为国际法基本原则是在第二次世界大战之后,首先是《联合国宪章》明确将"促成国际合作"列为其宗旨之一。联合国的诞生可以说是全球性政治、经济、社会、文化等全面国际合作的重要标志。1970年《国际法原则宣

---

① 国家禁毒委办公室编:《禁毒法规与公约》,经济科学出版社1997年版,第157页。

言》的全称即"关于各国依据联合国宪章建立友好关系及合作之国际法原则之宣言",足见国际社会对国际合作之重视。该宣言宣称国际合作"构成国际法之基本原则",并"对于国际和平及安全之维护及联合国其他宗旨之实现至关重要"。在国际禁毒法文件中,国际合作原则也被一再表述。《联合国禁止非法贩运麻醉药品和精神药物公约》明确指出:"……决心改进国际合作,以制止海上非法贩运,认识到根除非法贩运是所有国家的共同责任,为此,有必要在国际合作范围内采取协调行动,……加强并增进国际刑事合作的有效法律手段,对于取缔国际非法贩运的犯罪活动具有重要意义。"《政治宣言》也指出:"深知促进发展中国家发展的国际合作应予加强,使所有国家能够更充分地参加有效取缔麻醉品的战斗。"而《全球行动纲领》更是直接表明:"各国无法单独对付这一祸患,因此需要国际社会团结一致,同时采取协同、集体的行动。"[①]这一切,都是国际合作原则在国际禁毒法中的体现。

(四) 发达国家承担更多责任原则

当前,发达国家是世界主要的毒品消费国,发展中国家则是主要的毒品生产国。遏制毒品泛滥很大程度上取决于两方面的努力:第一,毒品消费国尽力遏制毒品消费;第二,毒品生产国尽力减少毒品生产。但从根本上讲,需求决定生产。毒品的生产很大程度上与当地落后的社会经济情况以及腐败,甚至支离破碎的政治统治有关,如果毒品需求得不到根本的遏制,或者毒品生产国的社会、政治、经济状况得不到根本的改善,遏制毒品泛滥就不可能实现。在这个链条中,发达国家由于有更雄厚的资金、更先进的禁毒技术,应该承担起更大的责任。在这一点上,《政治宣言》指出:"我们敦促国际社会增加同发展中国家的经济和技术合作,并促进贸易流通,以支援可行的其他收入方案,例如农村综合发展战略下的种植替代作物方案,包括协助推动适当的有效率销售和健全的经济政策,以便消除麻醉药品的非法种植和生产;我们要求国际合作以援助和支持过境国,特别是发展中的过境国,办法是通过一些主管的国际或区域组织,来执行一些适当的技术和财政援助方案,目的是要扩大和加强有效管制和防止非法贩运麻醉品所需的基础结构。"这里面所说的国际社会对发展中国家的援助,实际上就是指发达国家的责任。

四、国际禁毒法的基本内容

国际禁毒法的基本内容包括对国际毒品犯罪行为行为方式的界定、国际毒

---

① 国家禁毒委办公室编:《禁毒法规与公约》,经济科学出版社 1997 年版,第 162 页。

品犯罪的惩罚规定、国际毒品犯罪的管辖规定等内容组成,分散在不同的国际禁毒法律文件中。基于篇幅的考虑,本文只对一些重要内容作简要的叙述。

(一) 关于毒品犯罪行为方式的规定

在国际禁毒立法中,不仅确定了毒品犯罪是故意实施的一种违反关于管制麻醉药品和精神药物国际规定的行为,而且还明确规定了毒品犯罪的行为方式。依《联合国禁止非法贩运麻醉药品和精神药物公约》第 3 条的规定,毒品犯罪主要有下列行为方式①:

(1) 非法制造毒品,是指违反《麻醉品单一公约》、经修正的《一九六一年公约》和《精神药物公约》(简称三公约)的各项规定,生产、制造、提炼、配制任何麻醉药品或精神药物的行为。

(2) 非法提供毒品,是指违反三公约的各项规定,有条件交付或无偿奉送毒品的行为。

(3) 贩卖毒品,是指违反三公约的各项规定,兜售、分销、出卖任何麻醉药品或精神药物,获取非法利润的行为。

(4) 贩运毒品,是指违反三公约的各项规定,以任何条件和手段经纪、发送、运输麻醉药品和精神药物的行为。

(5) 走私毒品,是指违反三公约的各项规定,进口或出口麻醉药品或精神药物的行为。

(6) 种植毒品原植物,是指违反《麻醉品单一公约》和经修正的《一九六一年公约》的各项规定,为生产麻醉药品或供个人消费而种植罂粟、古柯或大麻植物的行为。

(7) 非法持有毒品,是指违反三公约的各项规定,为了进行上述非法制造、提炼、贩卖、贩运、走私麻醉药品或精神药物的任何活动或供个人消费而以某种方式获取毒品并据为己有的行为。

(8) 非法购买毒品,是指违反三公约的各项规定,为了进行上述非法制造、提炼、贩卖、贩运、走私麻醉药品或精神药物的任何活动或供个人消费而购买毒品的行为。

(9) 制造、运输、分销制毒设备、物质,是指明知其用途或目的是非法种植、生产或制造麻醉药品或精神药物而故意加工、制作、运送、出售任何可用于非法制造毒品的物质、设备的行为。

(10) 组织、管理或资助以上各毒品犯罪,是指通过某种途径、方式对任何非

---

① 张旭、刘芳:《国际禁毒立法研究》,《法制与社会发展》2002 年第 2 期。

法制造、提供、贩卖、贩运、走私、种植、持有、购买毒品等活动,进行策划、指挥或者提供某种便利和援助的行为。

(11) 转换或转让毒品犯罪非法所得财产,是指明知财产得自非法制造、提供、贩卖、贩运、走私、种植、持有、购买毒品的犯罪或参与上述犯罪的行为,为了隐瞒或掩饰该财产的非法来源或为了协助任何涉及此种犯罪的人逃避其行为的法律后果而转换或转让该财产的行为。

(12) 隐瞒或掩饰毒品犯罪非法所得财产,是指明知财产得自非法制造、提供、贩卖、贩运、走私、种植、持有、购买毒品的犯罪或参与上述犯罪的行为,隐瞒或掩饰该财产的真实性质、来源、所在地,处置、转移其相关权利或所有权的行为。

(13) 非法获取、占有或使用毒品犯罪财产,是指明知财产得自非法制造、提供、贩卖、贩运、走私、种植、持有、购买毒品的犯罪或参与上述犯罪的行为,而获取、占有或使用该财产的行为。

(14) 非法持有制毒设备、物质,是指明知其被用于或将用于非法种植、生产或制造麻醉药品或精神药物而占有制造毒品设备、物质的行为。

(15) 教唆贩毒,是指以任何手段公开鼓励或引诱他人去进行以上任何罪行的行为。

(16) 鼓励、引诱他人非法使用毒品,是指以任何手段公开鼓励或引诱他人吸食、注射毒品的行为。

(17) 参与进行、合伙或共谋进行、进行未遂以及帮助、教唆、便利和参谋进行以上任何犯罪的行为。

综上所述,国际禁毒立法的日益完备以及毒品犯罪的法定化与实定化,在促进国际刑法发展的同时,也对遏制毒品犯罪的趋重和蔓延发挥了重要作用。

(二) 关于毒品犯罪的惩罚问题

《联合国禁止非法贩运麻醉药品和精神药物公约》第 3 条第 4 款(a)规定:"各缔约国应使按本条第 1 款确定的犯罪受到充分顾及这些罪行的严重性质的制裁,诸如监禁或以其他形式剥夺自由,罚款和没收。"该条第 5 款还分别列举了毒品犯罪的 8 种严重情节:"(a) 罪犯所属的有组织的犯罪集团涉及该项犯罪;(b) 罪犯涉及其他国际上有组织的犯罪活动;(c) 罪犯涉及由此项犯罪所便利的其他非法活动;(d) 罪犯使用暴力或武器;(e) 罪犯担任公职,且其所犯罪行与该公职有关;(f) 危害或利用未成年人;(g) 犯罪发生在监禁管教场所,或教育机构或社会服务场所,或在紧邻这些场所的地方,或在学童和学生进行教育、体育和社会活动的其他地方;(h) 以前在国外或国内曾被判罪,特别是类似的犯罪,但以缔约国国内法所允许的程度为限。"国际公约对毒品犯罪不仅规定了制裁这类犯罪的总体标准,而且还特别规定了毒品犯罪中"特别严重犯罪"的几种情况,作为从重处罚的依据,体现了严惩的倾向。在此影响下,世界各国尤其是毒品犯罪严重的国家,都对毒品犯罪规定了较为严厉的刑罚,在没有废除死刑的国家一般都将毒品犯罪的最高法定刑规定为死刑。国际禁毒立法的这种导向,有利于间接执行模式下惩治毒品犯罪的国际刑法与国内刑法的衔接。在各国刑法趋向轻刑化的总趋势下,国际禁毒立法却朝着严法治毒的方向发展,这充分说明了国际社会反毒斗争的艰巨性和坚强决心。虽然科以重刑未必是惩治犯罪、实现刑法目的的最好方法,但对目前极为猖獗的国际毒品犯罪而言,对罪犯处以严厉的刑罚,从人身、财产等方面剥夺、限制其再犯的可能,无疑可以强化对社会上其他人的威慑作用,在一定程度上收到控制、遏止毒品犯罪之功效。当然,我们应该看到,随着轻刑化观念日益为世界各国所普遍接受,在其他条件成熟时,对毒品犯罪科处的刑罚也会相应趋于缓和。①

（三）关于国际毒品犯罪的管辖权问题

国际刑法中的刑事管辖权主要是确立各国对国际犯罪的刑事管辖权并解决各国刑事管辖之间的冲突问题,简单地讲就是指一个犯罪案件应该有哪一个国家的法院来审理。从法律的角度看,就是国家刑法的空间效力范围问题,即一国的刑法在什么范围内适用的问题。国际犯罪的刑事管辖权是对国际犯罪进行追诉的开端,只有确定了某一犯罪案件的管辖权,才有之后的一系列程序性的措施,因此这对打击国际犯罪具有重要的意义。那么对于国际毒品犯罪来说,准确地划定某一毒品犯罪案件的刑事管辖权,对惩治毒品犯罪就具有重要的意义。迄今为止,国际上通行的管辖原则主要有属地原则、属人原则、保护原则和普遍原则,这也同时体现在国际公约对毒品犯罪的刑事管辖权的规定之中。在《联合国禁止非法贩运麻醉药品和精神药物公约》的第 4 条就明确地规定了包括上述四项原则在内的关于毒品犯罪的刑事管辖权问题,并确立犯罪发生地国、罪犯国籍国和犯罪目的所在地国等国家均有权对毒品犯罪行使管辖权②。根据《联合国禁止非法贩运麻醉药品和精神药物公约》,在遇到下述情况时:"应采取可能必要的措施,对其按第 3 条第 1 款确定的犯罪,确立本国的管辖权:(一)犯罪发生在其领土内;(二)犯罪发生在犯罪时悬挂其国旗的船只或按其法律注册的飞行器上。""在遇到下述情况时,可采取可能必要的措施,对其按第 3 条第 1 款确定

---

① 张旭、刘芳:《国际禁毒立法研究》,《法制与社会发展》2002 年第 2 期。
② 张伟:《国际毒品犯罪惩治与防范研究》,吉林大学 2004 届法学硕士论文。

的犯罪,确立本国的管辖权:(一)进行该犯罪的人为本国国民或在其领土内有惯常居所者;(二)犯罪发生在该缔约国已获授权按第 17 条规定对之采取适当行动的船舶上,但这种管辖权只应根据该条第 4 和第 9 款所述协定或安排行使;(三)该犯罪属于按第 3 条第 1 款(c)项(四)目确定的罪行之一,并发生在本国领土外,而目的是在其领土内进行按第 3 条第 1 款确定的某项犯罪。"

但是由于世界各国政治、经济、文化、法律制度等方面的差异及考虑问题的出发点不同,使得各国奉行的刑事管辖原则也往往不尽相同;并且在《联合国禁止非法贩运麻醉药品和精神药物公约》中,关于毒品犯罪的刑事管辖权也并没有规定一种先后适用的顺序,而仅仅是规定一种并行的管辖体制,这就导致如依据公约的规定就可能出现几个国家对于同一毒品犯罪案件都享有刑事管辖权,如果没有有效的调节机制就会造成争议和冲突,这显然不利于对国际毒品犯罪的有效打击。因此,为了解决国际上这种并行刑事管辖权的问题,美国的国际刑法的学者巴西奥尼教授在《国际刑法典草案》中对国际毒品犯罪行使管辖权的顺序提出如下的排列:"(1)犯罪发生地国、船舶或飞机上发生犯罪的船旗国或飞机注册国;(2)罪犯国籍国或罪犯惯常居所国;(3)犯罪目的所在地国;(4)经船旗国授权的其他缔约国或发现罪犯国;(5)依国内法确立的任何刑事管辖权。"①

(四)国际毒品犯罪的引渡问题②

引渡是指一国根据另一国的请求,把在其境内而请求国对其犯罪有管辖权的人按照双边条约或者以互相协助为条件,移交给请求国审判或处罚的国际刑法制度,是世界各国间互相合作惩处和预防犯罪的重要手段之一。

在《联合国禁止非法贩运麻醉药品和精神药物公约》中对毒品犯罪的引渡包括引渡的对象、根据、规则、拒绝、保证和执行等几项内容,规定详尽,较国际公约对其他的国际犯罪的引渡方面的规定更为完备科学,为各缔约国和其他的国家的毒品犯罪的引渡提供了依据和具体的操作规范,特别是其中的"或引渡或起诉"制度,公约的规定有别于其他的国际犯罪。对于其他的犯罪,不引渡就起诉是必需的而没有例外,而对于毒品犯罪,为了保留某些国家的合法的管辖权,作了例外的规定。但是公约规定的某些内容也易被一些国家滥用,从而使得引渡的执行出现困难和不便。例如,引渡规则和拒绝引渡的规定,在某些情况下当事国即可以本国规定或防止任何人受损害为理由拒绝引渡,而这些理由有时又未必是合乎原意的。众所共知,"死刑不引渡原则"是各国所普遍接受的一项原则,

---

① 于志刚:《毒品犯罪及相关犯罪认定与处理》,中国方正出版社 1999 年版,第 25 页。
② 张伟:《国际毒品犯罪惩治与防范研究》,吉林大学 2004 届法学硕士论文。

但是毒品犯罪的严重性使许多国家的刑罚制度都规定了死刑,这就使得一些国家以此为借口拒绝引渡,妨碍了对毒品犯罪的防治。由于国际刑法目前仍以间接执行模式为主,这就要求各国以国际社会的共同利益为重,对引渡问题达成一致的意见,以减少引渡执行过程中所发生的冲突,保证引渡的顺利进行,以达到毒品犯罪的惩治目的,那么上述出现的一些问题也就会顺利的得到解决。

(五)国际毒品犯罪的追诉时效期限问题

追诉时效期限是法律规定的对犯罪人追究刑事责任的有效期限。世界各国依据不同的标准,有的以罪为标准,有的以刑为标准,还有的综合考虑犯罪的性质、危害程度、罪犯人身危险性等因素,对不同类型的犯罪规定了不同的追诉时效期限。由于毒品犯罪属于性质较为严重的一类犯罪,大多数国家都对其规定了较高的法定刑,因而无论采取何种标准,各国对毒品犯罪的追诉时效期限都相对较长。《1988年公约》第3条第8款规定,各缔约国应酌情在其国内法中对于按本条第2款确定的任何犯罪,规定一个长的追诉时效期限,当被指称的犯罪已逃避司法处置时,期限应更长。公约不仅确立了各国要对毒品犯罪确定一个较长的追诉时效期限的总原则,而且还就时效停止问题作出了特别规定。由于毒品犯罪多数采用跨国化、集团化的犯罪方式,犯罪的策划、指挥、实行及犯后藏匿都有周密安排且跨越较大的空间范围,案件侦破耗时长、费力大,侦查犯罪、抓获罪犯有较大的困难和障碍。因而,如果忽略这些具体问题,不对毒品犯罪的追诉时效予以特别规定,显然容易放纵毒品犯罪人。公约的规定体现了国际社会严惩毒品犯罪的态度,为更有效地打击毒品犯罪,赢得了充裕的时间。[1]

第四节　国际禁毒机构

一、国际麻醉品管制局[2]

国际麻醉品管制局(The International Narcotics Control Board,INCB)是目前最重要的国际毒品管制机构,作为联合国禁毒公约的执行机构,它独立于联合国,具有准司法机构的性质。INCB由《1961年麻醉品单一公约》决议建立并成立于1968年。建立INCB是为了将麻醉品和精神药品的种植、生产、制造和

---

① 张旭、刘芳:《国际禁毒立法研究》,《法制与社会发展》2002年第2期。
② 参见 INCB 官方网站,http://www.incb.org。

作用限制在医疗和科研用途所需的适当数量上,并保证为医疗和科研用途供应这些药物。INCB 进行活动,防止药物的非法种植、生产、制造、贩运和使用。INCB 在履行其职责时,与各国政府开展合作,并与各国政府保持不断的对话,以实现各项药物管制条约和宗旨。

《1961 年麻醉品单一公约》《1971 年精神药品公约》和《1988 年联合国禁止非法贩运麻醉药品和精神药物公约》分别规定了 INCB 的权限和职能。《联合国禁止非法贩运麻醉药品和精神药物公约》规定,INCB 可以要求缔约国提供相关情报、呼吁缔约国采取补救措施、要求缔约国出席会议进行磋商。INCB 进行的活动主要包括:(1)与经社理事会和麻醉药品委员会以及联合国系统有关部门机构,特别是同世界卫生组织进行密切合作;(2)与联合国系统外的机构,特别是国际刑事警察组织开展合作;(3)编写年度报告,分析世界各地药物管制状况,提请各国政府注意国家管制工作中和执行条约方面的漏洞和不足之处;(4)提出国家和国际一级的改进意见和建议;(5)在编写年度报告的同时,辅之以两份详细的技术报告,说明医疗和科研用途所需麻醉药品和精神药物的合法流通情况。这些资料是对麻醉药品和精神药品的合法流通进行适当管制必不可少的;(6)向各国行政当局提供技术合作,帮助它们履行根据各项药物条约所承担的义务;(7)为药物管制行政人员举办区域培训研讨会和培训班等。

INCB 由联合国经社理事会选出的 13 名专家组成,他们代表个人进行工作而不是代表本国的政府,具有医疗、药理或制药经验的 3 个成员根据世界卫生织的提名选举产生,而另外 10 个成员则根据条约缔约国的提名选举产生。

值得一提的是,INCB 的年度报告具有很强的导向性,不仅分析了本年度各国各地区的毒品管制状况,更提出了一系列的意见和建议,供各缔约国参考并执行。从 1992 年开始,年度报告的第一章都会提出一个明确的毒品管制主题,在给予了充分的分析后给出结论和建议,供各缔约国在制定毒品政策时采用。历年年度报告的主题分别是:1992 年,毒品非医学用途的合法化问题;1993 年,减少毒品需求的重要性;1994 年,国际禁毒公约效力的评价;1995 年,反洗钱的优先性问题;1996 年,毒品滥用和司法惩治体系;1997 年,在毒品泛滥的环境下防止毒品滥用;1998 年,毒品国际管制的过去、现状和未来;1999 年,从毒品的苦难中获得自由;2000 年,国际管制毒品的过度消费;2001 年,全球化和新科技——21 世纪毒品管制的新挑战;2002 年,非法毒品和经济发展;2003 年,毒品、犯罪和暴力——微观层面的冲击;2004 年,减少毒品供需两端的综合战略——平衡的发展途径;2005 年,替代种植和合法的生活方式。

二、麻醉品委员会①

麻醉品委员会（The Commission On Narcotic Drugs，CND）是由经济及社会理事会 1946 年设立的，作为联合国在国际药物管制事项方面的主要决策机构。委员会目前由经社理事会选出的 40 名成员组成，1973 年，中国派观察员出席了该委员会第 25 届会议。1981 年起，中国以观察员身份出席该委员会的历届会议和特别会议。1986 年 1 月 1 日起，中国成为该委员会的正式成员国。

CND 的职责是审查全球毒品状况，以加强国际药物管制。作为联合国经社理事会的职能委员会，CND 监督各毒品公约的执行情况，向经社理事会提出建议并负责草拟国际毒品公约。自该委员会成立后，已分别草拟并由联合国大会通过了《1961 年麻醉品单一公约》《1971 年精神药品公约》和《1988 年联合国禁止非法贩运麻醉药品和精神药物公约》。以后又制定了《联合国系统麻醉品滥用管制行动计划》和《全球行动纲领》等文件，要求各国政府贯彻执行。1998 年 8 月 10 日，联合国大会在有关全球毒品问题的第 20 次特别会议上通过了《政治宣言》，分别确定了联合国成员国 2003 年和 2008 年的禁毒目标。CND 负责分析各国的报告，监督各成员国对《政治宣言》的执行情况并向联合国大会报告。在 2003 年 4 月 16 日和 17 日，CND 的部长级会议审议并评估了《政治宣言》的 2003 年目标。CND 还负责向联合国国际禁毒署提供政策性指导并统领联合国国际禁毒署的工作。

三、联合国国际禁毒署②

联合国国际禁毒署（United Nations International Drug Control Programme，UNDCP）是由联合国大会于 1990 年 12 月 12 日第 45/179 号决议设立的，1991 年开始工作。UNDCP 协助各成员国实施各项国际禁毒条约，履行现有国际药物管制协定以及联合国大会、经社理事会和麻醉品委员会的授权所规定的职责。UNDCP 隶属于经社理事会并受 CND 的领导，其活动经费来自联合国的经常经费和联合国成员国的自愿捐助。

此外，禁毒署还有以下职能：（1）为麻醉品委员会的各附属机构服务；（2）提供法律援助，协助实施联合国各项药物管制公约；（3）出版分析报告和研

---

① 参见麻醉品委员会官方网站，http://www.unodc.org/unodc/en/cnd.html。
② 参见联合国禁毒署官方网站，www.unodc.org。

究报告;(4)对各国政府的请求作出响应,与世界卫生组织密切合作;(5)编写和分发禁毒执法培训手册和材料的指导说明,供世界各地的缉毒人员使用;(6)配合各项禁毒执法培训方案和活动等。

四、其他相关国际禁毒机构

除了以上三个重要的国际禁毒机构外,还有一些非专门为毒品管制而设立的机构在国际毒品管制中发挥重要作用,如世界卫生组织(World Health Organization,WHO)和国际刑警组织(International Criminal Police Organization,INTERPOL)。

WHO 是联合国于 1948 年成立的一个专门机构,其目的在于促进国际合作以改善卫生环境与公共健康。WHO 章程规定了其有促使所有民族尽可能达到最高健康水平的广泛义务。联合国授予 WHO 在国际毒品管制合作方面广泛的职能,如:(1)根据授权可以合法生产和出口麻醉药品;(2)根据其麻醉药品、精神药物的研究和评断,向 CND 提出修订有关麻醉药品和精神药物公约之附表的建议;(3)提出并组织实施防范滥用麻醉药品和精神药物的国际计划。如其于1990 年 6 月宣布设立一个新的防治毒品滥用的强化计划,提出为减少毒品滥用将采取的全球性行动的三个主要目标:"第一,在个人、家庭、社区和国家各层次防治滥用毒品现象的泛滥;第二,开发医治毒瘾和有关疾病的有效措施和方法;第三,共同合作控制合法的精神药物的提供。"WHO 特别关注因毒品滥用而引发的公共健康问题,如艾滋病的传播等,其通过强化各缔约国医疗机构的合作来减轻这种危害。[①]

INTERPOL 于 1923 年成立于维也纳,第二次世界大战后其总部转移到巴黎。INTERPOL 是联系 100 多个国家的刑事警察部队的国际政府间组织,其总部存有国际罪犯的记录,各成员国设有各自的情报交换机构与INTERPOL 总部保持情报联系。中国于 1984 年加入该组织,负责与总部联系的机构是国际刑警中国国家中心局。1988 年公约第 7 条第 8 款强调了国际刑警组织在国际毒品管制中的职能,即相关缔约国可以通过 INTERPOL 传递法律协助的请求。协助成员国打击国际毒品犯罪也是 INTERPOL 的职能之一。[②]

---

① 参见世界卫生组织官方网站,http://www.who.int/entity/en/。
② 参见国际刑警组织官方网站,www.interpol.int。

第五节　中国与国际禁毒合作

　　基于毒品犯罪的跨国性和集团性,单靠一国自身的力量很难控制毒品的蔓延,特别是伴随着毒品犯罪的洗钱行为,一般都是跨越国界的。而由于主权原则和不干涉他国内政原则,毒品嫌犯及其所得财产一旦转移到国外,行为地国政府便很难对其进行管制,容易使毒品嫌犯逍遥法外,更加大了国际毒品管制的难度。所以国际社会达成共识,必须加强国际合作打击毒品犯罪。《联合国禁止非法贩运麻醉药品和精神药物公约》把国际合作原则作为公约的核心原则。联合国及其所属机构多次召开国际反毒品会议,就毒品管制立法和执法问题进行探讨,统一、协调和指导各国的毒品管制活动,促进和推动国际合作。

　　从历史上看,国际禁毒合作可以追溯至 20 世纪初叶,1909 年在上海召开的"万国禁烟大会"。虽然参加国实际上仅有中、美、英、德、法、俄、意、日等 13 个国家,会议也仅仅是通过了九项非约束性的决议,但毕竟是开了国际社会共同禁毒的先河,为随后的国际禁毒会议的召开奠定了基础。1912 年各国禁毒合作的第一个国际协定——"海牙国际公约"诞生了。根据这一公约,中国、美国及许多欧洲国家都制定了法律,追究非法走私毒品的刑事责任。在此后的几十年里,国际社会先后签订了大量的禁毒公约,尤其是 20 世纪 90 年代,区域性和全球性的禁毒会议频繁召开,毒品犯罪的跨国跨区域的性质,决定了缉毒斗争必须开展广泛而有效的国际合作,这主要表现在毒品情报的收集与交流、毒品犯罪嫌疑人的国际追捕以及打击毒品"洗钱"活动等方面。实践表明,这些合作活动和措施已经,并且正在侦查跨国(境)毒品犯罪案件中发挥着巨大的作用。

一、国际禁毒合作的起步与发展[①]

　　1948 年联合国 94 个国家共同签署一项特别议定书,其中规定将第二次世界大战后出现的人工合成麻醉品置于国际管制之下。该议定书 1949 年 12 月 1日生效。1953 年 6 月在联合国范围内又签署一项新的议定书,即限制和调节罂粟植物的种植、鸦片的生产、国际贸易、批发购售及其使用的议定书(1963 年生效)。该议定书将鸦片使用和贸易限制在医疗和科研需要的范围内,并对可以合法贮存的国家所贮存的鸦片实行控制。当时,批准为合法生产、出口鸦片的国家

---

　　① 　张文峰主编:《当代世界毒品大战》,当代世界出版社 1995 年版,第 107 页。

仅 7 个,即保加利亚、希腊、印度、伊朗、土耳其、苏联和南斯拉夫,其他国家种植、生产和出口鸦片一律视为非法。

到了 20 世纪 60 年代,毒品问题日趋泛滥,对人类健康和各国政治、经济、社会治安等方面的危害日益严重。尽管过去在开展禁毒合作方面国际社会已有了一系列的公约、条约、协定、议定书等,但由于时间的迁移,毒品情况的变化,有些规定和章法已不适应形势发展的需要,有的也显得繁琐和重复。因此,有必要对过去所有的关于麻醉品的国际公约和协定等进行合并和修定。1961 年 1 月至 3月,在联合国倡议下,95 个国家在纽约联合国总部举行了制定新的麻醉品国际公约的会议,通过了《1961 年麻醉品单一公约》(1964 年 12 月生效)。公约综合了以前签订的有关麻醉品管制条约、公约、协定、议定书,简化和加强了国际上麻醉品的管理机构,将过去的常设中央委员会和毒品监督机构等合并为统一的国际麻醉品管制局,早期条约中的一些条款本公约中也有保留,如 1931 年公约中的有关报告制度等。另外,该公约还增加了新的有关吸毒者的治疗和康复的内容,以及经过一定过渡期禁止非医疗目的的传统的吸食鸦片、咀嚼古柯叶、抽吸和使用大麻的内容。公约经过 1972 年《修正 1961 年麻醉品单一公约议定书》修订后更加充实和完善。

在《1961 年麻醉品单一公约》签订后的 10 年间,一些精神药品(如安非他明等)的走私和滥用日益突出并成为严重的社会问题。联合国有关机构认真研究了当时精神药品走私和滥用形势,于 1971 年 2 月主持签订了《1971 年精神药品公约》(1976 年 8 月 16 日生效)。这是目前为止另一个主要的国际禁毒公约。公约对以往诸多公约中没有包括进去的精神药物的生产、贸易和使用实行严格管制。公约限定了精神药物的范围,即包括致幻剂如 LSD 和麦司卡林、兴奋剂如安非他明以及镇静催眠剂如巴比妥酸盐等。20 世纪 60 年代和 70 年代麻醉品单一公约和精神药物公约的签订是人类历史上在禁毒斗争方面国际合作的两大典型例证。它一方面标志着毒品泛滥形势日益严重,另一方面也标志着国际合作禁毒斗争进入了全面发展的新时期。20 世纪 70 年代末毒品问题已相当严重,引起国际社会的更大关注。进入 80 年代后,联合国为适应世界合作禁毒斗争的需要,进一步加强了宣传攻势。它曾多次召开专题会议,大张旗鼓地宣传毒品的危害性及毒品形势的严峻性,号召令世界行动起来,齐心协力,寻求对付毒品瘟疫的办法,打一场全球范围的扫毒战,为人类创造一个良好的生活和工作环境。

1984 年 12 月联合国召开第 39 届大会,通过一项《管制麻醉品贩运和麻醉品滥用宣言》。宣言指出,毒品贩运和滥用是一种对许多国家和人民构成严重威胁的国际犯罪活动。各个国家、地区和国际社会应该通过道德、法律和组织手段同它作斗争。宣言还认定,根除麻醉品贩运和滥用是所有国家的集体责任,成员国愿意在这方面加强努力并协调其战略。这次联大被认为是在新的毒品形势下,联合国向全世界发起反击毒品瘟疫的新的政治动员,对全世界的禁毒斗争产生了深远的影响。

1987年6月联合国在维也纳召开了"麻醉品滥用和非法贩运问题"的部长级国际反毒会议。大会的主题口号是"爱生命,不吸毒"。这次大会是根据联合国秘书长德奎利亚尔在1985年5月的倡议召开的,来自各个国家的3 000名代表出席,据称是历史上规模最大的一次国际反毒会议。马来西亚总理马哈蒂尔·穆罕默德任大会主席,德奎利亚尔致开幕词。代表们在会上就毒品的滥用和非法交易以及开展国际合作和各国禁毒措施等方面的问题交换了意见。会议通过了《会议政治宣言》《关于麻醉品滥用和非法贩运问题的综合的多科性的未来行动草案》(简称《综合草案》)等文件。确定每年6月25日为"国际禁毒日"。《会议政治宣言》指出,所有与会国承诺采取有力的国际行动来反对滥用毒品和非法贩运毒品,以此作为各国政策的一项重要目标,表达了各个国家为实现国际社会没有毒品的目标而加强努力和进行各种合作的决心。《综合草案》虽然不具有法律宪章的地位,但是它仍然必须被当作在道义上有约束力的承诺,即通过集体努力以贯彻减少毒品滥用和非法贩运的准则。大会的召开体现了德奎利亚尔1985年倡议的初衷,即让人们充分认识滥用毒品之危害,从而团结起来同它作斗争。

1990年2月,联合国根据1989年11月第44届联大的号召,在纽约举行了第17届特别大会,专门研究讨论了世界毒品问题。各大洲100多个国家的代表出席会议。会议通过了《政治宣言》和《全球行动纲领》。《政治宣言》指出:禁毒是世界各国的共同责任,国际社会应给予更高的优先地位;我们决心保护人类免除毒品滥用和非法贩运麻醉品和精神药物的灾难;我们将扩大和增强反对非法毒品滥用活动中国际合作的范围和效力。《全球行动纲领》共分为100个段落,提出了落实《宣言》的具体措施,为世界范围内的反毒斗争设计了一幅蓝图。会议郑重宣布1991—2000年为"联合国禁毒10年",显示了国际社会扫毒的决心和集中力量歼毒的意愿。

二、中国参与国际禁毒合作的历程及特征

毒品犯罪的全球化态势决定了中国禁毒事业的成功只有在世界禁毒事业取得成功后方可实现。当前我国所面临的毒品问题,已不仅仅是一个国内问题,不

可能只靠在国内实行严厉查禁所能奏效,而必须放在全世界的范畴内来研究治理对策,通过开展与世界各国特别是周边国家的广泛合作,才能更有效地减少国外的毒源,遏止境外毒品多头向我国渗透的态势,从而从根本上解决问题。加之中国又是世界上区域大国,这就决定了中国在区域禁毒合作上发挥着主导作用。

新中国建立初期,我国面临毒品问题非常严峻,但当时的毒品犯罪基本上还是个国内问题,由于帝国主义对新中国的封锁,我们也不可能借助外力来协助禁毒,在相当的时期内,我国禁毒斗争只能在一个相对封闭的环境中进行,当时国内外情况决定了我们只能"关起门来打狗",不允许也根本谈不上与国际间进行禁毒合作。进入 20 世纪 80 年代以后,我国实行对外开放政策,门户已经打开,国外境外的毒犯利用我国改革开放对边境管理逐步放松之机,假道我国大肆进行过境贩毒,使我国的毒品问题在一开始就带有浓厚的国际色彩。毒品大举入侵,迫使我们奋起应战,展开了大规模的禁毒斗争,并且逐步同周围国家及地区开展了日益广泛和密切的禁毒合作,取得显著成效,从其进展的过程来看,大体经历了以下四个转变:

(一)由保守到积极参战

中华人民共和国成立初期,我国仅用三年时间就彻底地禁绝了鸦片,此后的 30 年,我国成为世界独一无二的无毒国;改革开放以后,当新一轮毒潮涌入中国时,绝大多数人对此毫无准备,而面对早已禁绝又重新出现的毒品问题,不少人以为只要用 50 年代那样严厉查禁的措施,打一场"淮海战役"那样的歼灭战,就可以将其彻底扫除,对于是否要开展国际禁毒合作,还认为似乎没有必要,也心存疑惑,寄希望于依靠我国自身力量来解决。然而,此时我国面对的毒品问题,其特点和我国国情背景已经与 60 年代不同了,毒源在外,毒流不止,关门打狗已难以奏效,在这种情况下,人们开始认识到,要解决我国的毒品问题,没有国际合作是行不通的,进而积极步入了禁毒国际合作的准备、尝试与探索。

(二)由意向合作到实质突破

80 年代中期以来,我国政府、国家政府、国家禁毒委员会、公安部以及边境省、自治区的党委、政府和公安机关的领导同志,在与美国、缅甸、泰国、中国香港等国家和地区的互访中,曾不断就禁毒合作问题交换意见,表明了合作意向。一些边境地区的公安机关也就合作事宜与毗邻国家的地方当局交换了意见。① 这些努力,为推动我国全方位的禁毒国际合作奠定了基础。经各方多次交流会谈,首先由中、缅和联合国两国三方签署了禁毒合作项目,并建立了定期会晤制度,

① 崔敏:《毒品犯罪发展趋势与遏制对策》,警官教育出版社 1999 年版,第 78 页。

继而扩大为中国、缅甸、泰国和联合三国四方的禁毒合作；其后又进一步吸收越南、老挝、柬埔寨等国参与，形成了六国七方合作的格局。[①] 1995 年 5 月，中国、越南、老挝、泰国、缅甸、柬埔寨及联合国禁毒署在北京召开第一次次区域禁毒合作部长级会议，通过《北京宣言》，并签署《次区域禁毒行动计划》。[②] 1997 年，江泽民主席访问美国，与克林顿总统签署《中美联合声明》，为中美两国禁毒合作铺平了道路；1998 年 7 月，江泽民主席又出访哈萨克斯坦，签署了中、哈、吉、俄、塔五国《联合声明》，把打击毒品犯罪和跨国犯罪作为五国合作的重要内容。经过这一系列努力，进一步确立了全方位禁毒国际合作的新格局，并赋予它最高的权威。[③]

(三) 合作的内容和形式由单一趋向多元

我国起初国际间的禁毒合作，主要集中在缉毒方面，即对国际贩毒大案要案进行合作侦破和进行毒品犯罪的情报交流。例如，1988 年 3 月，我国公安机关在上海发现贩毒分子利用空运锦鲤鱼夹带毒品企图向美国走私，在美国与香港地区警方配合下，迅速将其一举破获。随着形势的发展和变化，我国与国际间的禁毒合作领域逐渐扩大，现已发展到禁种、禁制、禁吸等各个方面，合作的形式也由互访、考察、情报交流，拓展到签署项目、推广替代种植、进行培训、开展学术交流、举办国际会议等，形成了较为完整的禁毒国际合作体系。

(四) 禁毒国际合作步入法制化轨道

1985 年 6 月 18 日，全国人大常委会通过批准我国加入经修正的《1961 年麻醉品单一公约》和《1971 年精神药物公约》。1989 年 9 月 4 日，全国人大常委会通过决定，批准我国加入联合国《禁止非法贩运麻醉药品和精神药物公约》。随后，在我国司法实践中，根据禁毒国际公约的基本准则，将"普遍管辖权"及"或引渡或起诉"等规范，纳入我国的国内法。1990 年 12 月 28 日全国人大常委会通过的《关于禁毒的决定》第 13 条明文规定："中华人民共和国公民在中华人民共和国领域外犯走私、贩卖、运输、制造毒品罪的，适用本决定。""外国人在中华人民共和国领域外犯前款罪进入我国领域的，我国司法机关有管辖权，除依照我国参加、缔结的国际公约或者双边条约实行引渡的以外，适用本决定。"我国于 1997 年修改后的《刑法》中再次确认并完善了上述规定。这就使我国开展禁毒国际合作，完全纳入了法制轨道。1991 年 6 月 17 日，中国代表团在联合国经社

---

① 陈淑庄：《世界毒品大战》，法律出版社 1998 版，第 126 页。
② 陈榕：《我国参与国际禁毒合作的做法与思考》，《云南公安高等专科学校学报》2001 年第 3 期。
③ 同①，第 198 页。

理事会会议上提出了中国政府关于从根本上解决毒品问题的六点建议：(1) 各国应采取国家一级综合治理的方针,制定多学科、多部门的行动计划,以便从根本上解决毒品问题;(2) 各国和联合国有关机构以及其他国际组织应切实、全面地执行全球禁毒行动纲领和系统行动计划中的各项任务;(3) 各国,特别是主要毒品消费国应采取有效措施大幅度减少非法需要;(4) 结合有关办法,有效支持毒品生产国家发展替代毒品的经济作物;(5) 有关各方应就执行区域禁毒战略达成双边或多边协议;(6) 毒品主要消费国和其他有能力的国家应为国际禁毒提供更多的捐款。根据以上建议,我国政府曾协助缅甸边境居民铲除毒品原植物,并开垦土地种植甘蔗,支持他们用经济作物去替代毒品生产。从以上情况可以看出,我国已摆脱了相对封闭的禁毒格局,经过 20 年的酝酿、准备、尝试及不懈的努力,已经使禁毒国际合作有了一个良好的开端。[①]

三、中国当前参与的国际禁毒合作[②]

(一) 中国参与的有关"金三角"地区毒品问题的国际合作

按照国务院的统一部署,2007 年,国家禁毒办积极协调商务部和云南省有关部门,在缅北和老北地区开展了大规模的罂粟替代种植和替代产业发展工作。8 月 31 日,国务院境外罂粟替代发展工作领导小组在云南昆明召开会议,确定了在缅老北部开展替代发展示范项目的原则。11 月 20 日,中缅双方签署了罂粟替代发展合作行动方案,为两国深入开展替代发展合作奠定了基础。云南省安排有关边境州市在相邻的缅北、老北地区建设 5 个替代发展示范区。3 月 16 日,国家禁毒办与缅方正式签署了在缅北景栋地区实施魔芋种植项目的协议。为帮助当地弃种罂粟的烟农解决生计困难,中方继续为缅北传统罂粟种植区提供 1 万吨大米援助。截至 2007 年底,云南省共有 135 家境外替代发展企业,新增投资 1.69 亿元人民币,实现新增替代种植面积 26.75 万亩。"金三角"地区罂粟种植面积下降至 27.9 万亩,为 30 年来最低。

继续开展对缅北罂粟种植的遥感监测和实地踏查工作。按照中缅两国达成的协议,国家禁毒办连续 4 年委托中科院遥感所对缅北地区罂粟种植情况开展遥感监测工作,监测范围不断扩大,监测手段不断完善,监测准确率不断提高,监测效果日益显现。为验证遥感监测影像,国家禁毒办专门组织了实地踏查工作组会同缅方赴缅北罂粟种植地区实地勘查罂粟种植情况。2006 年冬至 2007 年

---

① 陈淑庄:《世界毒品大战》,法律出版社 1998 版,第 21 页。
② 参见《2008 年中国禁毒报告》,载公安部官方网站：http://www.mps.gov.cn/。

春,对"金三角"罂粟种植地区监测面积达 20.1 万平方公里,并结合实地踏查情况向缅方通报了一批种植罂粟的嫌疑靶点坐标,对及时铲除种植罂粟发挥了重要作用。

同时,进一步加强了与老挝的替代发展合作。7 月,国家禁毒委员会常务副秘书长杨凤瑞应邀率团赴老挝北部乌多姆赛省出席了 2007 年中老禁毒合作会议,参加了中方援助 60 万美元建设的乌多姆赛省戒毒康复中心剪彩仪式,考察了中方企业的橡胶种植替代发展项目。2007 年,我国与缅甸、老挝等国会谈、会晤 75 次,开展联合扫毒办案 27 次,抓获毒品违法犯罪嫌疑人 283 名,缴获毒品 644.3 千克、易制毒化学品 4 795.3 千克。

(二) 中国与东盟地区的禁毒国际合作

自 1995 年第一届 MOU 部长级会议在北京召开后,2007 年 5 月,MOU 六国七方部长级会议再次在北京召开。会议通过了《2007 年 MOU 北京宣言》和更新的《次区域行动计划》,对今后一段时期本地区禁毒国际合作制定了规划。12 年来,该机制对减少东亚次区域罂粟种植、减少毒品危害、更新禁毒理念、提高执法能力起到了积极推动作用,被誉为次区域禁毒合作典范。

2007 年,我国积极参加"东盟和中国"禁毒合作机制、"东盟和中国"打击跨国犯罪机制禁毒工作组机制的多次工作会议。11 月,国家禁毒办组团赴泰国参加了第三十一届亚太地区禁毒执法机构负责人会议和"打击苯丙胺类毒品联合行动"工作组会议。在这些机制平台的支持下,我国与东盟国家的禁毒合作取得了新的突破。2007 年 6 月,在国家禁毒办的统一协调下,福建省公安厅禁毒总队与菲律宾警方联手成功侦破蔡爱山特大跨国制贩毒品案,抓获犯罪嫌疑人 8 名,在菲律宾捣毁一大型毒品加工厂及两处毒品仓库,缴获冰毒 180 公斤、易制毒化学品近 10 吨。此案的成功破获在国内外引起强烈反响,把我国与东盟国家的多边禁毒合作推进到了新的水平。

(三) 中国与中亚地区国家的禁毒合作

针对"金新月"及周边其他地区毒品向我国入境增多的情况,我国进一步加强与阿富汗、巴基斯坦及周边国家、上海合作组织成员国有关国家合作,积极构建禁毒合作渠道和机制,从多种渠道堵截"金新月"毒品渗透入境。2007 年 7 月,国家禁毒委员会副主任、公安部副部长张新枫率团访问俄罗斯,与俄麻醉品监管总局举行了业务会谈,探讨了加强双边合作、共同堵截阿富汗毒品外流问题。9 月,张新枫副部长会见了来访的巴基斯坦禁毒部秘书阿巴斯一行,双方同意建立中央和边境联络员制度,加大联合办案力度,严厉打击和防范阿毒品向中国贩运。据通报,2007 年 1—10 月,巴方共破获以中国为目的地的跨国贩运海洛因案件 200 余起。在巴方配合下,我国广东、新疆等省区成功抓获 16 名外国籍犯罪嫌疑人,缴获毒品海洛因 24 公斤。

在积极加强与周边国家开展打击"金新月"毒品贩运双边合作同时,还积极参与联合国、上海合作组织以及巴黎进程机制等多边合作机制,构建堵截"金新月"毒品的天罗地网。2007 年,先后派员参加了"巴黎进程"、上海合作组织等框架下的多次禁毒工作会议,交流阿毒品贩运情报,商讨务实合作事宜。

(四)中国与欧美国家的禁毒国际合作

为落实 2006 年国家禁毒委员会与美达成的共识,2007 年 2 月,国家禁毒委员会常务副秘书长杨凤瑞率团赴美开展禁毒业务交流,与美国白宫禁毒政策办公室主任、美国司法部缉毒署署长等进行座谈;会见了美国众议院"美中工作小组"共同主席;实地考察了迈阿密戒毒康复中心、毒品法庭和位于夏威夷的美国西部多部门联合毒品情报工作组。4 月和 6 月,分别派出两个代表团赴美参加了两期执法培训。2007 年 1 月,中国、美国、加拿大三国联合侦破了"0303"特大跨国走私可卡因案件,在加拿大抓获 5 名犯罪嫌疑人,在广东抓获 6 名犯罪嫌疑人,在美国缴获可卡因 25 公斤,该案是由中方提供准确情报,协调美、加两国开展侦办工作的典型案例。此外,中美双方还就"叶真理"案件开展了合作。

继 2005 年我国与荷兰签署了易制毒化学品管制的意向备忘录后,我国与欧盟就关于加强易制毒化学品管制的合作协议文本基本达成一致。2007 年 7 月和 12 月,根据中澳双方 2006 年达成的共识,澳大利亚联邦警察为我国禁毒执法人员提供了两期情报执法方面的培训班,加强了两国禁毒业务交流。

参考文献

1. ［德］汉斯·海因里希·耶塞克：《为德意志联邦共和国刑法典序》，载《德国刑法典》，徐久生、庄敬华译，中国方正出版社 2004 年版。

2. ［德］罗克辛：《德国刑法学总论》，王世洲译，法律出版社 2005 年版。

3. ［美］菲利浦·比恩：《美国的反毒品法院——一个新动向》，载《外国法学研究》1998 年第 4 期。

4. ［日］大谷实：《刑法讲义各论》，黎宏译，中国人民大学出版社 2008 年版。

5. Betsy S. Vourlekis & Roberta R. Greene：《社会工作个案管理》，林武雄译，台湾扬智文化 2000 年版。

6. Julius R. Ballew & George Mink：《个案管理》，王玠、李开敏、陈雪等译，台湾心理出版社股份有限公司 1998 年版。

7. 《2000 年中国禁毒白皮书》，见 http://www. mps. gov. cn。

8. 《2003 年中国禁毒报告》，见 http://www. mps. gov. cn。

9. 《2006 年中国禁毒报告》，见 http://www. mps. gov. cn。

10. 《国家禁毒委员会负责人就〈2004—2008 年禁毒工作规划〉答记者问》，见 http://www. mps. gov. cn/n16/n80209/n80361/744525. html。

11. 《日本刑法典》，张明楷译，法律出版社 1998 年版。

12. 蔡志基：《国际和国内禁毒与戒毒工作回顾》，《中国药物滥用防治杂志》2001 年第 7 期。

13. 陈榕：《我国参与国际禁毒合作的做法与思考》，《云南公安高等专科学校学报》2001 年第 3 期。

14. 陈淑庄：《世界毒品大战》，法律出版社 1998 版。

15. 褚宸舸：《中国禁毒立法三十年——以立法体系的演进与嬗变为视角》，《中国人民公安大学出版社（社会科学版）》2008 年第 3 期。

16. 崔浩主编：《行政法教程》，浙江大学出版社 2004 年版。

17. 崔敏：《毒品犯罪发展趋势与遏制对策》，警官教育出版社 1999 年版。

18. 崔庆森、陈宝树主编：《中外毒品犯罪透视》，社会科学文献出版社 1993 年版。

19. 杜希恩主编：《麻醉药品和精神药品管理条例宣传手册》，中国中医药出版社 2005 年版。

20. 范志海：《高危弱势群体的社区照管：理论与经验》，《华东理工大学学报（社会科学版）》2007 年第 2 期。

21. 高英东：《美国的毒品合法化之争》，《世界知识》2006 年第 15 期。

22. 高英东：《美国毒品问题初探》，《美国研究》1998 年第 4 期。

23. 公安部禁毒局等主编：《易制毒化学品管理与执法指南》，中国人民公安大学出版社 2007 年版。

24. 郭建安、李荣文主编：《吸毒违法行为的预防与矫治》，法律出版社 1999 年版。

25. 国家禁毒委办公室编：《禁毒法规与公约》，经济科学出版社 1997 年版。

26. 韩丹：《吸毒人群调查》，江苏人民出版社 2007 年版。

27. 胡建淼：《行政法学》（第二版），法律出版社 2003 年版。

28. 胡训珉：《毒品犯罪的基本特点与禁毒战略的重构》，《探索与争鸣》2008 年第 3 期。

29. 黄藏巍、徐荣海：《关于禁吸帮教工作的思考》，《中国药物滥用防治杂志》2003 年第 6 期。

30. 黄琳：《全球毒品新地图："金三角"萎缩阿富汗问题严峻》，《瞭望新闻周刊》2005 年 3 月 16 日。

31. 黄肇炯：《国际刑法概述》，四川大学出版社 1994 年版。

32. 蒋和平：《毒品问题研究》，四川大学出版社 2005 年版。

33. 瞿伟、苏文娜、梁伟：《欧洲毒品问题评述》，《中国药物依赖性杂志》2008 年第 3 期。

34. 李文云等：《哥伦比亚毒贩盯上中国 走私毒品动辄上吨》，《环球时报》2006 年 5 月 12 日。

35. 李亚红：《浅谈戒毒医疗机构的现状及监督管理对策》，《公共卫生与预防医学》2006 年第 6 期。

36. 林胜义：《社会工作概论》，台湾五南图书出版有限公司 2001 年版。

37. 林晓光：《日本的毒品问题》，《国际展望》1994 年第 21 期。

38. 蔺剑：《毒品犯罪的定罪与量刑》，人民法院出版社 2000 年版。

39. 蔺剑：《毒品犯罪的定罪与量刑》，人民法院出版社 2000 年版。

40. 刘伟兵：《日本毒品问题的现状及其相关对策》，《北京人民警察学院学报》2005 年第 4 期。

41. 刘志民:《亚洲和美国的毒品流行状况》,《中国药物依赖性杂志》2005 年第 2 期。

42. 梅传强:《回顾与展望:我国禁毒立法之评析》,《西南民族大学学报(人文社科版)》2008 年第 1 期。

43. 美国国务院国际咨询局编:《全球事务》第 11 卷第 1 期。

44. 缪解玲:《"1+1"脱毒治疗门诊中值得关注的几个问题》,《中国药物滥用防治杂志》2004 第 1 期。

45. 彭凤莲:《毒品犯罪专题整理》,中国人民公安大学出版社 2007 年版。

46. 曲玉珠:《德国禁毒立法与戒毒方法概述》,《德国研究》1998 年第 3 期。

47. 全国人大常委会法制工作委员会刑法室:《中华人民共和国禁毒法释义及实用指南》,中国民主法制出版社 2008 年版。

48. 全国人民代表大会常务委员会法制工作委员会刑法室编:《中华人民共和国禁毒法解读》,中国法制出版社 2008 年版。

49. 桑红华:《毒品犯罪》,警官教育出版社 1992 年版。

50. 上海市禁毒委员会办公室、上海市法学会编:《痛击毒魔:禁毒理论与实践》,上海社会科学院出版社 2006 年版。

51. 司法部:《司法行政系统 1998 年以来禁毒工作报告》(2004 年)。

52. 宋晓明:《吸食新型毒品的特点及其防控对策》,《西南政法大学学报》2006 年第 6 期。

53. 苏智良:《毒品与中国社会》,见 http://www.swupl.edu.cn/mweb/dupinjidi/content.asp。

54. 王皇玉:《论贩卖毒品罪》,《法学评论》2005 年总第 84 期。

55. 王磊:《当代英国禁毒政策探析》,《欧洲研究》2004 年第 5 期。

56. 王玮:《中美禁毒立法比较研究》,《公安学刊》2007 年第 4 期。

57. 谢明松、徐荣海:《规范强制戒毒所戒毒医疗初探》,《中国药物滥用防治杂志》2008 年第 1 期。

58. 徐伟俊:《论毒品犯罪》,苏州大学 2003 届法律硕士论文。

59. 闫伟刚、王晓木:《对我国现行戒毒模式的评价与未来改革方向的思考》,《中国药物依赖性杂志》2004 年第 4 期。

60. 杨国栋、傅杰青:《走有中国特色的戒毒之路》,《中国药物滥用防治杂志》2001 年第 1 期。

61. 姚建龙:《禁毒法与我国戒毒体系之重构——风险预估与对策建议》,《中国人民公安大学学报(社会科学版)》2008 年第 2 期。

62. 于志刚:《毒品犯罪及相关犯罪认定与处理》,中国方正出版社 1999 年版。

63. 余凌云主编:《违法行为矫治措施》,中国人民公安大学出版社 2005 年版。

64. 俞文:《现代略论当前国际社会毒品犯罪问题禁而不止的根源》,《甘肃政法成人教育学院学报》2001 年 12 月第 4 期。

65. 元道渊:《毒品犯罪与禁毒立法问题研究》,大连海事大学 2005 年法学硕士论文。

66. 张官柏、扬茂彬、王晓光等:《治疗社区的操作模式》,《中国药物滥用防治杂志》2004 年第 3 期。

67. 张海东:《日本对毒品犯罪的侦查方法及其对我国的启示》,《日本问题研究》2006 年第 4 期。

68. 张金:《奇谈怪论——毒品"合法化"》,《国际金融报》2001 年 8 月 10 日。

69. 张晶等:《治安管理处罚法概论》,安徽人民出版社 2006 年版。

70. 张瑞敏、冯忠堂、张力群:《海洛因等阿片类物质依赖的临床与治疗》,山西科学技术出版社 1999 年版。

71. 张绍民等主编:《戒毒大视角——吸毒的预防与戒毒》,中国公安大学出版社 2004 年版

72. 张伟:《国际毒品犯罪惩治与防范研究》,吉林大学 2004 届法学硕士论文。

73. 张文峰主编:《当代世界毒品大战》,当代世界出版社 1995 年版。

74. 张辛陶主编:《毒品犯罪的认定与案例分析》,人民法院出版社 2000 年版。

75. 张旭、刘芳:《国际禁毒立法研究》,《法制与社会发展》2002 年第 2 期。

76. 张吟竹、祝凤瑞:《跨国毒品犯罪的形势与对策研究》,《云南警官学院学报》2004 年第 4 期。

77. 赵秉志、于志刚:《毒品犯罪》,中国人民公安大学出版社 1998 年版。

78. 赵秉志、于志刚主编:《毒品犯罪疑难问题司法对策》,吉林人民出版社 2000 年版。

79. 赵长青主编:《中国毒品问题研究》,中国大百科全书出版社 1993 年版。

80. 浙江省戒毒劳教所编印:《毒品及其危害》(内部资料)。

81. 郑蜀饶:《毒品犯罪的法律适用》,人民法院出版社 2001 年版。

82. 郑威、朱建林、季定素:《如何减少自愿戒毒中的医患矛盾》,《中国药物滥用防治杂志》2004 年第 2 期。

83. 中华人民共和国公安部禁毒局网页,见 http://www.mps.gov.cn。

84. 钟岩:《我国现行禁毒法律体系的构建——关注我国首部专门禁毒法典的施行》,《吉林公安高等专科学校学报》2008 年第 2 期。

85. 钟莹：《女性戒毒群体的社会支持状况与社会福利服务需求》，《河南社会科学》2007 年第 6 期。

86. 周伟：《刑事法研究新视角》，中国政法大学出版社 2000 年版。

87. 周湘斌：《个案管理服务：适合于社区矫正的社会服务方式》，《北京政法职业学院学报》2006 第 3 期。

88. 朱晓莉：《涉毒违法行为若干问题探讨——解读〈治安管理处罚法〉对涉毒违法行为的立法与处罚适用》，《福建公安高等专科学校学报》2006 年第 2 期。

89. 宗边文：《围绕中心任务 强化禁毒措施 全国新一轮禁毒人民战争开局良好成效显著》，《人民公安报》2009 年 1 月 6 日。

附 录

一、中华人民共和国禁毒法

(2007 年 12 月 29 日第十届全国人民代表大会常务委员会
第三十一次会议通过)

目 录

第一章 总 则

第 1 条 为了预防和惩治毒品违法犯罪行为,保护公民身心健康,维护社会秩序,制定本法。

第 2 条 本法所称毒品,是指鸦片、海洛因、甲基苯丙胺(冰毒)、吗啡、大麻、可卡因,以及国家规定管制的其他能够使人形成瘾癖的麻醉药品和精神药品。

根据医疗、教学、科研的需要,依法可以生产、经营、使用、储存、运输麻醉药品和精神药品。

第 3 条 禁毒是全社会的共同责任。国家机关、社会团体、企业事业单位以及其他组织和公民,应当依照本法和有关法律的规定,履行禁毒职责或者义务。

第 4 条 禁毒工作实行预防为主,综合治理,禁种、禁制、禁贩、禁吸并举的方针。

禁毒工作实行政府统一领导,有关部门各负其责,社会广泛参与的工作机制。

第 5 条 国务院设立国家禁毒委员会,负责组织、协调、指导全国的禁毒工作。

县级以上地方各级人民政府根据禁毒工作的需要,可以设立禁毒委员会,负责组织、协调、指导本行政区域内的禁毒工作。

第6条　县级以上各级人民政府应当将禁毒工作纳入国民经济和社会发展规划,并将禁毒经费列入本级财政预算。

第7条　国家鼓励对禁毒工作的社会捐赠,并依法给予税收优惠。

第8条　国家鼓励开展禁毒科学技术研究,推广先进的缉毒技术、装备和戒毒方法。

第9条　国家鼓励公民举报毒品违法犯罪行为。各级人民政府和有关部门应当对举报人予以保护,对举报有功人员以及在禁毒工作中有突出贡献的单位和个人,给予表彰和奖励。

第10条　国家鼓励志愿人员参与禁毒宣传教育和戒毒社会服务工作。地方各级人民政府应当对志愿人员进行指导、培训,并提供必要的工作条件。

第二章　禁毒宣传教育

第11条　国家采取各种形式开展全民禁毒宣传教育,普及毒品预防知识,增强公民的禁毒意识,提高公民自觉抵制毒品的能力。

国家鼓励公民、组织开展公益性的禁毒宣传活动。

第12条　各级人民政府应当经常组织开展多种形式的禁毒宣传教育。

工会、共产主义青年团、妇女联合会应当结合各自工作对象的特点,组织开展禁毒宣传教育。

第13条　教育行政部门、学校应当将禁毒知识纳入教育、教学内容,对学生进行禁毒宣传教育。公安机关、司法行政部门和卫生行政部门应当予以协助。

第14条　新闻、出版、文化、广播、电影、电视等有关单位,应当有针对性地面向社会进行禁毒宣传教育。

第15条　飞机场、火车站、长途汽车站、码头以及旅店、娱乐场所等公共场所的经营者、管理者,负责本场所的禁毒宣传教育,落实禁毒防范措施,预防毒品违法犯罪行为在本场所内发生。

第16条　国家机关、社会团体、企业事业单位以及其他组织,应当加强对本单位人员的禁毒宣传教育。

第17条　居民委员会、村民委员会应当协助人民政府以及公安机关等部门,加强禁毒宣传教育,落实禁毒防范措施。

第18条　未成年人的父母或者其他监护人应当对未成年人进行毒品危害的教育,防止其吸食、注射毒品或者进行其他毒品违法犯罪活动。

第三章　毒品管制

第 19 条　国家对麻醉药品药用原植物种植实行管制。禁止非法种植罂粟、古柯植物、大麻植物以及国家规定管制的可以用于提炼加工毒品的其他原植物。禁止走私或者非法买卖、运输、携带、持有未经灭活的毒品原植物种子或者幼苗。

地方各级人民政府发现非法种植毒品原植物的,应当立即采取措施予以制止、铲除。村民委员会、居民委员会发现非法种植毒品原植物的,应当及时予以制止、铲除,并向当地公安机关报告。

第 20 条　国家确定的麻醉药品药用原植物种植企业,必须按照国家有关规定种植麻醉药品药用原植物。

国家确定的麻醉药品药用原植物种植企业的提取加工场所,以及国家设立的麻醉药品储存仓库,列为国家重点警戒目标。

未经许可,擅自进入国家确定的麻醉药品药用原植物种植企业的提取加工场所或者国家设立的麻醉药品储存仓库等警戒区域的,由警戒人员责令其立即离开;拒不离开的,强行带离现场。

第 21 条　国家对麻醉药品和精神药品实行管制,对麻醉药品和精神药品的实验研究、生产、经营、使用、储存、运输实行许可和查验制度。

国家对易制毒化学品的生产、经营、购买、运输实行许可制度。

禁止非法生产、买卖、运输、储存、提供、持有、使用麻醉药品、精神药品和易制毒化学品。

第 22 条　国家对麻醉药品、精神药品和易制毒化学品的进口、出口实行许可制度。国务院有关部门应当按照规定的职责,对进口、出口麻醉药品、精神药品和易制毒化学品依法进行管理。禁止走私麻醉药品、精神药品和易制毒化学品。

第 23 条　发生麻醉药品、精神药品和易制毒化学品被盗、被抢、丢失或者其他流入非法渠道的情形,案发单位应当立即采取必要的控制措施,并立即向公安机关报告,同时依照规定向有关主管部门报告。

公安机关接到报告后,或者有证据证明麻醉药品、精神药品和易制毒化学品可能流入非法渠道的,应当及时开展调查,并可以对相关单位采取必要的控制措施。药品监督管理部门、卫生行政部门以及其他有关部门应当配合公安机关开展工作。

第 24 条　禁止非法传授麻醉药品、精神药品和易制毒化学品的制造方法。公安机关接到举报或者发现非法传授麻醉药品、精神药品和易制毒化学品制造方法的,应当及时依法查处。

第 25 条　麻醉药品、精神药品和易制毒化学品管理的具体办法,由国务院规定。

第 26 条　公安机关根据查缉毒品的需要,可以在边境地区、交通要道、口岸以及飞机场、火车站、长途汽车站、码头对来往人员、物品、货物以及交通工具进行毒品和易制毒化学品检查,民航、铁路、交通部门应当予以配合。

海关应当依法加强对进出口岸的人员、物品、货物和运输工具的检查,防止走私毒品和易制毒化学品。

邮政企业应当依法加强对邮件的检查,防止邮寄毒品和非法邮寄易制毒化学品。

第 27 条　娱乐场所应当建立巡查制度,发现娱乐场所内有毒品违法犯罪活动的,应当立即向公安机关报告。

第 28 条　对依法查获的毒品,吸食、注射毒品的用具,毒品违法犯罪的非法所得及其收益,以及直接用于实施毒品违法犯罪行为的本人所有的工具、设备、资金,应当收缴,依照规定处理。

第 29 条　反洗钱行政主管部门应当依法加强对可疑毒品犯罪资金的监测。反洗钱行政主管部门和其他依法负有反洗钱监督管理职责的部门、机构发现涉嫌毒品犯罪的资金流动情况,应当及时向侦查机关报告,并配合侦查机关做好侦查、调查工作。

第 30 条　国家建立健全毒品监测和禁毒信息系统,开展毒品监测和禁毒信息的收集、分析、使用、交流工作。

第四章　戒毒措施

第 31 条　国家采取各种措施帮助吸毒人员戒除毒瘾,教育和挽救吸毒人员。

吸毒成瘾人员应当进行戒毒治疗。

吸毒成瘾的认定办法,由国务院卫生行政部门、药品监督管理部门、公安部门规定。

第 32 条　公安机关可以对涉嫌吸毒的人员进行必要的检测,被检测人员应当予以配合;对拒绝接受检测的,经县级以上人民政府公安机关或者其派出机构负责人批准,可以强制检测。

公安机关应当对吸毒人员进行登记。

第 33 条　对吸毒成瘾人员,公安机关可以责令其接受社区戒毒,同时通知吸毒人员户籍所在地或者现居住地的城市街道办事处、乡镇人民政府。社区戒毒的期限为三年。

戒毒人员应当在户籍所在地接受社区戒毒;在户籍所在地以外的现居住地有固定住所的,可以在现居住地接受社区戒毒。

第34条 城市街道办事处、乡镇人民政府负责社区戒毒工作。城市街道办事处、乡镇人民政府可以指定有关基层组织,根据戒毒人员本人和家庭情况,与戒毒人员签订社区戒毒协议,落实有针对性的社区戒毒措施。公安机关和司法行政、卫生行政、民政等部门应当对社区戒毒工作提供指导和协助。

城市街道办事处、乡镇人民政府,以及县级人民政府劳动行政部门对无职业且缺乏就业能力的戒毒人员,应当提供必要的职业技能培训、就业指导和就业援助。

第35条 接受社区戒毒的戒毒人员应当遵守法律、法规,自觉履行社区戒毒协议,并根据公安机关的要求,定期接受检测。

对违反社区戒毒协议的戒毒人员,参与社区戒毒的工作人员应当进行批评、教育;对严重违反社区戒毒协议或者在社区戒毒期间又吸食、注射毒品的,应当及时向公安机关报告。

第36条 吸毒人员可以自行到具有戒毒治疗资质的医疗机构接受戒毒治疗。

设置戒毒医疗机构或者医疗机构从事戒毒治疗业务的,应当符合国务院卫生行政部门规定的条件,报所在地的省、自治区、直辖市人民政府卫生行政部门批准,并报同级公安机关备案。戒毒治疗应当遵守国务院卫生行政部门制定的戒毒治疗规范,接受卫生行政部门的监督检查。

戒毒治疗不得以营利为目的。戒毒治疗的药品、医疗器械和治疗方法不得做广告。戒毒治疗收取费用的,应当按照省、自治区、直辖市人民政府价格主管部门会同卫生行政部门制定的收费标准执行。

第37条 医疗机构根据戒毒治疗的需要,可以对接受戒毒治疗的戒毒人员进行身体和所携带物品的检查;对在治疗期间有人身危险的,可以采取必要的临时保护性约束措施。

发现接受戒毒治疗的戒毒人员在治疗期间吸食、注射毒品的,医疗机构应当及时向公安机关报告。

第38条 吸毒成瘾人员有下列情形之一的,由县级以上人民政府公安机关作出强制隔离戒毒的决定:

(一)拒绝接受社区戒毒的;

(二)在社区戒毒期间吸食、注射毒品的;

(三)严重违反社区戒毒协议的;

（四）经社区戒毒、强制隔离戒毒后再次吸食、注射毒品的。

对于吸毒成瘾严重,通过社区戒毒难以戒除毒瘾的人员,公安机关可以直接作出强制隔离戒毒的决定。

吸毒成瘾人员自愿接受强制隔离戒毒的,经公安机关同意,可以进入强制隔离戒毒场所戒毒。

第 39 条　怀孕或者正在哺乳自己不满一周岁婴儿的妇女吸毒成瘾的,不适用强制隔离戒毒。不满十六周岁的未成年人吸毒成瘾的,可以不适用强制隔离戒毒。

对依照前款规定不适用强制隔离戒毒的吸毒成瘾人员,依照本法规定进行社区戒毒,由负责社区戒毒工作的城市街道办事处、乡镇人民政府加强帮助、教育和监督,督促落实社区戒毒措施。

第 40 条　公安机关对吸毒成瘾人员决定予以强制隔离戒毒的,应当制作强制隔离戒毒决定书,在执行强制隔离戒毒前送达被决定人,并在送达后二十四小时以内通知被决定人的家属、所在单位和户籍所在地公安派出所;被决定人不讲真实姓名、住址,身份不明的,公安机关应当自查清其身份后通知。

被决定人对公安机关作出的强制隔离戒毒决定不服的,可以依法申请行政复议或者提起行政诉讼。

第 41 条　对被决定予以强制隔离戒毒的人员,由作出决定的公安机关送强制隔离戒毒场所执行。

强制隔离戒毒场所的设置、管理体制和经费保障,由国务院规定。

第 42 条　戒毒人员进入强制隔离戒毒场所戒毒时,应当接受对其身体和所携带物品的检查。

第 43 条　强制隔离戒毒场所应当根据戒毒人员吸食、注射毒品的种类及成瘾程度等,对戒毒人员进行有针对性的生理、心理治疗和身体康复训练。

根据戒毒的需要,强制隔离戒毒场所可以组织戒毒人员参加必要的生产劳动,对戒毒人员进行职业技能培训。组织戒毒人员参加生产劳动的,应当支付劳动报酬。

第 44 条　强制隔离戒毒场所应当根据戒毒人员的性别、年龄、患病等情况,对戒毒人员实行分别管理。

强制隔离戒毒场所对有严重残疾或者疾病的戒毒人员,应当给予必要的看护和治疗;对患有传染病的戒毒人员,应当依法采取必要的隔离、治疗措施;对可能发生自伤、自残等情形的戒毒人员,可以采取相应的保护性约束措施。

强制隔离戒毒场所管理人员不得体罚、虐待或者侮辱戒毒人员。

第45条 强制隔离戒毒场所应当根据戒毒治疗的需要配备执业医师。强制隔离戒毒场所的执业医师具有麻醉药品和精神药品处方权的,可以按照有关技术规范对戒毒人员使用麻醉药品、精神药品。

卫生行政部门应当加强对强制隔离戒毒场所执业医师的业务指导和监督管理。

第46条 戒毒人员的亲属和所在单位或者就读学校的工作人员,可以按照有关规定探访戒毒人员。戒毒人员经强制隔离戒毒场所批准,可以外出探视配偶、直系亲属。

强制隔离戒毒场所管理人员应当对强制隔离戒毒场所以外的人员交给戒毒人员的物品和邮件进行检查,防止夹带毒品。在检查邮件时,应当依法保护戒毒人员的通信自由和通信秘密。

第47条 强制隔离戒毒的期限为二年。

执行强制隔离戒毒一年后,经诊断评估,对于戒毒情况良好的戒毒人员,强制隔离戒毒场所可以提出提前解除强制隔离戒毒的意见,报强制隔离戒毒的决定机关批准。

强制隔离戒毒期满前,经诊断评估,对于需要延长戒毒期限的戒毒人员,由强制隔离戒毒场所提出延长戒毒期限的意见,报强制隔离戒毒的决定机关批准。强制隔离戒毒的期限最长可以延长一年。

第48条 对于被解除强制隔离戒毒的人员,强制隔离戒毒的决定机关可以责令其接受不超过三年的社区康复。

社区康复参照本法关于社区戒毒的规定实施。

第49条 县级以上地方各级人民政府根据戒毒工作的需要,可以开办戒毒康复场所;对社会力量依法开办的公益性戒毒康复场所应当给予扶持,提供必要的便利和帮助。

戒毒人员可以自愿在戒毒康复场所生活、劳动。戒毒康复场所组织戒毒人员参加生产劳动的,应当参照国家劳动用工制度的规定支付劳动报酬。

第50条 公安机关、司法行政部门对被依法拘留、逮捕、收监执行刑罚以及被依法采取强制性教育措施的吸毒人员,应当给予必要的戒毒治疗。

第51条 省、自治区、直辖市人民政府卫生行政部门会同公安机关、药品监督管理部门依照国家有关规定,根据巩固戒毒成果的需要和本行政区域艾滋病流行情况,可以组织开展戒毒药物维持治疗工作。

第52条 戒毒人员在入学、就业、享受社会保障等方面不受歧视。有关部门、组织和人员应当在入学、就业、享受社会保障等方面对戒毒人员给予必要的指导和帮助。

<h2 align="center">第五章　禁毒国际合作</h2>

第53条　中华人民共和国根据缔结或者参加的国际条约或者按照对等原则,开展禁毒国际合作。

第54条　国家禁毒委员会根据国务院授权,负责组织开展禁毒国际合作,履行国际禁毒公约义务。

第55条　涉及追究毒品犯罪的司法协助,由司法机关依照有关法律的规定办理。

第56条　国务院有关部门应当按照各自职责,加强与有关国家或者地区执法机关以及国际组织的禁毒情报信息交流,依法开展禁毒执法合作。

经国务院公安部门批准,边境地区县级以上人民政府公安机关可以与有关国家或者地区的执法机关开展执法合作。

第57条　通过禁毒国际合作破获毒品犯罪案件的,中华人民共和国政府可以与有关国家分享查获的非法所得、由非法所得获得的收益以及供毒品犯罪使用的财物或者财物变卖所得的款项。

第58条　国务院有关部门根据国务院授权,可以通过对外援助等渠道,支持有关国家实施毒品原植物替代种植、发展替代产业。

<h2 align="center">第六章　法律责任</h2>

第59条　有下列行为之一,构成犯罪的,依法追究刑事责任;尚不构成犯罪的,依法给予治安管理处罚:

(一) 走私、贩卖、运输、制造毒品的;

(二) 非法持有毒品的;

(三) 非法种植毒品原植物的;

(四) 非法买卖、运输、携带、持有未经灭活的毒品原植物种子或者幼苗的;

(五) 非法传授麻醉药品、精神药品或者易制毒化学品制造方法的;

(六) 强迫、引诱、教唆、欺骗他人吸食、注射毒品的;

(七) 向他人提供毒品的。

第60条　有下列行为之一,构成犯罪的,依法追究刑事责任;尚不构成犯罪的,依法给予治安管理处罚:

(一) 包庇走私、贩卖、运输、制造毒品的犯罪分子,以及为犯罪分子窝藏、转移、隐瞒毒品或者犯罪所得财物的;

(二) 在公安机关查处毒品违法犯罪活动时为违法犯罪行为人通风报信的;

(三) 阻碍依法进行毒品检查的;

（四）隐藏、转移、变卖或者损毁司法机关、行政执法机关依法扣押、查封、冻结的涉及毒品违法犯罪活动的财物的。

第 61 条 容留他人吸食、注射毒品或者介绍买卖毒品，构成犯罪的，依法追究刑事责任；尚不构成犯罪的，由公安机关处十日以上十五日以下拘留，可以并处三千元以下罚款；情节较轻的，处五日以下拘留或者五百元以下罚款。

第 62 条 吸食、注射毒品的，依法给予治安管理处罚。吸毒人员主动到公安机关登记或者到有资质的医疗机构接受戒毒治疗的，不予处罚。

第 63 条 在麻醉药品、精神药品的实验研究、生产、经营、使用、储存、运输、进口、出口以及麻醉药品药用原植物种植活动中，违反国家规定，致使麻醉药品、精神药品或者麻醉药品药用原植物流入非法渠道，构成犯罪的，依法追究刑事责任；尚不构成犯罪的，依照有关法律、行政法规的规定给予处罚。

第 64 条 在易制毒化学品的生产、经营、购买、运输或者进口、出口活动中，违反国家规定，致使易制毒化学品流入非法渠道，构成犯罪的，依法追究刑事责任；尚不构成犯罪的，依照有关法律、行政法规的规定给予处罚。

第 65 条 娱乐场所及其从业人员实施毒品违法犯罪行为，或者为进入娱乐场所的人员实施毒品违法犯罪行为提供条件，构成犯罪的，依法追究刑事责任；尚不构成犯罪的，依照有关法律、行政法规的规定给予处罚。

娱乐场所经营管理人员明知场所内发生聚众吸食、注射毒品或者贩毒活动，不向公安机关报告的，依照前款的规定给予处罚。

第 66 条 未经批准，擅自从事戒毒治疗业务的，由卫生行政部门责令停止违法业务活动，没收违法所得和使用的药品、医疗器械等物品；构成犯罪的，依法追究刑事责任。

第 67 条 戒毒医疗机构发现接受戒毒治疗的戒毒人员在治疗期间吸食、注射毒品，不向公安机关报告的，由卫生行政部门责令改正；情节严重的，责令停业整顿。

第 68 条 强制隔离戒毒场所、医疗机构、医师违反规定使用麻醉药品、精神药品，构成犯罪的，依法追究刑事责任；尚不构成犯罪的，依照有关法律、行政法规的规定给予处罚。

第 69 条 公安机关、司法行政部门或者其他有关主管部门的工作人员在禁毒工作中有下列行为之一，构成犯罪的，依法追究刑事责任；尚不构成犯罪的，依法给予处分：

（一）包庇、纵容毒品违法犯罪人员的；

（二）对戒毒人员有体罚、虐待、侮辱等行为的；

（三）挪用、截留、克扣禁毒经费的；

（四）擅自处分查获的毒品和扣押、查封、冻结的涉及毒品违法犯罪活动的财物的。

第70条　有关单位及其工作人员在入学、就业、享受社会保障等方面歧视戒毒人员的，由教育行政部门、劳动行政部门责令改正；给当事人造成损失的，依法承担赔偿责任。

第七章　附　则

第71条　本法自 2008 年 6 月 1 日起施行。《全国人民代表大会常务委员会关于禁毒的决定》同时废止。

二、中华人民共和国治安管理处罚法(节录)

(2005 年 8 月 28 日第十届全国人民代表大会常务委员会
第十七次会议通过)

第71条 有下列行为之一的,处十日以上十五日以下拘留,可以并处三千元以下罚款;情节较轻的,处五日以下拘留或者五百元以下罚款:

(一)非法种植罂粟不满五百株或者其他少量毒品原植物的;

(二)非法买卖、运输、携带、持有少量未经灭活的罂粟等毒品原植物种子或者幼苗的;

(三)非法运输、买卖、储存、使用少量罂粟壳的。

有前款第一项行为,在成熟前自行铲除的,不予处罚。

第72条 有下列行为之一的,处十日以上十五日以下拘留,可以并处二千元以下罚款;情节较轻的,处五日以下拘留或者五百元以下罚款:

(一)非法持有鸦片不满二百克、海洛因或者甲基苯丙胺不满十克或者其他少量毒品的;

(二)向他人提供毒品的;

(三)吸食、注射毒品的;

(四)胁迫、欺骗医务人员开具麻醉药品、精神药品的。

第73条 教唆、引诱、欺骗他人吸食、注射毒品的,处十日以上十五日以下拘留,并处五百元以上二千元以下罚款。

第74条 旅馆业、饮食服务业、文化娱乐业、出租汽车业等单位的人员,在公安机关查处吸毒、赌博、卖淫、嫖娼活动时,为违法犯罪行为人通风报信的,处十日以上十五日以下拘留。

三、中华人民共和国刑法（节录）

(1979 年 7 月 1 日第五届全国人民代表大会第二次会议通过，
1997 年 3 月 14 日第八届全国人民代表大会第五次会议修订)

第六章 妨碍社会管理秩序罪
第七节 走私、贩卖、运输、制造毒品罪

第 347 条 走私、贩卖、运输、制造毒品，无论数量多少，都应当追究刑事责任，予以刑事处罚。

走私、贩卖、运输、制造毒品，有下列情形之一的，处十五年有期徒刑、无期徒刑或者死刑，并处没收财产：

（一）走私、贩卖、运输、制造鸦片一千克以上的、海洛因或者甲基苯丙胺五十克以上或者其他毒品数量大的；

（二）走私、贩卖、运输、制造毒品集团的首要分子；

（三）武装掩护走私、贩卖、运输、制造毒品的；

（四）以暴力抗拒检查、拘留、逮捕，情节严重的；

（五）参与有组织的国际贩毒活动的。

走私、贩卖、运输、制造鸦片二百克以上不满一千克、海洛因或者甲基苯丙胺十克以上不满五十克或者其他毒品数量较大的，处七年以上有期徒刑，并处罚金。

走私、贩卖、运输、制造鸦片不满二百克、海洛因或者甲基苯丙胺不满十克或者其他少量毒品的，处三年以下有期徒刑、拘役或管制，并处罚金；情节严重的，处三年以上七年以下有期徒刑，并处罚金。

单位犯第 2 款、第 3 款、第 4 款罪的，对单位判处罚金，并对其直接负责的主管人员和其他直接责任人员，依照各该款的规定处罚。

利用、教唆未成年人走私、贩卖、运输、制造毒品，或者向未成年人出售毒品的，从重处罚。

对多次走私、贩卖、运输、制造毒品的，未经处理的，毒品数量累计计算。

第 348 条 非法持有鸦片一千克以上、海洛因或者甲基苯丙胺五十克以上或者其他毒品数量大的，处七年以上有期徒刑或者无期徒刑，并处罚金；非法持有鸦片二百克以上不满一千克、海洛因或者甲基苯丙胺十克以上不满五十克或者其他毒品数量较大，处三年以下有期徒刑、拘役或者管制，并处罚金；情节严重的，处三年以上七年以下有期徒刑，并处罚金。

第 349 条　包庇走私、贩卖、运输、制造毒品的犯罪分子的,为犯罪分子窝藏、转移、隐瞒毒品或者犯罪所得的财物的,处三年以下有期徒刑、拘役或者管制;情节严重的,处三年以上十年以下有期徒刑。

缉毒人员或者其他国家机关工作人员掩护、包庇走私、贩卖、运输、制造毒品的犯罪分子的,依照前款的规定从重处罚。

犯前两款罪,事先通谋的,以走私、贩卖、运输、制造毒品罪的共犯论处。

第 350 条　违反国家规定,非法运输、携带醋酸酐、乙醚、三氯甲烷或者其他用于制造毒品的原料或者配剂进出境的,或者违反国家规定,在境内非法买卖上述物品的,处三年以上十年以下有期徒刑,并处罚金。

明知他人制造毒品而为其提供前款规定的物品的,以制造毒品罪的共犯论处。

单位犯前两款罪的,对单位判处罚金,并对其直接负责的主管人员和其他直接责任人员,依照前两款的规定处罚。

第 351 条　非法种植罂粟、大麻等毒品原植物的,一律强制铲除。有下列情形之一的,处五年以下有期徒刑、拘役或者管制,并处罚金:

(一) 种植罂粟五百株以上不满三千株或者其他毒品原植物数量较大的;

(二) 经公安机关处理后又种植的;

(三) 抗拒铲除的。

非法种植罂粟三千株以上或者其他毒品原植物数量大的,处五年以上有期徒刑,并处罚金或者没收财产。

非法种植罂粟或者其他毒品原植物,在收获前自动铲除的,可以免除处罚。

第 352 条　非法买卖、运输、携带、持有未经灭活的罂粟等毒品原植物种子或者幼苗,数量较大的,处三年以下有期徒刑、拘役或者管制,并处或者单处罚金。

第 353 条　引诱、教唆、欺骗他人吸食、注射毒品的,处三年以上七年以下有期徒刑、拘役或者管制,并处罚金;情节严重的,处三年以下有期徒刑,并处罚金。

强迫他人吸食、注射毒品的,处三年以下有期徒刑、拘役或者管制,并处罚金。

引诱、教唆、欺骗或者强迫未成年人吸食、注射毒品的,从重处罚。

第 354 条　容留他人吸食、注射毒品的,处三年以下有期徒刑、拘役或者管制,并处罚金。

第 355 条　依法从事生产、运输、管理、使用国家管制的麻醉药品、精神药品的人员,违反国家规定,向吸食、注射毒品的人提供国家规定管制的能够使人形成瘾癖的麻醉药品、精神药品的,处三年以下有期徒刑或者拘役,并处罚金;情节严重的,处三年以上七年以下有期徒刑,并处罚金。向走私、贩卖毒品的犯罪分子或者以牟利为目的,向吸食、注射毒品的人提供国家规定管制的能够使人形成瘾癖的麻醉药品、精神药品的,依照本法第347条的规定定罪处罚。

单位前款犯罪的,对单位判处罚金,并对其直接负责的主管人员和其他直接责任人员,依照前款的规定处罚。

第356条　因走私、贩卖、运输、制造、非法持有毒品罪被判过刑,又犯本节规定之罪的,从重处罚。

第357条　本法所称的毒品,是指鸦片、海洛因、甲基苯丙胺(冰毒)、吗啡、大麻、可卡因以及国家规定管制的其他能够使人形成瘾癖的麻醉药品和精神药品。

毒品的数量以查证属实的走私、贩卖、运输、非法持有毒品的数量计算,不以纯度折算。

四、戒 毒 条 例

（2011 年 6 月 26 日国务院令第 597 号发布）

第一章 总 则

第 1 条 为了规范戒毒工作，帮助吸毒成瘾人员戒除毒瘾，维护社会秩序，根据《中华人民共和国禁毒法》，制定本条例。

第 2 条 县级以上人民政府应当建立政府统一领导，禁毒委员会组织、协调、指导，有关部门各负其责，社会力量广泛参与的戒毒工作体制。

戒毒工作坚持以人为本、科学戒毒、综合矫治、关怀救助的原则，采取自愿戒毒、社区戒毒、强制隔离戒毒、社区康复等多种措施，建立戒毒治疗、康复指导、救助服务兼备的工作体系。

第 3 条 县级以上人民政府应当按照国家有关规定将戒毒工作所需经费列入本级财政预算。

第 4 条 县级以上地方人民政府设立的禁毒委员会可以组织公安机关、卫生行政和药品监督管理部门开展吸毒监测、调查，并向社会公开监测、调查结果。

县级以上地方人民政府公安机关负责对涉嫌吸毒人员进行检测，对吸毒人员进行登记并依法实行动态管控，依法责令社区戒毒、决定强制隔离戒毒、责令社区康复，管理公安机关的强制隔离戒毒场所、戒毒康复场所，对社区戒毒、社区康复工作提供指导和支持。

设区的市级以上地方人民政府司法行政部门负责管理司法行政部门的强制隔离戒毒场所、戒毒康复场所，对社区戒毒、社区康复工作提供指导和支持。

县级以上地方人民政府卫生行政部门负责戒毒医疗机构的监督管理，会同公安机关、司法行政等部门制定戒毒医疗机构设置规划，对戒毒医疗服务提供指导和支持。

县级以上地方人民政府民政、人力资源社会保障、教育等部门依据各自的职责，对社区戒毒、社区康复工作提供康复和职业技能培训等指导和支持。

第 5 条 乡（镇）人民政府、城市街道办事处负责社区戒毒、社区康复工作。

第 6 条 县级、设区的市级人民政府需要设置强制隔离戒毒场所、戒毒康复场所的，应当合理布局，报省、自治区、直辖市人民政府批准，并纳入当地国民经济和社会发展规划。

强制隔离戒毒场所、戒毒康复场所的建设标准，由国务院建设部门、发展改革部门会同国务院公安部门、司法行政部门制定。

第7条　戒毒人员在入学、就业、享受社会保障等方面不受歧视。

对戒毒人员戒毒的个人信息应当依法予以保密。对戒断3年未复吸的人员,不再实行动态管控。

第8条　国家鼓励、扶持社会组织、企业、事业单位和个人参与戒毒科研、戒毒社会服务和戒毒社会公益事业。

对在戒毒工作中有显著成绩和突出贡献的,按照国家有关规定给予表彰、奖励。

第二章　自愿戒毒

第9条　国家鼓励吸毒成瘾人员自行戒除毒瘾。吸毒人员可以自行到戒毒医疗机构接受戒毒治疗。对自愿接受戒毒治疗的吸毒人员,公安机关对其原吸毒行为不予处罚。

第10条　戒毒医疗机构应当与自愿戒毒人员或者其监护人签订自愿戒毒协议,就戒毒方法、戒毒期限、戒毒的个人信息保密、戒毒人员应当遵守的规章制度、终止戒毒治疗的情形等作出约定,并应当载明戒毒疗效、戒毒治疗风险。

第11条　戒毒医疗机构应当履行下列义务:

(一)对自愿戒毒人员开展艾滋病等传染病的预防、咨询教育;

(二)对自愿戒毒人员采取脱毒治疗、心理康复、行为矫治等多种治疗措施,并应当符合国务院卫生行政部门制定的戒毒治疗规范;

(三)采用科学、规范的诊疗技术和方法,使用的药物、医院制剂、医疗器械应当符合国家有关规定;

(四)依法加强药品管理,防止麻醉药品、精神药品流失滥用。

第12条　符合参加戒毒药物维持治疗条件的戒毒人员,由本人申请,并经登记,可以参加戒毒药物维持治疗。登记参加戒毒药物维持治疗的戒毒人员的信息应当及时报公安机关备案。

戒毒药物维持治疗的管理办法,由国务院卫生行政部门会同国务院公安部门、药品监督管理部门制定。

第三章　社区戒毒

第13条　对吸毒成瘾人员,县级、设区的市级人民政府公安机关可以责令其接受社区戒毒,并出具责令社区戒毒决定书,送达本人及其家属,通知本人户籍所在地或者现居住乡(镇)人民政府、城市街道办事处。

第14条　社区戒毒人员应当自收到责令社区戒毒决定书之日起15日内到社区戒毒执行地乡(镇)人民政府、城市街道办事处报到,无正当理由逾期不报到的,视为拒绝接受社区戒毒。

社区戒毒的期限为 3 年,自报到之日起计算。

第 15 条 乡(镇)人民政府、城市街道办事处应当根据工作需要成立社区戒毒工作领导小组,配备社区戒毒专职工作人员,制定社区戒毒工作计划,落实社区戒毒措施。

第 16 条 乡(镇)人民政府、城市街道办事处,应当在社区戒毒人员报到后及时与其签订社区戒毒协议,明确社区戒毒的具体措施、社区戒毒人员应当遵守的规定以及违反社区戒毒协议应承担的责任。

第 17 条 社区戒毒专职工作人员、社区民警、社区医务人员、社区戒毒人员的家庭成员以及禁毒志愿者共同组成社区戒毒工作小组具体实施社区戒毒。

第 18 条 乡(镇)人民政府、城市街道办事处和社区戒毒工作小组应当采取下列措施管理、帮助社区戒毒人员:

(一)戒毒知识辅导;

(二)教育、劝诫;

(三)职业技能培训,职业指导,就学、就业、就医援助;

(四)帮助戒毒人员戒除毒瘾的其他措施。

第 19 条 社区戒毒人员应当遵守下列规定:

(一)履行社区戒毒协议;

(二)根据公安机关的要求,定期接受检测;

(三)离开社区戒毒执行地所在县(市、区)3 日以上的,须书面报告。

第 20 条 社区戒毒人员在社区戒毒期间,逃避或者拒绝接受检测 3 次以上,擅自离开社区戒毒执行地所在县(市、区)3 次以上或者累计超过 30 日的,属于《中华人民共和国禁毒法》规定的"严重违反社区戒毒协议"。

第 21 条 社区戒毒人员拒绝接受社区戒毒,在社区戒毒期间又吸食、注射毒品,以及严重违反社区戒毒协议的,社区戒毒专职工作人员应当及时向当地公安机关报告。

第 22 条 社区戒毒人员的户籍所在地或者现居住地发生变化,需要变更社区戒毒执行地的,社区戒毒执行地乡(镇)人民政府、城市街道办事处应当将有关材料转送至变更后的乡(镇)人民政府、城市街道办事处。

社区戒毒人员应当自社区戒毒执行地变更之日起 15 日内前往变更后的乡(镇)人民政府、城市街道办事处报到,社区戒毒时间自报到之日起连续计算。

变更后的乡(镇)人民政府、城市街道办事处,应当按照本条例第 16 条的规定,与社区戒毒人员签订新的社区戒毒协议,继续执行社区戒毒。

第 23 条 社区戒毒自期满之日起解除。社区戒毒执行地公安机关应当出具解除社区戒毒通知书送达社区戒毒人员本人及其家属,并在 7 日内通知社区戒毒执行地乡(镇)人民政府、城市街道办事处。

第 24 条 社区戒毒人员被依法收监执行刑罚、采取强制性教育措施的,社区戒毒终止。

社区戒毒人员被依法拘留、逮捕的,社区戒毒中止,由羁押场所给予必要的戒毒治疗,释放后继续接受社区戒毒。

第四章 强制隔离戒毒

第 25 条 吸毒成瘾人员有《中华人民共和国禁毒法》第 38 条第 1 款所列情形之一的,由县级、设区的市级人民政府公安机关作出强制隔离戒毒的决定。

对于吸毒成瘾严重,通过社区戒毒难以戒除毒瘾的人员,县级、设区的市级人民政府公安机关可以直接作出强制隔离戒毒的决定。

吸毒成瘾人员自愿接受强制隔离戒毒的,经强制隔离戒毒场所所在地县级、设区的市级人民政府公安机关同意,可以进入强制隔离戒毒场所戒毒。强制隔离戒毒场所应当与其就戒毒治疗期限、戒毒治疗措施等作出约定。

第 26 条 对依照《中华人民共和国禁毒法》第 39 条第 1 款规定不适用强制隔离戒毒的吸毒成瘾人员,县级、设区的市级人民政府公安机关应当作出社区戒毒的决定,依照本条例第三章的规定进行社区戒毒。

第 27 条 强制隔离戒毒的期限为 2 年,自作出强制隔离戒毒决定之日起计算。

被强制隔离戒毒的人员在公安机关的强制隔离戒毒场所执行强制隔离戒毒3 个月至 6 个月后,转至司法行政部门的强制隔离戒毒场所继续执行强制隔离戒毒。

执行前款规定不具备条件的省、自治区、直辖市,由公安机关和司法行政部门共同提出意见报省、自治区、直辖市人民政府决定具体执行方案,但在公安机关的强制隔离戒毒场所执行强制隔离戒毒的时间不得超过 12 个月。

第 28 条 强制隔离戒毒场所对强制隔离戒毒人员的身体和携带物品进行检查时发现的毒品等违禁品,应当依法处理;对生活必需品以外的其他物品,由强制隔离戒毒场所代为保管。

女性强制隔离戒毒人员的身体检查,应当由女性工作人员进行。

第 29 条 强制隔离戒毒场所设立戒毒医疗机构应当经所在地省、自治区、直辖市人民政府卫生行政部门批准。强制隔离戒毒场所应当配备设施设备及必要的管理人员,依法为强制隔离戒毒人员提供科学规范的戒毒治疗、心理治疗、身体康复训练和卫生、道德、法制教育,开展职业技能培训。

第30条 强制隔离戒毒场所应当根据强制隔离戒毒人员的性别、年龄、患病等情况对强制隔离戒毒人员实行分别管理;对吸食不同种类毒品的,应当有针对性地采取必要的治疗措施;根据戒毒治疗的不同阶段和强制隔离戒毒人员的表现,实行逐步适应社会的分级管理。

第31条 强制隔离戒毒人员患严重疾病,不出所治疗可能危及生命的,经强制隔离戒毒场所主管机关批准,并报强制隔离戒毒决定机关备案,强制隔离戒毒场所可以允许其所外就医。所外就医的费用由强制隔离戒毒人员本人承担。

所外就医期间,强制隔离戒毒期限连续计算。对于健康状况不再适宜回所执行强制隔离戒毒的,强制隔离戒毒场所应当向强制隔离戒毒决定机关提出变更为社区戒毒的建议,强制隔离戒毒决定机关应当自收到建议之日起7日内,作出是否批准的决定。经批准变更为社区戒毒的,已执行的强制隔离戒毒期限折抵社区戒毒期限。

第32条 强制隔离戒毒人员脱逃的,强制隔离戒毒场所应当立即通知所在地县级人民政府公安机关,并配合公安机关追回脱逃人员。被追回的强制隔离戒毒人员应当继续执行强制隔离戒毒,脱逃期间不计入强制隔离戒毒期限。被追回的强制隔离戒毒人员不得提前解除强制隔离戒毒。

第33条 对强制隔离戒毒场所依照《中华人民共和国禁毒法》第47条第2款、第3款规定提出的提前解除强制隔离戒毒、延长戒毒期限的意见,强制隔离戒毒决定机关应当自收到意见之日起7日内,作出是否批准的决定。对提前解除强制隔离戒毒或者延长强制隔离戒毒期限的,批准机关应当出具提前解除强制隔离戒毒决定书或者延长强制隔离戒毒期限决定书,送达被决定人,并在送达后24小时以内通知被决定人的家属、所在单位以及其户籍所在地或者现居住地公安派出所。

第34条 解除强制隔离戒毒的,强制隔离戒毒场所应当在解除强制隔离戒毒3日前通知强制隔离戒毒决定机关,出具解除强制隔离戒毒证明书送达戒毒人员本人,并通知其家属、所在单位、其户籍所在地或者现居住地公安派出所将其领回。

第35条 强制隔离戒毒诊断评估办法由国务院公安部门、司法行政部门会同国务院卫生行政部门制定。

第36条 强制隔离戒毒人员被依法收监执行刑罚、采取强制性教育措施或者被依法拘留、逮捕的,由监管场所、羁押场所给予必要的戒毒治疗,强制隔离戒毒的时间连续计算;刑罚执行完毕时、解除强制性教育措施时或者释放时强制隔离戒毒尚未期满的,继续执行强制隔离戒毒。

第五章　社区康复

第 37 条　对解除强制隔离戒毒的人员，强制隔离戒毒的决定机关可以责令其接受不超过 3 年的社区康复。

社区康复在当事人户籍所在地或者现居住地乡（镇）人民政府、城市街道办事处执行，经当事人同意，也可以在戒毒康复场所中执行。

第 38 条　被责令接受社区康复的人员，应当自收到责令社区康复决定书之日起 15 日内到户籍所在地或者现居住地乡（镇）人民政府、城市街道办事处报到，签订社区康复协议。

被责令接受社区康复的人员拒绝接受社区康复或者严重违反社区康复协议，并再次吸食、注射毒品被决定强制隔离戒毒的，强制隔离戒毒不得提前解除。

第 39 条　负责社区康复工作的人员应当为社区康复人员提供必要的心理治疗和辅导、职业技能培训、职业指导以及就学、就业、就医援助。

第 40 条　社区康复自期满之日起解除。社区康复执行地公安机关出具解除社区康复通知书送达社区康复人员本人及其家属，并在 7 日内通知社区康复执行地乡（镇）人民政府、城市街道办事处。

第 41 条　自愿戒毒人员、社区戒毒、社区康复的人员可以自愿与戒毒康复场所签订协议，到戒毒康复场所戒毒康复、生活和劳动。

戒毒康复场所应当配备必要的管理人员和医务人员，为戒毒人员提供戒毒康复、职业技能培训和生产劳动条件。

第 42 条　戒毒康复场所应当加强管理，严禁毒品流入，并建立戒毒康复人员自我管理、自我教育、自我服务的机制。

戒毒康复场所组织戒毒人员参加生产劳动，应当参照国家劳动用工制度的规定支付劳动报酬。

第六章　法律责任

第 43 条　公安、司法行政、卫生行政等有关部门工作人员泄露戒毒人员个人信息的，依法给予处分；构成犯罪的，依法追究刑事责任。

第 44 条　乡（镇）人民政府、城市街道办事处负责社区戒毒、社区康复工作的人员有下列行为之一的，依法给予处分：

（一）未与社区戒毒、社区康复人员签订社区戒毒、社区康复协议，不落实社区戒毒、社区康复措施的；

（二）不履行本条例第 21 条规定的报告义务的；

（三）其他不履行社区戒毒、社区康复监督职责的行为。

第 45 条　强制隔离戒毒场所的工作人员有下列行为之一的，依法给予处

分;构成犯罪的,依法追究刑事责任:

（一）侮辱、虐待、体罚强制隔离戒毒人员的;

（二）收受、索要财物的;

（三）擅自使用、损毁、处理没收或者代为保管的财物的;

（四）为强制隔离戒毒人员提供麻醉药品、精神药品或者违反规定传递其他物品的;

（五）在强制隔离戒毒诊断评估工作中弄虚作假的;

（六）私放强制隔离戒毒人员的;

（七）其他徇私舞弊、玩忽职守、不履行法定职责的行为。

第七章　附　则

第46条　本条例自公布之日起施行。1995 年 1 月 12 日国务院发布的《强制戒毒办法》同时废止。

五、易制毒化学品管理条例

（2005 年 8 月 26 日国务院令第 445 号发布）

第一章 总 则

第 1 条 为了加强易制毒化学品管理,规范易制毒化学品的生产、经营、购买、运输和进口、出口行为,防止易制毒化学品被用于制造毒品,维护经济和社会秩序,制定本条例。

第 2 条 国家对易制毒化学品的生产、经营、购买、运输和进口、出口实行分类管理和许可制度。

易制毒化学品分为三类。第一类是可以用于制毒的主要原料,第二类、第三类是可以用于制毒的化学配剂。易制毒化学品的具体分类和品种,由本条例附表列示。

易制毒化学品的分类和品种需要调整的,由国务院公安部门会同国务院食品药品监督管理部门、安全生产监督管理部门、商务主管部门、卫生主管部门和海关总署提出方案,报国务院批准。

省、自治区、直辖市人民政府认为有必要在本行政区域内调整分类或者增加本条例规定以外的品种的,应当向国务院公安部门提出,由国务院公安部门会同国务院有关行政主管部门提出方案,报国务院批准。

第 3 条 国务院公安部门、食品药品监督管理部门、安全生产监督管理部门、商务主管部门、卫生主管部门、海关总署、价格主管部门、铁路主管部门、交通主管部门、工商行政管理部门、环境保护主管部门在各自的职责范围内,负责全国的易制毒化学品有关管理工作;县级以上地方各级人民政府有关行政主管部门在各自的职责范围内,负责本行政区域内的易制毒化学品有关管理工作。

县级以上地方各级人民政府应当加强对易制毒化学品管理工作的领导,及时协调解决易制毒化学品管理工作中的问题。

第 4 条 易制毒化学品的产品包装和使用说明书,应当标明产品的名称(含学名和通用名)、化学分子式和成分。

第 5 条 易制毒化学品的生产、经营、购买、运输和进口、出口,除应当遵守本条例的规定外,属于药品和危险化学品的,还应当遵守法律、其他行政法规对药品和危险化学品的有关规定。

禁止走私或者非法生产、经营、购买、转让、运输易制毒化学品。

禁止使用现金或者实物进行易制毒化学品交易。但是,个人合法购买第一类中的药品类易制毒化学品药品制剂和第三类易制毒化学品的除外。

生产、经营、购买、运输和进口、出口易制毒化学品的单位,应当建立单位内部易制毒化学品管理制度。

第6条 国家鼓励向公安机关等有关行政主管部门举报涉及易制毒化学品的违法行为。接到举报的部门应当为举报者保密。对举报属实的,县级以上人民政府及有关行政主管部门应当给予奖励。

第二章 生产、经营管理

第7条 申请生产第一类易制毒化学品,应当具备下列条件,并经本条例第8条规定的行政主管部门审批,取得生产许可证后,方可进行生产:

(一)属依法登记的化工产品生产企业或者药品生产企业;

(二)有符合国家标准的生产设备、仓储设施和污染物处理设施;

(三)有严格的安全生产管理制度和环境突发事件应急预案;

(四)企业法定代表人和技术、管理人员具有安全生产和易制毒化学品的有关知识,无毒品犯罪记录;

(五)法律、法规、规章规定的其他条件。

申请生产第一类中的药品类易制毒化学品,还应当在仓储场所等重点区域设置电视监控设施以及与公安机关联网的报警装置。

第8条 申请生产第一类中的药品类易制毒化学品的,由国务院食品药品监督管理部门审批;申请生产第一类中的非药品类易制毒化学品的,由省、自治区、直辖市人民政府安全生产监督管理部门审批。

前款规定的行政主管部门应当自收到申请之日起60日内,对申请人提交的申请材料进行审查。对符合规定的,发给生产许可证,或者在企业已经取得的有关生产许可证件上标注;不予许可的,应当书面说明理由。

审查第一类易制毒化学品生产许可申请材料时,根据需要,可以进行实地核查和专家评审。

第9条 申请经营第一类易制毒化学品,应当具备下列条件,并经本条例第10条规定的行政主管部门审批,取得经营许可证后,方可进行经营:

(一)属依法登记的化工产品经营企业或者药品经营企业;

(二)有符合国家规定的经营场所,需要储存、保管易制毒化学品的,还应当有符合国家技术标准的仓储设施;

(三)有易制毒化学品的经营管理制度和健全的销售网络;

(四)企业法定代表人和销售、管理人员具有易制毒化学品的有关知识,无毒品犯罪记录;

（五）法律、法规、规章规定的其他条件。

第 10 条　申请经营第一类中的药品类易制毒化学品的,由国务院食品药品监督管理部门审批;申请经营第一类中的非药品类易制毒化学品的,由省、自治区、直辖市人民政府安全生产监督管理部门审批。

前款规定的行政主管部门应当自收到申请之日起 30 日内,对申请人提交的申请材料进行审查。对符合规定的,发给经营许可证,或者在企业已经取得的有关经营许可证件上标注;不予许可的,应当书面说明理由。

审查第一类易制毒化学品经营许可申请材料时,根据需要,可以进行实地核查。

第 11 条　取得第一类易制毒化学品生产许可或者依照本条例第 13 条第 1 款规定已经履行第二类、第三类易制毒化学品备案手续的生产企业,可以经销自产的易制毒化学品。但是,在厂外设立销售网点经销第一类易制毒化学品的,应当依照本条例的规定取得经营许可。

第一类中的药品类易制毒化学品药品单方制剂,由麻醉药品定点经营企业经销,且不得零售。

第 12 条　取得第一类易制毒化学品生产、经营许可的企业,应当凭生产、经营许可证到工商行政管理部门办理经营范围变更登记。未经变更登记,不得进行第一类易制毒化学品的生产、经营。

第一类易制毒化学品生产、经营许可证被依法吊销的,行政主管部门应当自作出吊销决定之日起 5 日内通知工商行政管理部门;被吊销许可证的企业,应当及时到工商行政管理部门办理经营范围变更或者企业注销登记。

第 13 条　生产第二类、第三类易制毒化学品的,应当自生产之日起 30 日内,将生产的品种、数量等情况,向所在地的设区的市级人民政府安全生产监督管理部门备案。

经营第二类易制毒化学品的,应当自经营之日起 30 日内,将经营的品种、数量、主要流向等情况,向所在地的设区的市级人民政府安全生产监督管理部门备案;经营第三类易制毒化学品的,应当自经营之日起 30 日内,将经营的品种、数量、主要流向等情况,向所在地的县级人民政府安全生产监督管理部门备案。

前两款规定的行政主管部门应当于收到备案材料的当日发给备案证明。

第三章　购买管理

第 14 条　申请购买第一类易制毒化学品,应当提交下列证件,经本条例第 15 条规定的行政主管部门审批,取得购买许可证:

（一）经营企业提交企业营业执照和合法使用需要证明;

（二）其他组织提交登记证书（成立批准文件）和合法使用需要证明。

第15条 申请购买第一类中的药品类易制毒化学品的，由所在地的省、自治区、直辖市人民政府食品药品监督管理部门审批；申请购买第一类中的非药品类易制毒化学品的，由所在地的省、自治区、直辖市人民政府公安机关审批。

前款规定的行政主管部门应当自收到申请之日起10日内，对申请人提交的申请材料和证件进行审查。对符合规定的，发给购买许可证；不予许可的，应当书面说明理由。

审查第一类易制毒化学品购买许可申请材料时，根据需要，可以进行实地核查。

第16条 持有麻醉药品、第一类精神药品购买印鉴卡的医疗机构购买第一类中的药品类易制毒化学品的，无须申请第一类易制毒化学品购买许可证。

个人不得购买第一类、第二类易制毒化学品。

第17条 购买第二类、第三类易制毒化学品的，应当在购买前将所需购买的品种、数量，向所在地的县级人民政府公安机关备案。个人自用购买少量高锰酸钾的，无须备案。

第18条 经营单位销售第一类易制毒化学品时，应当查验购买许可证和经办人的身份证明。对委托代购的，还应当查验购买人持有的委托文书。

经营单位在查验无误、留存上述证明材料的复印件后，方可出售第一类易制毒化学品；发现可疑情况的，应当立即向当地公安机关报告。

第19条 经营单位应当建立易制毒化学品销售台账，如实记录销售的品种、数量、日期、购买方等情况。销售台账和证明材料复印件应当保存2年备查。

第一类易制毒化学品的销售情况，应当自销售之日起5日内报当地公安机关备案；第一类易制毒化学品的使用单位，应当建立使用台账，并保存2年备查。

第二类、第三类易制毒化学品的销售情况，应当自销售之日起30日内报当地公安机关备案。

第四章 运输管理

第20条 跨设区的市级行政区域（直辖市为跨市界）或者在国务院公安部门确定的禁毒形势严峻的重点地区跨县级行政区域运输第一类易制毒化学品的，由运出地的设区的市级人民政府公安机关审批；运输第二类易制毒化学品的，由运出地的县级人民政府公安机关审批。经审批取得易制毒化学品运输许可证后，方可运输。

运输第三类易制毒化学品的，应当在运输前向运出地的县级人民政府公安机关备案。公安机关应当于收到备案材料的当日发给备案证明。

第 21 条　申请易制毒化学品运输许可,应当提交易制毒化学品的购销合同,货主是企业的,应当提交营业执照;货主是其他组织的,应当提交登记证书(成立批准文件);货主是个人的,应当提交其个人身份证明。经办人还应当提交本人的身份证明。

公安机关应当自收到第一类易制毒化学品运输许可申请之日起 10 日内,收到第二类易制毒化学品运输许可申请之日起 3 日内,对申请人提交的申请材料进行审查。对符合规定的,发给运输许可证;不予许可的,应当书面说明理由。

审查第一类易制毒化学品运输许可申请材料时,根据需要,可以进行实地核查。

第 22 条　对许可运输第一类易制毒化学品的,发给一次有效的运输许可证。

对许可运输第二类易制毒化学品的,发给 3 个月有效的运输许可证;6 个月内运输安全状况良好的,发给 12 个月有效的运输许可证。

易制毒化学品运输许可证应当载明拟运输的易制毒化学品的品种、数量、运入地、货主及收货人、承运人情况以及运输许可证种类。

第 23 条　运输供教学、科研使用的 100 克以下的麻黄素样品和供医疗机构制剂配方使用的小包装麻黄素以及医疗机构或者麻醉药品经营企业购买麻黄素片剂 6 万片以下、注射剂 1.5 万支以下,货主或者承运人持有依法取得的购买许可证明或者麻醉药品调拨单的,无须申请易制毒化学品运输许可。

第 24 条　接受货主委托运输的,承运人应当查验货主提供的运输许可证或者备案证明,并查验所运货物与运输许可证或者备案证明载明的易制毒化学品品种等情况是否相符;不相符的,不得承运。

运输易制毒化学品,运输人员应当自启运起全程携带运输许可证或者备案证明。公安机关应当在易制毒化学品的运输过程中进行检查。

运输易制毒化学品,应当遵守国家有关货物运输的规定。

第 25 条　因治疗疾病需要,患者、患者近亲属或者患者委托的人凭医疗机构出具的医疗诊断书和本人的身份证明,可以随身携带第一类中的药品类易制毒化学品药品制剂,但是不得超过医用单张处方的最大剂量。

医用单张处方最大剂量,由国务院卫生主管部门规定、公布。

第五章　进口、出口管理

第 26 条　申请进口或者出口易制毒化学品,应当提交下列材料,经国务院商务主管部门或者其委托的省、自治区、直辖市人民政府商务主管部门审批,取得进口或者出口许可证后,方可从事进口、出口活动:

（一）对外贸易经营者备案登记证明（外商投资企业联合年检合格证书）复印件；

（二）营业执照副本；

（三）易制毒化学品生产、经营、购买许可证或者备案证明；

（四）进口或者出口合同（协议）副本；

（五）经办人的身份证明。

申请易制毒化学品出口许可的，还应当提交进口方政府主管部门出具的合法使用易制毒化学品的证明或者进口方合法使用的保证文件。

第27条 受理易制毒化学品进口、出口申请的商务主管部门应当自收到申请材料之日起20日内，对申请材料进行审查，必要时可以进行实地核查。对符合规定的，发给进口或者出口许可证；不予许可的，应当书面说明理由。

对进口第一类中的药品类易制毒化学品的，有关的商务主管部门在作出许可决定前，应当征得国务院食品药品监督管理部门的同意。

第28条 麻黄素等属于重点监控物品范围的易制毒化学品，由国务院商务主管部门会同国务院有关部门核定的企业进口、出口。

第29条 国家对易制毒化学品的进口、出口实行国际核查制度。易制毒化学品国际核查目录及核查的具体办法，由国务院商务主管部门会同国务院公安部门规定、公布。

国际核查所用时间不计算在许可期限之内。

对向毒品制造、贩运情形严重的国家或者地区出口易制毒化学品以及本条例规定品种以外的化学品的，可以在国际核查措施以外实施其他管制措施，具体办法由国务院商务主管部门会同国务院公安部门、海关总署等有关部门规定、公布。

第30条 进口、出口或者过境、转运、通运易制毒化学品的，应当如实向海关申报，并提交进口或者出口许可证。海关凭许可证办理通关手续。

易制毒化学品在境外与保税区、出口加工区等海关特殊监管区域、保税场所之间进出的，适用前款规定。

易制毒化学品在境内与保税区、出口加工区等海关特殊监管区域、保税场所之间进出的，或者在上述海关特殊监管区域、保税场所之间进出的，无须申请易制毒化学品进口或者出口许可证。

进口第一类中的药品类易制毒化学品，还应当提交食品药品监督管理部门出具的进口药品通关单。

第31条 进出境人员随身携带第一类中的药品类易制毒化学品药品制剂

和高锰酸钾,应当以自用且数量合理为限,并接受海关监管。

进出境人员不得随身携带前款规定以外的易制毒化学品。

第六章 监督检查

第32条 县级以上人民政府公安机关、食品药品监督管理部门、安全生产监督管理部门、商务主管部门、卫生主管部门、价格主管部门、铁路主管部门、交通主管部门、工商行政管理部门、环境保护主管部门和海关,应当依照本条例和有关法律、行政法规的规定,在各自的职责范围内,加强对易制毒化学品生产、经营、购买、运输、价格以及进口、出口的监督检查;对非法生产、经营、购买、运输易制毒化学品,或者走私易制毒化学品的行为,依法予以查处。

前款规定的行政主管部门在进行易制毒化学品监督检查时,可以依法查看现场、查阅和复制有关资料、记录有关情况、扣押相关的证据材料和违法物品;必要时,可以临时查封有关场所。

被检查的单位或者个人应当如实提供有关情况和材料、物品,不得拒绝或者隐匿。

第33条 对依法收缴、查获的易制毒化学品,应当在省、自治区、直辖市或者设区的市级人民政府公安机关、海关或者环境保护主管部门的监督下,区别易制毒化学品的不同情况进行保管、回收,或者依照环境保护法律、行政法规的有关规定,由有资质的单位在环境保护主管部门的监督下销毁。其中,对收缴、查获的第一类中的药品类易制毒化学品,一律销毁。

易制毒化学品违法单位或者个人无力提供保管、回收或者销毁费用的,保管、回收或者销毁的费用在回收所得中开支,或者在有关行政主管部门的禁毒经费中列支。

第34条 易制毒化学品丢失、被盗、被抢的,发案单位应当立即向当地公安机关报告,并同时报告当地的县级人民政府食品药品监督管理部门、安全生产监督管理部门、商务主管部门或者卫生主管部门。接到报案的公安机关应当及时立案查处,并向上级公安机关报告;有关行政主管部门应当逐级上报并配合公安机关的查处。

第35条 有关行政主管部门应当将易制毒化学品许可以及依法吊销许可的情况通报有关公安机关和工商行政管理部门;工商行政管理部门应当将生产、经营易制毒化学品企业依法变更或者注销登记的情况通报有关公安机关和行政主管部门。

第36条 生产、经营、购买、运输或者进口、出口易制毒化学品的单位,应当于每年3月31日前向许可或者备案的行政主管部门和公安机关报告本单位上年度易制毒化学品的生产、经营、购买、运输或者进口、出口情况;有条件的生产、经营、购买、运输或者进口、出口单位,可以与有关行政主管部门建立计算机联网,及时通报有关经营情况。

第37条 县级以上人民政府有关行政主管部门应当加强协调合作,建立易制毒化学品管理情况、监督检查情况以及案件处理情况的通报、交流机制。

第七章 法律责任

第38条 违反本条例规定,未经许可或者备案擅自生产、经营、购买、运输易制毒化学品,伪造申请材料骗取易制毒化学品生产、经营、购买或者运输许可证,使用他人的或者伪造、变造、失效的许可证生产、经营、购买、运输易制毒化学品的,由公安机关没收非法生产、经营、购买或者运输的易制毒化学品、用于非法生产易制毒化学品的原料以及非法生产、经营、购买或者运输易制毒化学品的设备、工具,处非法生产、经营、购买或者运输的易制毒化学品货值10倍以上20倍以下的罚款,货值的20倍不足1万元的,按1万元罚款;有违法所得的,没收违法所得;有营业执照的,由工商行政管理部门吊销营业执照;构成犯罪的,依法追究刑事责任。

对有前款规定违法行为的单位或者个人,有关行政主管部门可以自作出行政处罚决定之日起3年内,停止受理其易制毒化学品生产、经营、购买、运输或者进口、出口许可申请。

第39条 违反本条例规定,走私易制毒化学品的,由海关没收走私的易制毒化学品;有违法所得的,没收违法所得,并依照海关法律、行政法规给予行政处罚;构成犯罪的,依法追究刑事责任。

第40条 违反本条例规定,有下列行为之一的,由负有监督管理职责的行政主管部门给予警告,责令限期改正,处1万元以上5万元以下的罚款;对违反规定生产、经营、购买的易制毒化学品可以予以没收;逾期不改正的,责令限期停产停业整顿;逾期整顿不合格的,吊销相应的许可证:

(一)易制毒化学品生产、经营、购买、运输或者进口、出口单位未按规定建立安全管理制度的;

(二)将许可证或者备案证明转借他人使用的;

(三)超出许可的品种、数量生产、经营、购买易制毒化学品的;

(四)生产、经营、购买单位不记录或者不如实记录交易情况、不按规定保存交易记录或者不如实、不及时向公安机关和有关行政主管部门备案销售情况的;

(五)易制毒化学品丢失、被盗、被抢后未及时报告,造成严重后果的;

(六)除个人合法购买第一类中的药品类易制毒化学品药品制剂以及第三

类易制毒化学品外,使用现金或者实物进行易制毒化学品交易的;

（七）易制毒化学品的产品包装和使用说明书不符合本条例规定要求的;

（八）生产、经营易制毒化学品的单位不如实或者不按时向有关行政主管部门和公安机关报告年度生产、经销和库存等情况的。

企业的易制毒化学品生产经营许可被依法吊销后,未及时到工商行政管理部门办理经营范围变更或者企业注销登记的,依照前款规定,对易制毒化学品予以没收,并处罚款。

第41条　运输的易制毒化学品与易制毒化学品运输许可证或者备案证明载明的品种、数量、运入地、货主及收货人、承运人等情况不符,运输许可证种类不当,或者运输人员未全程携带运输许可证或者备案证明的,由公安机关责令停运整改,处5 000元以上5万元以下的罚款;有危险物品运输资质的,运输主管部门可以依法吊销其运输资质。

个人携带易制毒化学品不符合品种、数量规定的,没收易制毒化学品,处1 000元以上5 000元以下的罚款。

第42条　生产、经营、购买、运输或者进口、出口易制毒化学品的单位或者个人拒不接受有关行政主管部门监督检查的,由负有监督管理职责的行政主管部门责令改正,对直接负责的主管人员以及其他直接责任人员给予警告;情节严重的,对单位处1万元以上5万元以下的罚款,对直接负责的主管人员以及其他直接责任人员处1 000元以上5 000元以下的罚款;有违反治安管理行为的,依法给予治安管理处罚;构成犯罪的,依法追究刑事责任。

第43条　易制毒化学品行政主管部门工作人员在管理工作中有应当许可而不许可、不应当许可而滥许可,不依法受理备案,以及其他滥用职权、玩忽职守、徇私舞弊行为的,依法给予行政处分;构成犯罪的,依法追究刑事责任。

第八章　附　则

第44条　易制毒化学品生产、经营、购买、运输和进口、出口许可证,由国务院有关行政主管部门根据各自的职责规定式样并监制。

第45条　本条例自2005年11月1日起施行。

本条例施行前已经从事易制毒化学品生产、经营、购买、运输或者进口、出口业务的,应当自本条例施行之日起6个月内,依照本条例的规定重新申请许可。

六、麻醉药品和精神药品管理条例

(2005 年 8 月 3 日国务院令第 442 号发布)

第一章 总 则

第 1 条 为加强麻醉药品和精神药品的管理,保证麻醉药品和精神药品的合法、安全、合理使用,防止流入非法渠道,根据药品管理法和其他有关法律的规定,制定本条例。

第 2 条 麻醉药品药用原植物的种植,麻醉药品和精神药品的实验研究、生产、经营、使用、储存、运输等活动以及监督管理,适用本条例。

麻醉药品和精神药品的进出口依照有关法律的规定办理。

第 3 条 本条例所称麻醉药品和精神药品,是指列入麻醉药品目录、精神药品目录(以下称目录)的药品和其他物质。精神药品分为第一类精神药品和第二类精神药品。

目录由国务院药品监督管理部门会同国务院公安部门、国务院卫生主管部门制定、调整并公布。

上市销售但尚未列入目录的药品和其他物质或者第二类精神药品发生滥用,已经造成或者可能造成严重社会危害的,国务院药品监督管理部门会同国务院公安部门、国务院卫生主管部门应当及时将该药品和该物质列入目录或者将该第二类精神药品调整为第一类精神药品。

第 4 条 国家对麻醉药品药用原植物以及麻醉药品和精神药品实行管制。除本条例另有规定的外,任何单位、个人不得进行麻醉药品药用原植物的种植以及麻醉药品和精神药品的实验研究、生产、经营、使用、储存、运输等活动。

第 5 条 国务院药品监督管理部门负责全国麻醉药品和精神药品的监督管理工作,并会同国务院农业主管部门对麻醉药品药用原植物实施监督管理。国务院公安部门负责对造成麻醉药品药用原植物、麻醉药品和精神药品流入非法渠道的行为进行查处。国务院其他有关主管部门在各自的职责范围内负责与麻醉药品和精神药品有关的管理工作。

省、自治区、直辖市人民政府药品监督管理部门负责本行政区域内麻醉药品和精神药品的监督管理工作。县级以上地方公安机关负责对本行政区域内造成麻醉药品和精神药品流入非法渠道的行为进行查处。县级以上地方人民政府其他有关主管部门在各自的职责范围内负责与麻醉药品和精神药品有关的管理工作。

第6条　麻醉药品和精神药品生产、经营企业和使用单位可以依法参加行业协会。行业协会应当加强行业自律管理。

第二章　种植、实验研究和生产

第7条　国家根据麻醉药品和精神药品的医疗、国家储备和企业生产所需原料的需要确定需求总量,对麻醉药品药用原植物的种植、麻醉药品和精神药品的生产实行总量控制。

国务院药品监督管理部门根据麻醉药品和精神药品的需求总量制定年度生产计划。

国务院药品监督管理部门和国务院农业主管部门根据麻醉药品年度生产计划,制定麻醉药品药用原植物年度种植计划。

第8条　麻醉药品药用原植物种植企业应当根据年度种植计划,种植麻醉药品药用原植物。

麻醉药品药用原植物种植企业应当向国务院药品监督管理部门和国务院农业主管部门定期报告种植情况。

第9条　麻醉药品药用原植物种植企业由国务院药品监督管理部门和国务院农业主管部门共同确定,其他单位和个人不得种植麻醉药品药用原植物。

第10条　开展麻醉药品和精神药品实验研究活动应当具备下列条件,并经国务院药品监督管理部门批准:

(一) 以医疗、科学研究或者教学为目的;

(二) 有保证实验所需麻醉药品和精神药品安全的措施和管理制度;

(三) 单位及其工作人员2年内没有违反有关禁毒的法律、行政法规规定的行为。

第11条　麻醉药品和精神药品的实验研究单位申请相关药品批准证明文件,应当依照药品管理法的规定办理;需要转让研究成果的,应当经国务院药品监督管理部门批准。

第12条　药品研究单位在普通药品的实验研究过程中,产生本条例规定的管制品种的,应当立即停止实验研究活动,并向国务院药品监督管理部门报告。国务院药品监督管理部门应当根据情况,及时作出是否同意其继续实验研究的决定。

第13条　麻醉药品和第一类精神药品的临床试验,不得以健康人为受试对象。

第14条　国家对麻醉药品和精神药品实行定点生产制度。

国务院药品监督管理部门应当根据麻醉药品和精神药品的需求总量,确定麻醉药品和精神药品定点生产企业的数量和布局,并根据年度需求总量对数量和布局进行调整、公布。

第15条 麻醉药品和精神药品的定点生产企业应当具备下列条件:

(一)有药品生产许可证;

(二)有麻醉药品和精神药品实验研究批准文件;

(三)有符合规定的麻醉药品和精神药品生产设施、储存条件和相应的安全管理设施;

(四)有通过网络实施企业安全生产管理和向药品监督管理部门报告生产信息的能力;

(五)有保证麻醉药品和精神药品安全生产的管理制度;

(六)有与麻醉药品和精神药品安全生产要求相适应的管理水平和经营规模;

(七)麻醉药品和精神药品生产管理、质量管理部门的人员应当熟悉麻醉药品和精神药品管理以及有关禁毒的法律、行政法规;

(八)没有生产、销售假药、劣药或者违反有关禁毒的法律、行政法规规定的行为;

(九)符合国务院药品监督管理部门公布的麻醉药品和精神药品定点生产企业数量和布局的要求。

第16条 从事麻醉药品、第一类精神药品生产以及第二类精神药品原料药生产的企业,应当经所在地省、自治区、直辖市人民政府药品监督管理部门初步审查,由国务院药品监督管理部门批准;从事第二类精神药品制剂生产的企业,应当经所在地省、自治区、直辖市人民政府药品监督管理部门批准。

第17条 定点生产企业生产麻醉药品和精神药品,应当依照药品管理法的规定取得药品批准文号。

国务院药品监督管理部门应当组织医学、药学、社会学、伦理学和禁毒等方面的专家成立专家组,由专家组对申请首次上市的麻醉药品和精神药品的社会危害性和被滥用的可能性进行评价,并提出是否批准的建议。

未取得药品批准文号的,不得生产麻醉药品和精神药品。

第18条 发生重大突发事件,定点生产企业无法正常生产或者不能保证供应麻醉药品和精神药品时,国务院药品监督管理部门可以决定其他药品生产企业生产麻醉药品和精神药品。

重大突发事件结束后,国务院药品监督管理部门应当及时决定前款规定的企业停止麻醉药品和精神药品的生产。

第 **19** 条   定点生产企业应当严格按照麻醉药品和精神药品年度生产计划安排生产,并依照规定向所在地省、自治区、直辖市人民政府药品监督管理部门报告生产情况。

第 **20** 条   定点生产企业应当依照本条例的规定,将麻醉药品和精神药品销售给具有麻醉药品和精神药品经营资格的企业或者依照本条例规定批准的其他单位。

第 **21** 条   麻醉药品和精神药品的标签应当印有国务院药品监督管理部门规定的标志。

第三章 经 营

第 **22** 条   国家对麻醉药品和精神药品实行定点经营制度。

国务院药品监督管理部门应当根据麻醉药品和第一类精神药品的需求总量,确定麻醉药品和第一类精神药品的定点批发企业布局,并应当根据年度需求总量对布局进行调整、公布。

药品经营企业不得经营麻醉药品原料药和第一类精神药品原料药。但是,供医疗、科学研究、教学使用的小包装的上述药品可以由国务院药品监督管理部门规定的药品批发企业经营。

第 **23** 条   麻醉药品和精神药品定点批发企业除应当具备药品管理法第 15 条规定的药品经营企业的开办条件外,还应当具备下列条件:

(一) 有符合本条例规定的麻醉药品和精神药品储存条件;

(二) 有通过网络实施企业安全管理和向药品监督管理部门报告经营信息的能力;

(三) 单位及其工作人员 2 年内没有违反有关禁毒的法律、行政法规规定的行为;

(四) 符合国务院药品监督管理部门公布的定点批发企业布局。

麻醉药品和第一类精神药品的定点批发企业,还应当具有保证供应责任区域内医疗机构所需麻醉药品和第一类精神药品的能力,并具有保证麻醉药品和第一类精神药品安全经营的管理制度。

第 **24** 条   跨省、自治区、直辖市从事麻醉药品和第一类精神药品批发业务的企业(以下称全国性批发企业),应当经国务院药品监督管理部门批准;在本省、自治区、直辖市行政区域内从事麻醉药品和第一类精神药品批发业务的企业(以下称区域性批发企业),应当经所在地省、自治区、直辖市人民政府药品监督管理部门批准。

专门从事第二类精神药品批发业务的企业,应当经所在地省、自治区、直辖市人民政府药品监督管理部门批准。

全国性批发企业和区域性批发企业可以从事第二类精神药品批发业务。

第 25 条 全国性批发企业可以向区域性批发企业,或者经批准可以向取得麻醉药品和第一类精神药品使用资格的医疗机构以及依照本条例规定批准的其他单位销售麻醉药品和第一类精神药品。

全国性批发企业向取得麻醉药品和第一类精神药品使用资格的医疗机构销售麻醉药品和第一类精神药品,应当经医疗机构所在地省、自治区、直辖市人民政府药品监督管理部门批准。

国务院药品监督管理部门在批准全国性批发企业时,应当明确其所承担供药责任的区域。

第 26 条 区域性批发企业可以向本省、自治区、直辖市行政区域内取得麻醉药品和第一类精神药品使用资格的医疗机构销售麻醉药品和第一类精神药品;由于特殊地理位置的原因,需要就近向其他省、自治区、直辖市行政区域内取得麻醉药品和第一类精神药品使用资格的医疗机构销售的,应当经国务院药品监督管理部门批准。

省、自治区、直辖市人民政府药品监督管理部门在批准区域性批发企业时,应当明确其所承担供药责任的区域。

区域性批发企业之间因医疗急需、运输困难等特殊情况需要调剂麻醉药品和第一类精神药品的,应当在调剂后 2 日内将调剂情况分别报所在地省、自治区、直辖市人民政府药品监督管理部门备案。

第 27 条 全国性批发企业应当从定点生产企业购进麻醉药品和第一类精神药品。

区域性批发企业可以从全国性批发企业购进麻醉药品和第一类精神药品;经所在地省、自治区、直辖市人民政府药品监督管理部门批准,也可以从定点生产企业购进麻醉药品和第一类精神药品。

第 28 条 全国性批发企业和区域性批发企业向医疗机构销售麻醉药品和第一类精神药品,应当将药品送至医疗机构。医疗机构不得自行提货。

第 29 条 第二类精神药品定点批发企业可以向医疗机构、定点批发企业和符合本条例第 31 条规定的药品零售企业以及依照本条例规定批准的其他单位销售第二类精神药品。

第 30 条 麻醉药品和第一类精神药品不得零售。

禁止使用现金进行麻醉药品和精神药品交易,但是个人合法购买麻醉药品和精神药品的除外。

第 31 条 经所在地设区的市级药品监督管理部门批准,实行统一进货、统一配送、统一管理的药品零售连锁企业可以从事第二类精神药品零售业务。

第 32 条 第二类精神药品零售企业应当凭执业医师出具的处方,按规定剂量销售第二类精神药品,并将处方保存 2 年备查;禁止超剂量或者无处方销售第二类精神药品;不得向未成年人销售第二类精神药品。

第 33 条 麻醉药品和精神药品实行政府定价,在制定出厂和批发价格的基础上,逐步实行全国统一零售价格。具体办法由国务院价格主管部门制定。

第四章 使 用

第 34 条 药品生产企业需要以麻醉药品和第一类精神药品为原料生产普通药品的,应当向所在地省、自治区、直辖市人民政府药品监督管理部门报送年度需求计划,由省、自治区、直辖市人民政府药品监督管理部门汇总报国务院药品监督管理部门批准后,向定点生产企业购买。

药品生产企业需要以第二类精神药品为原料生产普通药品的,应当将年度需求计划报所在地省、自治区、直辖市人民政府药品监督管理部门,并向定点批发企业或者定点生产企业购买。

第 35 条 食品、食品添加剂、化妆品、油漆等非药品生产企业需要使用咖啡因作为原料的,应当经所在地省、自治区、直辖市人民政府药品监督管理部门批准,向定点批发企业或者定点生产企业购买。

科学研究、教学单位需要使用麻醉药品和精神药品开展实验、教学活动的,应当经所在地省、自治区、直辖市人民政府药品监督管理部门批准,向定点批发企业或者定点生产企业购买。

需要使用麻醉药品和精神药品的标准品、对照品的,应当经所在地省、自治区、直辖市人民政府药品监督管理部门批准,向国务院药品监督管理部门批准的单位购买。

第 36 条 医疗机构需要使用麻醉药品和第一类精神药品的,应当经所在地设区的市级人民政府卫生主管部门批准,取得麻醉药品、第一类精神药品购用印鉴卡(以下称印鉴卡)。医疗机构应当凭印鉴卡向本省、自治区、直辖市行政区域内的定点批发企业购买麻醉药品和第一类精神药品。

设区的市级人民政府卫生主管部门发给医疗机构印鉴卡时,应当将取得印鉴卡的医疗机构情况抄送所在地设区的市级药品监督管理部门,并报省、自治区、直辖市人民政府卫生主管部门备案。省、自治区、直辖市人民政府卫生主管部门应当将取得印鉴卡的医疗机构名单向本行政区域内的定点批发企业通报。

第 37 条 医疗机构取得印鉴卡应当具备下列条件:

（一）有专职的麻醉药品和第一类精神药品管理人员；

（二）有获得麻醉药品和第一类精神药品处方资格的执业医师；

（三）有保证麻醉药品和第一类精神药品安全储存的设施和管理制度。

第38条　医疗机构应当按照国务院卫生主管部门的规定，对本单位执业医师进行有关麻醉药品和精神药品使用知识的培训、考核，经考核合格的，授予麻醉药品和第一类精神药品处方资格。执业医师取得麻醉药品和第一类精神药品的处方资格后，方可在本医疗机构开具麻醉药品和第一类精神药品处方，但不得为自己开具该种处方。

医疗机构应当将具有麻醉药品和第一类精神药品处方资格的执业医师名单及其变更情况，定期报送所在地设区的市级人民政府卫生主管部门，并抄送同级药品监督管理部门。

医务人员应当根据国务院卫生主管部门制定的临床应用指导原则，使用麻醉药品和精神药品。

第39条　具有麻醉药品和第一类精神药品处方资格的执业医师，根据临床应用指导原则，对确需使用麻醉药品或者第一类精神药品的患者，应当满足其合理用药需求。在医疗机构就诊的癌症疼痛患者和其他危重患者得不到麻醉药品或者第一类精神药品时，患者或者其亲属可以向执业医师提出申请。具有麻醉药品和第一类精神药品处方资格的执业医师认为要求合理的，应当及时为患者提供所需麻醉药品或者第一类精神药品。

第40条　执业医师应当使用专用处方开具麻醉药品和精神药品，单张处方的最大用量应当符合国务院卫生主管部门的规定。

对麻醉药品和第一类精神药品处方，处方的调配人、核对人应当仔细核对，签署姓名，并予以登记；对不符合本条例规定的，处方的调配人、核对人应当拒绝发药。

麻醉药品和精神药品专用处方的格式由国务院卫生主管部门规定。

第41条　医疗机构应当对麻醉药品和精神药品处方进行专册登记，加强管理。麻醉药品处方至少保存3年，精神药品处方至少保存2年。

第42条　医疗机构抢救病人急需麻醉药品和第一类精神药品而本医疗机构无法提供时，可以从其他医疗机构或者定点批发企业紧急借用；抢救工作结束后，应当及时将借用情况报所在地设区的市级药品监督管理部门和卫生主管部门备案。

第43条　对临床需要而市场无供应的麻醉药品和精神药品，持有医疗机构制剂许可证和印鉴卡的医疗机构需要配制制剂的，应当经所在地省、自治区、直辖市人民政府药品监督管理部门批准。医疗机构配制的麻醉药品和精神药品制剂只能在本医疗机构使用,不得对外销售。

第44条　因治疗疾病需要,个人凭医疗机构出具的医疗诊断书、本人身份证明,可以携带单张处方最大用量以内的麻醉药品和第一类精神药品;携带麻醉药品和第一类精神药品出入境的,由海关根据自用、合理的原则放行。

医务人员为了医疗需要携带少量麻醉药品和精神药品出入境的,应当持有省级以上人民政府药品监督管理部门发放的携带麻醉药品和精神药品证明。海关凭携带麻醉药品和精神药品证明放行。

第45条　医疗机构、戒毒机构以开展戒毒治疗为目的,可以使用美沙酮或者国家确定的其他用于戒毒治疗的麻醉药品和精神药品。具体管理办法由国务院药品监督管理部门、国务院公安部门和国务院卫生主管部门制定。

第五章　储　存

第46条　麻醉药品药用原植物种植企业、定点生产企业、全国性批发企业和区域性批发企业以及国家设立的麻醉药品储存单位,应当设置储存麻醉药品和第一类精神药品的专库。该专库应当符合下列要求:

(一) 安装专用防盗门,实行双人双锁管理;

(二) 具有相应的防火设施;

(三) 具有监控设施和报警装置,报警装置应当与公安机关报警系统联网。

全国性批发企业经国务院药品监督管理部门批准设立的药品储存点应当符合前款的规定。

麻醉药品定点生产企业应当将麻醉药品原料药和制剂分别存放。

第47条　麻醉药品和第一类精神药品的使用单位应当设立专库或者专柜储存麻醉药品和第一类精神药品。专库应当设有防盗设施并安装报警装置;专柜应当使用保险柜。专库和专柜应当实行双人双锁管理。

第48条　麻醉药品药用原植物种植企业、定点生产企业、全国性批发企业和区域性批发企业、国家设立的麻醉药品储存单位以及麻醉药品和第一类精神药品的使用单位,应当配备专人负责管理工作,并建立储存麻醉药品和第一类精神药品的专用账册。药品入库双人验收,出库双人复核,做到账物相符。专用账册的保存期限应当自药品有效期期满之日起不少于5年。

第49条　第二类精神药品经营企业应当在药品库房中设立独立的专库或者专柜储存第二类精神药品,并建立专用账册,实行专人管理。专用账册的保存期限应当自药品有效期期满之日起不少于5年。

第六章 运 输

第50条 托运、承运和自行运输麻醉药品和精神药品的,应当采取安全保障措施,防止麻醉药品和精神药品在运输过程中被盗、被抢、丢失。

第51条 通过铁路运输麻醉药品和第一类精神药品的,应当使用集装箱或者铁路行李车运输,具体办法由国务院药品监督管理部门会同国务院铁路主管部门制定。

没有铁路需要通过公路或者水路运输麻醉药品和第一类精神药品的,应当由专人负责押运。

第52条 托运或者自行运输麻醉药品和第一类精神药品的单位,应当向所在地省、自治区、直辖市人民政府药品监督管理部门申请领取运输证明。运输证明有效期为1年。

运输证明应当由专人保管,不得涂改、转让、转借。

第53条 托运人办理麻醉药品和第一类精神药品运输手续,应当将运输证明副本交付承运人。承运人应当查验、收存运输证明副本,并检查货物包装。没有运输证明或者货物包装不符合规定的,承运人不得承运。

承运人在运输过程中应当携带运输证明副本,以备查验。

第54条 邮寄麻醉药品和精神药品,寄件人应当提交所在地省、自治区、直辖市人民政府药品监督管理部门出具的准予邮寄证明。邮政营业机构应当查验、收存准予邮寄证明;没有准予邮寄证明的,邮政营业机构不得收寄。

省、自治区、直辖市邮政主管部门指定符合安全保障条件的邮政营业机构负责收寄麻醉药品和精神药品。邮政营业机构收寄麻醉药品和精神药品,应当依法对收寄的麻醉药品和精神药品予以查验。

邮寄麻醉药品和精神药品的具体管理办法,由国务院药品监督管理部门会同国务院邮政主管部门制定。

第55条 定点生产企业、全国性批发企业和区域性批发企业之间运输麻醉药品、第一类精神药品,发货人在发货前应当向所在地省、自治区、直辖市人民政府药品监督管理部门报送本次运输的相关信息。属于跨省、自治区、直辖市运输的,收到信息的药品监督管理部门应当向收货人所在地的同级药品监督管理部门通报;属于在本省、自治区、直辖市行政区域内运输的,收到信息的药品监督管理部门应当向收货人所在地设区的市级药品监督管理部门通报。

第七章 审批程序和监督管理

第56条 申请人提出本条例规定的审批事项申请,应当提交能够证明其符合本条例规定条件的相关资料。审批部门应当自收到申请之日起40日内作出是否批准的决定;作出批准决定的,发给许可证明文件或者在相关许可证明文件上加注许可事项;作出不予批准决定的,应当书面说明理由。

确定定点生产企业和定点批发企业,审批部门应当在经审查符合条件的企业中,根据布局的要求,通过公平竞争的方式初步确定定点生产企业和定点批发企业,并予公布。其他符合条件的企业可以自公布之日起10日内向审批部门提出异议。审批部门应当自收到异议之日起20日内对异议进行审查,并作出是否调整的决定。

第57条　药品监督管理部门应当根据规定的职责权限,对麻醉药品药用原植物的种植以及麻醉药品和精神药品的实验研究、生产、经营、使用、储存、运输活动进行监督检查。

第58条　省级以上人民政府药品监督管理部门根据实际情况建立监控信息网络,对定点生产企业、定点批发企业和使用单位的麻醉药品和精神药品生产、进货、销售、库存、使用的数量以及流向实行实时监控,并与同级公安机关做到信息共享。

第59条　尚未连接监控信息网络的麻醉药品和精神药品定点生产企业、定点批发企业和使用单位,应当每月通过电子信息、传真、书面等方式,将本单位麻醉药品和精神药品生产、进货、销售、库存、使用的数量以及流向,报所在地设区的市级药品监督管理部门和公安机关;医疗机构还应当报所在地设区的市级人民政府卫生主管部门。

设区的市级药品监督管理部门应当每3个月向上一级药品监督管理部门报告本地区麻醉药品和精神药品的相关情况。

第60条　对已经发生滥用,造成严重社会危害的麻醉药品和精神药品品种,国务院药品监督管理部门应当采取在一定期限内中止生产、经营、使用或者限定其使用范围和用途等措施。对不再作为药品使用的麻醉药品和精神药品,国务院药品监督管理部门应当撤销其药品批准文号和药品标准,并予以公布。

药品监督管理部门、卫生主管部门发现生产、经营企业和使用单位的麻醉药品和精神药品管理存在安全隐患时,应当责令其立即排除或者限期排除;对有证据证明可能流入非法渠道的,应当及时采取查封、扣押的行政强制措施,在7日内作出行政处理决定,并通报同级公安机关。

药品监督管理部门发现取得印鉴卡的医疗机构未依照规定购买麻醉药品和第一类精神药品时,应当及时通报同级卫生主管部门。接到通报的卫生主管部门应当立即调查处理。必要时,药品监督管理部门可以责令定点批发企业中止向该医疗机构销售麻醉药品和第一类精神药品。

第 **61** 条 麻醉药品和精神药品的生产、经营企业和使用单位对过期、损坏的麻醉药品和精神药品应当登记造册,并向所在地县级药品监督管理部门申请销毁。药品监督管理部门应当自接到申请之日起 5 日内到场监督销毁。医疗机构对存放在本单位的过期、损坏麻醉药品和精神药品,应当按照本条规定的程序向卫生主管部门提出申请,由卫生主管部门负责监督销毁。

对依法收缴的麻醉药品和精神药品,除经国务院药品监督管理部门或者国务院公安部门批准用于科学研究外,应当依照国家有关规定予以销毁。

第 **62** 条 县级以上人民政府卫生主管部门应当对执业医师开具麻醉药品和精神药品处方的情况进行监督检查。

第 **63** 条 药品监督管理部门、卫生主管部门和公安机关应当互相通报麻醉药品和精神药品生产、经营企业和使用单位的名单以及其他管理信息。

各级药品监督管理部门应当将在麻醉药品药用原植物的种植以及麻醉药品和精神药品的实验研究、生产、经营、使用、储存、运输等各环节的管理中的审批、撤销等事项通报同级公安机关。

麻醉药品和精神药品的经营企业、使用单位报送各级药品监督管理部门的备案事项,应当同时报送同级公安机关。

第 **64** 条 发生麻醉药品和精神药品被盗、被抢、丢失或者其他流入非法渠道的情形的,案发单位应当立即采取必要的控制措施,同时报告所在地县级公安机关和药品监督管理部门。医疗机构发生上述情形的,还应当报告其主管部门。

公安机关接到报告、举报,或者有证据证明麻醉药品和精神药品可能流入非法渠道时,应当及时开展调查,并可以对相关单位采取必要的控制措施。

药品监督管理部门、卫生主管部门以及其他有关部门应当配合公安机关开展工作。

第八章　法律责任

第 **65** 条 药品监督管理部门、卫生主管部门违反本条例的规定,有下列情形之一的,由其上级行政机关或者监察机关责令改正;情节严重的,对直接负责的主管人员和其他直接责任人员依法给予行政处分;构成犯罪的,依法追究刑事责任:

(一)对不符合条件的申请人准予行政许可或者超越法定职权作出准予行政许可决定的;

(二)未到场监督销毁过期、损坏的麻醉药品和精神药品的;

(三)未依法履行监督检查职责,应当发现而未发现违法行为、发现违法行为不及时查处,或者未依照本条例规定的程序实施监督检查的;

（四）违反本条例规定的其他失职、渎职行为。

第 66 条　麻醉药品药用原植物种植企业违反本条例的规定,有下列情形之一的,由药品监督管理部门责令限期改正,给予警告;逾期不改正的,处 5 万元以上 10 万元以下的罚款;情节严重的,取消其种植资格:

（一）未依照麻醉药品药用原植物年度种植计划进行种植的;

（二）未依照规定报告种植情况的;

（三）未依照规定储存麻醉药品的。

第 67 条　定点生产企业违反本条例的规定,有下列情形之一的,由药品监督管理部门责令限期改正,给予警告,并没收违法所得和违法销售的药品;逾期不改正的,责令停产,并处 5 万元以上 10 万元以下的罚款;情节严重的,取消其定点生产资格:

（一）未按照麻醉药品和精神药品年度生产计划安排生产的;

（二）未依照规定向药品监督管理部门报告生产情况的;

（三）未依照规定储存麻醉药品和精神药品,或者未依照规定建立、保存专用账册的;

（四）未依照规定销售麻醉药品和精神药品的;

（五）未依照规定销毁麻醉药品和精神药品的。

第 68 条　定点批发企业违反本条例的规定销售麻醉药品和精神药品,或者违反本条例的规定经营麻醉药品原料药和第一类精神药品原料药的,由药品监督管理部门责令限期改正,给予警告,并没收违法所得和违法销售的药品;逾期不改正的,责令停业,并处违法销售药品货值金额 2 倍以上 5 倍以下的罚款;情节严重的,取消其定点批发资格。

第 69 条　定点批发企业违反本条例的规定,有下列情形之一的,由药品监督管理部门责令限期改正,给予警告;逾期不改正的,责令停业,并处 2 万元以上 5 万元以下的罚款;情节严重的,取消其定点批发资格:

（一）未依照规定购进麻醉药品和第一类精神药品的;

（二）未保证供药责任区域内的麻醉药品和第一类精神药品的供应的;

（三）未对医疗机构履行送货义务的;

（四）未依照规定报告麻醉药品和精神药品的进货、销售、库存数量以及流向的;

（五）未依照规定储存麻醉药品和精神药品,或者未依照规定建立、保存专用账册的;

（六）未依照规定销毁麻醉药品和精神药品的;

（七）区域性批发企业之间违反本条例的规定调剂麻醉药品和第一类精神药品，或者因特殊情况调剂麻醉药品和第一类精神药品后未依照规定备案的。

第70条 第二类精神药品零售企业违反本条例的规定储存、销售或者销毁第二类精神药品的，由药品监督管理部门责令限期改正，给予警告，并没收违法所得和违法销售的药品；逾期不改正的，责令停业，并处5 000元以上2万元以下的罚款；情节严重的，取消其第二类精神药品零售资格。

第71条 本条例第34条、第35条规定的单位违反本条例的规定，购买麻醉药品和精神药品的，由药品监督管理部门没收违法购买的麻醉药品和精神药品，责令限期改正，给予警告；逾期不改正的，责令停产或者停止相关活动，并处2万元以上5万元以下的罚款。

第72条 取得印鉴卡的医疗机构违反本条例的规定，有下列情形之一的，由设区的市级人民政府卫生主管部门责令限期改正，给予警告；逾期不改正的，处5 000元以上1万元以下的罚款；情节严重的，吊销其印鉴卡；对直接负责的主管人员和其他直接责任人员，依法给予降级、撤职、开除的处分：

（一）未依照规定购买、储存麻醉药品和第一类精神药品的；

（二）未依照规定保存麻醉药品和精神药品专用处方，或者未依照规定进行处方专册登记的；

（三）未依照规定报告麻醉药品和精神药品的进货、库存、使用数量的；

（四）紧急借用麻醉药品和第一类精神药品后未备案的；

（五）未依照规定销毁麻醉药品和精神药品的。

第73条 具有麻醉药品和第一类精神药品处方资格的执业医师，违反本条例的规定开具麻醉药品和第一类精神药品处方，或者未按照临床应用指导原则的要求使用麻醉药品和第一类精神药品的，由其所在医疗机构取消其麻醉药品和第一类精神药品处方资格；造成严重后果的，由原发证部门吊销其执业证书。执业医师未按照临床应用指导原则的要求使用第二类精神药品或者未使用专用处方开具第二类精神药品，造成严重后果的，由原发证部门吊销其执业证书。

未取得麻醉药品和第一类精神药品处方资格的执业医师擅自开具麻醉药品和第一类精神药品处方，由县级以上人民政府卫生主管部门给予警告，暂停其执业活动；造成严重后果的，吊销其执业证书；构成犯罪的，依法追究刑事责任。

处方的调配人、核对人违反本条例的规定未对麻醉药品和第一类精神药品处方进行核对，造成严重后果的，由原发证部门吊销其执业证书。

第74条 违反本条例的规定运输麻醉药品和精神药品的，由药品监督管理部门和运输管理部门依照各自职责，责令改正，给予警告，处2万元以上5万元以下的罚款。

收寄麻醉药品、精神药品的邮政营业机构未依照本条例的规定办理邮寄手续的,由邮政主管部门责令改正,给予警告;造成麻醉药品、精神药品邮件丢失的,依照邮政法律、行政法规的规定处理。

第 75 条　提供虚假材料、隐瞒有关情况,或者采取其他欺骗手段取得麻醉药品和精神药品的实验研究、生产、经营、使用资格的,由原审批部门撤销其已取得的资格,5 年内不得提出有关麻醉药品和精神药品的申请;情节严重的,处 1 万元以上 3 万元以下的罚款,有药品生产许可证、药品经营许可证、医疗机构执业许可证的,依法吊销其许可证明文件。

第 76 条　药品研究单位在普通药品的实验研究和研制过程中,产生本条例规定管制的麻醉药品和精神药品,未依照本条例的规定报告的,由药品监督管理部门责令改正,给予警告,没收违法药品;拒不改正的,责令停止实验研究和研制活动。

第 77 条　药物临床试验机构以健康人为麻醉药品和第一类精神药品临床试验的受试对象的,由药品监督管理部门责令停止违法行为,给予警告;情节严重的,取消其药物临床试验机构的资格;构成犯罪的,依法追究刑事责任。对受试对象造成损害的,药物临床试验机构依法承担治疗和赔偿责任。

第 78 条　定点生产企业、定点批发企业和第二类精神药品零售企业生产、销售假劣麻醉药品和精神药品的,由药品监督管理部门取消其定点生产资格、定点批发资格或者第二类精神药品零售资格,并依照药品管理法的有关规定予以处罚。

第 79 条　定点生产企业、定点批发企业和其他单位使用现金进行麻醉药品和精神药品交易的,由药品监督管理部门责令改正,给予警告,没收违法交易的药品,并处 5 万元以上 10 万元以下的罚款。

第 80 条　发生麻醉药品和精神药品被盗、被抢、丢失案件的单位,违反本条例的规定未采取必要的控制措施或者未依照本条例的规定报告的,由药品监督管理部门和卫生主管部门依照各自职责,责令改正,给予警告;情节严重的,处 5 000 元以上 1 万元以下的罚款;有上级主管部门的,由其上级主管部门对直接负责的主管人员和其他直接责任人员,依法给予降级、撤职的处分。

第 81 条　依法取得麻醉药品药用原植物种植或者麻醉药品和精神药品实验研究、生产、经营、使用、运输等资格的单位,倒卖、转让、出租、出借、涂改其麻醉药品和精神药品许可证明文件的,由原审批部门吊销相应许可证明文件,没收违法所得;情节严重的,处违法所得 2 倍以上 5 倍以下的罚款;没有违法所得的,处 2 万元以上 5 万元以下的罚款;构成犯罪的,依法追究刑事责任。

第82条 违反本条例的规定,致使麻醉药品和精神药品流入非法渠道造成危害,构成犯罪的,依法追究刑事责任;尚不构成犯罪的,由县级以上公安机关处 5 万元以上 10 万元以下的罚款;有违法所得的,没收违法所得;情节严重的,处违法所得 2 倍以上 5 倍以下的罚款;由原发证部门吊销其药品生产、经营和使用许可证明文件。

药品监督管理部门、卫生主管部门在监督管理工作中发现前款规定情形的,应当立即通报所在地同级公安机关,并依照国家有关规定,将案件以及相关材料移送公安机关。

第83条 本章规定由药品监督管理部门作出的行政处罚,由县级以上药品监督管理部门按照国务院药品监督管理部门规定的职责分工决定。

第九章 附 则

第84条 本条例所称实验研究是指以医疗、科学研究或者教学为目的的临床前药物研究。

经批准可以开展与计划生育有关的临床医疗服务的计划生育技术服务机构需要使用麻醉药品和精神药品的,依照本条例有关医疗机构使用麻醉药品和精神药品的规定执行。

第85条 麻醉药品目录中的罂粟壳只能用于中药饮片和中成药的生产以及医疗配方使用。具体管理办法由国务院药品监督管理部门另行制定。

第86条 生产含麻醉药品的复方制剂,需要购进、储存、使用麻醉药品原料药的,应当遵守本条例有关麻醉药品管理的规定。

第87条 军队医疗机构麻醉药品和精神药品的供应、使用,由国务院药品监督管理部门会同中国人民解放军总后勤部依据本条例制定具体管理办法。

第88条 对动物用麻醉药品和精神药品的管理,由国务院兽医主管部门会同国务院药品监督管理部门依据本条例制定具体管理办法。

第89条 本条例自 2005 年 11 月 1 日起施行。1987 年 11 月 28 日国务院发布的《麻醉药品管理办法》和 1988 年 12 月 27 日国务院发布的《精神药品管理办法》同时废止。

七、娱乐场所管理条例

（2006 年 1 月 29 日国务院令第 458 号发布）

第一章 总 则

第1条 为了加强对娱乐场所的管理,保障娱乐场所的健康发展,制定本条例。

第2条 本条例所称娱乐场所,是指以营利为目的,并向公众开放、消费者自娱自乐的歌舞、游艺等场所。

第3条 县级以上人民政府文化主管部门负责对娱乐场所日常经营活动的监督管理;县级以上公安部门负责对娱乐场所消防、治安状况的监督管理。

第4条 国家机关及其工作人员不得开办娱乐场所,不得参与或者变相参与娱乐场所的经营活动。

与文化主管部门、公安部门的工作人员有夫妻关系、直系血亲关系、三代以内旁系血亲关系以及近姻亲关系的亲属,不得开办娱乐场所,不得参与或者变相参与娱乐场所的经营活动。

第二章 设 立

第5条 有下列情形之一的人员,不得开办娱乐场所或者在娱乐场所内从业:

(一)曾犯有组织、强迫、引诱、容留、介绍卖淫罪,制作、贩卖、传播淫秽物品罪,走私、贩卖、运输、制造毒品罪,强奸罪,强制猥亵、侮辱妇女罪,赌博罪,洗钱罪,组织、领导、参加黑社会性质组织罪的;

(二)因犯罪曾被剥夺政治权利的;

(三)因吸食、注射毒品曾被强制戒毒的;

(四)因卖淫、嫖娼曾被处以行政拘留的。

第6条 外国投资者可以与中国投资者依法设立中外合资经营、中外合作经营的娱乐场所,不得设立外商独资经营的娱乐场所。

第7条 娱乐场所不得设在下列地点:

(一)居民楼、博物馆、图书馆和被核定为文物保护单位的建筑物内;

(二)居民住宅区和学校、医院、机关周围;

(三)车站、机场等人群密集的场所;

(四)建筑物地下一层以下;

(五)与危险化学品仓库毗连的区域。

娱乐场所的边界噪声,应当符合国家规定的环境噪声标准。

第8条 娱乐场所的使用面积,不得低于国务院文化主管部门规定的最低标准;设立含有电子游戏机的游艺娱乐场所,应当符合国务院文化主管部门关于总量和布局的要求。

第9条 设立娱乐场所,应当向所在地县级人民政府文化主管部门提出申请;设立中外合资经营、中外合作经营的娱乐场所,应当向所在地省、自治区、直辖市人民政府文化主管部门提出申请。

申请设立娱乐场所,应当提交投资人员、拟任的法定代表人和其他负责人没有本条例第5条规定情形的书面声明。申请人应当对书面声明内容的真实性负责。

受理申请的文化主管部门应当就书面声明向公安部门或者其他有关单位核查,公安部门或者其他有关单位应当予以配合;经核查属实的,文化主管部门应当依据本条例第7条、第8条的规定进行实地检查,作出决定。予以批准的,颁发娱乐经营许可证,并根据国务院文化主管部门的规定核定娱乐场所容纳的消费者数量;不予批准的,应当书面通知申请人并说明理由。

有关法律、行政法规规定需要办理消防、卫生、环境保护等审批手续的,从其规定。

第10条 文化主管部门审批娱乐场所应当举行听证。有关听证的程序,依照《中华人民共和国行政许可法》的规定执行。

第11条 申请人取得娱乐经营许可证和有关消防、卫生、环境保护的批准文件后,方可到工商行政管理部门依法办理登记手续,领取营业执照。

娱乐场所取得营业执照后,应当在15日内向所在地县级公安部门备案。

第12条 娱乐场所改建、扩建营业场所或者变更场地、主要设施设备、投资人员,或者变更娱乐经营许可证载明的事项的,应当向原发证机关申请重新核发娱乐经营许可证,并向公安部门备案;需要办理变更登记的,应当依法向工商行政管理部门办理变更登记。

第三章 经 营

第13条 国家倡导弘扬民族优秀文化,禁止娱乐场所内的娱乐活动含有下列内容:

(一)违反宪法确定的基本原则的;

(二)危害国家统一、主权或者领土完整的;

(三)危害国家安全,或者损害国家荣誉、利益的;

(四)煽动民族仇恨、民族歧视,伤害民族感情或者侵害民族风俗、习惯,破坏民族团结的；

（五）违反国家宗教政策，宣扬邪教、迷信的；

（六）宣扬淫秽、赌博、暴力以及与毒品有关的违法犯罪活动，或者教唆犯罪的；

（七）违背社会公德或者民族优秀文化传统的；

（八）侮辱、诽谤他人，侵害他人合法权益的；

（九）法律、行政法规禁止的其他内容。

第14条　娱乐场所及其从业人员不得实施下列行为，不得为进入娱乐场所的人员实施下列行为提供条件：

（一）贩卖、提供毒品，或者组织、强迫、教唆、引诱、欺骗、容留他人吸食、注射毒品；

（二）组织、强迫、引诱、容留、介绍他人卖淫、嫖娼；

（三）制作、贩卖、传播淫秽物品；

（四）提供或者从事以营利为目的的陪侍；

（五）赌博；

（六）从事邪教、迷信活动；

（七）其他违法犯罪行为。

娱乐场所的从业人员不得吸食、注射毒品，不得卖淫、嫖娼；娱乐场所及其从业人员不得为进入娱乐场所的人员实施上述行为提供条件。

第15条　歌舞娱乐场所应当按照国务院公安部门的规定在营业场所的出入口、主要通道安装闭路电视监控设备，并应当保证闭路电视监控设备在营业期间正常运行，不得中断。

歌舞娱乐场所应当将闭路电视监控录像资料留存30日备查，不得删改或者挪作他用。

第16条　歌舞娱乐场所的包厢、包间内不得设置隔断，并应当安装展现室内整体环境的透明门窗。包厢、包间的门不得有内锁装置。

第17条　营业期间，歌舞娱乐场所内亮度不得低于国家规定的标准。

第18条　娱乐场所使用的音像制品或者电子游戏应当是依法出版、生产或者进口的产品。

歌舞娱乐场所播放的曲目和屏幕画面以及游艺娱乐场所的电子游戏机内的游戏项目，不得含有本条例第13条禁止的内容；歌舞娱乐场所使用的歌曲点播系统不得与境外的曲库联接。

第19条　游艺娱乐场所不得设置具有赌博功能的电子游戏机机型、机种、电路板等游戏设施设备,不得以现金或者有价证券作为奖品,不得回购奖品。

第20条 娱乐场所的法定代表人或者主要负责人应当对娱乐场所的消防安全和其他安全负责。

娱乐场所应当确保其建筑、设施符合国家安全标准和消防技术规范,定期检查消防设施状况,并及时维护、更新。

娱乐场所应当制定安全工作方案和应急疏散预案。

第21条 营业期间,娱乐场所应当保证疏散通道和安全出口畅通,不得封堵、锁闭疏散通道和安全出口,不得在疏散通道和安全出口设置栅栏等影响疏散的障碍物。

娱乐场所应当在疏散通道和安全出口设置明显指示标志,不得遮挡、覆盖指示标志。

第22条 任何人不得非法携带枪支、弹药、管制器具或者携带爆炸性、易燃性、毒害性、放射性、腐蚀性等危险物品和传染病病原体进入娱乐场所。

迪斯科舞厅应当配备安全检查设备,对进入营业场所的人员进行安全检查。

第23条 歌舞娱乐场所不得接纳未成年人。除国家法定节假日外,游艺娱乐场所设置的电子游戏机不得向未成年人提供。

第24条 娱乐场所不得招用未成年人;招用外国人的,应当按照国家有关规定为其办理外国人就业许可证。

第25条 娱乐场所应当与从业人员签订文明服务责任书,并建立从业人员名簿;从业人员名簿应当包括从业人员的真实姓名、居民身份证复印件、外国人就业许可证复印件等内容。

娱乐场所应当建立营业日志,记载营业期间从业人员的工作职责、工作时间、工作地点;营业日志不得删改,并应当留存60日备查。

第26条 娱乐场所应当与保安服务企业签订保安服务合同,配备专业保安人员;不得聘用其他人员从事保安工作。

第27条 营业期间,娱乐场所的从业人员应当统一着工作服,佩带工作标志并携带居民身份证或者外国人就业许可证。

从业人员应当遵守职业道德和卫生规范,诚实守信,礼貌待人,不得侵害消费者的人身和财产权利。

第28条 每日凌晨2时至上午8时,娱乐场所不得营业。

第29条 娱乐场所提供娱乐服务项目和出售商品,应当明码标价,并向消费者出示价目表;不得强迫、欺骗消费者接受服务、购买商品。

第30条 娱乐场所应当在营业场所的大厅、包厢、包间内的显著位置悬挂含有禁毒、禁赌、禁止卖淫嫖娼等内容的警示标志、未成年人禁入或者限入标志。标志应当注明公安部门、文化主管部门的举报电话。

第 **31** 条　娱乐场所应当建立巡查制度,发现娱乐场所内有违法犯罪活动的,应当立即向所在地县级公安部门、县级人民政府文化主管部门报告。

第四章　监督管理

第 **32** 条　文化主管部门、公安部门和其他有关部门的工作人员依法履行监督检查职责时,有权进入娱乐场所。娱乐场所应当予以配合,不得拒绝、阻挠。

文化主管部门、公安部门和其他有关部门的工作人员依法履行监督检查职责时,需要查阅闭路电视监控录像资料、从业人员名簿、营业日志等资料的,娱乐场所应当及时提供。

第 **33** 条　文化主管部门、公安部门和其他有关部门应当记录监督检查的情况和处理结果。监督检查记录由监督检查人员签字归档。公众有权查阅监督检查记录。

第 **34** 条　文化主管部门、公安部门和其他有关部门应当建立娱乐场所违法行为警示记录系统;对列入警示记录的娱乐场所,应当及时向社会公布,并加大监督检查力度。

第 **35** 条　文化主管部门、公安部门和其他有关部门应当建立相互间的信息通报制度,及时通报监督检查情况和处理结果。

第 **36** 条　任何单位或者个人发现娱乐场所内有违反本条例行为的,有权向文化主管部门、公安部门等有关部门举报。

文化主管部门、公安部门等有关部门接到举报,应当记录,并及时依法调查、处理;对不属于本部门职责范围的,应当及时移送有关部门。

第 **37** 条　上级人民政府文化主管部门、公安部门在必要时,可以依照本条例的规定调查、处理由下级人民政府文化主管部门、公安部门调查、处理的案件。

下级人民政府文化主管部门、公安部门认为案件重大、复杂的,可以请求移送上级人民政府文化主管部门、公安部门调查、处理。

第 **38** 条　文化主管部门、公安部门和其他有关部门及其工作人员违反本条例规定的,任何单位或者个人可以向依法有权处理的本级或者上一级机关举报。接到举报的机关应当依法及时调查、处理。

第 **39** 条　娱乐场所行业协会应当依照章程的规定,制定行业自律规范,加强对会员经营活动的指导、监督。

第五章　法律责任

第 **40** 条　违反本条例规定,擅自从事娱乐场所经营活动的,由工商行政管理部门、文化主管部门依法予以取缔;公安部门在查处治安、刑事案件时,发现擅自从事娱乐场所经营活动的,应当依法予以取缔。

第41条 违反本条例规定,以欺骗等不正当手段取得娱乐经营许可证的,由原发证机关撤销娱乐经营许可证。

第42条 娱乐场所实施本条例第14条禁止行为的,由县级公安部门没收违法所得和非法财物,责令停业整顿3个月至6个月;情节严重的,由原发证机关吊销娱乐经营许可证,对直接负责的主管人员和其他直接责任人员处1万元以上2万元以下的罚款。

第43条 娱乐场所违反本条例规定,有下列情形之一的,由县级公安部门责令改正,给予警告;情节严重的,责令停业整顿1个月至3个月:

(一)照明设施、包厢、包间的设置以及门窗的使用不符合本条例规定的;

(二)未按照本条例规定安装闭路电视监控设备或者中断使用的;

(三)未按照本条例规定留存监控录像资料或者删改监控录像资料的;

(四)未按照本条例规定配备安全检查设备或者未对进入营业场所的人员进行安全检查的;

(五)未按照本条例规定配备保安人员的。

第44条 娱乐场所违反本条例规定,有下列情形之一的,由县级公安部门没收违法所得和非法财物,并处违法所得2倍以上5倍以下的罚款;没有违法所得或者违法所得不足1万元的,并处2万元以上5万元以下的罚款;情节严重的,责令停业整顿1个月至3个月:

(一)设置具有赌博功能的电子游戏机机型、机种、电路板等游戏设施设备的;

(二)以现金、有价证券作为奖品,或者回购奖品的。

第45条 娱乐场所指使、纵容从业人员侵害消费者人身权利的,应当依法承担民事责任,并由县级公安部门责令停业整顿1个月至3个月;造成严重后果的,由原发证机关吊销娱乐经营许可证。

第46条 娱乐场所取得营业执照后,未按照本条例规定向公安部门备案的,由县级公安部门责令改正,给予警告。

第47条 违反本条例规定,有下列情形之一的,由县级人民政府文化主管部门没收违法所得和非法财物,并处违法所得1倍以上3倍以下的罚款;没有违法所得或者违法所得不足1万元的,并处1万元以上3万元以下的罚款;情节严重的,责令停业整顿1个月至6个月:

(一)歌舞娱乐场所的歌曲点播系统与境外的曲库联接的;

（二）歌舞娱乐场所播放的曲目、屏幕画面或者游艺娱乐场所电子游戏机内的游戏项目含有本条例第13条禁止内容的；

（三）歌舞娱乐场所接纳未成年人的；

（四）游艺娱乐场所设置的电子游戏机在国家法定节假日外向未成年人提供的；

（五）娱乐场所容纳的消费者超过核定人数的。

第48条　娱乐场所违反本条例规定，有下列情形之一的，由县级人民政府文化主管部门责令改正，给予警告；情节严重的，责令停业整顿1个月至3个月：

（一）变更有关事项，未按照本条例规定申请重新核发娱乐经营许可证的；

（二）在本条例规定的禁止营业时间内营业的；

（三）从业人员在营业期间未统一着装并佩带工作标志的。

第49条　娱乐场所未按照本条例规定建立从业人员名簿、营业日志，或者发现违法犯罪行为未按照本条例规定报告的，由县级人民政府文化主管部门、县级公安部门依据法定职权责令改正，给予警告；情节严重的，责令停业整顿1个月至3个月。

第50条　娱乐场所未按照本条例规定悬挂警示标志、未成年人禁入或者限入标志的，由县级人民政府文化主管部门、县级公安部门依据法定职权责令改正，给予警告。

第51条　娱乐场所招用未成年人的，由劳动保障行政部门责令改正，并按照每招用一名未成年人每月处5000元罚款的标准给予处罚。

第52条　因擅自从事娱乐场所经营活动被依法取缔的，其投资人员和负责人终身不得投资开办娱乐场所或者担任娱乐场所的法定代表人、负责人。

娱乐场所因违反本条例规定，被吊销或者撤销娱乐经营许可证的，自被吊销或者撤销之日起，其法定代表人、负责人5年内不得担任娱乐场所的法定代表人、负责人。

娱乐场所因违反本条例规定，2年内被处以3次警告或者罚款又有违反本条例的行为应受行政处罚的，由县级人民政府文化主管部门、县级公安部门依据法定职权责令停业整顿3个月至6个月；2年内被2次责令停业整顿又有违反本条例的行为应受行政处罚的，由原发证机关吊销娱乐经营许可证。

第53条　娱乐场所违反有关治安管理或者消防管理法律、行政法规规定的，由公安部门依法予以处罚；构成犯罪的，依法追究刑事责任。

娱乐场所违反有关卫生、环境保护、价格、劳动等法律、行政法规规定的，由有关部门依法予以处罚；构成犯罪的，依法追究刑事责任。

娱乐场所及其从业人员与消费者发生争议的,应当依照消费者权益保护的法律规定解决;造成消费者人身、财产损害的,由娱乐场所依法予以赔偿。

第54条 娱乐场所违反本条例规定被吊销或者撤销娱乐经营许可证的,应当依法到工商行政管理部门办理变更登记或者注销登记;逾期不办理的,吊销营业执照。

第55条 国家机关及其工作人员开办娱乐场所,参与或者变相参与娱乐场所经营活动的,对直接负责的主管人员和其他直接责任人员依法给予撤职或者开除的行政处分。

文化主管部门、公安部门的工作人员明知其亲属开办娱乐场所或者发现其亲属参与、变相参与娱乐场所的经营活动,不予制止或者制止不力的,依法给予行政处分;情节严重的,依法给予撤职或者开除的行政处分。

第56条 文化主管部门、公安部门、工商行政管理部门和其他有关部门的工作人员有下列行为之一的,对直接负责的主管人员和其他直接责任人员依法给予行政处分;构成犯罪的,依法追究刑事责任:

(一)向不符合法定设立条件的单位颁发许可证、批准文件、营业执照的;

(二)不履行监督管理职责,或者发现擅自从事娱乐场所经营活动不依法取缔,或者发现违法行为不依法查处的;

(三)接到对违法行为的举报、通报后不依法查处的;

(四)利用职务之便,索取、收受他人财物或者谋取其他利益的;

(五)利用职务之便,参与、包庇违法行为,或者向有关单位、个人通风报信的;

(六)有其他滥用职权、玩忽职守、徇私舞弊行为的。

第六章 附 则

第57条 本条例所称从业人员,包括娱乐场所的管理人员、服务人员、保安人员和在娱乐场所工作的其他人员。

第58条 本条例自2006年3月1日起施行。1999年3月26日国务院发布的《娱乐场所管理条例》同时废止。

八、药品类易制毒化学品管理办法

（2010 年 3 月 18 日卫生部令第 72 号发布）

第一章 总 则

第 1 条 为加强药品类易制毒化学品管理，防止流入非法渠道，根据《易制毒化学品管理条例》（以下简称《条例》），制定本办法。

第 2 条 药品类易制毒化学品是指《条例》中所确定的麦角酸、麻黄素等物质，品种目录见本办法附件 1。①

国务院批准调整易制毒化学品分类和品种，涉及药品类易制毒化学品的，国家食品药品监督管理局应当及时调整并予公布。

第 3 条 药品类易制毒化学品的生产、经营、购买以及监督管理，适用本办法。

第 4 条 国家食品药品监督管理局主管全国药品类易制毒化学品生产、经营、购买等方面的监督管理工作。

县级以上地方食品药品监督管理部门负责本行政区域内的药品类易制毒化学品生产、经营、购买等方面的监督管理工作。

第二章 生产、经营许可

第 5 条 生产、经营药品类易制毒化学品，应当依照《条例》和本办法的规定取得药品类易制毒化学品生产、经营许可。

生产药品类易制毒化学品中属于药品的品种，还应当依照《药品管理法》和相关规定取得药品批准文号。

第 6 条 药品生产企业申请生产药品类易制毒化学品，应当符合《条例》第 7 条规定的条件，向所在地省、自治区、直辖市食品药品监督管理部门提出申请，报送以下资料：

（一）药品类易制毒化学品生产申请表（见附件 2）；

（二）《药品生产许可证》《药品生产质量管理规范》认证证书和企业营业执照复印件；

（三）企业药品类易制毒化学品管理的组织机构图（注明各部门职责及相互

---

① 药品类易制毒化学品品种目录：1. 麦角酸 2. 麦角胺 3. 麦角新碱 4. 麻黄素、伪麻黄素、消旋麻黄素、去甲麻黄素、甲基麻黄素、麻黄浸膏、麻黄浸膏粉等麻黄素类物质。另外上列物质包括可能存在的盐类；药品类易制毒化学品包括原料药及其单方制剂。

关系、部门负责人);

(四)反映企业现有状况的周边环境图、总平面布置图、仓储平面布置图、质量检验场所平面布置图、药品类易制毒化学品生产场所平面布置图(注明药品类易制毒化学品相应安全管理设施);

(五)药品类易制毒化学品安全管理制度文件目录;

(六)重点区域设置电视监控设施的说明以及与公安机关联网报警的证明;

(七)企业法定代表人、企业负责人和技术、管理人员具有药品类易制毒化学品有关知识的说明材料;

(八)企业法定代表人及相关工作人员无毒品犯罪记录的证明;

(九)申请生产仅能作为药品中间体使用的药品类易制毒化学品的,还应当提供合法用途说明等其他相应资料。

第7条 省、自治区、直辖市食品药品监督管理部门应当在收到申请之日起5日内,对申报资料进行形式审查,决定是否受理。受理的,在30日内完成现场检查,将检查结果连同企业申报资料报送国家食品药品监督管理局。国家食品药品监督管理局应当在30日内完成实质性审查,对符合规定的,发给《药品类易制毒化学品生产许可批件》(以下简称《生产许可批件》,见附件3),注明许可生产的药品类易制毒化学品名称;不予许可的,应当书面说明理由。

第8条 药品生产企业收到《生产许可批件》后,应当向所在地省、自治区、直辖市食品药品监督管理部门提出变更《药品生产许可证》生产范围的申请。省、自治区、直辖市食品药品监督管理部门应当根据《生产许可批件》,在《药品生产许可证》正本的生产范围中标注"药品类易制毒化学品";在副本的生产范围中标注"药品类易制毒化学品"后,括弧内标注药品类易制毒化学品名称。

第9条 药品类易制毒化学品生产企业申请换发《药品生产许可证》的,省、自治区、直辖市食品药品监督管理部门除按照《药品生产监督管理办法》审查外,还应当对企业的药品类易制毒化学品生产条件和安全管理情况进行审查。对符合规定的,在换发的《药品生产许可证》中继续标注药品类易制毒化学品生产范围和品种名称;对不符合规定的,报国家食品药品监督管理局。

国家食品药品监督管理局收到省、自治区、直辖市食品药品监督管理部门报告后,对不符合规定的企业注销其《生产许可批件》,并通知企业所在地省、自治区、直辖市食品药品监督管理部门注销该企业《药品生产许可证》中的药品类易制毒化学品生产范围。

第10条 药品类易制毒化学品生产企业不再生产药品类易制毒化学品的,应当在停止生产经营后3个月内办理注销相关许可手续。

药品类易制毒化学品生产企业连续 1 年未生产的,应当书面报告所在地省、自治区、直辖市食品药品监督管理部门;需要恢复生产的,应当经所在地省、自治区、直辖市食品药品监督管理部门对企业的生产条件和安全管理情况进行现场检查。

第 11 条 药品类易制毒化学品生产企业变更生产地址、品种范围的,应当重新申办《生产许可批件》。

药品类易制毒化学品生产企业变更企业名称、法定代表人的,由所在地省、自治区、直辖市食品药品监督管理部门办理《药品生产许可证》变更手续,报国家食品药品监督管理局备案。

第 12 条 药品类易制毒化学品以及含有药品类易制毒化学品的制剂不得委托生产。

药品生产企业不得接受境外厂商委托加工药品类易制毒化学品以及含有药品类易制毒化学品的产品;特殊情况需要委托加工的,须经国家食品药品监督管理局批准。

第 13 条 药品类易制毒化学品的经营许可,国家食品药品监督管理局委托省、自治区、直辖市食品药品监督管理部门办理。

药品类易制毒化学品单方制剂和小包装麻黄素,纳入麻醉药品销售渠道经营,仅能由麻醉药品全国性批发企业和区域性批发企业经销,不得零售。

未实行药品批准文号管理的品种,纳入药品类易制毒化学品原料药渠道经营。

第 14 条 药品经营企业申请经营药品类易制毒化学品原料药,应当符合《条例》第 9 条规定的条件,向所在地省、自治区、直辖市食品药品监督管理部门提出申请,报送以下资料:

(一)药品类易制毒化学品原料药经营申请表(见附件 4);

(二)具有麻醉药品和第一类精神药品定点经营资格或者第二类精神药品定点经营资格的《药品经营许可证》《药品经营质量管理规范》认证证书和企业营业执照复印件;

(三)企业药品类易制毒化学品管理的组织机构图(注明各部门职责及相互关系、部门负责人);

(四)反映企业现有状况的周边环境图、总平面布置图、仓储平面布置图(注明药品类易制毒化学品相应安全管理设施);

(五)药品类易制毒化学品安全管理制度文件目录;

(六)重点区域设置电视监控设施的说明以及与公安机关联网报警的证明;

（七）企业法定代表人、企业负责人和销售、管理人员具有药品类易制毒化学品有关知识的说明材料；

（八）企业法定代表人及相关工作人员无毒品犯罪记录的证明。

第15条 省、自治区、直辖市食品药品监督管理部门应当在收到申请之日起5日内，对申报资料进行形式审查，决定是否受理。受理的，在30日内完成现场检查和实质性审查，对符合规定的，在《药品经营许可证》经营范围中标注"药品类易制毒化学品"，并报国家食品药品监督管理局备案；不予许可的，应当书面说明理由。

第三章　购买许可

第16条 国家对药品类易制毒化学品实行购买许可制度。购买药品类易制毒化学品的，应当办理《药品类易制毒化学品购用证明》（以下简称《购用证明》），但本办法第21条规定的情形除外。

《购用证明》由国家食品药品监督管理局统一印制（样式见附件5），有效期为3个月。

第17条 《购用证明》申请范围：

（一）经批准使用药品类易制毒化学品用于药品生产的药品生产企业；

（二）使用药品类易制毒化学品的教学、科研单位；

（三）具有药品类易制毒化学品经营资格的药品经营企业；

（四）取得药品类易制毒化学品出口许可的外贸出口企业；

（五）经农业部会同国家食品药品监督管理局下达兽用盐酸麻黄素注射液生产计划的兽药生产企业。

药品类易制毒化学品生产企业自用药品类易制毒化学品原料药用于药品生产的，也应当按照本办法规定办理《购用证明》。

第18条 购买药品类易制毒化学品应当符合《条例》第14条规定，向所在地省、自治区、直辖市食品药品监督管理部门或者省、自治区食品药品监督管理部门确定并公布的设区的市级食品药品监督管理部门提出申请，填报购买药品类易制毒化学品申请表（见附件6），提交相应资料（见附件7）。

第19条 设区的市级食品药品监督管理部门应当在收到申请之日起5日内，对申报资料进行形式审查，决定是否受理。受理的，必要时组织现场检查，5日内将检查结果连同企业申报资料报送省、自治区食品药品监督管理部门。省、自治区食品药品监督管理部门应当在5日内完成审查，对符合规定的，发给《购用证明》；不予许可的，应当书面说明理由。

省、自治区、直辖市食品药品监督管理部门直接受理的，应当在收到申请之日起 10 日内完成审查和必要的现场检查,对符合规定的,发给《购用证明》;不予许可的,应当书面说明理由。

省、自治区、直辖市食品药品监督管理部门在批准发给《购用证明》之前,应当请公安机关协助核查相关内容;公安机关核查所用的时间不计算在上述期限之内。

第 20 条 《购用证明》只能在有效期内一次使用。《购用证明》不得转借、转让。购买药品类易制毒化学品时必须使用《购用证明》原件,不得使用复印件、传真件。

第 21 条 符合以下情形之一的,豁免办理《购用证明》:

(一)医疗机构凭麻醉药品、第一类精神药品购用印鉴卡购买药品类易制毒化学品单方制剂和小包装麻黄素的;

(二)麻醉药品全国性批发企业、区域性批发企业持麻醉药品调拨单购买小包装麻黄素以及单次购买麻黄素片剂 6 万片以下、注射剂 1.5 万支以下的;

(三)按规定购买药品类易制毒化学品标准品、对照品的;

(四)药品类易制毒化学品生产企业凭药品类易制毒化学品出口许可自营出口药品类易制毒化学品的。

第四章 购销管理

第 22 条 药品类易制毒化学品生产企业应当将药品类易制毒化学品原料药销售给取得《购用证明》的药品生产企业、药品经营企业和外贸出口企业。

第 23 条 药品类易制毒化学品经营企业应当将药品类易制毒化学品原料药销售给本省、自治区、直辖市行政区域内取得《购用证明》的单位。药品类易制毒化学品经营企业之间不得购销药品类易制毒化学品原料药。

第 24 条 教学科研单位只能凭《购用证明》从麻醉药品全国性批发企业、区域性批发企业和药品类易制毒化学品经营企业购买药品类易制毒化学品。

第 25 条 药品类易制毒化学品生产企业应当将药品类易制毒化学品单方制剂和小包装麻黄素销售给麻醉药品全国性批发企业。麻醉药品全国性批发企业、区域性批发企业应当按照《麻醉药品和精神药品管理条例》第三章规定的渠道销售药品类易制毒化学品单方制剂和小包装麻黄素。麻醉药品区域性批发企业之间不得购销药品类易制毒化学品单方制剂和小包装麻黄素。

麻醉药品区域性批发企业之间因医疗急需等特殊情况需要调剂药品类易制毒化学品单方制剂的,应当在调剂后 2 日内将调剂情况分别报所在地省、自治区、直辖市食品药品监督管理部门备案。

第 26 条 药品类易制毒化学品禁止使用现金或者实物进行交易。

第27条　药品类易制毒化学品生产企业、经营企业销售药品类易制毒化学品,应当逐一建立购买方档案。

购买方为非医疗机构的,档案内容至少包括:

(一)购买方《药品生产许可证》《药品经营许可证》、企业营业执照等资质证明文件复印件;

(二)购买方企业法定代表人、主管药品类易制毒化学品负责人、采购人员姓名及其联系方式;

(三)法定代表人授权委托书原件及采购人员身份证明文件复印件;

(四)《购用证明》或者麻醉药品调拨单原件;

(五)销售记录及核查情况记录。

购买方为医疗机构的,档案应当包括医疗机构麻醉药品、第一类精神药品购用印鉴卡复印件和销售记录。

第28条　药品类易制毒化学品生产企业、经营企业销售药品类易制毒化学品时,应当核查采购人员身份证明和相关购买许可证明,无误后方可销售,并保存核查记录。

发货应当严格执行出库复核制度,认真核对实物与药品销售出库单是否相符,并确保将药品类易制毒化学品送达购买方《药品生产许可证》或者《药品经营许可证》所载明的地址,或者医疗机构的药库。

在核查、发货、送货过程中发现可疑情况的,应当立即停止销售,并向所在地食品药品监督管理部门和公安机关报告。

第29条　除药品类易制毒化学品经营企业外,购用单位应当按照《购用证明》载明的用途使用药品类易制毒化学品,不得转售;外贸出口企业购买的药品类易制毒化学品不得内销。

购用单位需要将药品类易制毒化学品退回原供货单位的,应当分别报其所在地和原供货单位所在地省、自治区、直辖市食品药品监督管理部门备案。原供货单位收到退货后,应当分别向其所在地和原购用单位所在地省、自治区、直辖市食品药品监督管理部门报告。

第五章　安全管理

第30条　药品类易制毒化学品生产企业、经营企业、使用药品类易制毒化学品的药品生产企业和教学科研单位,应当配备保障药品类易制毒化学品安全管理的设施,建立层层落实责任制的药品类易制毒化学品管理制度。

第31条　药品类易制毒化学品生产企业、经营企业和使用药品类易制毒化学品的药品生产企业,应当设置专库或者在药品仓库中设立独立的专库(柜)储存药品类易制毒化学品。

麻醉药品全国性批发企业、区域性批发企业可在其麻醉药品和第一类精神药品专库中设专区存放药品类易制毒化学品。

教学科研单位应当设立专柜储存药品类易制毒化学品。

专库应当设有防盗设施,专柜应当使用保险柜;专库和专柜应当实行双人双锁管理。

药品类易制毒化学品生产企业、经营企业和使用药品类易制毒化学品的药品生产企业,其关键生产岗位、储存场所应当设置电视监控设施,安装报警装置并与公安机关联网。

第 32 条　药品类易制毒化学品生产企业、经营企业和使用药品类易制毒化学品的药品生产企业,应当建立药品类易制毒化学品专用账册。专用账册保存期限应当自药品类易制毒化学品有效期期满之日起不少于 2 年。

药品类易制毒化学品生产企业自营出口药品类易制毒化学品的,必须在专用账册中载明,并留存出口许可及相应证明材料备查。

药品类易制毒化学品入库应当双人验收,出库应当双人复核,做到账物相符。

第 33 条　发生药品类易制毒化学品被盗、被抢、丢失或者其他流入非法渠道情形的,案发单位应当立即报告当地公安机关和县级以上地方食品药品监督管理部门。接到报案的食品药品监督管理部门应当逐级上报,并配合公安机关查处。

第六章　监督管理

第 34 条　县级以上地方食品药品监督管理部门负责本行政区域内药品类易制毒化学品生产企业、经营企业、使用药品类易制毒化学品的药品生产企业和教学科研单位的监督检查。

第 35 条　食品药品监督管理部门应当建立对本行政区域内相关企业的监督检查制度和监督检查档案。监督检查至少应当包括药品类易制毒化学品的安全管理状况、销售流向、使用情况等内容;对企业的监督检查档案应当全面详实,应当有现场检查等情况的记录。每次检查后应当将检查结果以书面形式告知被检查单位;需要整改的应当提出整改内容及整改期限,并实施跟踪检查。

第 36 条　食品药品监督管理部门对药品类易制毒化学品的生产、经营、购买活动进行监督检查时,可以依法查看现场、查阅和复制有关资料、记录有关情况、扣押相关的证据材料和违法物品;必要时,可以临时查封有关场所。

被检查单位及其工作人员应当配合食品药品监督管理部门的监督检查,如实提供有关情况和材料、物品，不得拒绝或者隐匿。

第37条 食品药品监督管理部门应当将药品类易制毒化学品许可、依法吊销或者注销许可的情况及时通报有关公安机关和工商行政管理部门。

食品药品监督管理部门收到工商行政管理部门关于药品类易制毒化学品生产企业、经营企业吊销营业执照或者注销登记的情况通报后，应当及时注销相应的药品类易制毒化学品许可。

第38条 药品类易制毒化学品生产企业、经营企业应当于每月10日前，向所在地县级食品药品监督管理部门、公安机关及中国麻醉药品协会报送上月药品类易制毒化学品生产、经营和库存情况；每年3月31日前向所在地县级食品药品监督管理部门、公安机关及中国麻醉药品协会报送上年度药品类易制毒化学品生产、经营和库存情况。食品药品监督管理部门应当将汇总情况及时报告上一级食品药品监督管理部门。

药品类易制毒化学品生产企业、经营企业应当按照食品药品监督管理部门制定的药品电子监管实施要求，及时联入药品电子监管网，并通过网络报送药品类易制毒化学品生产、经营和库存情况。

第39条 药品类易制毒化学品生产企业、经营企业、使用药品类易制毒化学品的药品生产企业和教学科研单位，对过期、损坏的药品类易制毒化学品应当登记造册，并向所在地县级以上地方食品药品监督管理部门申请销毁。食品药品监督管理部门应当自接到申请之日起5日内到现场监督销毁。

第40条 有《行政许可法》第69条第1款、第2款所列情形的，省、自治区、直辖市食品药品监督管理部门或者国家食品药品监督管理局应当撤销根据本办法作出的有关许可。

第七章 法律责任

第41条 药品类易制毒化学品生产企业、经营企业、使用药品类易制毒化学品的药品生产企业、教学科研单位，未按规定执行安全管理制度的，由县级以上食品药品监督管理部门按照《条例》第40条第1款第一项的规定给予处罚。

第42条 药品类易制毒化学品生产企业自营出口药品类易制毒化学品，未按规定在专用账册中载明或者未按规定留存出口许可、相应证明材料备查的，由县级以上食品药品监督管理部门按照《条例》第40条第1款第四项的规定给予处罚。

第43条 有下列情形之一的，由县级以上食品药品监督管理部门给予警告，责令限期改正，可以并处1万元以上3万元以下的罚款：

（一）药品类易制毒化学品生产企业连续停产1年以上未按规定报告的，或

者未经所在地省、自治区、直辖市食品药品监督管理部门现场检查即恢复生产的;

（二）药品类易制毒化学品生产企业、经营企业未按规定渠道购销药品类易制毒化学品的;

（三）麻醉药品区域性批发企业因特殊情况调剂药品类易制毒化学品后未按规定备案的;

（四）药品类易制毒化学品发生退货,购用单位、供货单位未按规定备案、报告的。

第44条 药品类易制毒化学品生产企业、经营企业、使用药品类易制毒化学品的药品生产企业和教学科研单位,拒不接受食品药品监督管理部门监督检查的,由县级以上食品药品监督管理部门按照《条例》第42条规定给予处罚。

第45条 对于由公安机关、工商行政管理部门按照《条例》第38条作出行政处罚决定的单位,食品药品监督管理部门自该行政处罚决定作出之日起3年内不予受理其药品类易制毒化学品生产、经营、购买许可的申请。

第46条 食品药品监督管理部门工作人员在药品类易制毒化学品管理工作中有应当许可而不许可、不应当许可而滥许可,以及其他滥用职权、玩忽职守、徇私舞弊行为的,依法给予行政处分;构成犯罪的,依法追究刑事责任。

第八章 附 则

第47条 申请单位按照本办法的规定申请行政许可事项的,应当对提交资料的真实性负责,提供资料为复印件的,应当加盖申请单位的公章。

第48条 本办法所称小包装麻黄素是指国家食品药品监督管理局指定生产的供教学、科研和医疗机构配制制剂使用的特定包装的麻黄素原料药。

第49条 对兽药生产企业购用盐酸麻黄素原料药以及兽用盐酸麻黄素注射液生产、经营等监督管理,按照农业部和国家食品药品监督管理局的规定执行。

第50条 本办法自2010年5月1日起施行。原国家药品监督管理局1999年6月26日发布的《麻黄素管理办法》(试行)同时废止。

九、吸毒检测程序规定

（2009 年 9 月 27 日公安部令第 110 号发布）

第 1 条 为规范公安机关吸毒检测工作,保护当事人的合法权益,根据《中华人民共和国禁毒法》等有关法律规定,制定本规定。

第 2 条 吸毒检测是运用科学技术手段对涉嫌吸毒的人员进行生物医学检测,为公安机关认定吸毒行为提供科学依据的活动。

吸毒检测的对象,包括涉嫌吸毒的人员,被决定执行强制隔离戒毒的人员,被公安机关责令接受社区戒毒和社区康复的人员,以及戒毒康复场所内的戒毒康复人员。

第 3 条 吸毒检测分为现场检测、实验室检测、实验室复检。

第 4 条 现场检测由县级以上公安机关或者其派出机构进行。

实验室检测由县级以上公安机关指定的取得检验鉴定机构资格的实验室或者有资质的医疗机构进行。

实验室复检由县级以上公安机关指定的取得检验鉴定机构资格的实验室进行。

实验室检测和实验室复检不得由同一检测机构进行。

第 5 条 吸毒检测样本的采集应当使用专用器材。现场检测器材应当是国家主管部门批准生产或者进口的合格产品。

第 6 条 检测样本为采集的被检测人员的尿液、血液或者毛发等生物样本。

第 7 条 被检测人员拒绝接受检测的,经县级以上公安机关或者其派出机构负责人批准,可以对其进行强制检测。

第 8 条 公安机关采集、送检、检测样本,应当由两名以上工作人员进行;采集女性被检测人尿液检测样本,应当由女性工作人员进行。

采集的检测样本经现场检测结果为阳性的,应当分别保存在 A、B 两个样本专用器材中并编号,由采集人和被采集人共同签字封存,在低温条件下保存,保存期为两个月。

第 9 条 现场检测应当出具检测报告,由检测人签名,并加盖检测的公安机关或者其派出机构的印章。

现场检测结果应当当场告知被检测人,并由被检测人在检测报告上签名。被检测人拒不签名的,公安民警应当在检测报告上注明。

第 10 条 被检测人对现场检测结果有异议的,可以在被告知检测结果之日起的三日内,向现场检测的公安机关提出实验室检测申请。

公安机关应当在接到实验室检测申请后的三日内作出是否同意进行实验室检测的决定,并将结果告知被检测人。

第11条　公安机关决定进行实验室检测的,应当在作出实验室检测决定后的三日内,将保存的 A 样本送交县级以上公安机关指定的具有检验鉴定资格的实验室或者有资质的医疗机构。

第12条　接受委托的实验室或者医疗机构应当在接到检测样本后的五日内出具实验室检测报告,由检测人签名,并加盖检测机构公章后,送委托实验室检测的公安机关。公安机关收到检测报告后,应当在二十四小时内将检测结果告知被检测人。

第13条　被检测人对实验室检测结果有异议的,可以在被告知检测结果后的三日内,向现场检测的公安机关提出实验室复检申请。

公安机关应当在接到实验室复检申请后的三日内作出是否同意进行实验室复检的决定,并将结果告知被检测人。

第14条　公安机关决定进行实验室复检的,应当在作出实验室复检决定后的三日内,将保存的 B 样本送交县级以上公安机关指定的具有检验鉴定资格的实验室。

第15条　接受委托的实验室应当在接到检测样本后的五日内出具检测报告,由检测人签名,并加盖专用鉴定章后,送委托实验室复检的公安机关。公安机关收到检测报告后,应当在二十四小时内将检测结果告知被检测人。

第16条　接受委托的实验室检测机构或者实验室复检机构认为送检样本不符合检测条件的,应当报县级以上公安机关或者其派出机构负责人批准后,由公安机关根据检测机构的意见,重新采集检测样本。

第17条　被检测人是否申请实验室检测和实验室复检,不影响案件的正常办理。

公安机关认为必要时,可以直接决定进行实验室检测和实验室复检。

第18条　现场检测费用和公安机关直接决定进行的实验室检测、实验室复检的费用由公安机关承担。

被检测人申请实验室检测和实验室复检的,费用由申请人承担,但具有《公安机关办理行政案件程序规定》第73条第1项至第五项情形之一或者其他违法检测情形的除外。

第19条　公安机关、鉴定机构或者其工作人员违反本规定,有下列情形之一的,应当依照有关规定,对相关责任人给予纪律处分或者行政处分;构成犯罪

的,依法追究刑事责任:

　　(一)因严重不负责任给当事人合法权益造成重大损害的;

　　(二)故意提供虚假检测报告的;

　　(三)法律、行政法规规定的其他情形。

第20条　　吸毒检测的技术标准由公安部另行制定。

第21条　　本规定所称"以上"、"内"皆包含本级或者本数,"日"是指工作日。

第22条　　本规定自 2010 年 1 月 1 日起施行。

十、吸毒成瘾认定办法

（2011 年 1 月 30 日公安部令第 115 号发布）

第 1 条 为规范吸毒成瘾认定工作，科学认定吸毒成瘾人员，依法对吸毒成瘾人员采取戒毒措施和提供戒毒治疗，根据《中华人民共和国禁毒法》，制定本办法。

第 2 条 本办法所称吸毒成瘾，是指吸毒人员因反复使用毒品而导致的慢性复发性脑病，表现为不顾不良后果、强迫性寻求及使用毒品的行为，同时伴有不同程度的个人健康及社会功能损害。

第 3 条 本办法所称吸毒成瘾认定，是指公安机关或者其委托的戒毒医疗机构通过对吸毒人员进行人体生物样本检测、收集其吸毒证据或者根据生理、心理、精神的症状、体征等情况，判断其是否成瘾以及是否成瘾严重的工作。

本办法所称戒毒医疗机构，是指符合《戒毒医疗服务管理暂行办法》规定的专科戒毒医院和设有戒毒治疗科室的其他医疗机构。

第 4 条 公安机关在执法活动中发现吸毒人员，应当进行吸毒成瘾认定；因技术原因认定有困难的，可以委托有资质的戒毒医疗机构进行认定。

第 5 条 承担吸毒成瘾认定工作的戒毒医疗机构，由省级卫生行政部门会同同级公安机关指定。

第 6 条 公安机关认定吸毒成瘾，应当由两名以上人民警察进行，并在作出人体生物样本检测结论的二十四小时内提出认定意见，由认定人员签名，经所在单位负责人审核，加盖所在单位印章。

有关证据材料，应当作为认定意见的组成部分。

第 7 条 吸毒人员同时具备以下情形的，公安机关认定其吸毒成瘾：

（一）经人体生物样本检测证明其体内含有毒品成份；

（二）有证据证明其有使用毒品行为；

（三）有戒断症状或者有证据证明吸毒史，包括曾经因使用毒品被公安机关查处或者曾经进行自愿戒毒等情形。

戒断症状的具体情形，参照卫生部制定的《阿片类药物依赖诊断治疗指导原则》和《苯丙胺类药物依赖诊断治疗指导原则》确定。

第 8 条 吸毒成瘾人员具有下列情形之一的，公安机关认定其吸毒成瘾严重：

（一）曾经被责令社区戒毒、强制隔离戒毒（含《禁毒法》实施以前被强制戒毒或者劳教戒毒）、社区康复或者参加过戒毒药物维持治疗，再次吸食、注射毒品的；

（二）有证据证明其采取注射方式使用毒品或者多次使用两类以上毒品的；

（三）有证据证明其使用毒品后伴有聚众淫乱、自伤自残或者暴力侵犯他人人身、财产安全等行为的。

第9条　公安机关在吸毒成瘾认定过程中实施人体生物样本检测，依照公安部制定的《吸毒检测程序规定》的有关规定执行。

第10条　公安机关承担吸毒成瘾认定工作的人民警察，应当同时具备以下条件：

（一）具有二级警员以上警衔及两年以上相关执法工作经历；

（二）经省级公安机关、卫生行政部门组织培训并考核合格。

第11条　公安机关委托戒毒医疗机构进行吸毒成瘾认定的，应当在吸毒人员末次吸毒的七十二小时内予以委托并提交委托函。超过七十二小时委托的，戒毒医疗机构可以不予受理。

第12条　承担吸毒成瘾认定工作的戒毒医疗机构及其医务人员，应当依照《戒毒医疗服务管理暂行办法》的有关规定进行吸毒成瘾认定工作。

第13条　戒毒医疗机构认定吸毒成瘾，应当由两名承担吸毒成瘾认定工作的医师进行。

第14条　承担吸毒成瘾认定工作的医师，应当同时具备以下条件：

（一）符合《戒毒医疗服务管理暂行办法》的有关规定；

（二）从事戒毒医疗工作不少于三年；

（三）具有中级以上专业技术职务任职资格。

第15条　戒毒医疗机构对吸毒人员采集病史和体格检查时，委托认定的公安机关应当派有关人员在场协助。

第16条　戒毒医疗机构认为需要对吸毒人员进行人体生物样本检测的，委托认定的公安机关应当协助提供现场采集的检测样本。

戒毒医疗机构认为需要重新采集其他人体生物检测样本的，委托认定的公安机关应当予以协助。

第17条　戒毒医疗机构使用的检测试剂，应当是经国家食品药品监督管理局批准的产品，并避免与常见药物发生交叉反应。

第18条　戒毒医疗机构及其医务人员应当依照诊疗规范、常规和有关规定，结合吸毒人员的病史、精神症状检查、体格检查和人体生物样本检测结果等，对吸毒人员进行吸毒成瘾认定。

第 19 条　戒毒医疗机构应当自接受委托认定之日起三个工作日内出具吸毒成瘾认定报告,由认定人员签名并加盖戒毒医疗机构公章。认定报告一式二份,一份交委托认定的公安机关,一份留存备查。

第 20 条　委托戒毒医疗机构进行吸毒成瘾认定的费用由委托单位承担。

第 21 条　各级公安机关、卫生行政部门应当加强对吸毒成瘾认定工作的指导和管理。

第 22 条　任何单位和个人不得违反规定泄露承担吸毒成瘾认定工作相关工作人员及被认定人员的信息。

第 23 条　公安机关、戒毒医疗机构以及承担认定工作的相关人员违反本办法规定的,依照有关法律法规追究责任。

第 24 条　本办法自 2011 年 4 月 1 日起施行。

十一、公安机关强制隔离戒毒所管理办法

（2011 年 9 月 28 日公安部令第 117 号发布）

第一章 总 则

第1条 为加强和规范公安机关强制隔离戒毒所的管理，保障强制隔离戒毒工作顺利进行，根据《中华人民共和国禁毒法》、国务院《戒毒条例》以及相关规定，制定本办法。

第2条 强制隔离戒毒所是公安机关依法通过行政强制措施为戒毒人员提供科学规范的戒毒治疗、心理治疗、身体康复训练和卫生、道德、法制教育，开展职业技能培训的场所。

第3条 强制隔离戒毒所应当坚持戒毒治疗与教育康复相结合的方针，遵循依法、严格、科学、文明管理的原则，实现管理规范化、治疗医院化、康复多样化、帮教社会化、建设标准化。

第4条 强制隔离戒毒所应当建立警务公开制度，依法接受监督。

第二章 设 置

第5条 强制隔离戒毒所由县级以上地方人民政府设置。

强制隔离戒毒所由公安机关提出设置意见，经本级人民政府和省级人民政府公安机关分别审核同意后，报省级人民政府批准，并报公安部备案。

第6条 强制隔离戒毒所机构名称为××省（自治区、直辖市）、××市（县、区、旗）强制隔离戒毒所。

同级人民政府设置有司法行政部门管理的强制隔离戒毒所的，公安机关管理的强制隔离戒毒所名称为××省（自治区、直辖市）、××市（县、区、旗）第一强制隔离戒毒所。

第7条 强制隔离戒毒所建设，应当符合国家有关建设规范。建设方案，应当经省级人民政府公安机关批准。

第8条 强制隔离戒毒所设所长一人，副所长二至四人，必要时可设置政治委员或教导员。强制隔离戒毒所根据工作需要设置相应的机构，配备相应数量的管教、监控、巡视、医护、技术、财会等民警和工勤人员，落实岗位责任。

强制隔离戒毒所根据工作需要配备一定数量女民警。

公安机关可以聘用文职人员参与强制隔离戒毒所的戒毒治疗、劳动技能培训、法制教育等非执法工作，可以聘用工勤人员从事勤杂工作。

第9条 强制隔离戒毒所管理人员、医务人员享受国家规定的工资福利待

遇和职业保险。

第 10 条　强制隔离戒毒所的基础建设经费、日常运行公用经费、办案（业务）经费、业务装备经费、戒毒人员监管给养经费，按照县级以上人民政府的财政预算予以保障。

各省、自治区、直辖市公安机关应当会同本地财政部门每年度对戒毒人员伙食费、医疗费等戒毒人员经费标准进行核算。

第 11 条　强制隔离戒毒所应当建立并严格执行财物管理制度，接受有关部门的检查和审计。

第 12 条　强制隔离戒毒所按照收戒规模设置相应的医疗机构，接受卫生行政部门对医疗工作的指导和监督。

强制隔离戒毒所按照卫生行政部门批准的医疗机构要求配备医务工作人员。

强制隔离戒毒所医务工作人员应当参加卫生行政部门组织的业务培训和职称评定考核。

第三章　入　所

第 13 条　强制隔离戒毒所凭《强制隔离戒毒决定书》，接收戒毒人员。

第 14 条　强制隔离戒毒所接收戒毒人员时，应当对戒毒人员进行必要的健康检查，确认是否受伤、患有传染病或者其他疾病，对女性戒毒人员还应当确认是否怀孕，并填写《戒毒人员健康检查表》。

办理入所手续后，强制隔离戒毒所民警应当向强制隔离戒毒决定机关出具收戒回执。

第 15 条　对怀孕或者正在哺乳自己不满一周岁婴儿的妇女，强制隔离戒毒所应当通知强制隔离戒毒决定机关依法变更为社区戒毒。

戒毒人员不满十六周岁且强制隔离戒毒可能影响其学业的，强制隔离戒毒所可以建议强制隔离戒毒决定机关依法变更为社区戒毒。

对身体有外伤的，强制隔离戒毒所应当予以记录，由送戒人员出具伤情说明并由戒毒人员本人签字确认。

第 16 条　强制隔离戒毒所办理戒毒人员入所手续，应当填写《戒毒人员入所登记表》，并在全国禁毒信息管理系统中录入相应信息，及时进行信息维护。

戒毒人员基本信息与《强制隔离戒毒决定书》相应信息不一致的，强制隔离戒毒所应当要求办案部门核查并出具相应说明。

第 17 条　强制隔离戒毒所应当对戒毒人员人身和随身携带的物品进行检查。除生活必需品外，其他物品由强制隔离戒毒所代为保管，并填写《戒毒人员财物保管登记表》一式二份,强制隔离戒毒所和戒毒人员各存一份。经戒毒人员签字同意,强制隔离戒毒所可以将代为保管物品移交戒毒人员近亲属保管。

对检查时发现的毒品以及其他依法应当没收的违禁品,强制隔离戒毒所应当逐件登记,并依照有关规定处理。与案件有关的物品应当移交强制隔离戒毒决定机关处理。

对女性戒毒人员的人身检查,应当由女性工作人员进行。

第18条 强制隔离戒毒所应当配合办案部门查清戒毒人员真实情况,对新入所戒毒人员信息应当与在逃人员、违法犯罪人员等信息系统进行比对,发现戒毒人员有其他违法犯罪行为或者为在逃人员的,按照相关规定移交有关部门处理。

第四章 管 理

第19条 强制隔离戒毒所应当根据戒毒人员性别、年龄、患病、吸毒种类等情况设置不同病区,分别收戒管理。

强制隔离戒毒所根据戒毒治疗的不同阶段和戒毒人员表现,实行逐步适应社会的分级管理。

第20条 强制隔离戒毒所应当建立新入所戒毒人员管理制度,对新入所戒毒人员实行不少于十五天的过渡管理和教育。

第21条 强制隔离戒毒所应当在戒毒人员入所二十四小时内进行谈话教育,书面告知其应当遵守的管理规定和依法享有的权利及行使权利的途径,掌握其基本情况,疏导心理,引导其适应新环境。

第22条 戒毒人员提出检举、揭发、控告,以及提起行政复议或者行政诉讼的,强制隔离戒毒所应当登记后及时将有关材料转送有关部门。

第23条 强制隔离戒毒所应当保障戒毒人员通信自由和通信秘密。对强制隔离戒毒所以外的人员交给戒毒人员的物品和邮件,强制隔离戒毒所应当进行检查。检查时,应当有两名以上工作人员同时在场。

经强制隔离戒毒所批准,戒毒人员可以用指定的固定电话与其亲友、监护人或者所在单位、就读学校通话。

第24条 强制隔离戒毒所建立探访制度,允许戒毒人员亲属、所在单位或者就读学校的工作人员探访。

探访人员应当接受强制隔离戒毒所身份证件检查,遵守探访规定。对违反规定的探访人员,强制隔离戒毒所可以提出警告或者责令其停止探访。

第25条 戒毒人员具有以下情形之一的,强制隔离戒毒所可以批准其请假出所:

（一）配偶、直系亲属病危或者有其他正当理由需离所探视的；

（二）配偶、直系亲属死亡需要处理相应事务的；

（三）办理婚姻登记等必须由本人实施的民事法律行为的。

戒毒人员应当提出请假出所的书面申请并提供相关证明材料，经强制隔离戒毒所所长批准，并报主管公安机关备案后，发给戒毒人员请假出所证明。

请假出所时间最长不得超过十天，离所和回所当日均计算在内。对请假出所不归的，视作脱逃行为处理。

第26条　律师会见戒毒人员应当持律师执业证、律师事务所介绍信和委托书，在强制隔离戒毒所内指定地点进行。

第27条　强制隔离戒毒所应当制定并严格执行戒毒人员伙食标准，保证戒毒人员饮食卫生、吃熟、吃热、吃够定量。

对少数民族戒毒人员，应当尊重其饮食习俗。

第28条　强制隔离戒毒所应当建立戒毒人员代购物品管理制度，代购物品仅限日常生活用品和食品。

第29条　强制隔离戒毒所应当建立戒毒人员一日生活制度。

强制隔离戒毒所应当督促戒毒人员遵守戒毒人员行为规范，并根据其现实表现分别予以奖励或者处罚。

第30条　强制隔离戒毒所应当建立出入所登记制度。

戒毒区实行封闭管理，非本所工作人员出入应经所领导批准。

第31条　强制隔离戒毒所应当统一戒毒人员的着装、被服，衣被上应当设置本所标志。

第32条　强制隔离戒毒所应当安装监控录像、应急报警、病室报告装置、门禁检查和违禁物品检测等技防系统。监控录像保存时间不得少于十五天。

第33条　强制隔离戒毒所应当定期或者不定期进行安全检查，及时发现和消除安全隐患。

第34条　强制隔离戒毒所应当建立突发事件处置预案，并定期进行演练。

遇有戒毒人员脱逃、暴力袭击他人的，强制隔离戒毒所可以依法使用警械予以制止。

第35条　强制隔离戒毒所应当建立二十四小时值班巡视制度。

值班人员必须坚守岗位，履行职责，加强巡查，不得擅离职守，不得从事有碍值班的活动。

值班人员发现问题，应当果断采取有效措施，及时处置，并按规定向上级报告。

第 36 条　对有下列情形之一的戒毒人员,应当根据不同情节分别给予警告、训诫、责令具结悔过或者禁闭;构成犯罪的,依法追究刑事责任:

(一)违反戒毒人员行为规范、不遵守强制隔离戒毒所纪律,经教育不改正的;

(二)私藏或者吸食、注射毒品,隐匿违禁物品的;

(三)欺侮、殴打、虐待其他戒毒人员,占用他人财物等侵犯他人权利的;

(四)交流吸毒信息、传授犯罪方法或者教唆他人违法犯罪的;

(五)预谋或者实施自杀、脱逃、行凶的。

对戒毒人员处以警告、训诫和责令具结悔过,由管教民警决定并执行;处以禁闭,由管教民警提出意见,报强制隔离戒毒所所长批准。

对情节恶劣的,在诊断评估时应当作为建议延长其强制隔离戒毒期限的重要情节;构成犯罪的,交由侦查部门侦查,被决定刑事拘留或者逮捕的转看守所羁押。

第 37 条　强制隔离戒毒所发生戒毒人员脱逃的,应当立即报告主管公安机关,并配合追回脱逃人员。被追回的戒毒人员应当继续执行强制隔离戒毒,脱逃期间不计入强制隔离戒毒期限。被追回的戒毒人员不得提前解除强制隔离戒毒,诊断评估时可以作为建议延长其强制隔离戒毒期限的情节。

第 38 条　戒毒人员在强制隔离戒毒期间死亡的,强制隔离戒毒所应当立即向主管公安机关报告,同时通报强制隔离戒毒决定机关,通知其家属和同级人民检察院。主管公安机关应当组织相关部门对死亡原因进行调查。查清死亡原因后,尽快通知死者家属。

其他善后事宜依照国家有关规定处理。

第 39 条　强制隔离戒毒所应当建立询问登记制度,配合办案部门的询问工作。

第 40 条　办案人员询问戒毒人员,应当持单位介绍信及有效工作证件,办理登记手续,在询问室进行。

因办案需要,经强制隔离戒毒所主管公安机关负责人批准,办案部门办理交接手续后可以将戒毒人员带离出所,出所期间的安全由办案部门负责。戒毒人员被带离出所以及送回所时,强制隔离戒毒所应对其进行体表检查,做好书面记录,由强制隔离戒毒所民警、办案人员和戒毒人员签字确认。

第五章　医　疗

第 41 条　强制隔离戒毒所戒毒治疗和护理操作规程按照国家有关规定进行。

第42条　强制隔离戒毒所根据戒毒人员吸食、注射毒品的种类和成瘾程度等,进行有针对性的生理治疗、心理治疗和身体康复训练,并建立个人病历。

第43条　强制隔离戒毒所实行医护人员二十四小时值班和定时查房制度,医护人员应当随时掌握分管戒毒人员的治疗和身体康复情况,并给予及时的治疗和看护。

第44条　强制隔离戒毒所对患有传染病的戒毒人员,按照国家有关规定采取必要的隔离、治疗措施。

第45条　强制隔离戒毒所对毒瘾发作或者出现精神障碍可能发生自伤、自残或者实施其他危险行为的戒毒人员,可以按照卫生行政部门制定的医疗规范采取保护性约束措施。

对被采取保护性约束措施的戒毒人员,民警和医护人员应当密切观察,可能发生自伤、自残或者实施其他危险行为的情形解除后及时解除保护性约束措施。

第46条　戒毒人员患严重疾病,不出所治疗可能危及生命的,经强制隔离戒毒所主管公安机关批准,报强制隔离戒毒决定机关备案,强制隔离戒毒所可以允许其所外就医,并发给所外就医证明。所外就医的费用由戒毒人员本人承担。

所外就医期间,强制隔离戒毒期限连续计算。对于健康状况不再适宜回所执行强制隔离戒毒的,强制隔离戒毒所应当向强制隔离戒毒决定机关提出变更为社区戒毒的建议,强制隔离戒毒决定机关应当自收到建议之日起七日内,作出是否批准的决定。经批准变更为社区戒毒的,已执行的强制隔离戒毒期限折抵社区戒毒期限。

第47条　强制隔离戒毒所使用麻醉药品和精神药品,应当按照规定向有关部门申请购买。需要对戒毒人员使用麻醉药品和精神药品的,由具有麻醉药品、精神药品处方权的执业医师按照有关技术规范开具处方,医护人员应当监督戒毒人员当面服药。

强制隔离戒毒所应当按照有关规定严格管理麻醉药品和精神药品,严禁违规使用,防止流入非法渠道。

第48条　强制隔离戒毒所应当建立卫生防疫制度,设置供戒毒人员沐浴、理发和洗晒被服的设施。对戒毒病区应当定期消毒,防止传染疫情发生。

第49条　强制隔离戒毒所可以与社会医疗机构开展多种形式的医疗合作,保证医疗质量。

第六章　教　育

第50条　强制隔离戒毒所应当设立教室、心理咨询室、谈话教育室、娱乐活动室、技能培训室等教育、康复活动的功能用房。

第51条 强制隔离戒毒所应当建立民警与戒毒人员定期谈话制度。管教民警应当熟悉分管戒毒人员的基本情况,包括戒毒人员自然情况、社会关系、吸毒经历、思想动态和现实表现等。

第52条 强制隔离戒毒所应当对戒毒人员经常开展法制、禁毒宣传、艾滋病性病预防宣传等主题教育活动。

第53条 强制隔离戒毒所对戒毒人员的教育,可以采取集中授课、个别谈话、社会帮教、亲友规劝、现身说法等多种形式进行。强制隔离戒毒所可以邀请有关专家、学者、社会工作者以及戒毒成功人员协助开展教育工作。

第54条 强制隔离戒毒所应当制定奖励制度,鼓励、引导戒毒人员坦白、检举违法犯罪行为。

强制隔离戒毒所应当及时将戒毒人员提供的违法犯罪线索转递给侦查办案部门。办案部门应当及时进行查证并反馈查证情况。

强制隔离戒毒所应当对查证属实、有立功表现的戒毒人员予以奖励,并作为诊断评估的重要依据。

第55条 强制隔离戒毒所可以动员、劝导戒毒人员戒毒期满出所后进入戒毒康复场所康复,并提供便利条件。

第56条 强制隔离戒毒所应当积极联系劳动保障、教育等有关部门,向戒毒人员提供职业技术、文化教育培训。

第七章 康 复

第57条 强制隔离戒毒所应当组织戒毒人员开展文体活动,进行体能训练。一般情况下,每天进行不少于二小时的室外活动。

第58条 强制隔离戒毒所应当采取多种形式对戒毒人员进行心理康复训练。

第59条 强制隔离戒毒所可以根据戒毒需要和戒毒人员的身体状况组织戒毒人员参加康复劳动,康复劳动时间每天最长不得超过六小时。

强制隔离戒毒所不得强迫戒毒人员参加劳动。

第60条 强制隔离戒毒所康复劳动场所和康复劳动项目应当符合国家相关规定,不得开展有碍于安全管理和戒毒人员身体康复的项目。

第61条 强制隔离戒毒所应当对戒毒人员康复劳动收入和支出建立专门账目,严格遵守财务制度,专款专用。戒毒人员康复劳动收入使用范围如下:

(一)支付戒毒人员劳动报酬;

(二)改善戒毒人员伙食及生活条件;

(三)购置劳保用品;

(四)其他必要开支。

第八章　出　所

第62条　对需要转至司法行政部门强制隔离戒毒所继续执行强制隔离戒毒的人员,公安机关应当与司法行政部门办理移交手续。

第63条　对外地戒毒人员,如其户籍地强制隔离戒毒所同意接收,强制隔离戒毒决定机关可以变更执行场所,将戒毒人员交付其户籍地强制隔离戒毒所执行并办理移交手续。

第64条　强制隔离戒毒所应当建立戒毒诊断评估工作小组,按照有关规定对戒毒人员的戒毒康复、现实表现、适应社会能力等情况作出综合评估。对转至司法行政部门继续执行的,强制隔离戒毒所应当将戒毒人员戒毒康复、日常行为考核等情况一并移交司法行政部门强制隔离戒毒所,并通报强制隔离戒毒决定机关。

第65条　戒毒人员被依法收监执行刑罚、采取强制性教育措施或者被依法拘留、逮捕的,强制隔离戒毒所应当根据有关法律文书,与相关部门办理移交手续,并通知强制隔离戒毒决定机关。监管场所、羁押场所应当给予必要的戒毒治疗。

刑罚执行完毕时、解除强制性教育措施时或者释放时强制隔离戒毒尚未期满的,继续执行强制隔离戒毒。

第66条　强制隔离戒毒所应当将戒毒人员以下信息录入全国禁毒信息管理系统,进行相应的信息维护:

(一)强制隔离戒毒期满出所的;

(二)转至司法行政部门强制隔离戒毒所继续执行的;

(三)转至司法行政部门强制隔离戒毒所不被接收的;

(四)所外就医的;

(五)变更为社区戒毒的;

(六)脱逃或者请假出所不归的;

(七)脱逃被追回后在其他强制隔离戒毒所执行的。

第67条　强制隔离戒毒所应当建立并妥善保管戒毒人员档案。档案内容包括:强制隔离戒毒决定书副本、行政复议或者诉讼结果文书、戒毒人员登记表、健康检查表、财物保管登记表、病历、奖惩情况记录、办案机关或者律师询问记录、诊断评估结果、探访与请假出所记录、出所凭证等在强制隔离戒毒期间产生的有关文书及图片。

戒毒人员死亡的,强制隔离戒毒所应当将《戒毒人员死亡鉴定书》和《戒毒人员死亡通知书》归入其档案。

除法律明确规定外,强制隔离戒毒所不得对外提供戒毒人员档案。

第九章 附 则

第 68 条 对被处以行政拘留的吸毒成瘾人员,本级公安机关没有设立拘留所或者拘留所不具备戒毒治疗条件的,强制隔离戒毒所可以代为执行。

第 69 条 有条件的强制隔离戒毒所可以接收自愿戒毒人员。但应当建立专门的自愿戒毒区,并按照卫生行政部门关于自愿戒毒的规定管理自愿戒毒人员。

对自愿接受强制隔离戒毒的吸毒成瘾人员,强制隔离戒毒所应当与其就戒毒治疗期限、戒毒治疗措施等签订书面协议。

第 70 条 强制隔离戒毒所实行等级化管理,具体办法由公安部另行制定。

第 71 条 本办法所称以上,均包括本数、本级。

第 72 条 强制隔离戒毒所的文书格式,由公安部统一制定。

第 73 条 本办法自公布之日起施行,公安部 2000 年 4 月 17 日发布施行的《强制戒毒所管理办法》同时废止。

十二、公安部关于执行《中华人民共和国禁毒法》有关问题的批复

(2008 年 12 月 23 日)

北京市公安局：

你局《关于执行中华人民共和国禁毒法有关问题的请示》(京公法字[2008]1349 号)收悉。现批复如下：

一、对吸食、注射毒品人员，无论成瘾与否，应当根据《中华人民共和国治安管理处罚法》第 72 条的规定，予以治安管理处罚。但是，吸毒人员主动到公安机关登记或者到有资质的医疗机构接受戒毒治疗的，不予处罚。

二、《中华人民共和国禁毒法》规定的社区戒毒、强制隔离戒毒措施不是行政处罚，而是一种强制性的戒毒治疗措施。对吸毒成瘾人员，公安机关可以同时依法决定予以治安管理处罚和社区戒毒或者强制隔离戒毒。

三、对于同时被决定行政拘留和社区戒毒或者强制隔离戒毒的吸毒成瘾人员，且不属于《中华人民共和国治安管理处罚法》第 21 条规定情形的，应当先执行行政拘留，再执行社区戒毒或者强制隔离戒毒，行政拘留的期限不计入社区戒毒或者强制隔离戒毒的期限。拘留所不具备戒毒治疗条件的，可由公安机关管理的强制隔离戒毒所代为执行行政拘留。

十三、办理毒品犯罪案件适用法律若干问题的意见

（最高人民法院、最高人民检察院、公安部 2007 年 11 月 8 日发布）

一、关于毒品犯罪案件的管辖问题

根据刑事诉讼法的规定，毒品犯罪案件的地域管辖，应当坚持以犯罪地管辖为主、被告人居住地管辖为辅的原则。

"犯罪地"包括犯罪预谋地，毒资筹集地，交易进行地，毒品生产地，毒资、毒赃和毒品的藏匿地、转移地，走私或者贩运毒品的目的地以及犯罪嫌疑人被抓获地等。

"被告人居住地"包括被告人常住地、户籍地及其临时居住地。

对怀孕、哺乳期妇女走私、贩卖、运输毒品案件，查获地公安机关认为移交其居住地管辖更有利于采取强制措施和查清犯罪事实的，可以报请共同的上级公安机关批准，移送犯罪嫌疑人居住地公安机关办理，查获地公安机关应继续配合。

公安机关对侦办跨区域毒品犯罪案件的管辖权有争议的，应本着有利于查清犯罪事实，有利于诉讼，有利于保障案件侦查安全的原则，认真协商解决。经协商无法达成一致的，报共同的上级公安机关指定管辖。对即将侦查终结的跨省（自治区、直辖市）重大毒品案件，必要时可由公安部商最高人民法院和最高人民检察院指定管辖。

为保证及时结案，避免超期羁押，人民检察院对于公安机关移送审查起诉的案件，人民法院对于已进入审判程序的案件，被告人及其辩护人提出管辖异议或者办案单位发现没有管辖权的，受案人民检察院、人民法院经审查可以依法报请上级人民检察院、人民法院指定管辖，不再自行移送有管辖权的人民检察院、人民法院。

二、关于毒品犯罪嫌疑人、被告人主观明知的认定问题

走私、贩卖、运输、非法持有毒品主观故意中的"明知"，是指行为人知道或者应当知道所实施的行为是走私、贩卖、运输、非法持有毒品行为。具有下列情形之一，并且犯罪嫌疑人、被告人不能做出合理解释的，可以认定其"应当知道"，但有证据证明确属被蒙骗的除外：

（一）执法人员在口岸、机场、车站、港口和其他检查站检查时，要求行为人申报为他人携带的物品和其他疑似毒品物，并告知其法律责任，而行为人未如实申报，在其所携带的物品内查获毒品的；

（二）以伪报、藏匿、伪装等蒙蔽手段逃避海关、边防等检查，在其携带、运

输、邮寄的物品中查获毒品的；

（三）执法人员检查时，有逃跑、丢弃携带物品或逃避、抗拒检查等行为，在其携带或丢弃的物品中查获毒品的；

（四）体内藏匿毒品的；

（五）为获取不同寻常的高额或不等值的报酬而携带、运输毒品的；

（六）采用高度隐蔽的方式携带、运输毒品的；

（七）采用高度隐蔽的方式交接毒品，明显违背合法物品惯常交接方式的；

（八）其他有证据足以证明行为人应当知道的。

三、关于办理氯胺酮等毒品案件定罪量刑标准问题

（一）走私、贩卖、运输、制造、非法持有下列毒品，应当认定为刑法第 347 条第 2 款第（一）项、第 348 条规定的"其他毒品数量大"：

1. 二亚甲基双氧安非他明（MDMA）等苯丙胺类毒品（甲基苯丙胺除外）100 克以上；

2. 氯胺酮、美沙酮 1 千克以上；

3. 三唑仑、安眠酮 50 千克以上；

4. 氯氮卓、艾司唑仑、地西泮、溴西泮 500 千克以上；

5. 上述毒品以外的其他毒品数量大的。

（二）走私、贩卖、运输、制造、非法持有下列毒品，应当认定为刑法第 347 条第 3 款、第 348 条规定的"其他毒品数量较大"：

1. 二亚甲基双氧安非他明（MDMA）等苯丙胺类毒品（甲基苯丙胺除外）20 克以上不满 100 克的；

2. 氯胺酮、美沙酮 200 克以上不满 1 千克的；

3. 三唑仑、安眠酮 10 千克以上不满 50 千克的；

4. 氯氮卓、艾司唑仑、地西泮、溴西泮 100 千克以上不满 500 千克的；

5. 上述毒品以外的其他毒品数量较大的。

（三）走私、贩卖、运输、制造下列毒品，应当认定为刑法第 347 条第 4 款规定的"其他少量毒品"：

1. 二亚甲基双氧安非他明（MDMA）等苯丙胺类毒品（甲基苯丙胺除外）不满 20 克的；

2. 氯胺酮、美沙酮不满 200 克的；

3. 三唑仑、安眠酮不满 10 千克的；

4. 氯氮卓、艾司唑仑、地西泮、溴西泮不满 100 千克的；

5. 上述毒品以外的其他少量毒品的。

（四）上述毒品品种包括其盐和制剂。毒品鉴定结论中毒品品名的认定应当以国家食品药品监督管理局、公安部、卫生部最新发布的《麻醉药品品种目录》、《精神药品品种目录》为依据。

四、关于死刑案件的毒品含量鉴定问题

可能判处死刑的毒品犯罪案件，毒品鉴定结论中应有含量鉴定的结论。

后　记

　　参加本书撰写及资料收集的人员（按姓氏笔画排列）：刘伟明、来羽、李敏、张效羽、陈清亮、金伟峰、高知鸣、翁卓群、凌福珍、崔浩。具体分工如下：

　　前　言　（金伟峰）

　　第一章　禁毒法律制度概述（崔浩、金伟峰）

　　第二章　毒品管制（陈清亮、金伟峰）

　　第三章　戒毒体系与戒毒措施（高知鸣、崔浩）

　　第四章　毒品犯罪（来羽）

　　第五章　涉毒违法行为（李敏、刘伟明）

　　第六章　禁毒国际合作（张效羽、凌福珍）

　　附　录　禁毒规范性文件（崔浩、翁卓群）

　　全书由崔浩初审、修改，最后由金伟峰统稿、定稿，翁卓群承担了部分编务工作。

金伟峰

2016 年 9 月

图书在版编目(CIP)数据

中国禁毒法律制度研究/金伟峰等著. —上海：
上海社会科学院出版社，2016
（禁毒研究）
ISBN 978 - 7 - 5520 - 1636 - 9

Ⅰ. ①中… Ⅱ. ①金… Ⅲ. ①禁毒—法律—研究—中
国 Ⅳ. ①D922.144

中国版本图书馆 CIP 数据核字(2016)第 276800 号

中国禁毒法律制度研究

著　　者：金伟峰等
责任编辑：应韶荃　袁钰超
封面设计：夏艺堂
出版发行：上海社会科学院出版社
　　　　　上海顺昌路 622 号　邮编 200025
　　　　　电话总机 021 - 63315900　销售热线 021 - 53063735
　　　　　http://www.sassp.org.cn　E-mail:sassp@sass.org.cn
排　　版：南京展望文化发展有限公司
印　　刷：上海景条印刷有限公司
开　　本：710×1010 毫米　1/16 开
印　　张：18.75
插　　页：1
字　　数：332 千字
版　　次：2016 年 12 月第 1 版　　2016 年 12 月第 1 次印刷

ISBN 978 - 7 - 5520 - 1636 - 9/D · 411　　　　　定价：69.80 元